U0491724

郑州商城与
王畿区域聚落考古研究

Study on Settlement Archaeology in
Zhengzhou Shang City and the Vicinity of Capital

侯卫东 著

中国社会科学出版社

图书在版编目(CIP)数据

郑州商城与王畿区域聚落考古研究／侯卫东著．—北京：中国社会科学出版社，2024.2

（中国社会科学博士后文库）

ISBN 978-7-5227-3235-0

Ⅰ.①郑⋯ Ⅱ.①侯⋯ Ⅲ.①古城遗址(考古)—研究—郑州—商代 Ⅳ.①K878.04

中国国家版本馆 CIP 数据核字（2024）第 039461 号

出 版 人	赵剑英
责任编辑	郭　鹏
责任校对	刘　俊
责任印制	李寡寡

出　　版	中国社会科学出版社
社　　址	北京鼓楼西大街甲 158 号
邮　　编	100720
网　　址	http://www.csspw.cn
发 行 部	010-84083685
门 市 部	010-84029450
经　　销	新华书店及其他书店
印　　刷	北京君升印刷有限公司
装　　订	廊坊市广阳区广增装订厂
版　　次	2024 年 2 月第 1 版
印　　次	2024 年 2 月第 1 次印刷
开　　本	710×1000　1/16
印　　张	20.5
字　　数	339 千字
定　　价	118.00 元

凡购买中国社会科学出版社图书，如有质量问题请与本社营销中心联系调换
电话：010-84083683
版权所有　侵权必究

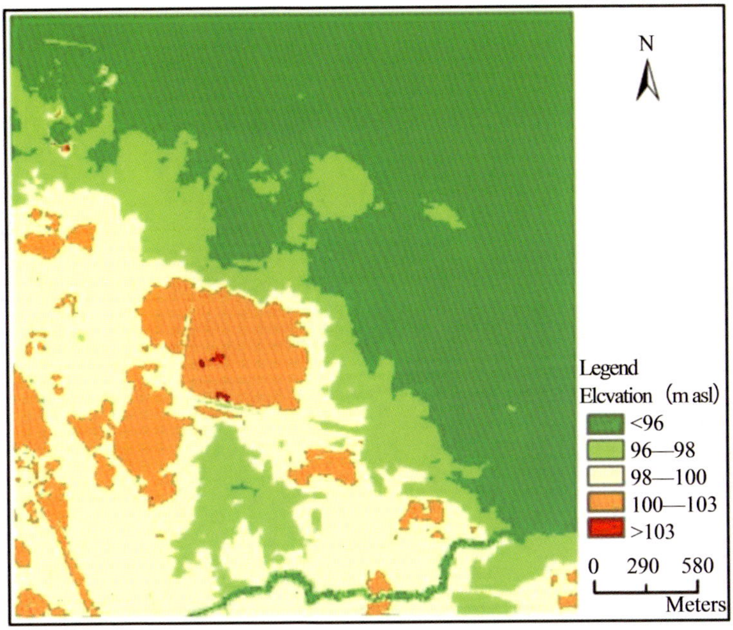
N
Legend
Elcvation（m asl)
<96
96—98
98—100
100—103
>103
0 290 580
Meters

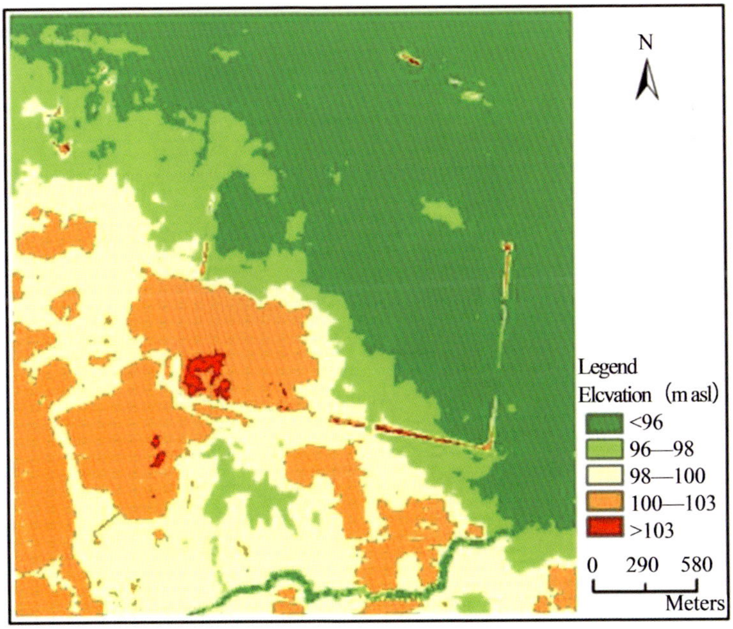
N
Legend
Elcvation（m asl)
<96
96—98
98—100
100—103
>103
0 290 580
Meters

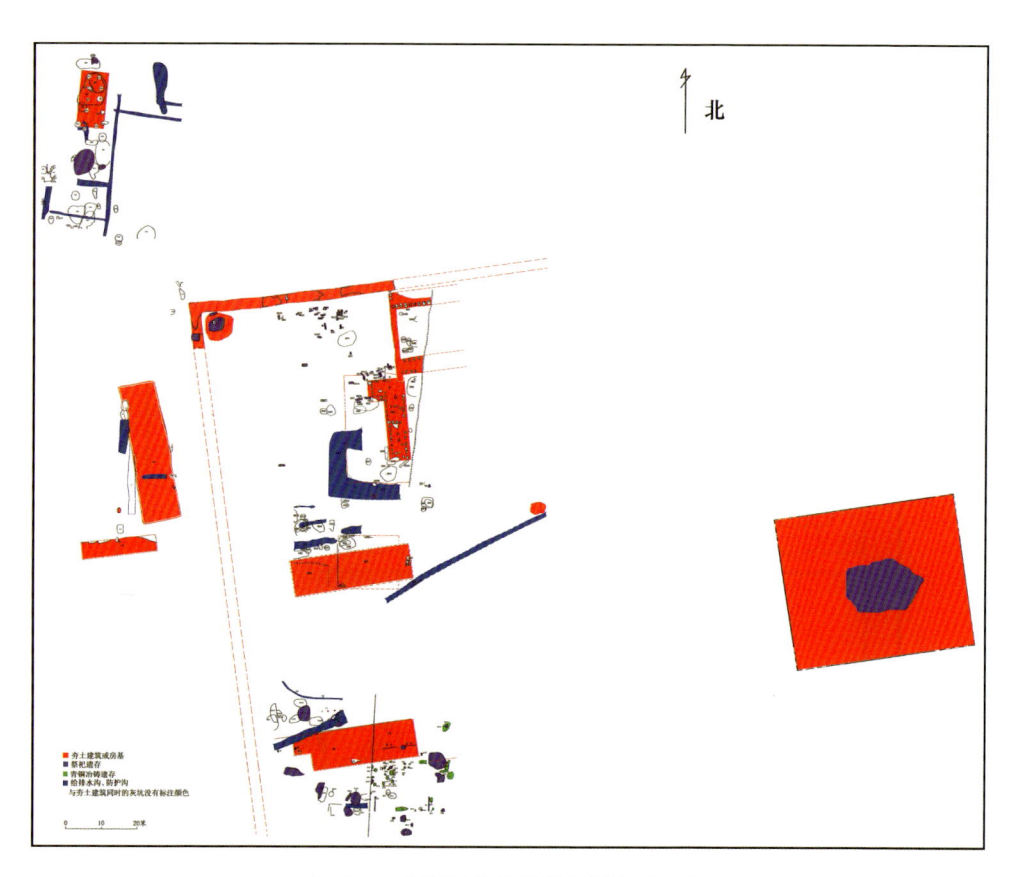

彩图三　小双桥商都晚段宫城布局示意

采自《郑州小双桥商代都邑布局探索》图三。

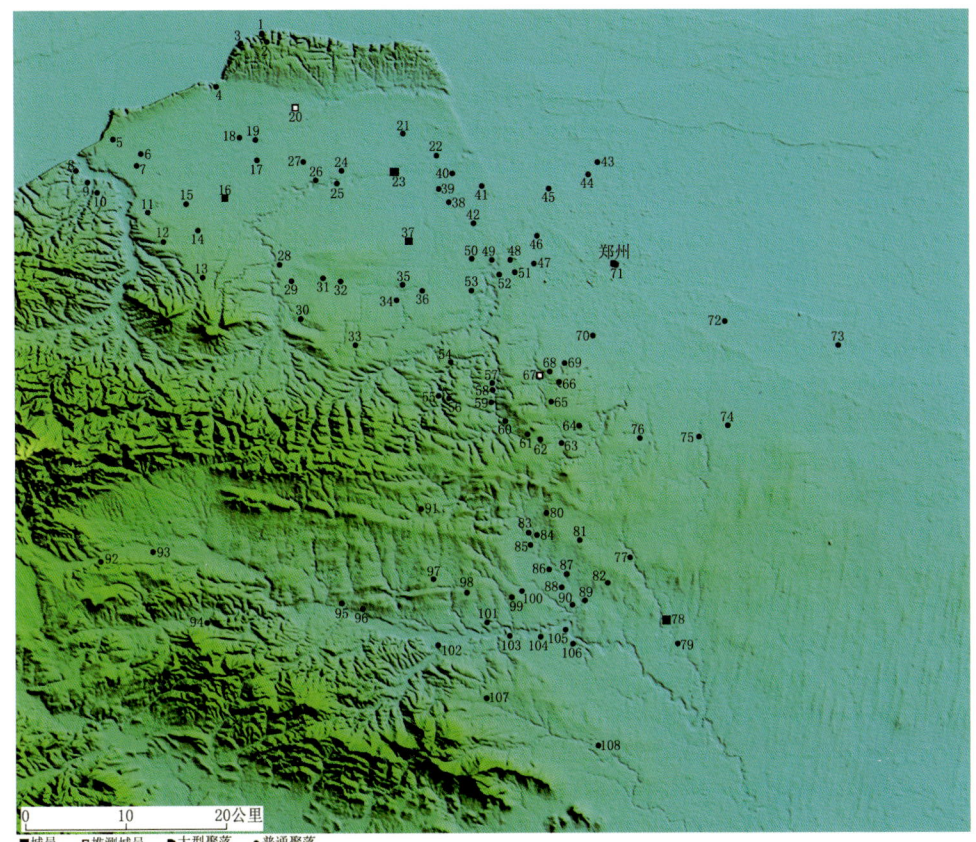

彩图四　郑州商城王畿区域二里头文化三期聚落分布示意

1. 诏下峪　2. 薛家嘴　3. 大骨头峪　4. 池沟寨　5. 薛村　6. 前白杨　7. 五里堡　8. 虎牢关南　9. 杨树坡　10. 凤凰寨　11. 石嘴　12. 何寨西南　13. 凤凰台　14. 寨沟　15. 上街　16. 西史村　17. 后圈子　18. 西司马　19. 竖河　20. 唐垌　21. 冯庄　22. 岔河　23. 大师姑　24. 袁垌　25. 娘娘寨　26. 孙寨　27. 丁楼　28. 阎河　29. 老官嘴　30. 聂楼　31. 碾徐　32. 槐西　33. 楼李　34. 圈李　35. 白寨　36. 小孟西北　37. 东赵　38. 祥营　39. 堂李　40. 前ދ王　41. 关庄　42. 瓦屋李　43. 大河村　44. 黑庄　45. 王寨北　46. 董寨　47. 旮旯王　48. 宋庄南　49. 常庄　50. 马良寨　51. 洛达庙　52. 杏树湾南　53. 王垌　54. 水磨　55. 梨园河　56. 胡河西北　57. 东寨　58. 盐店庄　59. 下李河东南　60. 牛王庙嘴　61. 石匠庄　62. 黄沟　63. 于寨　64. 古城　65. 红花寺　66. 石旦沟　67. 芦村河　68. 范家嘴　69. 马沟　70. 佛岗　71. 黄委会青年公寓　72. 西营岗　73. 国庄　74. 大湖　75. 安庄　76. 三里岗　77. 王垌　78. 望京楼　79. 高千庄　80. 耿庄　81. 五虎庙　82. 水泉　83. 岗沟　84. 曲梁　85. 下牛　86. 柿园　87. 杨庄　88. 全庄　89. 古城寨　90. 程庄　91. 二郎庙　92. 月台　93. 牛店北　94. 菜园沟　95. 黄寨　96. 苏寨　97. 西沟　98. 云岩宫　99. 朱家沟　100. 李家岗　101. 新砦　102. 刘湾　103. 徐家寨　104. 马鞍垌　105. 北李庄　106. 人和寨　107. 煤土沟　108. 前河刘

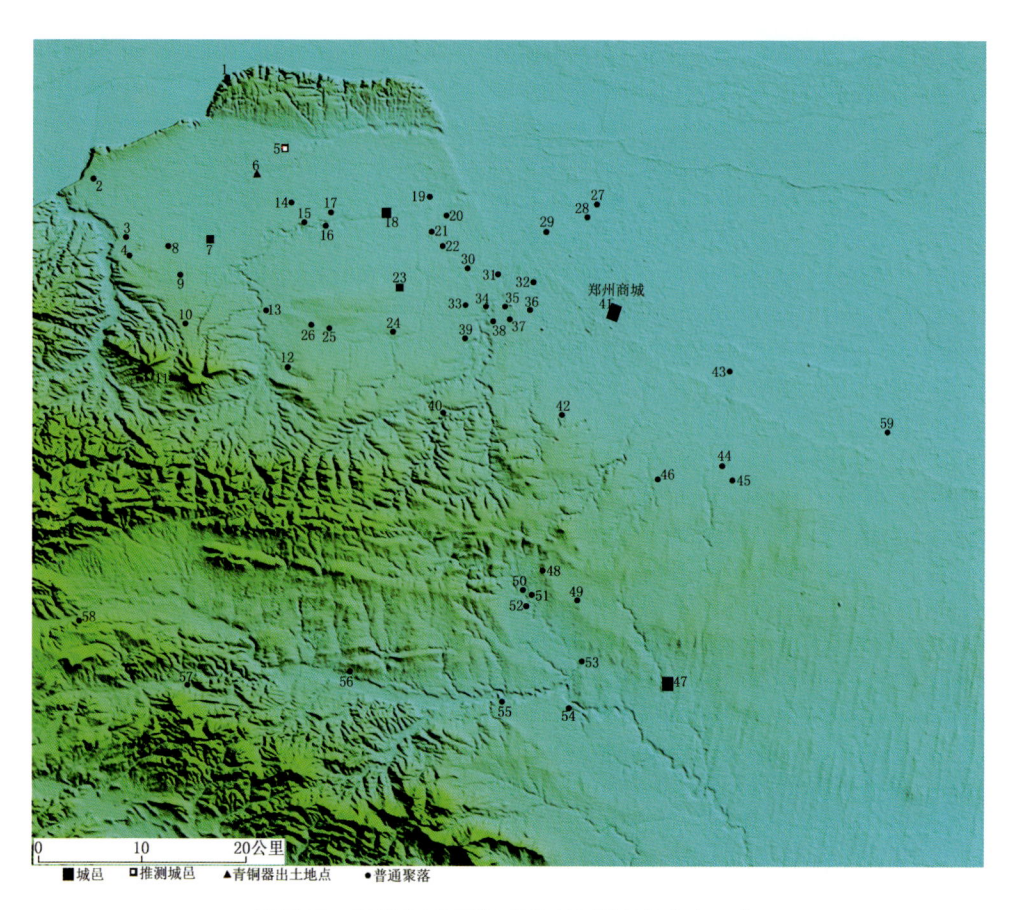

彩图五　郑州商城王畿区域过渡期聚落分布示意

1. 大骨头峪　2. 薛村　3. 东滹沱　4. 石嘴　5. 唐垌　6. 高村寺　7. 西史村　8. 上街　9. 寨沟　10. 凤凰台　11. 吴家闸　12. 聂楼　13. 阎河　14. 丁楼　15. 孙寨　16. 娘娘寨　17. 袁垌　18. 大师姑　19. 岔河　20. 前庄王　21. 堂李　22. 祥营　23. 东赵　24. 白寨　25. 槐西　26. 碾徐　27. 大河村　28. 黑庄　29. 王寨北　30. 瓦屋李　31. 陈庄　32. 董寨　33. 马良寨　34. 常庄　35. 宋庄南　36. 旮旯王　37. 洛达庙　38. 杏树湾南　39. 王垌　40. 水磨　41. 郑州商城　42. 马沟　43. 西营岗　44. 张化楼　45. 大湖　46. 郑老庄　47. 望京楼　48. 耿庄　49. 五虎庙　50. 岗沟　51. 曲梁　52. 下牛　53. 古城寨　54. 人和寨　55. 徐家寨　56. 苏沟　57. 菜园沟　58. 月台　59. 大庄东北

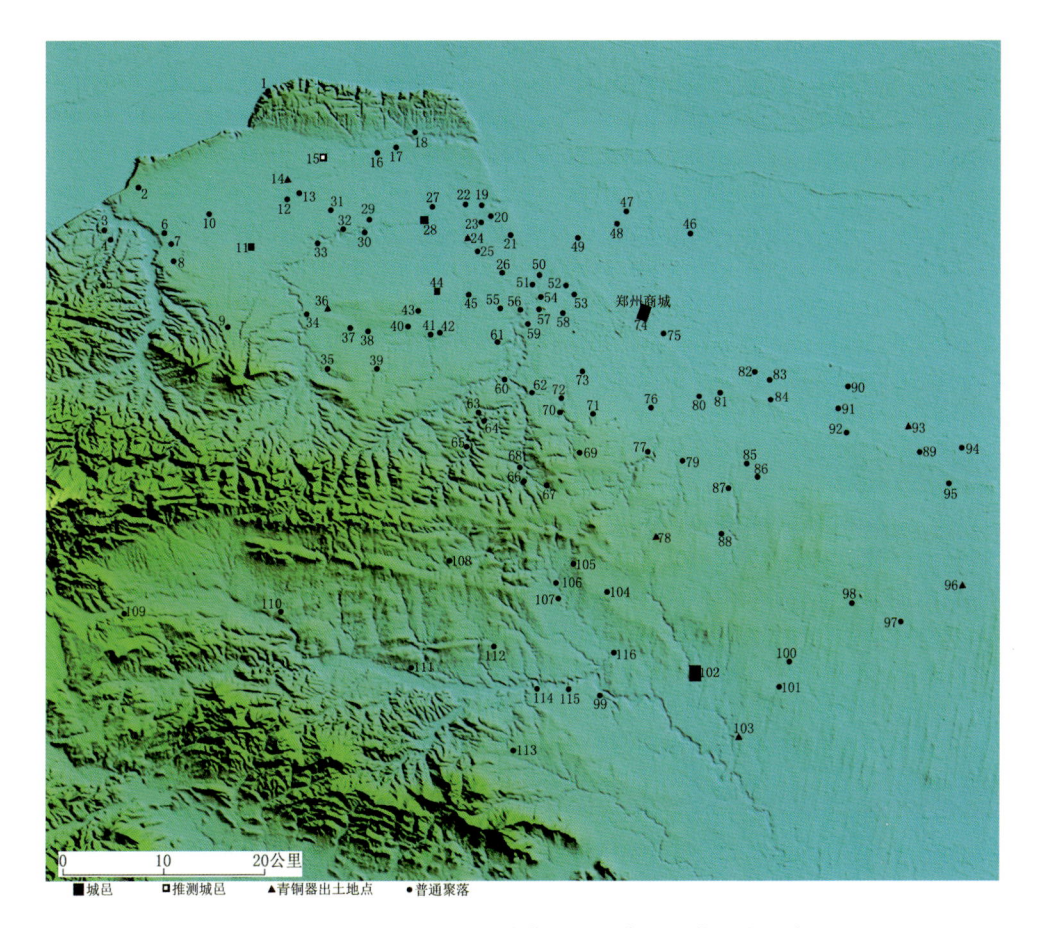

彩图六　郑州商城王畿区域典型二里岗期聚落分布示意

1. 大骨头峪　2. 薛村　3. 方沟　4. 翠屏山　5. 白水峪　6. 淳沱　7. 东淳沱　8. 石嘴　9. 凤凰台　10. 许庄　11. 西史村　12. 西张村　13. 倪店　14. 高村寺　15. 唐垌　16. 广武北　17. 张河　18. 樊河北　19. 石河　20. 于庄西　21. 关庄　22. 岔河　23. 前庄王　24. 堂李　25. 祥营　26. 瓦屋李　27. 小湾北　28. 大师姑　29. 袁垌　30. 娘娘寨　31. 丁楼　32. 孙寨　33. 方靳寨　34. 阎河　35. 聂楼　36. 西张寨　37. 碾徐　38. 槐西　39. 城角　40. 瓦屋孙西南　41. 白寨南　42. 白寨　43. 三十里铺　44. 东赵　45. 汪庄北　46. 李庄　47. 大河村　48. 黑庄　49. 王寨北　50. 陈庄　51. 新庄　52. 董寨　53. 牛寨　54. 宋庄　55. 马良寨　56. 常庄　57. 宋家南　58. 旮旯王　59. 杏树湾南　60. 张新庄　61. 王垌　62. 尖岗西南　63. 水磨　64. 全垌　65. 梨园河　66. 过垌王　67. 石匠庄西北　68. 陈顶　69. 红花寺　70. 苏家南　71. 马沟　72. 张仙　73. 黄岗寺新村　74. 郑州商城　75. 凤凰台　76. 站马屯东北　77. 白马寺　78. 陵岗　79. 郑堡　80. 小姚庄　81. 梁湖　82. 西营岗　83. 大燕庄南　84. 司赵　85. 张化楼　86. 大湖　87. 安庄　88. 郭庄　89. 台前　90. 蒋冲南　91. 芦医庙　92. 太平庄　93. 大庄　94. 罗宋　95. 梁家南　96. 黄店　97. 畠店　98. 柿园吴　99. 人和寨　100. 二郎店　101. 周庄　102. 望京楼　103. 陆庄　104. 五虎庙　105. 耿庄　106. 岗沟　107. 下牛　108. 二郎庙　109. 月台　110. 裴注　111. 罗湾　112. 云岩宫　113. 煤土沟　114. 徐家寨　115. 马鞍垌　116. 古城寨

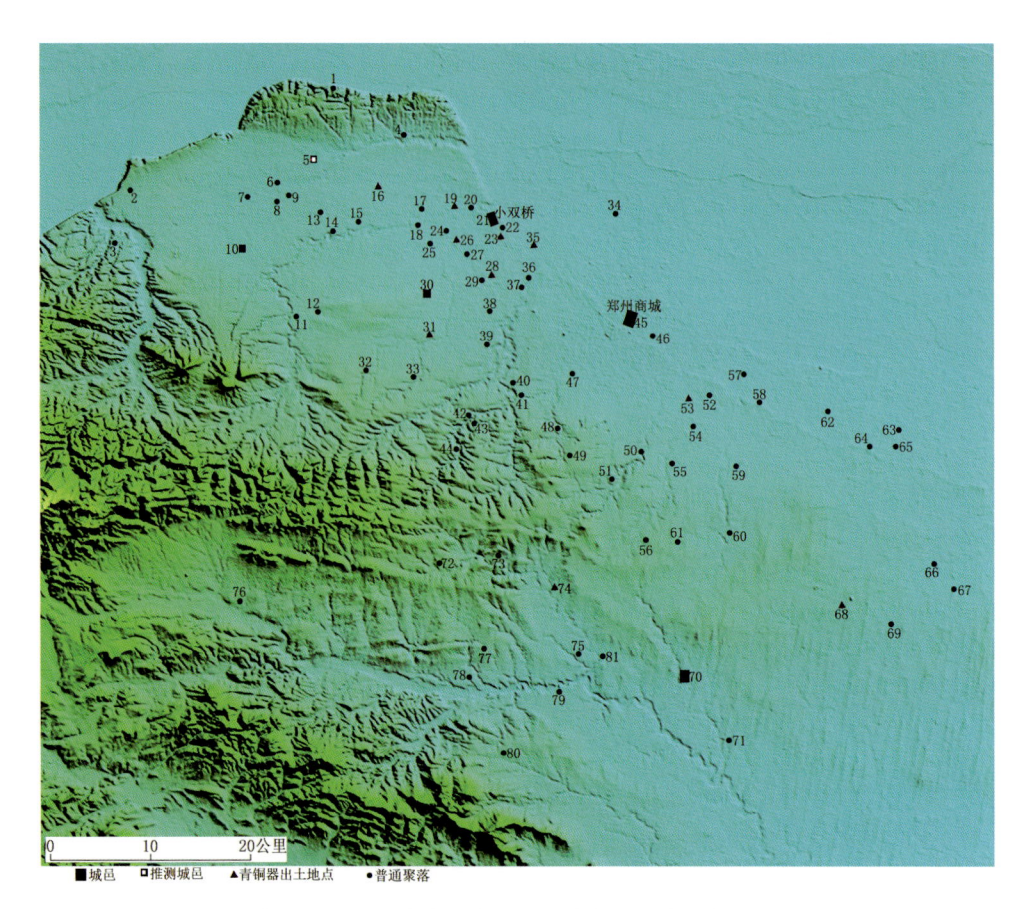

彩图七　郑州商城王畿区域白家庄期聚落分布示意

1. 小东庄　2. 薛村　3. 凤凰寨　4. 樊河北　5. 唐垌　6. 高村寺　7. 东柏朵　8. 西张村　9. 倪店　10. 西史村　11. 阎河　12. 西张寨　13. 丁楼　14. 孙寨　15. 袁垌　16. 南城　17. 小湾北　18. 大师姑　19. 岔河　20. 石河　21. 小双桥　22. 关庄北　23. 关庄　24. 西连河　25. 朱寨　26. 堂李　27. 祥营　28. 瓦屋　29. 李兰寨　30. 东赵　31. 白寨　32. 城角　33. 双楼郭　34. 大河村　35. 石佛东北　36. 陈庄　37. 新庄　38. 马良寨　39. 王垌　40. 尖岗西北　41. 尖岗西南　42. 水磨　43. 全垌　44. 梨园河　45. 郑州商城　46. 凤凰台　47. 黄岗寺新村　48. 芦村河　49. 红花寺　50. 河西袁南　51. 东徐东南　52. 梁湖　53. 小姚庄　54. 小侯庄　55. 郑堡　56. 陵岗　57. 西营岗　58. 司赵　59. 张化楼　60. 西洪府　61. 城南沟　62. 芦医庙　63. 大庄　64. 坡刘新村东南　65. 黑牛张西南　66. 西谢　67. 黄店　68. 柿园吴　69. 畐店　70. 望京楼　71. 陆庄　72. 二郎庙　73. 薛坡　74. 曲梁　75. 黄龙庙沟　76. 前士郭　77. 云岩宫　78. 叶茂沟　79. 马鞍垌　80. 煤土沟　81. 古城寨

第十一批《中国社会科学博士后文库》编委会及编辑部成员名单

（一）编委会

主　任：赵　芮
副主任：柯文俊　胡　滨　沈水生
秘书长：王　霄
成　员（按姓氏笔划排序）：

卜宪群　丁国旗　王立胜　王利民　王　茵
史　丹　冯仲平　邢广程　刘　健　刘玉宏
孙壮志　李正华　李向阳　李雪松　李新烽
杨世伟　杨伯江　杨艳秋　何德旭　辛向阳
张　翼　张永生　张宇燕　张伯江　张政文
张冠梓　张晓晶　陈光金　陈星灿　金民卿
郑筱筠　赵天晓　赵剑英　胡正荣　都　阳
莫纪宏　柴　瑜　倪　峰　程　巍　樊建新
魏后凯

（二）编辑部

主　任：李洪雷
副主任：赫　更　葛吉艳　王若阳
成　员（按姓氏笔划排序）：

杨　振　宋　娜　陈　莎　胡　奇　侯聪睿
贾　佳　柴　颖　焦永明　黎　元

《中国社会科学博士后文库》
出版说明

为繁荣发展中国哲学社会科学博士后事业，2012年，中国社会科学院和全国博士后管理委员会共同设立《中国社会科学博士后文库》（以下简称《文库》），旨在集中推出选题立意高、成果质量好、真正反映当前我国哲学社会科学领域博士后研究最高水准的创新成果。

《文库》坚持创新导向，每年面向全国征集和评选代表哲学社会科学领域博士后最高学术水平的学术著作。凡入选《文库》成果，由中国社会科学院和全国博士后管理委员会全额资助出版；入选者同时获得全国博士后管理委员会颁发的"优秀博士后学术成果"证书。

作为高端学术平台，《文库》将坚持发挥优秀博士后科研成果和优秀博士后人才的引领示范作用，鼓励和支持广大博士后推出更多精品力作。

《中国社会科学博士后文库》编委会

序
商代都城与区域考古研究的新成果

  河南大学黄河文明与可持续发展研究中心副教授侯卫东博士《郑州商城与王畿区域聚落考古研究》一书即将出版，这是他在北京大学博士学位论文基础上增改而成的专著。在卫东攻读博士学位期间，我担任他的指导教师，在该书即将出版之际，有义务写篇前言来推介这部很有价值的夏商周考古研究论著。

  卫东本科就读于河南大学博物馆学专业，硕士研究生则是在中国社会科学院考古研究所攻读，他的导师唐际根教授是我的老朋友，那时我就认识了卫东。唐教授推荐卫东进入北京大学考古文博学院攻读博士学位后，由我担任他的导师，从此我们就来往更多，也更加熟悉。卫东考虑博士学位论文选题时，鉴于郑州是商代前期分布广阔的二里岗文化的中心，又是中国最早有文字记载的殷墟文化的先导，在中国早期国家发展史上处在承前启后的位置；郑州商代前期都城规模宏大，京畿聚落复杂多样，考古资料尤其丰富，是探讨早期王都与王畿区域聚落关系和层级结构的理想样本；当然，也因为他自己就是河南人，了解自己的乡土，对包括郑州在内的河南地区的考古材料相当熟悉。他选择郑州商城及其周边地区的商代遗存作为自己的主要研究对象，最后写成了题为《郑州商代都邑地位的形成与发展》的博士学位论文。该论文获得了评议委员和答辩委员的一致好评，是一篇优秀的博士学位论文。

  进入河南大学工作后，卫东继续致力于郑州商城以及郑州周边区域的考古研究，除了参加考古调查和发掘外，还一直在不断收集补充相关资料，修改完善博士学位论文。我在他博士学位论文的导师评语中曾有这样一段评价："论文作者全面收集了郑州及相关地区的考古材料，并亲自在郑州西面的索须河流域开展过系统的考古调查和勘探，荥阳东赵、西史村、唐垌等遗址的城墙或城壕，都是作者田野中的新发现。基于这些考古资料，作者从郑州商城考古材料的分期编年入手，将以郑州商城为中心的商代前期王畿区域的考古材料划分为四个发展期，并按照这个分期序列分别对郑州商代前期的两个都城规模遗址（郑州商城、小双桥遗址）内的重要遗迹的空间分布和各期变化，郑州王畿范围内遗址的空间分布和规模大小的历时性变化进行了讨论，论述了郑州商城外郭内拥有与殷墟类似的'族邑'形式，郑州王畿区域已形成以王室为中心的三个层级的聚落结构，郑州商城形成和发展过程中及小双桥都邑建立时，郑州王畿区域聚落及其反映的社会结构对都邑的发展演变有明显响应等新观点。这些不仅对研究郑州商城及王畿代表的早期国家的形成机制、社会结构和组织模式具有重要意义，对认识中国早期国家的形成过程、国家特质、发展模式等也都具有学术意义。"但我也指出过论文的主要不足之处，也就是"从郑州商代都邑考古材料的分析转向早期国家历史背景的阐释过程还显得略显简单粗放"，建议他删改补充后出版。现在卫东修改完善后的《郑州商城与王畿区域聚落考古研究》一书，就是他博士学位论删改、补充和提升后的产物。

专著《郑州商城与王畿区域聚落考古研究》与博士学位论文《郑州商代都邑地位的形成与发展》有密切的先后传承关系，这种联系性主要表现在郑州地区夏商时期的考古材料的分期编年、郑州商城布局的历时性变化、郑州商城与小双桥商都的关系、郑州夏商时期区域聚落考古研究等方面，博士学位论文为本书的写作奠定了资料基础和研究基础。不过，本书的资料收集更丰富，关注问题更集中，章节设置更合理，研究深度也更深入。具体而言，主要表现在以下几个方面：

在资料收集和资料处理方面，卫东新作搜罗了迄今发表的郑州商城及其王畿区域夏商时期聚落的全部考古资料，其数量远超出博士学位论文使用的资料。其中如郑州商城新的两篇考古发掘简报、郑州西北索须枯河流域考古调查报告、新郑望京楼遗址考古发掘报告、望京楼周边区域聚落考古调查报告、《郑州市文物地图集》等，都是卫东撰写博士学位论文时尚没有刊布或没有查明的新资料。这些新资料或提供了新的历史信息，或可以检验该书的相关论述。卫东对这些资料进行了系统梳理和深入研究，在这些资料的分期断代基础上，按期别将这些夏商遗址标注于地形图，既给作者考察郑州商城与王畿区域的聚落关系及其演变奠定了基础，也给读者阅读理解该书的文字阐述提供了直观的便利。

在关注问题和章节结构方面，卫东接受一些学者的建议，删掉了博士学位论文最后一章关于"郑州商代都邑代表的早期国家"问题的讨论，将研究聚焦在郑州商城与王畿区域社会结构和组织方式的演变上，更有利于将问题研究得深入具体。我记得美国加州大学洛杉矶分校罗泰教授在看过卫东博士学位论文稿后，虽然也很赞许作者拓展研究视域所展现的研究能力，但他还是建议作者在论文修改出版时，可以考虑省略最后探讨早期国家的部分。卫东新著删除了原先的"郑州商代都邑代表的早期国家"一章，将部分需要保留的内容移入相关章节进行阐述，从而使得郑州商城王畿区域聚落与社会的论述，更加突出了区域聚落变迁反映的社会重组及其与重大历史事件的呼应关系，内容也显得更加紧凑和丰满。

在研究广度和研究深度方面，卫东的新著是他博士学位论文的完善和发展，除了分别对郑州商城及其王畿区域聚落考古资料一次全面系统地梳理和分析、构建了详尽的区域聚落空间分布框架外，还探讨了过去很少讨论的郑州商城代表的二里岗文化的形成机制、郑州商城的形成机制和城市化进程、郑州商城与整个王畿区域聚落的动态发展关系，进而探讨商代早期社会的重组和组织方式等问题，其研究的深度远超当初博士学位论文。

按照我阅读卫东这本新著后的观感，该书的主要学术贡献有以下三个方面：

首先，新著系统分析了郑州地区夏商时期的考古资料，将该地区从二里头文化晚期到商文化白家庄期的文化变迁分为四个时期，建立了各时期文化构成与郑州商城和京畿地区聚落发展的对应关系，指出郑州商城形成之前的二里头文化三期之时，本地的二里头文化相对单一，没有多种文化共存的现象；郑州商城形成时期即二里头文化与二里岗文化过渡期，随着下七垣文化、辉卫文化和岳石文化的进入，郑州地区形成多元文化共存的现象，但本地二里头传统仍占主导地位，基层尤其少见外来文化的聚落；郑州商城的繁荣时期，典型的二里岗文化逐渐成为郑州地区的主体文化，高规格器物主要集中在郑州商城，基层聚落的文化同一性略逊于郑州商城；郑州商城稳静运行的白家庄期，郑州地区形成了特征鲜明的时代风格，器物有规范化、标准化和大型化的倾向，只有少量其他文化因素的孑遗，王畿区域文化面貌的一致性较高，基层聚落的发展节拍与都邑保持了高度一致。这些文化现象的发现和分析结论，都很有意义。

其次，新著探讨了郑州商城的形成及其城市化过程，对郑州商城与小双桥遗址的关系也有了更确切的认识。作者指出，在二里头文化向二里岗

·3·

文化的过渡时期，郑州商城开始陆续营建包括宫城在内的首批宫殿宗庙建筑，随后还营建了内城，内城外围形成了不少居住点和重要手工业作坊。到了典型的二里岗文化时期伊始，开始营建外城及城河，与东侧的古湖泊相接成闭合的外郭城，从而形成了宫城、内城和外城的三重结构；内城中存在若干王室成员的族邑，外城中设置有多处专业化的手工业作坊及更多的居民点，贵族墓地也多集中在外城，铸铜作坊生产规模扩大且专业化程度更高；这一时期是郑州商城的鼎盛阶段，功能分区基本确定，相对稳定的文化传统已经形成，安阳商代晚期殷都以若干族邑为基本单元组成"大邑商"，其布局模式最迟可以追溯到郑州商城。最后的白家庄时期，郑州商城开始衰落而小双桥商都随之兴起，郑州商城的总体格局没有大的变化，只是都邑的主要功能转移到附近的小双桥商都。小双桥商都的都城选址、城市规划和布局结构都与郑州商城类似，但这一时期郑州商城的青铜冶铸工业还在延续，商王室还在郑州商城故都举行祭祀活动，还有高级贵族埋葬在内城周围。所有这些都细化和深化了对郑州商城和小双桥商都的认识，丰富了商周考古和早期城市考古的内容。

其三，新著对商代前期郑州地区中心都城形成、移动和迁往他处与王畿区域聚落变化的联动关系进行了很好的分析，对于认识商代前期聚落与社会的关系提供了范例。作者认为，在二里头文化三期，郑州地区作为二里头都邑的东方门户，形成了大师姑、望京楼等拱卫西面都邑的城邑，基层聚落的分布也比较密集，反映了二里头国家采用分层组织和分区管理的方式加强对东方门户的控制。到了郑州商城开始营建的二里头文化与二里岗文化过渡时期，随着郑州地区取代洛阳盆地成为新的区域中心和社会顶层组织，郑州地区的聚落呈现广泛的整合与重组的大变化，望京楼、大师姑等此前的局域中心因而重建或改造，区域内基层聚落明显减少，人群和资源向更高层级的聚落集聚。在典型二里岗时期，郑州商城王畿区域的聚落主要分为三个层级，次级城邑和基层聚落数量超自然快速增长，可以解释为这一时期都邑通过广泛分布的贵族族邑控制整个王畿区域，商代国家范围内的人群和资源也向都城附近王畿集聚。白家庄时期随着小双桥商都的建设和使用，引起了王都、王畿和广域范围人群、聚落和社会的重新组织，在王畿内三个层级的聚落中，第二层级聚落的数量明显增多，基层聚落的数量却明显减少，可能与商王朝重新组织地方行政以强化对京畿地区的控制有关。从郑州商城始建之前至郑州地区失去王都地位，王畿区域聚落都随都城的变迁而有所响应，反映了早期国家的都城集聚效应和影响效应。这些研究结论虽未必就是定论，但却具有相当的合理性，令人印象深刻。

当然，卫东这部新著不可能覆盖郑州地区商代前期城市和聚落考古的所有问题，有的问题也只是基于现阶段考古材料的一种合理解释，有的问题还有待于将来新材料的发现和新的研究。例如，卫东对于郑州地区考古学文化历时性变化与聚落的空间变化分析对象和理论证据，主要是基于郑州地区各遗址出土陶器，设定这些陶器与制作和使用这些陶器的传统社群存在对应关系。诚然，日用陶器是与人们关系极其紧密的遗存种类，相同陶器群分布空间的扩展或收缩，有可能是制作和使用这些陶器群的社群迁徙所致，但也不能排除其他的可能性。尤其是在郑州地区这样一个较小的地理区域内，不同聚落内相同或相异陶器群的出现，更需要考虑关系的复杂性。再如，该书关于郑州商城的营建次第和发展过程的解读，是目前对于郑州商城遗存现象与都城发展关系的最细致的研究，但郑州商城内城南部因后期郑州城的占压，考古工作与其他区域不对等，而这一区域的西南部是郑州商城内两个地势较高的区域之一，该城的内城以及其中的宫城和其他功能区的分布，我们还不能确切了解。有无可能像偃师商城一样（或比偃师商城更为复杂），内城中宫城范围更广大，并在内城的西南部或其他部分还有仓城、府库或军营之类功能区？这些都是今后还需要通过考古工作予以验证的问题。还如，该书对郑州商城与小双桥遗址关系的解释尽管很有说服力，但商代前期与郑州商城并存的还有偃师商城，后者规模不及郑州，却同样具有宫城、内城和外城三重城圈的都城规制，两者的关系还有继续探讨的必要（尽管已有很多论作）；与小双桥遗址大致同时或稍后的还有洹北商城，这两座都城规模城市的关系也还有待探讨。商代是否一直存在首都和陪都的两京制？这也是令人感兴趣的问题。

希望侯卫东博士能够继续关注并拓展商代都城研究和区域聚落研究，取得更多更大的成果。

北京大学考古文博学院、三星堆研究院
2024 年 1 月

摘 要

本书系统梳理和研究了郑州商城与王畿区域夏商时期的考古学文化，探讨了郑州商城代表的二里岗文化的形成机制，提出二里岗文化的形成是以外来的下七垣文化（漳河型文化为主体）为主导，吸收了本地二里头文化的主体因素，与外来的岳石文化、辉卫文化、东下冯文化等接触融合，形成复杂多元的文化面貌，并逐渐形成典型二里岗文化的器物组合和新风格。

建立了考古学文化构成的历时性演变与郑州商城发展阶段的对应关系。郑州商城肇建之前本地流行二里头文化，二里头文化与二里岗文化过渡期下七垣文化和岳石文化直接涌入，形成多元文化传统共存的局面；典型二里岗期形成了具有时代特征的文化面貌，多元文化传统的遗风犹存；白家庄期形成了特征鲜明的时代风格，器物有规范化和标准化的倾向。二里头文化与二里岗文化过渡期是郑州商城的形成阶段，典型二里岗期早段形成了宫城、内城和外城的三重结构，郑州商城在典型二里岗期晚段达到了鼎盛，形成了很多专门的区域和相对稳定的文化传统，形成了规模化的生产和制度化的礼仪，全面完成了城市化进程。提出郑州商城与王畿区域考古学文化构成由多元趋向一体、郑州商城城市化进程中文化面貌呈现标准化和规范化趋势、都邑布局呈现复杂化趋势，对认识中原腹地夏商时期文化互动、郑州商城的形成过程及城市化进程具有重要意义。

从区域聚落考古的角度研究郑州商城的形成背景、城市化进程、组织方式及社会结构，提出了研究郑州商城的新范式。本书对郑州商城及其王畿区域聚落考古资料进行了一次全面系统的梳理和深入研究，将郑州商城王畿区域夏商时期的每个聚落都标注在地形图上，构建了详尽的区域聚落空间分布框架。以区域聚落考古的视角研究郑州商城的形成与发展过程，讨论郑州商城与王畿区域聚落形态、规模、层级、分布及其变迁，从而探讨郑州商城的肇建背景、形成机制、城市化进程与王畿区域聚落变迁和社会重组等问题。全面考察郑州商城王畿区域聚落的历时性变化，提出郑州商城的营建不仅导致大师姑、望京楼、东赵等重要城邑重新修建或改造，还引起了很多基层聚落的消失；与郑州商城的繁荣鼎盛相呼应，王畿区域聚落的数量明显增加；王都从郑州商城转移到小双桥的过程中，第二层级聚落明显增加、基层聚落则明显减少。发现王畿区域聚落反映的社会结构与王都的形成和发展有明显响应关系，对认识郑州商城王畿区域聚落变迁和社会重组具有重要意义。

郑州商城的布局和组织方式相当于最早的"大邑商"。郑州商城在二里头文化与二里岗文化过渡期早段营建了最早的一批宫殿宗庙建筑和宫城，过渡期晚段营建了面积约3平方公里的大城（内城）。大城（内城）北半部是宫殿宗庙建筑集中分布区，存在不同的"宫城单元"和功能区划，高规格墓葬常常在宫殿宗庙建筑附近。大城（内城）外围营建了不少重要手工业作坊，散布着很多居住点。从宫城、大城（内城）到大城（内城）外侧形成了三重结构，分布着与王室关系远近不同的族邑，形成以王室为核心的向心式布局，相当于甲骨文和早期文献中的"大邑商"。安阳商王朝晚期殷都以若干族邑为基本单元组成"大邑商"，这种布局模式有着深厚的历史文化渊源，可以追溯到郑州商城。郑州商城王畿区域的各级聚落也是不同层级的族邑，王都通过广泛分布的贵族族邑控制整个王畿区域的基层族邑。对认识商王朝早期王都郑州商城的组织方式和运行机制具有重要学术价值。

郑州商城在白家庄期仍然是神圣的先王故都。白家庄期是郑州商城稳静运行和小双桥商都兴起并的阶段，郑州商城的总体格局没有大的变化，二者大约同时在白家庄期之末停止都邑运转。王都的中心转移到郑州商城附近的小双桥商都之后，郑州商城的青铜冶铸工业延续了一段时间；商王室对先王故都进行过多次高规格的祭祀活动，还有高级贵族埋葬在内城周围。小双桥商都选择了类似郑州商城的地理环境，采用了郑州商城的总体布局结构和建筑技术，祭祀活动更加频繁、规模更加宏大。

关键词：郑州商城；王畿区域；聚落变迁；城市化进程

Abstract

This dissertation systematically researches the archaeological culture of Zhengzhou Shang City and the vicinity of capital during the Xia and Shang dynasties, discusses the formation mechanism of Erligang culture represented by Zhengzhou Shang City, and puts forward that the formation of Erligang culture was dominated by foreign Xiaqiyuan culture (Zhanghe type culture as the main part), absorbed the main factors of local Erlitou culture, and integrated with foreign Yueshi culture, Huiwei culture and Dongxiafeng culture. Therefore, Erligang culture presented a complex and diverse cultural outlook. On this basis, it gradually formed the distinctive assemblages and new style of typical Erligang culture.

The dissertation also establishes the corresponding relationship between the diachronic evolution of archaeological cultural composition and the development stage of Zhengzhou Shang City. Before the emergence of Zhengzhou Shang City, the major archaeological culture of this region was local Erlitou culture; during the transitional period of Erlitou culture to Erligang culture, Xiaqiyuan culture and Yueshi culture poured in this area directly, forming a situation of coexistence of multicultural traditions; During typical Erligang phase, the so-called Erligang style formed, and there were still signs of multicultural traditions; In the Baijiazhuang phase, the period style with distinctive features of standardization emerged. The transitional period of Erlitou culture to Erligang culture is the formation stage of Zhengzhou Shang City. The triple structure of palaces, the inner city, and the outer city was formed in the early stage of typical Erligang phase. when Zhengzhou Shang City reached its peak in the late stage of typical Erligang phase, it not only formed many special regions and relatively stable cultural traditions, but also had large-scale production and institutionalized etiquette, so as to fully complete the process of urbanization. It can be seen that the archaeological culture composition of Zhengzhou Shang City and the vicinity of capital tended to be integrated from pluralism, the cultural outlook presented the trend of standardization and normalization in the process of urbanization, and the layout of the capital showed a trend of complexity. The above analysis is of great significance to understand the cultural interaction in the hinterland of the Central Plains during the Xia and Shang dynasties, the formation process of Zhengzhou Shang City and the process of urbanization.

It is a new paradigm to research the formation background, urbanization process, organization pattern and social structure of Zhengzhou Shang City from the perspective of regional settlement archaeology. This dissertation makes a comprehensive and systematic sorting to the archaeological data of Zhengzhou Shang City and the settlements in the vicinity of capital, and also makes an in-depth research. Firstly, each settlement in the Xia and Shang dynasties in this region needs to be marked on the topographic map, so as to build a detailed spatial distribution framework of regional settlements. Then, from the perspective of regional settlement archaeology, this dissertation researchs the formation and development process of Zhengzhou Shang City, discusses the settlement pattern, scale, tier, distribution and changes of Zhengzhou Shang City and the settlements in the vicinity of capital, so as to explore the background, formation mechanism and urbanization process of Zhengzhou Shang City, moreover, to explore the settlement changes and social reorganization of the settlements in the vicinity of capital. Through a comprehensive investigation of the diachronic changes in the vicinity of capital, this dissertation puts forward that the construction of Zhengzhou Shang City not only led to the reconstruction or transformation of significant regional centers such as Dashigu, Wangjinglou and Dongzhao, but also caused the disappearance of many grass-roots settlements; Echoing the prosperity of Zhengzhou Shang City, the number of settlements in the vicinity of capital has increased significantly; During the transfer of the royal capital from Zhengzhou Shang City to the Xiaoshuangqiao site, the second-tiered settlements increased significantly and the grass-roots settlements decreased significantly. It can be seen that the social structure reflected by the settlements in the vicinity of capital has an obvious response relationship with the formation and development of the royal capital, which is of great significance to understand the Settlement changes and social reorganization in the vicinity of Zhengzhou Shang City.

The layout and organization of Zhengzhou Shang City is equivalent to the earliest "Da Yi Shang". The first batch of palaces, ancestral temple buildings and the palace zone of Zhengzhou Shang City were built in the early stage of the transitional period of Erlitou culture to Erligang culture, and the large city (the inner city) with an area of around 3 square kilometers was built in the late stage of the transitional period. The northern half of the big city (the inner city) was the concentrated distribution area of palace and temple buildings. Archaeology evidence has proved that there were different "palace zone units" and functional divisions. high-specification tombs were also often near the palace and temple buildings. Many important handicraft workshops were built on the periphery of the big city (the inner city), as well as many residential spots. A triple structure was formed from the palace zone, the big city (the inner city) to the outside of the big city (the inner city). And there were many clan Settlements which with different relations with the royal family distributed here, forming a centripetal layout with the royal family as the core, which was equivalent to the "Da Yi Shang" in oracle bone inscriptions and early literature. The capital of the late Shang Dynasty in Anyang formed "Da Yi Shang" with several clan Settlements as the basic units, and this layout pattern has profound historical and cultural origin, which can be traced back to Zhengzhou Shang City. The settlements at all tiers in the vicinity of Zhengzhou Shang City are also clan Settlements at different tiers, and the royal capital controlled the grass-roots settlements of the whole vicinity of capital through the widely distributed high-ranked elites' settlements. This is of great academic value to understand the organization and operation mechanism of Zhengzhou Shang City—the capital of the early Shang Dynasty.

During the Baijiazhuang phase, the overall pattern of Zhengzhou Shang City did not change greatly, and Zhengzhou Shang City was still a sacred homeland, even if in this period Zhengzhou Shang City was declining and the Xiaoshuangqiao site was rising. After the center of the royal capital was moved to the Xiaoshuangqiao site near Zhengzhou Shang City, the bronze metallurgy of Zhengzhou Shang City continued for a period of time ; the central government carried out many high-specification sacrificial activities to the homeland, and some high-ranked elites were buried around the inner city. Moreover, the Xiaoshuangqiao site chose the geographical environment similar to Zhengzhou Shang City, and adopted the overall layout structure and architectural technology of Zhengzhou Shang City. In particular, the sacrificial activities of the Xiaoshuangqiao site were more frequent and larger than those of Zhengzhou Shang City.

Keywords: Zhengzhou Shang City , Vicinity of Capital, Settlement Changes; Urbanization Process

目 录

绪 论 ……………………………………………………………… (1)
 第一节 郑州商城王畿区域的地理与人文背景 ……………… (1)
 第二节 郑州商城王畿区域聚落考古研究的学术意义 ……… (11)

第一章 郑州商城王畿区域的文化传统 ………………………… (14)
 第一节 郑州商城考古学编年与文化传统研究史 …………… (14)
  一 郑州商城考古学编年研究史 …………………………… (14)
  二 郑州商城考古学文化传统研究概况 …………………… (20)
 第二节 郑州商城考古学编年标尺 …………………………… (23)
 第三节 郑州商城考古学文化构成的演变 …………………… (26)
  一 二里头文化与二里岗文化过渡期 ……………………… (26)
  二 典型二里岗期早段 ……………………………………… (33)
  三 典型二里岗期晚段 ……………………………………… (38)
  四 白家庄期 ………………………………………………… (39)
  五 郑州商城考古学文化构成的历时性变化 ……………… (42)
 第四节 郑州商城和小双桥商都的高规格陶器 ……………… (44)
  一 陶器上的兽面纹 ………………………………………… (44)
  二 陶龟 ……………………………………………………… (47)
  三 原始瓷、印纹硬陶 ……………………………………… (49)
 第五节 望京楼商城考古学文化构成的演变 ………………… (50)
  一 二里头文化与二里岗文化过渡期 ……………………… (51)
  二 典型二里岗期早段 ……………………………………… (52)
  三 典型二里岗期晚段 ……………………………………… (54)
  四 白家庄期 ………………………………………………… (55)

第六节　郑州商城王畿区域的文化传统 ……………………（56）
　　一　二里头文化与二里岗文化过渡期 ………………（56）
　　二　典型二里岗期 ……………………………………（59）
　　三　白家庄期 …………………………………………（61）

第二章　郑州商城的形成过程与城市化进程 ………………（64）
第一节　郑州商城肇建之前的聚落基础 …………………（65）
第二节　郑州商城肇始阶段的布局 ………………………（69）
　　一　郑州商城小城肇建与宫城形成的年代 …………（69）
　　二　郑州商城大城营建与内城形成的年代 …………（73）
　　三　郑州商城肇始阶段宫城的布局 …………………（75）
　　四　郑州商城肇始阶段的居住点 ……………………（89）
　　五　郑州商城肇始阶段的总体布局 …………………（94）
第三节　郑州商城定局阶段的布局 ………………………（97）
　　一　郑州商城外城的营建 ……………………………（97）
　　二　郑州商城定局阶段宫城的布局 …………………（99）
　　三　郑州商城定局阶段的手工业作坊 ………………（110）
　　四　郑州商城定局阶段的墓葬和祭祀遗存 …………（120）
　　五　郑州商城定局阶段的总体布局 …………………（126）
第四节　郑州商城鼎盛阶段的布局 ………………………（127）
　　一　郑州商城鼎盛阶段宫城的布局 …………………（128）
　　二　郑州商城鼎盛阶段内城的重要遗迹 ……………（137）
　　三　郑州商城鼎盛阶段外城的重要遗迹 ……………（140）
　　四　郑州商城鼎盛阶段的总体布局 …………………（150）
第五节　郑州商城的形成过程与城市化进程 ……………（153）

第三章　郑州商城与小双桥商都的关系 ……………………（156）
第一节　郑州商城稳静阶段的布局 ………………………（156）
　　一　铜器关联的高规格遗存 …………………………（157）
　　二　陶器关联的居住点 ………………………………（168）
　　三　郑州商城稳静阶段的总体布局 …………………（171）

第二节　小双桥商都的布局 (172)
　　一　小双桥商都的范围和总体布局 (174)
　　二　宫城的布局 (177)
　　三　小双桥商都的总体布局 (189)
第三节　郑州商城和小双桥商都的关系 (190)

第四章　郑州商城王畿区域的聚落与社会 (193)
第一节　郑州商城肇建之前王畿区域的社会背景 (194)
　　一　郑州商城肇建之前王畿区域聚落概况 (194)
　　二　郑州商城王畿区域形成的社会背景 (212)
第二节　郑州商城肇始阶段王畿区域的社会重组 (215)
　　一　郑州商城肇始阶段王畿区域聚落概况 (215)
　　二　郑州商城肇始阶段王畿区域的社会重组 (225)
第三节　郑州商城王畿区域典型二里岗期的社会结构 (227)
　　一　郑州商城王畿区域典型二里岗期聚落概况 (228)
　　二　郑州商城王畿区域聚落的社会结构 (240)
第四节　郑州商城王畿区域白家庄期的聚落与社会 (242)
　　一　郑州商城王畿区域白家庄期聚落概况 (243)
　　二　郑州商城王畿区域聚落对王都重新组织的响应 (255)

结　语 (257)

参考文献 (265)

索　引 (284)

后　记 (287)

Contents

Introduction ··· (1)
Section 1 The Geographical and Cultural Background of the
  Vicinity of Zhengzhou Shang City ·· (1)
Section 2 The Academic Significance of Studying on Settlement
  Archaeological in the Vicinity of Zhengzhou Shang City ············ (11)

Chapter 1 The Cultural Tradition of the Vicinity of Zhengzhou
  Shang City ·· (14)
Section 1 The Research History of Archaeological Chronology
  and Cultural Tradition of Zhengzhou Shang City ························ (14)
1. Researchs on the Archaeological Chronology of Zhengzhou Shang
  City ·· (14)
2. Researchs on the Archaeological Cultural Tradition of Zhengzhou
  Shang City ·· (20)
Section 2 Chronological Scale of Archaeology of Zhengzhou
  Shang City ·· (23)
Section 3 Evolution of Archaeological Cultural Composition
  of Zhengzhou Shang City ·· (26)
1. The Transitional Period of Erlitou Culture to Erligang Culture ············ (26)
2. Early Stage of Typical Erligang Phase ·· (33)
3. Late Stage of Typical Erligang Phase ·· (38)
4. Baijiazhuang Phase ·· (39)

5. Diachronic Changes in the Archaeological Cultural Composition of Zhengzhou Shang City ······ (42)
Section 4   High Specification Pottery of Zhengzhou Shang City and the Xiaoshuangqiao Site ······ (44)
1. Animal Mask Design on the Pottery ······ (44)
2. The Pottery Turtle ······ (47)
3. The Protoporcelain and the Tamped Hard Pottery ······ (49)
Section 5   Evolution of Archaeological Cultural Composition of Wangjinglou Shang City ······ (50)
1. The Transitional Period of Erlitou Culture to Erligang Culture ······ (51)
2. Early Stage of Typical Erligang Phase ······ (52)
3. Late Stage of Typical Erligang Phase ······ (54)
4. Baijiazhuang Phase ······ (55)
Section 6   Cultural Tradition of the Vicinity of Zhengzhou Shang City ······ (56)
1. The Transitional Period of Erlitou Culture to Erligang Culture ······ (56)
2. Typical Erligang Phase ······ (59)
3. Baijiazhuang Phase ······ (61)

Chapter 2   The Formation Process and Urbanization Process of Zhengzhou Shang City ······ (64)
Section 1   Settlement Foundation Before the Construction of Zhengzhou Shang City ······ (65)
Section 2   Layout of Zhengzhou Shang City in its Early Period ······ (69)
1. The Chronology When the Small City of Zhengzhou Shang City Began to Be Built and the Palace Zone Was Formed ······ (69)
2. The Chronology When the Big City of Zhengzhou Shang City Was Built and the Inner City Was Formed ······ (73)
3. The Layout of the Palace Zone in the Early Period of Zhengzhou Shang City ······ (75)
4. The Settlements in the Early Period of Zhengzhou Shang City ······ (89)

5. The Overall Layout of Zhengzhou Shang City in its Early Period ……… (94)
Section 3　Layout of Zhengzhou Shang City in its Certain
　　Period ……………………………………………………………… (97)
1. The Construction of the Outer City of Zhengzhou Shang City ………… (97)
2. The Layout of the Palace Zone in the Certain Period of Zhengzhou
　　Shang City ……………………………………………………………… (99)
3. Handicraft Workshops in the Certain Period of Zhengzhou
　　Shang City …………………………………………………………… (110)
4. Tombs and Sacrificial Remains in the Certain Period of
　　Zhengzhou Shang City ……………………………………………… (120)
5. The Overall Layout of Zhengzhou Shang City in its Certain
　　Period ………………………………………………………………… (126)
Section 4　Layout of Zhengzhou Shang City in its Peak
　　Stage …………………………………………………………………… (127)
1. The Layout of the Palace Zone in the Peak Stage of Zhengzhou
　　Shang City …………………………………………………………… (128)
2. Important Remains of the Inner City in the Peak Stage of Zhengzhou
　　Shang City …………………………………………………………… (137)
3. Important Remains of the Outer City in the Peak Stage of Zhengzhou
　　Shang City …………………………………………………………… (140)
4. The Overall Layout of Zhengzhou Shang City in its Peak Stage ……… (150)
Section 5　The Formation Process and Urbanization Process of
　　Zhengzhou Shang City ……………………………………………… (153)

Chapter 3　Relationship Between Zhengzhou Shang City and the
　　Xiaoshuangqiao Site ………………………………………………… (156)
Section 1　Layout of Zhengzhou Shang City in its Steady and
　　Static Period ………………………………………………………… (156)
1. The High Specification Remains Associated With Bronze …………… (157)
2. The Settlements Associated With Pottery ……………………………… (168)
3. The Overall Layout of Zhengzhou Shang City in its Steady and Static
　　Period ………………………………………………………………… (171)

Section 2　Layout of the Xiaoshuangqiao Site ……………………（172）
1. The Scope and Overall Layout of the Xiaoshuangqiao Site …………（174）
2. The Layout of the Palace Zone ……………………………………（177）
3. The Overall Layout of the Xiaoshuangqiao Site ……………………（189）
Section 3　Relationship Between Zhengzhou Shang City and the Xiaoshuangqiao Site ……………………………………（190）

Chapter 4　Settlement and Society in the Vicinity of Zhengzhou Shang City ………………………………………………（193）
Section 1　The Social Background of the Vicinity of Capital Before the Construction of Zhengzhou Shang City ……………（194）
1. An Overview of the Settlement in the Vicinity of Capital Before the Construction of Zhengzhou Shang City ……………………（194）
2. The Social Context of the Formation of Zhengzhou Shang City ………（212）
Section 2　Social Reorganization of the Vicinity of Zhengzhou Shang City During its Early Period ……………………（215）
1. An Overview of the Settlement in the Vicinity of Zhengzhou Shang City During its Early Period ……………………………（215）
2. The Social Reorganization of the Vicinity of Zhengzhou Shang City During its Early Period ……………………………………（225）
Section 3　The Social Structure of the Vicinity of Zhengzhou Shang City During its Typical Erligang Phase ……………（227）
1. An Overview of the Settlement in the Vicinity of Zhengzhou Shang City During its Typical Erligang Phase ……………………（228）
2. The Social Structure of the Settlement in the Vicinity of Zhengzhou Shang City ………………………………………………（240）
Section 4　Settlement and Society in the Vicinity of Zhengzhou Shang City During Baijiazhuang Phase ……………………（242）
1. An Overview of the Settlement in the Vicinity of Zhengzhou Shang City During Baijiazhuang Phase ……………………………（243）

Contents

2. The Response to the Reorganization of the Settlement in the Vicinity of Zhengzhou Shang City ······ (255)

Epilogue ······ (257)

Reference ······ (265)

Index ······ (284)

Postscript ······ (287)

绪 论

第一节 郑州商城王畿区域的地理与人文背景

郑州商城位于中原腹心地区的河南省郑州市市区（图0-1），是商王朝早期的一座都城，早于安阳的商王朝晚期都城"殷"，郑州商城代表的考古学文化被命名为"二里岗文化"[①]。郑州商城作为商王朝早期都城的末尾阶段，其西北方向直线距离约12.5公里的小双桥一带形成了新的王都，考古学界称该阶段为二里岗上层二期、白家庄期或小双桥期[②]。

郑州商城地处中国地理学上的第二阶梯与第三阶梯过渡区域，刚刚进入地势低缓的第三阶梯的西部边缘，其西侧、南侧是嵩山余脉延伸而来的丘陵高地，东侧、北侧是广阔的平原和低洼的湖沼，正好处于丘陵高地与湖沼平原的交接地带，尽享山水之利、规避山水之害。郑州商城的北方为古济水和古黄河，西北方向的广武山（敖山）在黄河南岸，西南方则是嵩山余脉，东南方是比较平坦的平原，郑州商城东侧为著名的古湖泊古圃田泽[③]，小双桥商都东北侧为著名的古湖泊古荥泽[④]。郑州商城及其周围区域

[①] a. 河南省文物考古研究所编著：《郑州商城——1953—1985年考古发掘报告》，文物出版社2001年版。
b. 中国社会科学院考古研究所编著：《中国考古学·夏商卷》，中国社会科学出版社2003年版。
[②] 河南省文物考古研究所编著：《郑州小双桥——1990—2000年考古发掘报告》，科学出版社2012年版。
[③] 袁广阔、曾晓敏：《论郑州商城内城和外郭城的关系》，《考古》2004年第3期。
[④] 侯卫东：《"荥泽"的范围、形成与消失》，《历史地理》第二十六辑，上海人民出版社2012年版。

的水系非常发达，呈现出河川纵横、湖沼遍布的水文景观，主要有索河、须水河、枯河、汜水河、贾鲁河、金水河、熊耳河、七里河等河流，还有圃田泽、荥泽等先秦时期的大湖泊。这些水系虽然历经古今变迁，大多有夏商时期的脉源，曲折地反映了郑州商城的水系环境。[①] 可见，郑州商城的自然地理环境无比优越，山产资源和水资源非常丰富。

有学者对郑州商城及其周围的古地形进行了模拟复原（图0-1；彩图一），指出郑州商城位于黄土台地与平原的过渡区域，属于黄土台地延伸到冲积平原的前缘位置，郑州商城总体上坐落在一处平地上但存在几片高地，宫殿和祭祀区一般分布在高地上，手工业作坊区接近水源，城市的功能区划与自然地理环境有直接关系[②]。

以郑州商城为中心，其周围区域同时期中小型城邑和青铜器出土地点分布相当密集（图0-2），城邑有新郑望京楼[③]、荥阳大师姑[④]、郑州东赵[⑤]、荥阳西史村[⑥]、须水白寨[⑦]等，出土青铜器而尚未发现城邑的地点有郑州堂李[⑧]、

[①] 刘亦方、宋国定：《环嵩山地区三代城市水利系统的考古学研究》，中国社会科学出版社2022年版，第82—84页。

[②] Panpan Chen et al. , *The Impact of Ancient Landscape Changes on the City Arrangement of the Early Shang Dynasty Capital Zhengzhou*, Central China, Frontiers in Earth Science, 2021（9）．

[③] 郑州市文物考古研究院编著：《新郑望京楼：2010—2012年考古发掘报告》，科学出版社2016年版。

[④] 郑州市文物考古研究所编著：《郑州大师姑（2002—2003）》，科学出版社2004年版。

[⑤] a. 郑州市文物考古研究院、北京大学考古文博学院：《河南省郑州市索、须、枯河流域考古调查报告》，《古代文明》第10卷，上海古籍出版社2016年版。
b. 顾万发、雷兴山、张家强：《夏商周考古的又一重大收获》，《中国文物报》2015年2月27日第5版。
c. 李政：《郑州东赵遗址发现新砦期、二里头时期、东周时期三座城址》，《中国文物报》2014年12月19日。

[⑥] a. 郑州市博物馆：《河南荥阳西史村遗址试掘简报》，《文物资料丛刊》5，文物出版社1981年版，第94—96页。
b. 郑州市文物考古研究院、北京大学考古文博学院：《河南省郑州市索、须、枯河流域考古调查报告》，《古代文明》第10卷，上海古籍出版社2016年版。

[⑦] a. 国家文物局主编：《中国文物地图集·河南分册》，中国地图出版社1991年版，第2、3页。
b. 张家强：《郑州白寨遗址发掘收获》汇报纪要。收入李标标、张明哲《2020年度河南考古工作成果交流会》（二），河南考古微信公众号2020年12月16日。

[⑧] 张松林：《郑州市西北郊区考古调查简报》，《中原文物》1986年第4期。堂李二里岗时期铜器出土地点位于郑州商城外城西北约10公里。

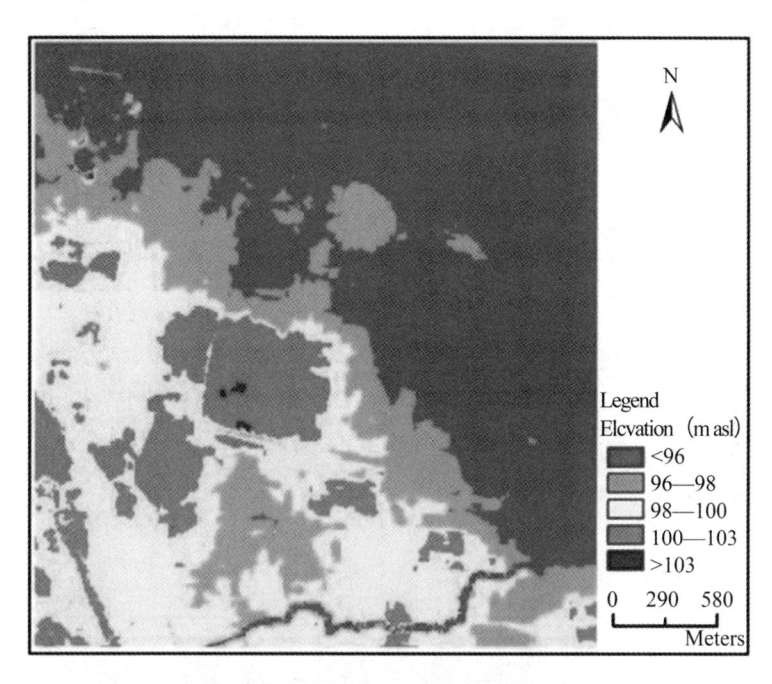

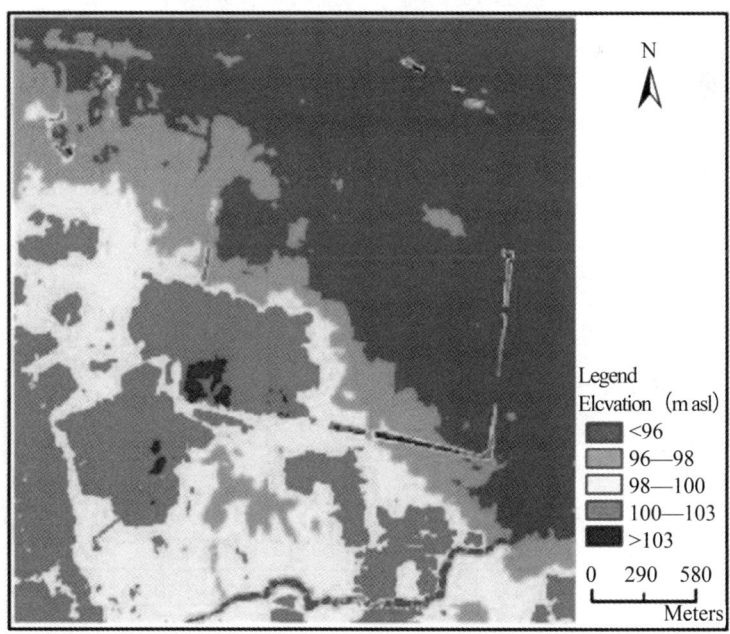

绪 论

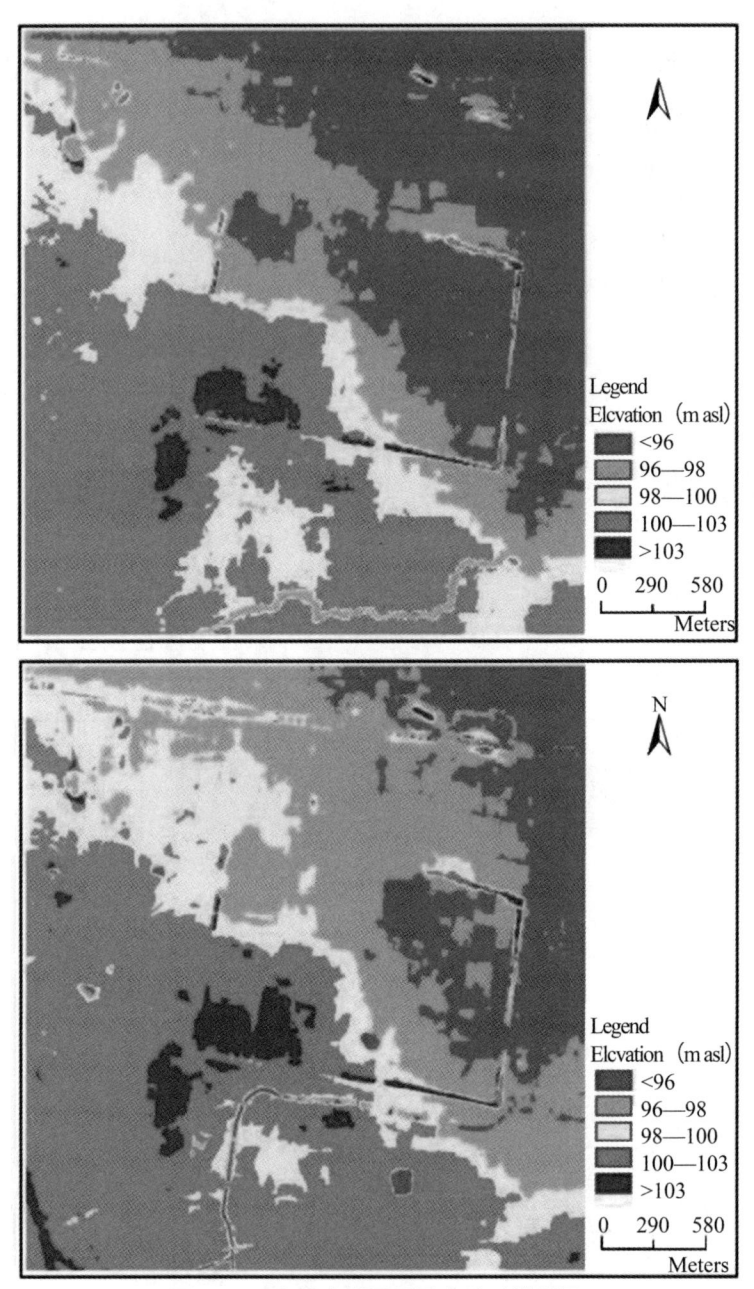

图 0-1　郑州商城及周围古地形模拟图

采自 *The Impact of Ancient Landscape Changes on the City Arrangement of the Early Shang Dynasty Capital Zhengzhou, Central China*。

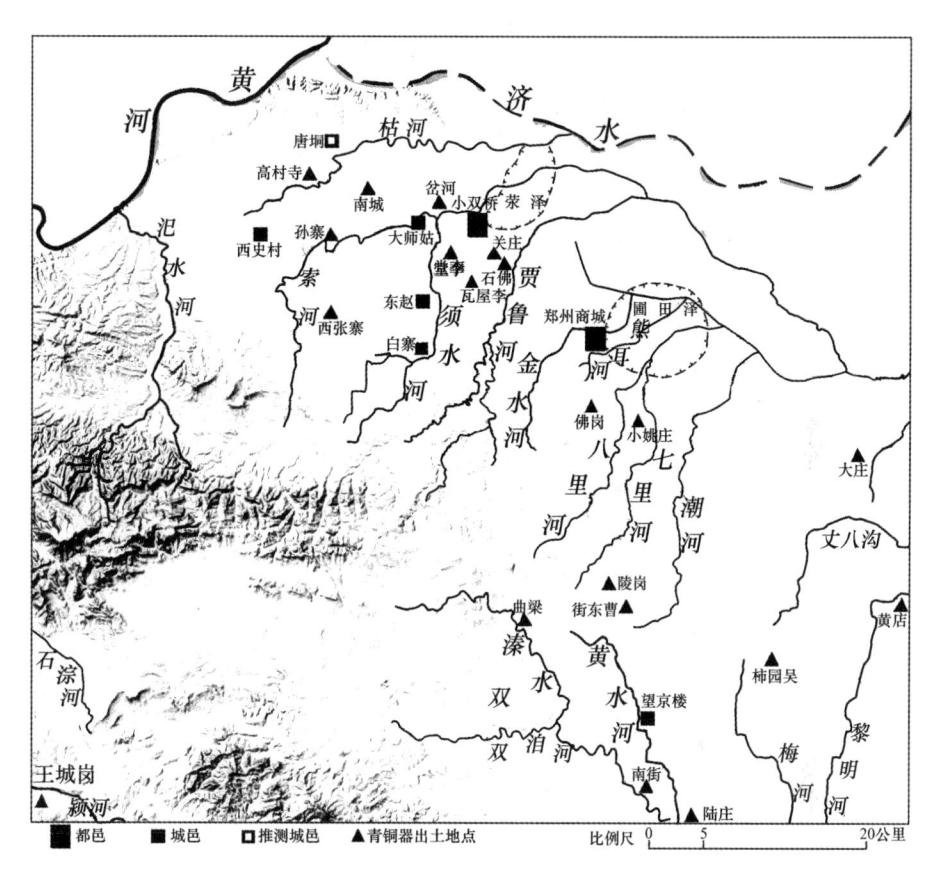

图 0-2 郑州商城王畿区域的地理和人文背景示意①

改自《郑州商城肇始阶段王畿区域聚落变迁与社会重组》图一。

岔河②、石佛③、关庄、佛岗、小姚庄④、荥阳高村寺⑤、南城⑥、西张

---

① 济水、荥泽、圃田泽等均为汉代以前古河流、古湖泊位置示意图。孙寨遗址采集有精致的二里岗时期饕餮纹陶簋,属于规格较高、质量较好的仿铜礼器,故而也标注在图上。新郑陆庄铜器出土地点为新郑"县东汽车站陆庄高广民院内",查今新郑陆庄在市区东南较远处,并无任何类型的车站;今新郑火车站在市区之东,但没有陆庄,笔者暂以此地为出土铜器的位置,仅供参考。
② 郑州市文物工作队:《郑州岔河商代遗址调查简报》,《考古》1988年第5期。
③ 陈焕玉:《郑州市石佛乡发现商代青铜、戈、刀》,《华夏考古》1988年第1期。
④ 管城回族区文物局编:《管城回族区文物志》,中州古籍出版社2012年版,第113页。
⑤ 陈立信、马德峰:《荥阳县高村寺商代遗址调查简报》,《华夏考古》1991年第3期。
⑥ 荥阳文物志编纂委员会编著:《荥阳文物志》,中州古籍出版社2011年版,第225页。

寨①、中牟黄店、大庄②、新郑南街③、陆庄、陵岗村、柿园吴④、街东曹⑤、新密曲梁⑥等，其中有些城邑已有线索但还未公布。郑州商城及周围区域是商王朝早期城邑和青铜器代表的高规格聚落分布最密集的区域，基层聚落的分布更密集，也是广域范围内同时期聚落密度最高的区域。

学界把安阳商王朝晚期都城"殷"及周邻区域称为"王畿"，指代商王朝晚期都城直接控制的区域⑦。商王朝晚期"王畿"包括的范围比较广，学者常常称之为"邦畿千里"，属于广义的"王畿"。借用"王畿"的概念，可把郑州商城及周围区域称为商王朝早期的"王畿"，即"郑州商城王畿区域"。"郑州商城王畿区域"以郑州商城为中心，以周围的山陵河湖等山水环境的自然界限为地理单元，从距离上和交通上都能被王都直接有效地控制，是狭义的"王畿"。⑧郑州商城北方的古济水（今黄河）、古荥泽和广武山，东方的古圃田泽，西南方的嵩山余脉，西方的黄河（古黄河）等大的山川河湖，围成一个相对独立的半开放式地理单元，主要包括枯河、索河、须水河、贾鲁河、金水河、熊耳河、黄水河等河流的流域（图0-2）。以郑州商城为中心，半径50公里左右的范围涵盖了上述地理单元。南部的双洎河上游及黄水河上游与郑州商城之间隔着嵩山余脉或低浅的丘陵，商代早期聚落分布比较密集，实际的交通并没有太大的障碍，也是郑州商城王畿的一个重要区域。古圃田泽之东的郑州市区东部与中牟县西部的考古材料较少，与黄河泛滥形成厚厚的黄沙覆盖层有直接关系。古济水（今黄河）北侧的聚落因黄河泛滥等原因而难以确认。因此，本书定义的郑州商城王畿区域主要指郑州商城为中心、半径50公里范围内的平原和丘陵，是郑州商城代表的王权国家的腹心地带，是都城和商王朝早

---

① a. 国家文物局主编：《中国文物地图集·河南分册》，中国地图出版社1991年版，第8页。
　b. 荥阳市志编纂委员会：《荥阳市志》，新华出版社1996年版。
② 赵新来：《中牟县黄店、大庄发现商代铜器》，《文物》1980年第12期。
③ 赵舒琪：《黄帝故里新郑青铜器》，光明日报出版社2017年版，第40页。
④ a. 赵炳焕、白秉乾：《河南省新郑县新发现的商代铜器和玉器》，《中原文物》1992年第1期。
　b. 赵舒琪：《黄帝故里新郑青铜器》，光明日报出版社2017年版，第170、171页。
⑤ a. 新郑市文物管理局编：《新郑市文物志》，中国文史出版社2005年版，第51页。
　b. 赵舒琪：《黄帝故里新郑青铜器》，光明日报出版社2017年版，第173页。
⑥ 北京大学考古文博学院：《河南新密曲梁遗址1988年春发掘报告》，《考古学报》2003年第1期。
⑦ a. 孙亚冰、林欢：《商代地理与方国》，中国社会科学出版社2010年版。
　b. 王宇信、徐义华：《商代国家与社会》，中国社会科学出版社2011年版，第296—311页。
⑧ 侯卫东：《郑州商城肇始阶段王畿区域聚落变迁与社会重组》，《江汉考古》2018年第2期。

期赖以生存和有效运转的地域基础,是研究郑州商城的历史背景、形成机制与发展过程的核心地域。

从广域地理和宏观地势来看,郑州商城王畿区域属于半开放型地貌。郑州商城西北方向是绵延的太行山山脉,西南方向是嵩山山脉和伏牛山山脉,这些山脉构成郑州商城与其西方沟通的严重阻隔,但郑州商城可以通过重要关口与其西方进行交通。太行山南麓和东麓是西周以前的黄河古道,郑州商城北侧是济水古道,则《禹贡》四渎中的河、济二渎都流经郑州商城附近。郑州商城东北、东南方向广袤的东方地区,泰山山脉以西的部分以平原为主,间或有低缓的丘陵地带。郑州商城南方的大别山脉将南方地区阻隔为东西两部分,东部为江淮丘陵地区,西部为江汉平原和鄂北山地丘陵。郑州商城向东可通过古济水交通东方地区,向东南可通过颍河直抵淮河流域,向南可通过南阳盆地以南的随枣走廊或汉水南下江汉平原,向西可通过虎牢关进入洛阳盆地,向北则可通过古黄河北上太行山东麓一带。因此,郑州商城地处太行山山脉——嵩山山脉——伏牛山山脉一线东侧南北向主交通线上,又是夏商周三代都邑密布的洛阳盆地东出虎牢关之后的东方门户,处于古代南北向主交通线和东西向主交通线的交汇之处,是中原腹地的交通枢纽、文化漩涡和军政重地,其重要的地理位置使之成为历代兵家必争之地(图0-3)。

郑州商城和小双桥商都作为王都的商王朝前期(也可称为商王朝郑州时期),广域范围内存在很多商文化系统的城邑或青铜器出土地点(图0-3)。郑州商城王畿区域之外的商王朝前期城邑主要有偃师商城[①]、辉县孟庄商城[②]、焦作府城商城[③]、夏县东下冯商城[④]、垣曲商城[⑤]、黄陂盘龙城商城[⑥]

---

① a. 中国社会科学院考古研究所洛阳汉魏故城工作队:《偃师商城的初步勘探和发掘》,《考古》1984年第6期。
  b. 中国社会科学院考古研究所编著:《中国考古学·夏商卷》,中国社会科学出版社2003年版,第203—218页。
② a. 河南省文物考古研究所编著:《辉县孟庄》,中州古籍出版社2003年版。
  b. 侯卫东、张玲:《论辉县孟庄商城的年代》,《江汉考古》2020年第1期。
③ 袁广阔、秦小丽:《河南焦作府城遗址发掘报告》,《考古学报》2000年第4期。
④ 中国社会科学院考古研究所等:《夏县东下冯》,文物出版社1988年版。
⑤ 中国历史博物馆考古部等:《垣曲商城》,科学出版社1996年版。
⑥ 湖北省文物考古研究所编著:《盘龙城:1963年—1994年考古发掘报告》,文物出版社2001年版。

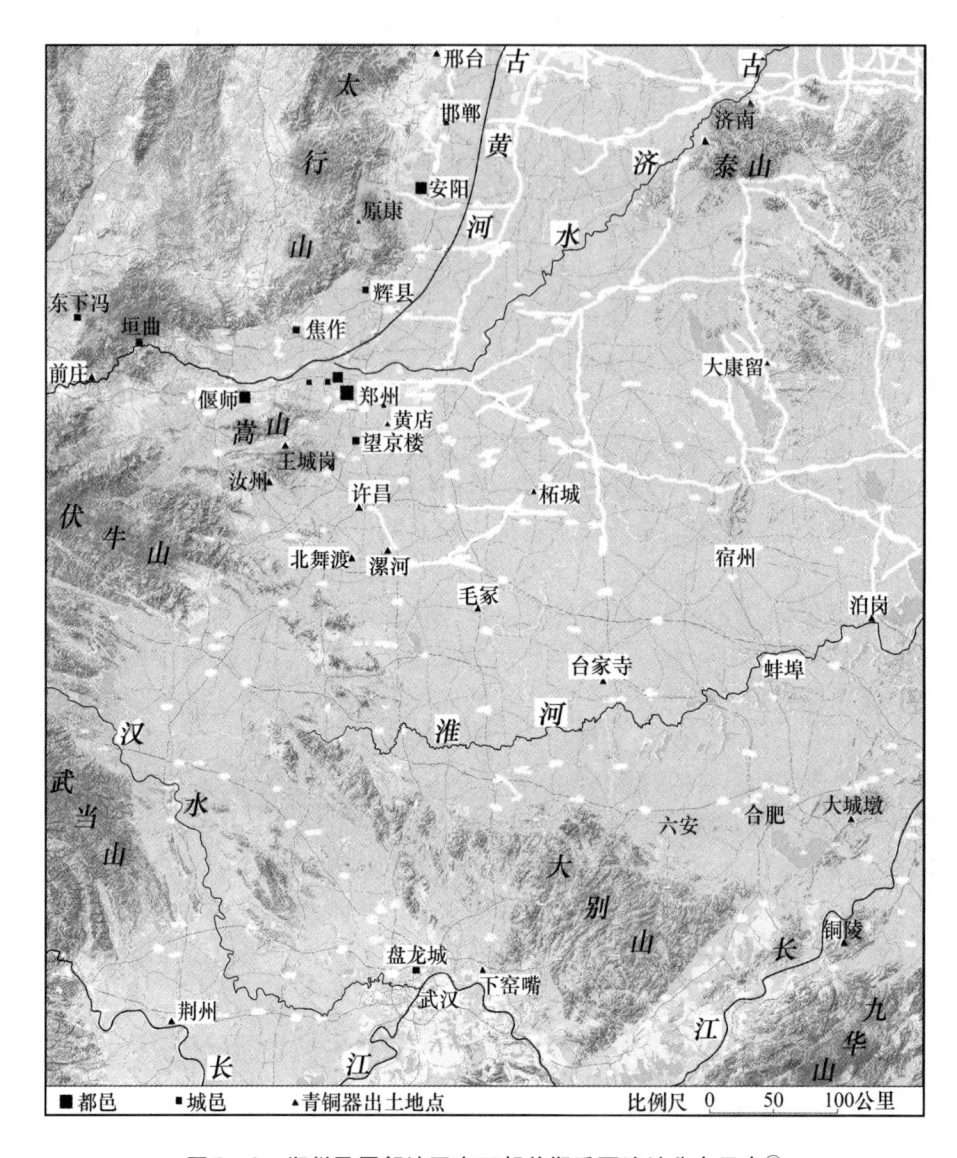

图 0-3 郑州及周邻地区商王朝前期重要遗址分布示意①

---

① 郑州以北的黄河为西周以前古黄河的大体位置，济水为古济（沛）水的位置。参见谭其骧选释《汉书地理志》，收入侯仁之主编：《中国古代地理名著选读》，学苑出版社2005年版，第64页。

等，出土商代前期青铜器而尚未发现城邑的地点主要有登封王城岗①、袁桥②、焦作南朱村③、武陟大驾村④、辉县琉璃阁⑤、林州原康⑥、许昌大路陈⑦、舞阳北舞渡⑧、郾城拦河潘⑨、汝州李楼⑩、项城毛冢⑪、柘城心闷寺（孟庄）⑫、平陆前庄⑬、潞城洛河⑭、长清前平⑮、济南大辛庄⑯、滕州大康留⑰、轩辕庄⑱、明光泊岗⑲、铜陵童墩⑳、黄州下窑嘴㉑、荆州荆南寺㉒

---

① 河南省文物研究所、中国历史博物馆考古部：《登封王城岗与阳城》，文物出版社1992年版，第152—155页。
② 《河南出土商周青铜器》编辑组：《河南出土商周青铜器》（一），文物出版社1981年版，图八四、八五。
③ 马金：《焦作南朱村发现商代墓》，《华夏考古》1988年第1期。铜器出土地点在府城商城西2公里左右。
④ 武陟县文化馆：《武陟县早商墓葬清理简报》，《河南文博通讯》1980年第3期，第38、39页。铜器出土地点在府城商城南4.5公里左右。
⑤ 中国科学院考古研究所编著：《辉县发掘报告》，科学出版社1956年版。
⑥ 张增午：《河南林县拣选到三件青铜器》，《文物》1986年第3期。原文为"林县元康"。
⑦ 河南省文物研究所：《许昌县大路陈村发现商代墓》，《华夏考古》1988年第1期。
⑧ 朱帜：《北舞渡商代铜鬲》，《考古》1983年第9期。
⑨ 孟新安：《郾城县出土一批商代铜器》，《考古》1987年第8期，图版捌。
⑩ 临汝县文化馆：《河南临汝县李楼出土商代青铜器》，《考古》1983年第9期。临汝县今改为汝州市。
⑪ 周口地区文化局等：《河南项城出土商代前期青铜器和刻文陶拍》，《文物》1982年第9期。
⑫ 柘城县文化馆：《柘城心闷寺遗址发现商代铜器》，《考古》1983年第6期。
⑬ 卫斯：《平陆前庄商代遗址出土文物》，《文物季刊》1992年第1期。
⑭ 长治市博物馆、王进先：《山西长治市拣选、征集的商代青铜器》，《文物》1982年第9期，图版柒。
⑮ 韩明祥：《山东长清、桓台发现商代青铜器》，《文物》1982年第1期。
⑯ 山东大学历史文化学院考古系等：《济南大辛庄遗址139号商代墓葬》，《考古》2010年第10期。
⑰ 滕州市博物馆：《山东滕州市薛河下游出土的商代青铜器》，《考古》1996年第5期。
⑱ a. 滕州市博物馆：《山东滕州市发现商代青铜器》，《文物》1993年第6期。
　　b. 燕生东、王琦：《泗水流域的商代——史学与考古学的多重建构》，《东方考古》第4集，科学出版社2008年版，第135页。
⑲ 葛治功：《安徽嘉山县泊岗引河出土的四件商代铜器》，《文物》1965年第7期。嘉山县今改为明光市。
⑳ 安徽大学、安徽省文物考古研究所编著：《皖南商周青铜器》，文物出版社2006年版，第12、13页。
㉑ 黄冈地区博物馆、黄州市博物馆：《湖北黄州市下窑嘴商墓发掘简报》，《文物》1993年第1期。
㉒ 荆州博物馆编著：《荆州荆南寺》，文物出版社2009年版。

等。邯郸附近①、六安附近②、蚌埠附近③也出土过商代前期青铜器，具体出土地点不明。安阳洹北商城④早期的年代很可能与小双桥商都有一定重合⑤，含山孙戚村、孙家岗⑥都出土有洹北商城时期或略早的青铜器，邢台东先贤遗址群分布有密集的洹北商城时期聚落⑦，阜南台家寺发现有洹北商城时期重要聚落⑧。图0-3区域之外还有出土商代前期商文化系统青铜器的地点，例如灵宝赵家沟、东桥⑨、藁城台西⑩、岐山京当⑪、城固龙头⑫等。

综上，郑州商城通过古黄河与北方的太行山东麓交通，通过古济水与东方地区交通，通过淮河的支流颍河等与东南方的江淮地区交通，通过南阳盆地与南方的江汉地区交通，通过黄河与西方的洛阳盆地、垣曲盆地以及更远的西方交通。太行山山脉、嵩山山脉的阻隔使郑州商城及周围区域成为东西方交通的咽喉，这些山脉也提供了丰富的自然资源。郑州商城和小双桥商都所处的王畿区域内，既有山水屏障、又有山水之利。商王朝前期城邑和青铜器出土地点的分布格局，也表明郑州商城是四方辐辏的中心。郑州商城周围出土青铜器的一处地点代表一座城邑或贵族居住点，则郑州商城周围城邑的密集度非常高，表明其具有很强的资源汇聚能力。

---

① 邯郸市文物研究所编：《邯郸市文物精华》，文物出版社2005年版。图版47为单柱平底爵，195页说明为邯郸出土，未指出具体地点。
② 孟宪珉、赵力华：《全国拣选文物展览巡礼》，《文物》1985年第1期，图版捌：1、3。
③ 安徽省博物馆编：《安徽省博物馆藏青铜器》，上海人民美术出版社1985年版。图版八。
④ a. 中国社会科学院考古研究所安阳工作队：《河南安阳市洹北商城的勘察与试掘》，《考古》2003年第5期。
b. 中国社会科学院考古研究所安阳工作队、中加洹河流域区域考古调查课题组：《河南安阳市洹北商城遗址2005—2007年勘察简报》，《考古》2010年第1期。
⑤ a. 侯卫东：《试论洹北商城的布局、年代和性质》，《文物研究》第17辑，科学出版社2010年版。
b. 侯卫东：《试析洹北商城的形成背景》，《华夏考古》2019年第4期。
⑥ 杨德标：《安徽省含山县出土的商周青铜器》，《文物》1992年第5期。
⑦ 邢台东先贤考古队：《邢台东先贤商代遗址发掘报告》，《古代文明》第1卷，文物出版社2003年版。
⑧ a. 安徽省博物馆编：《安徽省博物馆藏青铜器》，上海人民美术出版社1985年版。图版二—七。
b. 武汉大学历史学院考古系、安徽省文物考古研究所：《安徽阜南县台家寺遗址发掘简报》，《考古》2018年第6期。
⑨ 河南省博物馆、灵宝县文化馆：《河南灵宝出土一批商代青铜器》，《考古》1979年第1期，图版陆。
⑩ 河北省文物研究所：《藁城台西商代遗址》，文物出版社1985年版。
⑪ 扶风县文化馆：《陕西岐山县发现商代铜器》，《文物》1977年第12期。
⑫ 王寿芝：《陕西城固出土的商代青铜器》，《文博》1988年第6期，图版壹—叁。

绪　论

第二节　郑州商城王畿区域聚落考古研究的学术意义

1952年对郑州商城及其王畿区域开展田野考古工作以来，经过了长达70年的考古发掘和研究。既有大量的田野考古调查和发掘，又有大量的资料整理和研究，加之郑州商城又是早于安阳殷都的商王朝早期王都，在中国考古学史上具有举足轻重的地位，一直为学界所关注[1]。关于郑州商城的方方面面，几乎都有很多学者进行过探讨，但仍有一些问题尚未解决。

郑州商城的肇建与本地二里头文化、冀南豫北地区下七垣文化（以漳河型文化为主体）、豫北地区辉卫文化（或称辉卫型文化、宋窑—潞王坟类遗存）、豫东鲁西南地区岳石文化等代表的相应人群都有直接关系，其他地区的相关人群也参与了郑州商城代表的国家社会的重组，相应的考古学文化参与了二里岗文化的形成[2]。多元文化传统及相应人群在郑州商城营造和二里岗文化形成中的作用和地位，是探讨郑州商城形成机制的关键问题。

郑州商城的始建年代为二里岗下层一期C1H9阶段或略早[3]，关键问题是"洛达庙晚期"（即本地二里头文化末期，相当于二里头文化四期）、"南关外期""二里岗下层一期"三类遗存的年代有较多重合[4]，如何认识郑州商城的始建年代与这三类考古遗存之间的关联？郑州商城与王畿区域文化传统构成的历时性变化，反映了怎样的文化格局和社会变迁？这些问题都需要进行详细的探讨，分别从不同的角度、不同的层面来认识郑州商城代表的二里岗文化的主要来源、形成机制和发展脉络。郑州商城王畿区域的考古学文化分期研究已经很成熟，考古学编年框架已经有很好的研究基础，本书不拟重复进行考古地层学和类型学[5]的基础研究。本书充分整

---

[1] 河南省文物考古研究院编：《郑州商城遗址考古研究》，大象出版社2015年版。
[2] 侯卫东：《郑州商城肇始阶段王畿区域聚落变迁与社会重组》，《江汉考古》2018年第2期。
[3] 李伯谦：《再谈郑州商城的始建年代——赵海涛、侯卫东、袁广阔论文读后》，《华夏文明》2017年第12期。
[4] 侯卫东：《试论二里岗文化构成的演变》，《江汉考古》2016年第4期。
[5] 张忠培：《地层学与类型学的若干问题》《文物》1983年第5期。

合学界考古地层学和类型学研究成果，运用文化因素分析法[1]，讨论郑州商城与王畿区域考古学文化构成的历时性变化，并探讨建立时间维度标尺和空间分布态势相关的一些关键问题。

张东先生以二里头文化年代学研究为例，指出考古学文化分期的线性化和均质化，最容易与中国古代史料叙事的线性发展整合在一条时间发展链条中，实际上考古学文化分期、考古学文化更迭与文献叙述的夏商世系结构没有必然联系，要突破线性时间观的束缚；他提出观察遗存的时间尺度至少有环境演变尺度、文化分期尺度（陶器演化）、堆积行为尺度等，地层关系和文化分期仅提供堆积形成顺序的线索，很难构建具有同时性的遗迹景观[2]。从郑州商城王畿区域的角度看，目前的材料实际上可以进行有效分析的只有考古学文化分期一个尺度。张东先生提出的时间观问题仍然对讨论时间和空间问题具有重要意义，促使本书关注一些共同现象出现的空间位置（地点）与时间的关联性。郑州商城作为商王朝早期一座超大型都邑，从最初肇建到逐渐发展、达到鼎盛，再到稳静运行的过程中，首先需要关注的问题是都邑布局的历时性变迁，接下来值得高度关注的是郑州商城的城市化进程。学界对郑州商城布局的历时性变迁问题多有涉及，但对郑州商城布局、功能区划变迁及其反映的规划思想仍需要进行深入探讨。

小双桥商都东南边缘与郑州商城外城西北边缘的直线距离约12.5公里，学界对其年代、布局和性质进行过大量讨论，但对其总体布局和阶段性变化仍然缺乏深入研究。很多学者认为郑州商城和小双桥商都是前后相继的商王朝前期王都[3]，也有学者认为小双桥一带是郑州商城的祭祀场所[4]，很有必要进一步深入探讨二者的关系。

学界以往主要关注郑州商城和小双桥商都本身的研究，很少讨论两座王都与其王畿区域聚落的关系，缺乏从区域聚落考古的角度研究郑州商城的形成与发展过程。郑州商城肇建之前王畿区域聚落形态也没有深入地探讨。郑州商城肇建之后，从肇始阶段、定局阶段、鼎盛阶段到稳静阶段，王畿区域的聚落形态、分布、层级和变迁等问题，也缺乏区域聚落考古视

---

[1] 李伯谦：《论文化因素分析方法》，《中国文物报》1988年11月4日。
[2] 张东：《编年与阐释——二里头文化年代学研究的时间观》，《文物》2013年第6期。
[3] a. 陈旭：《郑州小双桥遗址即隞都说》，《中原文物》1997年第2期。
　　b. 邹衡：《郑州小双桥商代遗址隞（嚣）都说辑补》，《考古与文物》1998年第2期。
　　c. 袁广阔：《关于郑州小双桥遗址的几个问题》，《考古》2014年第11期。
[4] 杨育彬、孙广清：《郑州小双桥商代遗址的发掘及相关问题》，《殷都学刊》1998年第2期。

角下的深入研究。郑州商城王畿区域确认的夏商时期聚落和青铜器出土地点越来越多，望京楼、大师姑、东赵、西史村、白寨等城邑和高村寺、堂李等青铜器出土地点以及众多基层聚落，在郑州商城王畿区域形成的聚落层级反映了怎样的社会结构，夏商之际大变局过程中的聚落变迁反映了国家和社会怎样进行重新组织，也鲜有系统地研究。深入讨论郑州商城与王畿区域聚落的关系，成为夏商考古研究的当务之急。

聚落考古是一种采用考古材料研究社会结构的方法[①]。郑州商城和小双桥商都等发表考古材料较多的都邑遗址，可以对聚落布局、结构、功能区划、发展演变进行单个聚落形态研究。望京楼、大师姑等发表考古材料较多的中型城邑遗址，也可以对单个聚落形态进行初步分析。从王畿区域的视角考察郑州商城的形成过程和城市化进程，是研究郑州商城的一个新视角和突破口。郑州商城王畿区域的范围较大，笔者首先选择田野考古工作相对扎实、夏商时期聚落分布较密集的郑州西郊和荥阳地区开展田野调查[②]，接着又对新郑望京楼夏商城邑遗址为中心的王畿区域南部进行了田野调查[③]。运用聚落考古的方法，研究郑州商城与王畿区域聚落形态、规模、层级、分布及其演变，讨论郑州商城形成与发展过程中王畿区域不同阶段的变化，从而探讨郑州商城的营建背景、形成机制、聚落变迁和社会重组等问题。从区域聚落考古的角度研究郑州商城的城市化进程，考察郑州商城赖以存在的本地历史文化背景和聚落社会基础。

综上，将郑州商城放在其王畿区域内来考察，从区域聚落考古的角度研究这座商王朝早期王都，开创了郑州商城研究的新范式。系统梳理和研究郑州商城与王畿区域夏商时期的考古学文化，建立考古学文化构成的历时性演变与郑州商城发展阶段的对应关系，对认识中原腹地夏商之际文化互动、郑州商城的城市化进程具有重要意义。讨论郑州商城王畿区域聚落的历时性变迁与都城发展的响应关系，对认识郑州商城王畿区域聚落变迁和社会重组具有重要意义，对探讨郑州商城代表的商王朝的形成机制和运行机制具有重要学术价值。

[①] a. 张光直：《谈聚落形态考古》，《考古学专题六讲》，文物出版社1986年版。
b. 严文明：《聚落考古与史前社会研究》，《文物》1997年第6期。
[②] 郑州市文物考古研究院、北京大学考古文博学院：《河南省郑州市索、须、枯河流域考古调查报告》，《古代文明》第10卷，上海古籍出版社2016年版。
[③] 河南大学黄河文明与可持续发展研究中心、河南省文物考古研究院：《新郑望京楼遗址周边区域考古调查报告》，《华夏考古》2023年第3期。

第一章 郑州商城王畿区域的文化传统

第一节 郑州商城考古学编年与文化传统研究史

一 郑州商城考古学编年研究史

考古学编年是研究郑州商城的首要问题，也是讨论其他一切问题的基础。

郑州市文物工作组（安金槐先生）1954年将郑州二里岗1953—1954年发掘的材料分为上、下两个相叠的文化层，人民公园发掘的材料分为上、中、下三层，人民公园中、下层分别相当于二里岗上、下层，人民公园上层与殷墟的文化特征接近，率先提出郑州二里岗的殷商文化层可能早于安阳小屯殷墟文化层[1]。这项工作为郑州商城商文化的分期提供了重要证据，区分出了几组早晚关系，初步论证了郑州二里岗代表的商代文化层的年代早于殷墟晚商文化，二里岗的商代文化层可以分为有明显变化的两期。

邹衡先生1956年根据此前发掘的郑州二里岗和人民公园的考古材料，对郑州地区龙山时期至商代的遗存进行了考古学编年研究[2]，分为龙山文化期、殷商文化早期、殷商文化中期和殷商文化晚期等四期。邹先生提出

---

[1] 郑州市文物工作组：《郑州市殷商遗址地层关系介绍》，《文物参考资料》1954年第12期。
[2] 邹衡：《试论郑州新发现的殷商文化遗址》，《考古学报》1956年第3期。收入《夏商周考古学论文集》，文物出版社1980年版。

郑州的殷商文化早、中两期一部分因素承袭了本地龙山文化，但大部分因素在二里岗的龙山文化层中找不到，二者在时间上还有相当的距离。当时在郑州本地还没有辨识出二里头文化（洛达庙类型）遗存①，无法深入探讨本地龙山文化与商文化的衔接问题。郑州殷商文化早期以C1H17为代表（包括C1H9等重要遗迹单位）、殷商文化中期以C1H1为代表，这两期都早于安阳小屯殷商文化早期，而郑州殷商文化晚期则晚于小屯殷商文化早期、早于小屯殷商文化中期。邹衡先生研究的相对年代关系是可靠的，第一次比较系统地对郑州商城所在地的考古学文化进行编年研究，限于当时的考古材料较少，对早于安阳小屯殷商文化的郑州殷商文化遗存的分期还比较粗略。

1957年，陈嘉祥先生根据洛达庙遗址的考古发掘材料，提出"洛达庙商代文化层"早于"二里岗商代文化下层"②。1961年，安金槐先生根据郑州的考古发掘材料，重申"洛达庙商代文化层"早于"二里岗商代文化层"③。洛达庙遗址的考古发现，为填补郑州商城所在地龙山时期至二里岗时期之间的文化缺环提供了重要线索。

1958年，赵霞光先生根据南关外遗址的考古发掘材料，提出南关外第四层（即"南关外下层"）比二里岗下层要早④。

1959年，河南省文化局文物工作队编著的《郑州二里岗》⑤一书，将二里岗期商文化分为二里岗上层、下层，著名的二里岗C1H9、C1H17属于二里岗下层。该书是郑州商城二里岗期商文化两期分法的代表，至此，二里岗下层、二里岗上层两个大的考古学文化分期得到考古材料的充分支持，长期为学界所沿用。

1954—1959年的考古学编年研究，主要是把郑州商城所在地的二里岗期商文化分为两期，提出"洛达庙文化层"和"南关外第四层"早于二里岗下层。直到今天，判断遗物的年代时，对难以进行详细断代的遗物，学界仍然用二里岗下层、二里岗上层两个粗略的时期表示。

1973年，安金槐先生通过对南关外遗址发掘材料的整理研究，把南关

---

① 河南省文物研究所：《郑州洛达庙遗址发掘报告》，《华夏考古》1989年第4期。
② 河南省文化局文物工作队第一队：《郑州洛达庙商代遗址试掘简报》，《文物参考资料》1957年第10期。
③ 安金槐：《试论郑州商代城址——隞都》，《文物》1961年第4、5期合刊。
④ 赵霞光：《郑州南关外商代遗址发掘简报》，《考古通讯》1958年第2期。
⑤ 河南省文化局文物工作队：《郑州二里岗》，科学出版社1959年版。

外下层称为南关外期，认为南关外期早于二里岗期下层。安金槐先生对洛达庙期与南关外期的早晚关系存疑，但认为二里岗期下层主要是承袭洛达庙期发展而来、其中也有少量南关外期的因素①。安金槐先生还指出南关外中层出土陶器的特征大多与二里岗下层相同，也有一部分与南关外期接近或相同。

1980年邹衡先生发表《试论夏文化》一文②，对商文化进行了系统分期。该文将郑州南关外中、下层③和《郑州二里岗》一书定为二里岗下层的C1H9、C1H10、C1H12、C1H14、C9H118归为商文化第一期第一段第Ⅱ组，将郑州南关外T85、T87上层和二里岗下层中的一部分单位如C1H17、C1H3、C1H7、C1H2甲、C1H15等归为商文化第二期第二段第Ⅲ组，将二里岗上层的C1H2乙归为第二期第二段第Ⅳ组，将二里岗上层灰坑C1H1归为商文化第二期第三段第Ⅴ组，将郑州白家庄上层等归为商文化第二期第三段第Ⅵ组，将郑州白家庄铜器墓M3、铭功路M4归为商文化第二期第四段第Ⅶ组，上述遗存早于安阳殷墟代表的晚商文化。该文把洛达庙遗址代表的本地二里头文化风格的遗存归为"夏文化二里头型"，其年代相当于二里头第二—四期（"夏文化第二—四段"）。该文认为商文化第Ⅱ组约相当于"夏文化第四段"，二者均早于商文化第二段；实际上就是洛达庙晚期（与二里头四期年代相当）与南关外中、下层和二里岗C1H9等的年代相当，早于二里岗C1H17阶段。邹衡先生以地层学和类型学相结合的方法系统地对郑州商文化进行了考古学编年研究，把郑州商城所在地殷墟时期之前的商文化按相对年代分为早晚连续的六组，建立了郑州商城详尽而系统的考古学编年标尺，其相对年代序列是可靠的，为学界广泛接受。

1983年，陈旭先生将郑州商文化分为南关外、二里岗下、二里岗中、二里岗上、白家庄、人民公园等六期，选取典型遗迹单位出土的遗物列图表示，重点交代了以邹衡先生的研究为基础，没有作具体的论证和说明④。陈旭先生所举的"南关外"例子中1件为南关外下层遗物、5件为南关外

---

① 河南省博物馆：《郑州南关外商代遗址的发掘》，《考古学报》1973年第1期。
② 邹衡：《试论夏文化》，《夏商周考古学论文集》，文物出版社1980年版。
③ 河南省博物馆：《郑州南关外商代遗址的发掘》，《考古学报》1973年第1期。
④ 陈旭：《郑州商文化的发现和研究》，《中原文物》1983年第3期。

中层（包括C5H62）遗物①，"二里岗下"例子中包括二里岗C9H118、C1H12、C1H14、C1H17等遗迹，著名的二里岗C1H9却没有举例说明属于哪一期。

1988年，安金槐先生发表《关于郑州商代二里岗期陶器分期问题的再探讨》一文，将郑州商城所在地二里岗期商文化的分期细化为二里岗下层一期、二里岗下层二期、二里岗上层一期、二里岗上层二期②。安金槐先生把C1H9、C1H10、C1H14等三个灰坑从二里岗下层中提出来归为二里岗下层一期，二里岗下层的C1H17等单位自然也就归入了二里岗下层二期。安金槐先生把《郑州二里岗》一书中发表的二里岗上层归为二里岗上层一期，把郑州白家庄上层③归为二里岗上层二期。安金槐先生所分二里岗四期之间的相对年代关系，与邹衡先生郑州商文化编年中遗迹单位的相对年代关系是一致的。

1989年，安金槐先生对南关外期遗存作了进一步研究，指出南关外中层出土的一部分与南关外下层特征相同或相近的遗物的年代同样为南关外期；南关外期与二里岗下层似没有直接的承袭关系，南关外期应是稍早于二里岗期的另一种文化类型；认为洛达庙期是从本地龙山文化发展而来，又直接发展成为二里岗期，南关外期是洛达庙期的晚期④时从外地迁入的文化遗存⑤。

对郑州商城肇建前后的本地考古学编年研究，以安金槐、邹衡两位先生的研究为代表，也有很多学者对郑州商城所在地的考古学编年进行过深入研究⑥，大多是对一些细节问题进行了调整、补充、细化。安金槐先生把C1H9、C1H10、C1H14等归为二里岗下层一期，认为洛达庙晚期和南关外期年代相同且都早于二里岗下层一期C1H9阶段，与邹衡先生把洛达

---

① 河南省博物馆：《郑州商代南关外遗址的发掘》，《考古学报》1973年第1期。
② 安金槐：《关于郑州商代二里岗期陶器分期问题的再探讨》，《华夏考古》1988年第4期。
③ 河南省文化局文物工作队第一队：《郑州白家庄遗址发掘简报》，《文物参考资料》1956年第4期。
④ 河南省文物研究所：《郑州洛达庙遗址发掘报告》，《华夏考古》1989年第4期。该文把洛达庙遗址的材料分为一、二、三期，分别相当于二里头二、三、四期，笔者分别称之为洛达庙早、中、晚期。
⑤ 安金槐：《对于郑州商代南关外期遗存的再认识》，《华夏考古》1989年第1期。
⑥ 例如：a. 张文军、张玉石、方燕明：《关于郑州商城的考古学年代及其若干问题》，《郑州商城考古新发现与研究（1985—1992）》，中州古籍出版社1993年版。
　　　　b. 王立新：《早商文化研究》，高等教育出版社1998年版。

庙晚期、南关外期、二里岗C1H9阶段的年代归为同一时期是不同的，安、邹二位先生的相同之处是都认为洛达庙晚期与南关外期的年代相当。

上文所举安金槐、邹衡等先生的研究，可以看出学界对南关外期、二里岗下层内涵的认识其实是不同的。邹衡先生将南关外下层、中层合并在一起，年代范围较宽；陈旭先生把南关外期分成偏早和偏晚两个阶段，有意把南关外中层与下层分开，加起来与邹衡先生所指的年代范围是一样的；安金槐先生把南关外下层称为南关外期，中层出土的与之特征相同者归为南关外期，但把中层的主要遗物归为二里岗下层，认为南关外期早于二里岗下层一期（二里岗H9阶段），其年代范围较窄。2001年，杜金鹏先生对南关外中层遗存进行了详细分析，认为以南关外H62为代表的南关外中层的年代相当于二里岗C1H9和C1H17之间，进而提出二里岗下层文化至少可以分成早、中、晚三段，分别以二里岗C1H9、南关外H62和二里岗C1H17为代表[1]。2004年，张良仁先生将二里岗文化分为两期六段，二里岗下层1、2、3段也分别以二里岗C1H9、南关外H62和二里岗C1H17为代表[2]。2017年，张立东先生把二里岗文化分为两期四段八组，早期一段1组、早期一段2组、早期二段4组分别以二里岗C1H9、南关外H62和二里岗C1H17为代表[3]。

2003年，谢肃、张翔宇先生对"南关外型商文化"年代问题进行了系统地研究，将其分为年代前后连续的三组，第一组包括有南关外下层，第二组包括有南关外中层（不含H62），第三组包含二里岗C1H9、H10、H12、H14和南关外H62，南关外型整体上早于二里岗下层（二里岗C1H17阶段）[4]。

可见，目前学界对二里岗下层时期的典型单位二里岗C1H9、南关外H62和二里岗C1H17之间的相对年代关系认识一致。南关外H62是一个具有关键意义的单位，学界对其年代有分歧，但都没有把南关外H62放在二里岗C1H9之前、几乎都放在二里岗C1H17之前。

高炜先生等通过对偃师商城考古资料的深入研究，提出偃师商城第一期大致与郑州二里岗C1H9代表的二里岗下层一期相当，又同二里头文化

---

[1] 杜金鹏：《郑州南关外中层文化遗存再认识》，《考古》2001年第6期。
[2] 张良仁：《论二里头文化分期与性质》，《考古学集刊》第14集，文物出版社2004年版。
[3] 张立东：《论夏商文化的年代分界》，《三代考古》（七），科学出版社2017年版。
[4] 谢肃、张翔宇：《试论南关外型商文化的年代分组》，《中原文物》2003年第2期。

四期（晚段）相当①。结合安金槐先生和邹衡先生的研究，郑州地区洛达庙晚期（二里头文化四期）与二里岗下层一期（二里岗C1H9阶段）的年代应当大部分是共时的，由于文化面貌的不同才会有不同的称呼。因确证南关外H62代表的南关外中层不早于二里岗下层一期C1H9阶段，南关外期应当不包括南关外H62代表的南关外中层，而仅指南关外下层代表的一类文化遗存。南关外下层代表的南关外期实际上代表了一种独特的文化面貌，具有浓重的岳石文化传统和辉卫文化传统，其与洛达庙晚期、二里岗下层一期之间的遗存没有明确的地层叠压打破关系，三者的年代可能有一定的重合。因此，郑州商城肇建前后的本地考古学编年大体为二里头文化（洛达庙期）——二里岗下层一期——二里岗下层二期——二里岗上层一期——二里岗上层二期（白家庄期），洛达庙晚期、南关外期和二里岗下层一期之间的年代关系还需要进一步研究。

2005年，张雪莲女士等发表《郑州商城和偃师商城的碳十四年代分析》一文，对郑州商城所在地洛达庙中晚期和二里岗期的碳十四年代进行了比较系统地讨论②，是目前关于郑州商城绝对年代的集大成之作。根据该文的数据和研究，洛达庙中期可信度较高的年代数据范围为BC1630—BC1570年，洛达庙晚期可信度较高的年代数据范围为BC1580—BC1485年，二里岗下层一期偏早可信度较高的年代数据范围为BC1509—BC1474年，二里岗下层一期偏晚可信度较高的年代数据范围为BC1485—BC1448年，二里岗下层二期可信度较高的年代数据范围为BC1460—BC1424年，二里岗上层一期可信度较高的年代数据范围为BC1428—BC1430年，二里岗上层二期可信度较高的年代数据范围为BC1360—BC1250年。由于采用系列样本进行测年，大大提高了测年的可信度，上述数据提供的绝对年代可以作为一个重要参考。需要指出的是，考古学文化的一个期别是一个时间段，而单个标本测出的只是一个时间点，这个测出的时间点又属于一个浮动的年代区间，因此，各期的绝对年代只是一个相对的参考数据。由于系列样本中早、晚相邻的各期之间存在相对早晚关系，说明这个测年数据是值得参考的，但又不能拘泥于这些数据，还要考虑考古学文化的总体发展态势和文化格局。

---

① 高炜、杨锡璋、王巍、杜金鹏：《偃师商城与夏商文化分界》，《考古》1998年第10期。
② 张雪莲、仇士华、蔡莲珍：《郑州商城和偃师商城的碳十四年代分析》，《中原文物》2005年第1期。

二　郑州商城考古学文化传统研究概况

郑州商城作为四面汇聚、八方辐辏的商王朝早期王都，文化互动频繁、文化面貌复杂，文化传统发生重大变化的阶段更复杂。

郑州商城王畿区域夏商时期的考古学文化涉及多种考古学文化传统。在讨论二里头文化与二里岗文化过渡期时，笔者把偃师二里头遗址[①]代表的典型二里头文化因素称为二里头文化传统，夏县东下冯遗址[②]代表的东下冯文化因素称为东下冯文化传统，淇县宋窑遗址[③]、新乡潞王坟遗址[④]代表的辉卫文化因素称为辉卫文化传统，邯郸涧沟遗址[⑤]、磁县下七垣遗址[⑥]代表的下七垣文化因素称为下七垣文化传统，不能区分辉卫文化传统和下七垣文化传统时则称为下七垣文化传统，泗水尹家城[⑦]、菏泽安丘堌堆遗址[⑧]代表的岳石文化因素称为岳石文化传统，印纹硬陶、原始瓷等长江中下游的文化因素称为南方文化传统[⑨]。秦小丽女士将各类文化传统分别称为伊洛系、东下冯系、辉卫系、漳河系和岳石系[⑩]。王立新先生把多种文化因素融合形成的二里头文化与二里岗文化过渡阶段的新面貌称为"新遗存"[⑪]，大多如同秦小丽女士所说的"折中陶器"，与多种文化传统均有传承关系，但与每种文化传统都不完全相同，笔者将这类陶器称为"融合"

[①] 中国社会科学院考古研究所编著：《偃师二里头：1959年—1978年考古发掘报告》，中国大百科全书出版社1999年版。

[②] 中国社会科学院考古研究所等：《夏县东下冯》，文物出版社1988年版。

[③] 北京大学考古系商周组：《河南淇县宋窑遗址发掘报告》，《考古学集刊》第10集，地质出版社1996年版。

[④] 河南省文化局文物工作队：《河南新乡潞王坟商代遗址发掘报告》，《考古学报》1960年第1期。

[⑤] 北京大学、河北省文化局邯郸考古发掘队：《1957年邯郸发掘简报》，《考古》1959年第10期。

[⑥] 河北省文物管理处：《磁县下七垣遗址发掘报告》，《考古学报》1979年第2期。

[⑦] 山东大学历史系考古教研室：《泗水尹家城》，文物出版社1990年版。

[⑧] 北京大学考古系商周组等：《山东菏泽安邱堌堆遗址1984年发掘报告》，《考古学研究（八）》，科学出版社2011年版。

[⑨] 牛世山：《北方地区出土商代前期的硬陶和原始瓷来源研究》，《考古与文物》2022年第3期。

[⑩] 秦小丽：《中国初期王朝国家形成过程中的地域关系——二里头·二里岗时代陶器动态研究》，《古代文明》第1卷，文物出版社2003年版，第154—163页。

[⑪] 王立新：《也谈文化形成的滞后性——以早商文化和二里头文化的形成为例》，《考古》2009年第12期。

第一章 郑州商城王畿区域的文化传统

风格。

如何认识各种考古学文化的年代关系以及各种文化传统的接触和互动，仍然是一个十分艰涩的问题。郑光先生认为二里头文化四期与二里岗下层的文化面貌一致、碳十四年代相当，二者是同时的[①]。王立新先生通过对郑州商城范围内二里头文化至二里岗文化过渡阶段遗存的分析，认为在早商文化形成前夕，二里头文化、下七垣文化、岳石文化等在郑州地区相互碰撞、融合形成一种新遗存，尚未具备二里岗下层早段之后形成的基本陶器组合[②]。王立新先生指出了二里头文化与二里岗文化过渡期文化面貌的多样性和不定型性，把其称为与二里头文化、下七垣文化、岳石文化、二里岗文化都不相同的新遗存，敏锐地抓住了问题的本质。二里头文化与二里岗文化过渡阶段是二里岗文化的形成期，处于文化、社会和国家重新组织的阶段，文化传统多元、文化面貌复杂，是讨论郑州商城形成过程的关键阶段。核心问题是什么时候二里岗文化开始形成自己的基本陶器组合、具有自己相对稳定的风格。从《郑州商城》考古报告和各家的研究成果来看，相当于二里岗下层二期的C1H17阶段，二里岗文化已经形成基本陶器组合和相对稳定的风格，这是开端呢还是更早的阶段就已经形成了呢？早于C1H17阶段的二里岗C1H9阶段、南关外H62阶段都需要进行讨论。

邹衡先生将"早商文化二里岗型"的陶器分为五群[③]，根据描述可知包括相当于下七垣文化（漳河型文化为主体）、辉卫文化、二里头文化、盘龙城类型等文化传统，但对郑州商城代表的二里岗文化传统的历时性变化没有讨论。李宏飞先生认为二里岗文化形成之际郑州商城诸遗存包含有漳河型先商文化、本地二里头文化、辉卫文化、岳石文化和盘龙城类型的文化因素，并进行了历时性讨论[④]。其他学者对郑州商城文化传统构成的研究多与邹衡先生相近，大都没有深入探讨其历时性变化。

本书用二里头文化三期、二里头文化与二里岗文化过渡期（二里岗文化形成期）、典型二里岗期早段（二里岗下层二期）、典型二里岗期晚段

[①] 郑光：《二里头遗址与夏文化》，《华夏文明》第一集，北京大学出版社1987年版，第216页。
[②] 王立新：《也谈文化形成的滞后性——以早商文化和二里头文化的形成为例》，《考古》2009年第12期。
[③] 邹衡：《试论夏文化》，《夏商周考古学论文集》，文物出版社1980年版。
[④] 李宏飞：《二里冈文化形成之际郑州商城诸遗存分析》，《考古学集刊》第20集，社会科学文献出版社2017年版。

（二里岗上层一期）、白家庄期（二里岗上层二期）分别表示郑州商城肇建前后的考古学编年，用长时段尺度是为了使共时性问题更有效度，因为很多不同时期营造的设施可能同时使用过。从陶器、铜器等器物的特征来看，典型二里岗期和白家庄期都容易识别，二里头文化三期和过渡期中单纯二里头文化传统的器物之间识别的难度比较大；以过渡期涌现的下七垣文化（以漳河型文化为主体）因素和岳石文化因素为区别依据，可以减小区分二里头文化三期与四期之间的一些误差。

秦小丽女士对二里头文化与二里岗文化过渡期陶器代表的考古学文化发展动态进行了案例分析[1]，可作为重要参考，但她对各种文化因素所占比例的统计依据材料比较有限。根据发掘报告提供的材料，很难把各种文化因素一一厘清，甄别是一件比较费心费力的工作，同时也对识别文化因素的能力要求很高，更重要的是笔者无法对每个遗址的大量碎陶片进行分析判断；对各种文化因素做到准确的量化分析目前几乎是不可能的，但可以甄别出一些比较明显的代表文化因素的特征，可以进行"量"的表象判断，可以观察出总体的变化趋势。因此，本书对各类文化因素的量化分析是宏观的和整体的，而不是微观的和具体的。白家庄期时，大多数二里头文化时期的考古学文化传统的遗痕犹存、但已不太明显，唯独岳石文化传统仍然鲜明地存在，笔者把具有典型时代风格的二里岗文化称为二里岗文化传统。根据秦小丽女士的研究，郑州地区二里头文化晚期至二里岗下层时期的文化面貌均以二里头文化传统为主体，其他学者也有类似的认识。在对郑州地区二里岗下层时期器物进行深度观察的基础上，笔者认同二里岗下层时期的文化面貌以二里头文化传统为主体，但融入了特征鲜明的多元文化传统、逐渐形成了二里岗文化的新风格。

郑州商城作为商王朝早期王都，规模宏大、内涵丰富并且延续时间长，早在郑州商城肇建之前，二里头文化居住点就已经在黄委会青年公寓一带60万平方米的范围内集聚。二里头文化三期至白家庄期的各个阶段，郑州商城所在地具有连续而丰富的各类遗存，笔者以郑州商城的考古材料为基础树立本地考古学编年标尺，再以郑州商城考古学文化传统的历时性变化作为本地文化因素分析的标尺。

---

[1] 秦小丽：《二里头文化时期中原东部地区的地域间动态关系——以陶器资料分析为中心》，《考古一生——安志敏先生纪念文集》，文物出版社2011年版。

第一章　郑州商城王畿区域的文化传统

第二节　郑州商城考古学编年标尺

郑州商城是商王朝早期最重要的都城，即商王朝早期的主都[1]，由宫城、内城、外城三重结构组成，城内基础设施齐全、结构复杂、内涵丰富[2]。根据郑州商城发掘报告[3]、《中国考古学·夏商卷》[4] 以及张立东先生的研究[5]等，可知郑州地区与郑州商城直接相关的考古学文化序列从早到晚为：洛达庙晚期/南关外期/二里岗下层一期——二里岗下层二期——二里岗上层一期——二里岗上层二期（又称白家庄期、小双桥期），笔者根据各期特征分别称之为：二里头文化与二里岗文化过渡期——典型二里岗期早段——典型二里岗期晚段——白家庄期[6]。上文已经指出郑州商城的考古学编年研究者较多，笔者不再进行详细的类型学研究，整合已有的研究成果，选取不同阶段的典型遗迹单位和典型器物，作为郑州商城的考古学编年标尺（图1-1）。也有很多学者对郑州商城的青铜器进行过研究，以崔镐玹女士的研究[7]最为系统全面。

郑州商城的考古材料反映其从都城肇建到内外三重结构布局的形成与发展，经历了肇始、定局、鼎盛和稳静四个阶段，与二里岗文化的四个发展阶段大体对应。郑州商城的肇始阶段对应"二里头文化与二里岗文化过渡期"[8]，郑州商城的定局与鼎盛阶段分别对应"典型二里岗期"早、晚段[9]，郑州商城稳静运行并逐渐失去都城地位的阶段对应"白家庄期"[10]。

---

[1] 张国硕：《夏商时代都城制度研究》，河南人民出版社2001年版，第75—76页。
[2] 袁广阔：《郑州商城始建年代研究》，《中原文物》2003年第5期。
[3] 河南省文物考古研究所编著：《郑州商城——1953—1985年考古发掘报告》，文物出版社2001年版。
[4] 中国社会科学院考古研究所编著：《中国考古学·夏商卷》，中国社会科学出版社2003年版，第164—169、170—174页。
[5] 张立东：《论夏商文化的年代分界》，载《三代考古（七）》，科学出版社2017年版。
[6] 侯卫东：《试论二里岗文化构成的演变》，《江汉考古》2016年第4期。
[7] 崔镐玹：《郑州商代前期铜器研究》，博士学位论文，北京大学，2013年。
[8] 侯卫东：《郑州商城肇始阶段王畿区域聚落变迁和社会重组》，《江汉考古》2018年第2期。
[9] 侯卫东：《试论二里岗文化构成的演变》，《江汉考古》2016年第4期。
[10] 袁广阔：《关于郑州小双桥遗址的几个问题》，《考古》2014年第11期。

· 23 ·

期段		鬲		簋	深腹盆	爵	斝	大口尊
二里岗下层一期	1	1.二里岗 C1H9：36		14.南关外 C5561②：63	20.二里岗 C1H9：354	26.商城 C8M28：1	38.二里岗 C1H9：362	49.南关外 C5T5②：93
	2	2.南关外 C5H62：18	7.南关外 C5H62：17		21.南关外 C5H62：24	27.铭功路 C11M112：2	33.南关外 C5T86③：49	39.南关外 C9H169：13	43.铭功路 C11M115：4	50.南关外 C9.1H166：10
二里岗下层二期	3	3.铭功路 C11M147：2	8.商城 C8H44：1			28.商城 CWM8：4		40.南关外铸铜 C5H49：2	51.白家庄 C8T62③：2
	4	4.南关外 C5.1H106：10	9.商城 CWM7：2	15.南关外 C5T89②：47	22.南关外 C5H1：141	30.商城 CWM8：4	41.南关外 C5T96②：19	44.南关外 C9.1T113②：70	52.铭功路 C11H158：7
二里岗上层一期	5	5.南关外 C5T19①：10	10.商城 C8H21：3	16.铭功路 C11M152：1	23.二里岗 C1T18②：3	31.南关外 C5T94②：83	34.南关外 C5.3T301③：1	42.铭功路 C11M125：6	45.铭功路 C11M148：14	53.人民公园 C7T101②：119
	6	6.商城 CWM8：4	11.商城 CNM15：2	17.南关外 C5.1H118：37	24.南关外 C5H5：9	32.南关外 C5.3T301①：79	35.商城 C8M10：2		46.铭功路 C11M152：5	54.紫荆山北 C15H5：119
二里岗上层二期	7		12.商城 CNM5：3	18.商城 CNM5：2	25.南关外 C9T104④：71		36.北二七路 BQM4：6		47.商城 CNM5：4	
	8		13.白家庄 C8T10②：41	19.南关外 C5.3T304②：38			37.白家庄 C8T4②：19		48.白家庄 C8T13②：24	55.白家庄 C8T12②：2

图 1-1 郑州商城陶器分期

改自《论夏商文化的年代分界》图二。

二里头文化与二里岗文化过渡期为郑州商城肇始阶段，陆续营造了最早一批宫殿宗庙建筑、宫城和大城（内城），大城（内城）外围也有不少居住点，以二里岗、南关外等为代表。该阶段的文化面貌复杂多元，陶器群可以明显区分为多个来源的考古学文化传统。二里头文化、下七垣文化（漳河型文化为主体）、辉卫文化、岳石文化、东下冯文化和后石家河文化（或称肖家屋脊文化，即盘龙城商城营建之前的土著文化）之中的两类或多类文化传统的陶器，常常在同一个遗迹内共存，融合文化风格的器物较多。二里头文化传统的陶器器类如大口尊、捏口罐、圜底深腹罐等总量居多，青铜容器、玉器等也以二里头文化传统为主。多元文化传统接触、共存、融合，既有各种文化特征鲜明的器物、又有各种文化传统融合之后形成的新风格。二里头文化传统仍然是主体，下七垣文化（漳河型为主体）、辉卫文化、岳石文化等都有典型器物，常见不同文化传统融合风格的器物。下七垣文化（漳河型文化为主体）传统的典型器类如薄胎细绳纹卷沿陶鬲在大城（内城）内外普遍常见，其出现打破了此前的文化格局和稳定态势，主导了郑州商城的考古学文化向典型二里岗文化的发展演变。郑州商城二里岗下层一期 C1H9 阶段及略早的复杂多元文化面貌，是二里岗文化正在形成过程的状态，表明二里岗文化是以郑州商城的肇建为起点逐渐形成的。

典型二里岗期早段（二里岗下层二期）是郑州商城的定局阶段，都城建设总体格局定型，以二里岗 C1H17、宫殿区 C8T62 夯土上的灰土层、C8M32 等为代表。此前延续下来的几类多源文化传统仍然依稀可辨。二里头文化、下七垣文化（漳河型为主体）和辉卫文化传统的遗风犹存，主体上已形成典型二里岗文化。常见岳石文化传统的篦纹深腹红褐陶罐，总体上多为零星出土，占比例很小。该阶段常见青铜器，风格仍具有浓郁的二里头文化传统；铜器上已经有简约的兽面纹，陶器上则罕见兽面纹的例子。印纹硬陶和原始瓷的案例也比较罕见。

典型二里岗期晚段（二里岗上层一期）是郑州商城的鼎盛阶段，都城建设和发展臻于完善，以二里岗 H2 乙和 H1、北二七路 M1、铭功路 M2 等为代表。该阶段青铜器比较流行，已经形成新的时代风格，即铜器此时才形成典型二里岗风格；铜器上流行兽面纹，陶器上也常见兽面纹、总体比例极小。

典型二里岗期形成了具有时代特征的文化面貌，二里头文化和下七垣文化（漳河型为主体）的陶鬲、平底深腹罐、大口尊、圆腹罐、捏口罐、豆、深腹盆、浅腹盆等被选择为主要器类，形成特征鲜明的典型二里岗文化。同时，二里头文化、下七垣文化（漳河型为主体）、辉卫文化和岳石文化的遗风犹存，岳石文化传统的篦纹深腹红褐陶罐等仍然有零星发现，零散分布有盘龙城风格的陶器。

白家庄期（二里岗上层二期/小双桥期）是郑州商城的稳静阶段[1]，以郑州商城 CNM5、白家庄第二层白家庄 M2 和 M3、铭功路 M4 等为代表。根据已发表的考古材料，结合近些年郑州商城发现的白家庄期遗存来看，该阶段郑州商城仍然有丰富的遗迹和遗物并且识别度非常高。城墙依然存在，大型夯土建筑也没有人为破坏的迹象，铸铜作坊、制陶作坊等继续使用，仍然常见高规格墓葬，青铜重器埋藏坑也都形成于该阶段。陶器、铜器、卜骨等具有鲜明的时代特征，高规格器物的规范化、标准化程度较高，甚至陶器也有标准化的倾向。以白家庄上层出土的陶器为例，陶鬲、斝、豆等器类的标准化程度较高，深腹罐依然存在圜底的二里头文化传统和平底的下七垣文化传统、总体风格有了新的面貌，浅腹盆出现了圆圜底的新风格，素面平底浅腹盆具有浓郁的岳石文化传统，有些器类如大口尊的体量大幅度增加。

白家庄期形成了识别度很高的时代特征，器物的规范化和标准化程度更高，器物的体量有明显增大的趋势，仍有少量多元文化传统的遗风、但痕迹已不明显，仍有个别岳石文化传统的案例。铜器的数量明显增多、体量明显增大、纹饰明显复杂，兽面纹几乎成了必不可少的装饰，形成了白家庄风格的铜器。陶器上的兽面纹比较常见、总体比例极小。白家庄期总体上呈现出一元文化的格局、仅零星存在多元文化。郑州小双桥商都作为都城运行的时间段在白家庄期的范围内[2]，从考古学编年的角度可直接纳入白家庄期。

第三节 郑州商城考古学文化构成的演变

一 二里头文化与二里岗文化过渡期

二里头文化与二里岗文化之际的过渡期，郑州商城所在地主要存在二

---

[1] 张国硕：《夏商时代都城制度研究》，河南人民出版社 2001 年版，第 58—63 页。该书指出郑州商城白家庄期与此前相比，文化遗存上有某些衰落现象；与商王室生活相关的青铜器窖藏坑、白家庄期贵族墓葬、一些手工业作坊继续使用，表明该时期乃至更晚一段时间郑州商城并未废弃，仍具有都邑性质。笔者同意郑州商城在白家庄期仍在使用，但不再积极地建设或维护，因此称之为"稳静阶段"，是神圣的先王之都。

[2] 河南省文物考古研究所编著：《郑州小双桥：1990—2000 年考古发掘报告》，科学出版社 2012 年版。

里头文化四期、南关外期（南关外下层为代表）和二里岗下层一期（二里岗 C1H9 为代表）等三类遗存，三者在时间上有很大重合、在空间上交错分布①。邹衡先生提出的"先商文化第一段第Ⅱ组"包括的遗迹单位有南关外中、下层、二里岗下层 C1H9，他认为南关外的中腹盆、浅腹盆、簋、大口尊与二里头文化四期的同类器物几乎完全相同，并认为该组的年代大体相当于二里头文化四期②。从典型遗迹单位的角度看，笔者对上述三类遗存相对年代的认识与邹衡先生大体上是一致的，只是概念称呼有差别并且笔者把南关外中层排除在外，这三类遗存的横向关系对认识二里岗文化和郑州商城的形成至关重要。

本地二里头文化四期也常被称作"洛达庙三期"或"洛达庙晚期"，南关外期也有学者称为"南关外型"。二里头文化与二里岗文化过渡期是郑州商城的肇始阶段，宫城和大城（内城）在该阶段营造，大城（内城）外围也有很多居住点。发现的遗迹有宫城夯土墙、大城（内城）城墙、大型夯土建筑、窖穴、水井、壕沟、手工业作坊、垃圾坑、墓葬等，出土遗物类别有石器、陶器、铜器、玉器、骨器、卜骨等。

1. 黄委会夯土墙相关遗迹

郑州黄委会青年公寓 1985—1986 年的发掘发现了一段年代较早的夯土墙 W22③，1998 年在黄委会青年公寓夯土墙西南 30 米左右发现了同一道夯土墙，与夯土墙相关的遗迹也出土了不少"洛达庙文化"遗物④。夯土墙 W22 及其延长线东、西两侧都发现有大型夯土建筑基址、窖穴、水井、祭祀坑、陶窑、垃圾坑、墓葬等，出土遗物类别有石器、陶器、铜器、玉器、骨器、卜骨、动物牺牲骨骼等。黄委会青年公寓 1985—1986 年发掘的层位早于夯土墙 W22 的遗迹中出土有二里头文化与二里岗文化过渡期遗物，以二里头文化因素为主，有少量下七垣文化因素。1998 年发掘的夯土墙打破的灰坑中出土的陶器，多与黄委会青年公寓第⑤层及相关灰坑中出土者相近，年代大多为二里头文化与二里岗文化过渡期；深腹罐 H78：28 为下七垣文化因素，深腹罐 H78：39 为岳石文化因素（图 1-2）。

---

① 侯卫东：《试论二里岗文化构成的演变》，《江汉考古》2016 年第 4 期。
② 邹衡：《试论夏文化》，《夏商周考古学论文集》，文物出版社 1980 年版。
③ 河南省文物研究所：《郑州黄委会青年公寓考古发掘报告》，《郑州商城考古新发现与研究（1985—1992）》，中州古籍出版社 1993 年版。
④ 河南省文物考古研究所：《河南郑州商城宫殿区夯土墙 1998 年的发掘》，《考古》2000 年第 2 期。

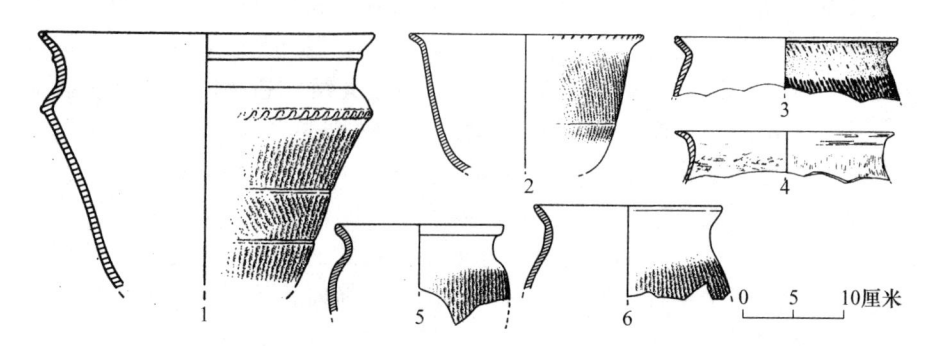

**图 1-2　层位早于黄委会夯土墙的遗迹出土二里头文化与
二里岗文化过渡期陶器举例**

1. 大口尊（C8HQT36⑤：21）　2. 甑（C8HQH70：62）　3、4. 深腹罐（98H78：28、39）　5、6. 鬲（C8HQH69：4、C8T38⑤：17）（1、2、5、6. 黄委会青年公寓；3、4. 1998年夯土墙下）

黄委会青年公寓夯土墙 W22 叠压的灰坑 98H46 出土陶器除了二里头文化因素之外，风格多样，可以单独分析。深腹罐 H46：6 为砂质灰陶，浅盘口、饰细绳纹；鬲足 H46：24 为砂质褐陶，饰细绳纹，二者为下七垣文化因素。鬲 H46：9 为砂质褐陶，卷沿、方唇、上腹微鼓，饰中绳纹、个别地方呈麦粒状，属于辉卫文化因素和二里头文化因素融合。圆腹罐 H46：4 为砂质灰陶，薄胎，饰方格纹；鼎 H46：2 为砂质灰陶，束颈，颈、腹部皆饰细绳纹，特征与东下冯文化因素的鬲相近，二者均为东下冯文化因素。深腹罐 H46：7 为砂质红陶，卷沿、圆唇，为岳石文化因素（图1-3）。

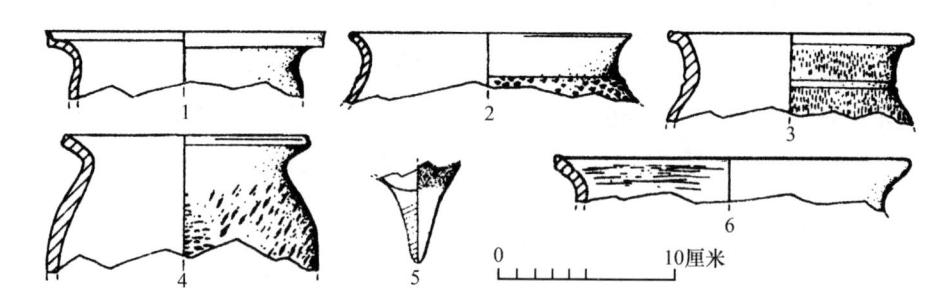

图 1-3　夯土墙 W22 叠压的 98H46 出土二里头文化与二里岗文化过渡期陶器举例

1、6. 深腹罐（H46：6、7）　2. 圆腹罐（H46：4）　3. 鼎（H46：2）　4、5. 鬲（H46：9、24）

宫殿区夯土墙 W22 内出土的陶器中有不少二里头文化因素，也存在多种风格，这些器物的年代为二里头文化与二里岗文化过渡期。深腹罐 T207 夯土墙：16 为砂质红褐陶，卷沿、浅盘口、饰细绳纹，为下七垣文化传统。深腹罐 T207 夯土墙：26 为砂质灰陶，卷沿，颈部绳纹刮抹未尽，饰中绳纹；深腹罐 T207 夯土墙：27 为砂质灰陶，厚胎、大平底、饰细绳纹；盆 T203 夯土墙：2 为泥质灰陶，折沿、饰弦断绳纹；蛋形瓮 T207 夯土墙：46 为砂质黑褐皮深灰陶，敛口、方唇内折，器表磨光、饰弦纹，这四件器物的风格在辉卫文化和下七垣文化中皆有。鬲 T207 夯土墙：20 为砂质灰陶，厚胎、鼓腹、饰粗绳纹，为辉卫文化因素。深腹罐 T207 夯土墙：39、40 皆为砂质红陶，饰篦纹，为岳石文化因素（图 1-4）。夯土墙中出土的陶器特征与其打破的灰坑中出土者接近，说明夯筑墙基时很可能在本地取土了。

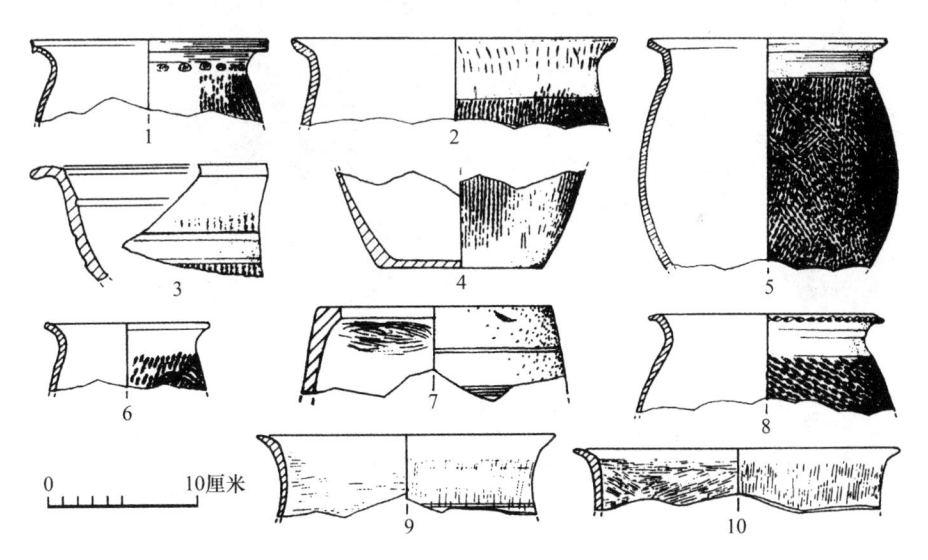

图 1-4 夯土墙 W22 内出土二里头文化与二里岗文化过渡期陶器举例

改自《试论二里岗文化构成的演变》图一。

1、2、4、9、10. 深腹罐（T207 夯土墙：16、26、27、40、39） 3. 盆（T203 夯土墙：2） 5、8. 圆腹罐（T207 夯土墙：34、30） 6. 鬲（T207 夯土墙：20） 7. 蛋形瓮（T207 夯土墙：46）

2. C8 Ⅱ T166M6

C8 Ⅱ T166M6 位于黄委会青年公寓夯土墙 W22 东侧附近，方向 110°，随葬铜鬲、铜盉、铜戈、玉柄形器各一件（图 1-5），特征接近二里头文化三、四期的同类器，与郑州商城出土的其他典型二里岗文化风格的器物也不同，其年代为二里头文化与二里岗文化过渡期①。铜盉、戈、玉柄形器都属于二里头文化因素，铜鬲的铸造工艺为二里头文化因素、器类则属于下七垣文化因素。

图1-5 二里头文化与二里岗文化过渡期铜器墓 C8 Ⅱ T166M6 出土器物
采自《试论二里岗文化构成的演变》图二。
1. 铜盉（T166M6：2） 2. 铜鬲（T166M6：1） 3. 玉柄形器（T166M6：4） 4. 铜戈（T166M6：3）

---

① a. 河南省文物考古研究所：《郑州商城新发现的几座商墓》，《文物》2003 年第 4 期。
　　b. 朱凤瀚：《中国青铜器综论》（中），上海古籍出版社 2009 年版，第 857、858 页。

3. 郑州电力学校 H6

郑州电力学校 H6 出土陶器以二里头文化因素为主体，鬲 H6：18、H6：19 为下七垣文化因素，特征与二里岗 C1H9 接近或略早；大口罐 H6：46 的特征为下七垣文化因素；甗 H6：53、H6：54 等为下七垣文化因素与二里头文化因素融合；深腹罐 H6：70、甗 H6：20 为岳石文化因素（图 1-6）。H6 出土陶器的年代大多为二里头文化与二里岗文化过渡期。

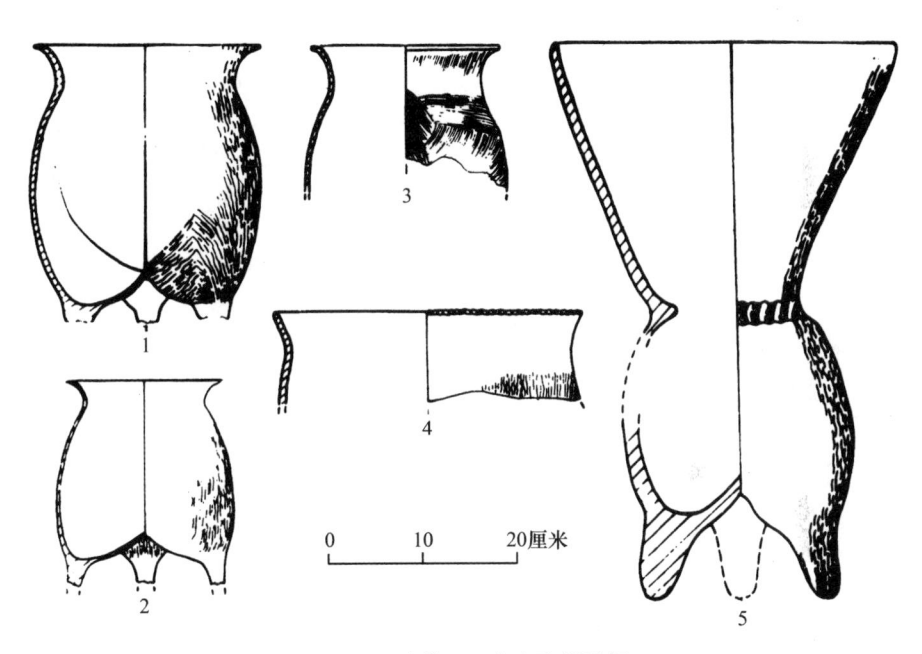

图 1-6 电校 H6 出土陶器举例

1、2. 鬲（H6：18、19） 3. 深腹罐（H6：70） 4. 大口罐（H6：46） 5. 甗（H6：20）

4. 南关外

南关外位于内城之南的外城内。二里头文化与二里岗文化过渡期的鬲 C5T87③：47 的特征为辉卫文化因素，C9.1H118：8 的特征为下七垣文化因素，C5T5②：92 的器形为辉卫文化传统、绳纹为二里头文化传统，C9T124②：73 的特征为岳石文化传统；鼎 C5H9：8 为二里头文化传统的罐和辉卫文化传统的鬲融合；甗 C5T87④：142 的特征为岳石文化传统，C5T95④：108 为岳石文化传统与下七垣文化传统融合（图 1-7）。南关外遗址过渡期遗存的文化面貌比较复杂，包括二里头文化因素、辉卫文化因素、下七垣文化因素、岳石文化因素等，也有不同文化传统融合后的产物，一些学者指出岳石文化因素比较扎眼①。邹衡先生认为"南关外型"

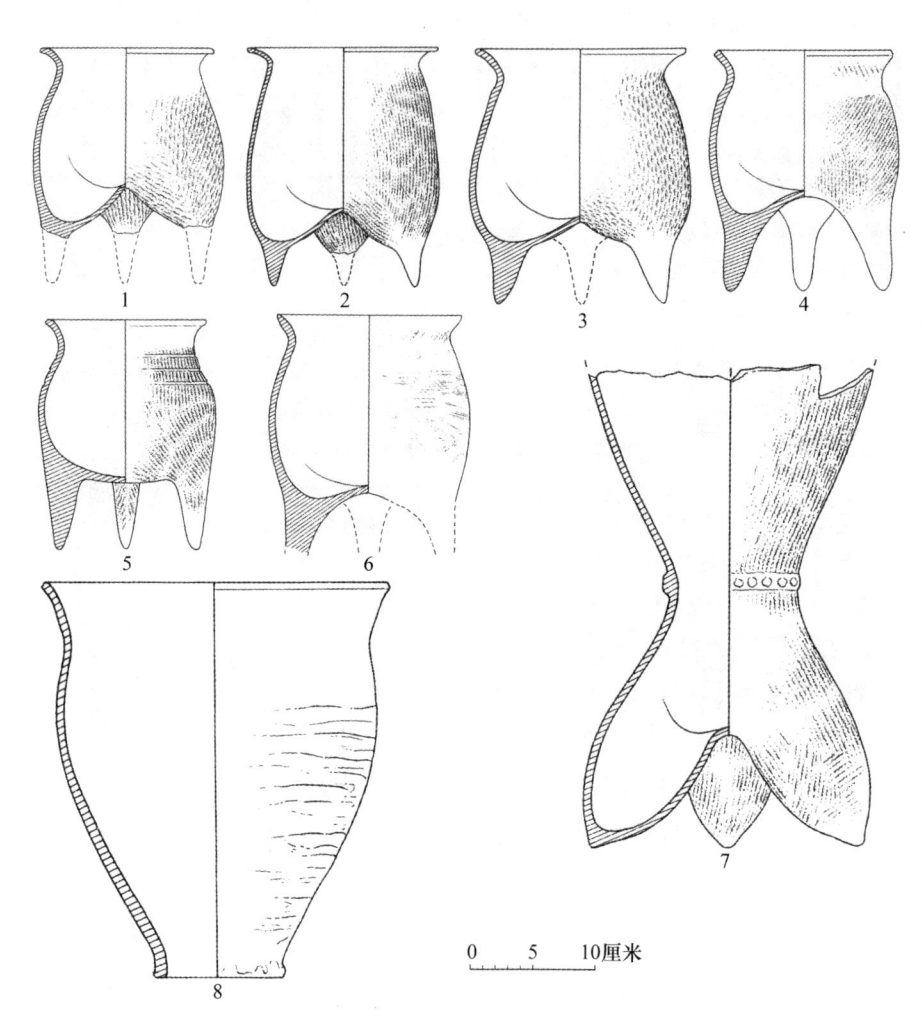

图1-7 南关外遗址过渡期陶器举例

1—4、6. 鬲（C5T87③：47、C9.1H118：8、C5T5②：92、C5H62：19、C9T124②：73）
5. 鼎（C5H9：8）　7、8. 甗（C5T95④：108、C5T87④：142）

---

① 栾丰实：《试论岳石文化与郑州地区早期商文化的关系——兼论商族起源问题》，《华夏考古》1994年第4期。

是由"辉卫型"发展而来的①,说明他认为辉卫文化因素在南关外遗址过渡期遗存中比较明显。王立新先生做了比较详细的分析,指出"南关外期"遗存中辉卫文化因素比较明显②,是符合实际的。袁广阔先生认为"南关外期"遗存中有来自盘龙城一带的文化因素③;孙卓先生指出南关外的陶器群有一类裆部近平的鬲、斝,形制与长江流域盘龙城遗址的同类器物相近④,可见"南关外期"遗存中也有盘龙城类型的文化传统。

5. 二里岗 C1H9

二里岗 C1H9 是非常重要的遗迹单位,安金槐先生把 C1H9 作为二里岗下层一期的代表单位。袁广阔等先生对二里岗 C1H9 出土的陶器进行了重新整理(图 1-8)⑤,这些陶器的特征似乎略有早晚,应当与二里岗 C1H9 是个较深的水井有关。二里岗 C1H9 的文化因素构成比较复杂,下七垣文化因素、辉卫文化因素、二里头文化因素皆有,还有新器类和融合风格,表现出二里头文化与二里岗文化过渡期的复杂面貌。

以上列举二里头文化与二里岗文化过渡期器物的案例,表明其文化面貌复杂多元,二里头文化因素、下七垣文化因素、辉卫文化因素、岳石文化因素等常常在同一个遗迹内共存,融合风格的器物也比较多。二里头文化传统的陶器器类大口尊、捏口罐、圜底深腹罐等总量居多,青铜容器、玉器也以二里头文化传统为主。二里头文化与二里岗文化过渡期最大的变化不是文化传统主体的更替,而是形成一种多元文化传统共存、接触、融合的局面,涉及到多种外来文化因素的融入,形成文化传统特别多样、新的风格不太定型的文化景观。

二 典型二里岗期早段

杜金鹏先生认为南关外 H62 出土陶器的年代介于二里岗 C1H9 和

---

① 邹衡:《试论夏文化》,《夏商周考古学论文集》,文物出版社1980年版。
② 王立新:《也谈文化形成的滞后性——以早商文化和二里头文化的形成为例》,《考古》2009年第12期。
③ 袁广阔:《关于"南关外期"文化的几个问题》,《中原文物》2004年第6期。
④ 孙卓:《郑州商城与偃师商城城市发展进程的比较》,《考古》2018年第6期。
⑤ 袁广阔、曾晓敏:《论郑州商城内城和外郭城的关系》,《考古》2004年第3期。

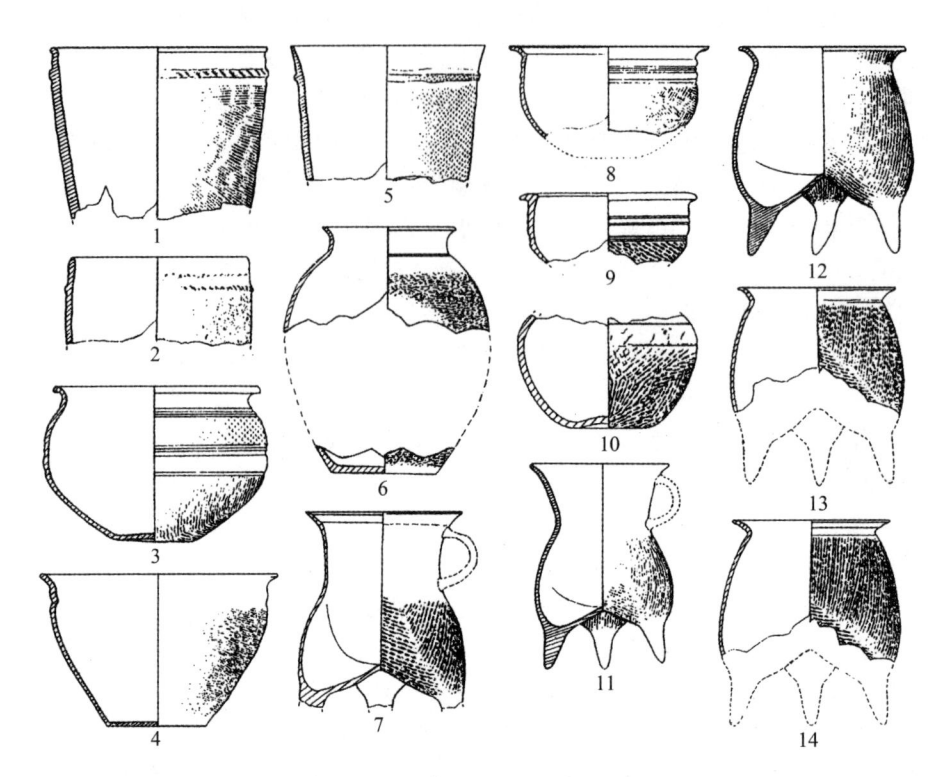

图 1-8 二里岗 C1H9 出土陶器

采自《论郑州商城内城和外郭城的关系》图二。

1、2、5. 大口缸（H9：2-1、H9：2-2、H9：53） 3、4、8—10. 盆（H9：354、H9：25、H9：15、H9：16、H9：9） 6. 瓮（H9：47） 7、11. 甗（H9：20、H9：362） 12—14. 鬲（H9：36、H9：21a、H9：23b）（比例不详）

C1H17之间①。南关外H62出土陶器的风格比较多元，下七垣文化传统的鬲C5H62：17的年代介于二里岗C1H9和C1H17之间；辉卫文化传统和二里头文化传统融合风格的鬲C5H62：19呈现的是二里头文化与二里岗文化过渡期的特征。南关外H62正处于新的文化传统趋于形成稳定风格的阶段，属于典型二里岗期的形成阶段。典型二里岗期分别以安金槐先生所说的二里岗下层二期、二里岗上层一期为代表②，分为早、晚两段。典型二

---

① 杜金鹏：《郑州南关外中层文化遗存再认识》，《考古》2001年第6期。
② 安金槐：《关于郑州商代二里岗期陶器分期问题的再探讨》，《华夏考古》1988年第4期。

里岗期是郑州商城各项设施完备、各类遗物齐全的繁荣阶段，城墙、大型夯土建筑、铸铜作坊、制陶作坊、窖穴、水井、垃圾坑、壕沟、墓葬、祭祀遗迹等非常丰富，陶器、铜器、玉器、原始瓷、骨器、卜骨等遗物种类繁多、特征鲜明。

典型二里岗期早段主要包括二里岗下层二期，二里岗C1H17[①]是最具代表性的遗迹单位。二里岗C1H17出土的鬲、豆、簋、斝形成了典型二里岗风格；罐形鼎（H17∶39）以二里头文化传统为主，还有明显的二里头文化遗风；立耳鼎（H17∶19）与同时期的铜鼎风格接近，有仿铜礼器的倾向（图1-9）。根据《郑州商城》发掘报告的材料，典型二里岗期早段也比较常见岳石文化传统的深腹红陶罐，总体上多为零星出土，占的比例很小。二里头文化传统、下七垣文化传统和辉卫文化传统的遗风犹存，主体上已形成典型二里岗文化。

典型二里岗期早段铜器墓已发现多座，C5M1、C7M25、C8M7、C8M32等铜器墓的年代相当于二里岗下层二期（典型二里岗期早段），铜器风格仍然是二里头文化传统[②]。C8M32出土的铜爵、斝具有浓郁的二里头文化风格，陶鬲、斝已经形成典型二里岗风格[③]（图1-10）。C5M1出土有铜爵、铜鼎和陶尊、陶鬲[④]（图1-11），铜爵、鼎具有浓郁的二里头文化风格，开始出现兽面纹。笔者曾提出C5M1出土陶圈足尊、平裆鬲仍有辉卫文化遗风[⑤]，也有学者认为盘龙城遗址的平裆鬲来源于辉卫文化[⑥]，可见有不少学者从器物形态上认为二里岗时期平裆鬲与辉卫文化有渊源关系。此类平裆鬲可能体现了辉卫文化和盘龙城夏商时期文化分别在不同时间、不同地点对郑州商城有直接影响，结合圈足尊也是盘龙城所在的长江中游的文化传统，笔者现将C5M1出土陶圈足尊、平裆鬲的文化来源归入盘龙城类型。

---

① 河南省文化局文物工作队：《郑州二里岗》，科学出版社1959年版。
② 崔镐珍：《郑州商代前期铜器研究》，博士学位论文，北京大学，2013年。
③ 河南省文物考古研究所编著：《郑州商城——1953—1985年考古发掘报告》，文物出版社2001年版，第627、635页，彩版九。
④ 河南省文物考古研究所：《郑州商城新发现的几座商墓》，《文物》2003年第4期。
⑤ 侯卫东：《试论二里岗文化构成的演变》，《江汉考古》2016年第4期。
⑥ a. 王立新、胡保华：《试论下七垣文化的南下》，《考古学研究》（八），科学出版社2011年版。
　b. 李宏飞：《试论商式连裆鬲》，《文物》2018年第1期。

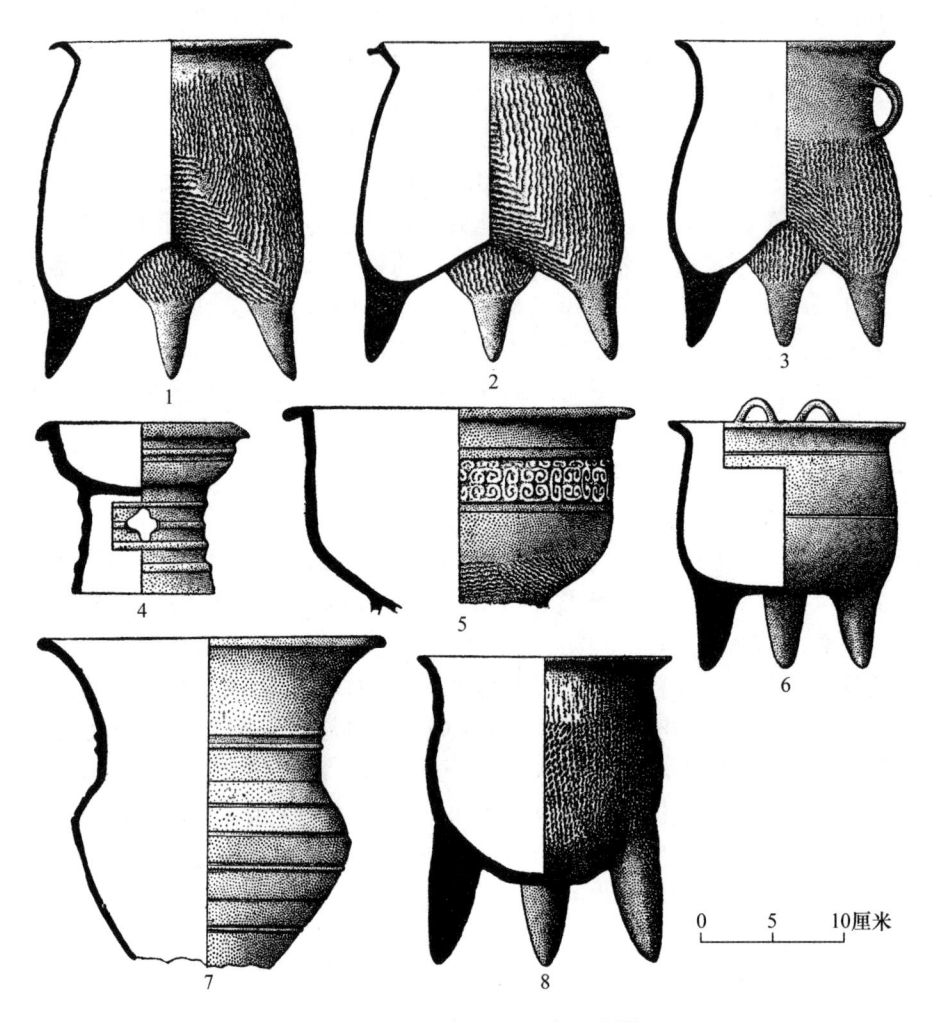

图1-9 二里岗C1H17出土陶器

采自《试论二里岗文化构成的演变》图五。

1、2. 鬲（H17：118、119） 3. 斝（H17：38） 4. 豆（H17：113） 5. 簋（H17：111） 6、8. 鼎（H17：19、39） 7. 尊（H17：103）

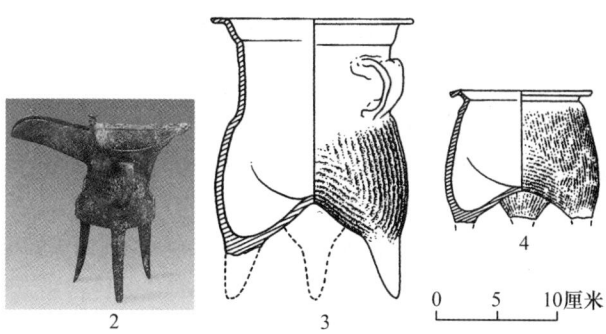

图 1-10　典型二里岗期早段铜器墓 C8M32 出土器物

采自《试论二里岗文化构成的演变》图六。

1. 铜斝（C8M32:1）　2. 铜爵（C8M32:2）　3. 陶斝（C8M32:4）　4. 陶鬲（C8M32:3）

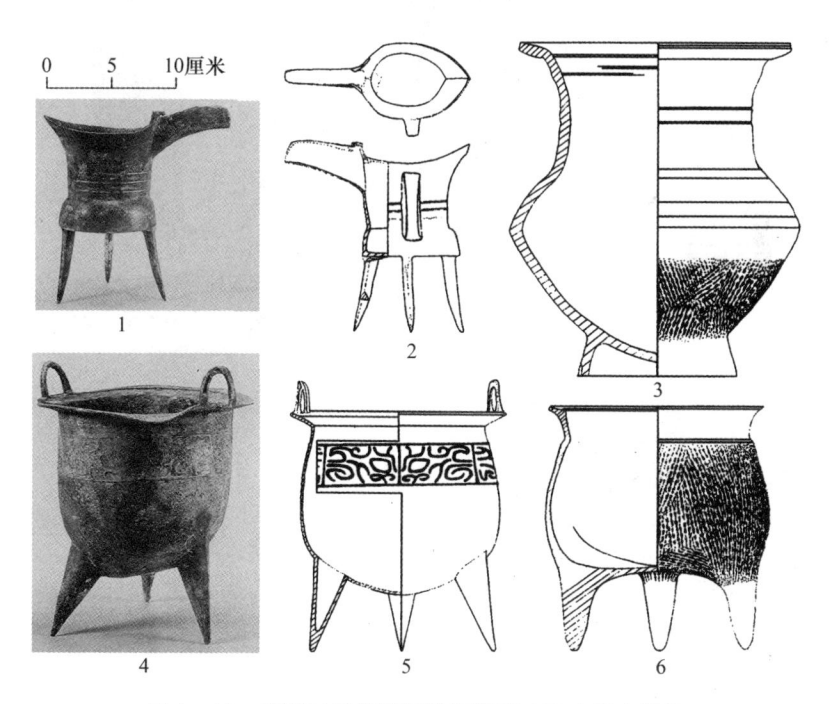

图 1-11　典型二里岗期早段铜器墓 C5M1 出土器物

采自《试论二里岗文化构成的演变》图七。

1、2. 铜爵（C5M1:1）　3. 陶尊（C5M1:2）　4、5. 铜鼎（C5M1:4）　6. 陶鬲（C5M1:3）

三 典型二里岗期晚段

典型二里岗期晚段即学界通常所说的二里岗上层一期，邹衡先生称为商文化第Ⅳ组[①]，张文军等先生称为郑州商城二期Ⅲ段[②]，皆以二里岗C1H2乙[③]为代表。C1H2乙出土的陶鬲、斝、盆、大口尊等已经形成特征鲜明的典型二里岗风格，陶豆C1H2乙：217仍有岳石文化传统的遗风（图1-12）。此时岳石文化传统、辉卫文化传统等时有零星发现。

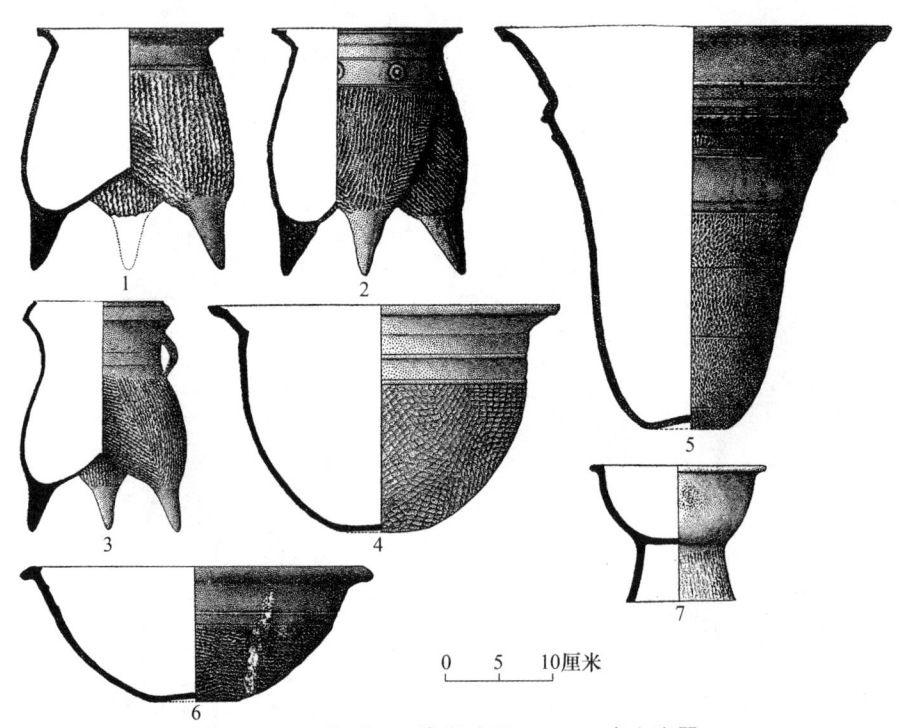

图1-12　典型二里岗期晚段C1H2乙出土陶器

采自《试论二里岗文化构成的演变》图八。

1、2. 鬲（C1H2乙：228、220）　3. 斝（C1H2乙：35）　4. 深腹盆（C1H2乙：207）
5. 大口尊（C1H2乙：119）　6. 浅腹盆（C1H2乙：208）　7. 豆（C1H2乙：217）

[①] 邹衡：《试论夏文化》，《夏商周考古学论文集》，文物出版社1980年版，第109页。
[②] 张文军、张玉石、方燕明：《关于郑州商城的考古学年代及其若干问题》，《郑州商城考古新发现与研究（1985—1992）》，中州古籍出版社1993年版，第30—47页。
[③] 河南省文化局文物工作队：《郑州二里岗》，科学出版社1959年版。

典型二里岗期晚段的铜器墓发现较多，外城的铜器墓就有铭功路西C11M125、C11M126、C11M146、C11M148、C11M150、MGM2、BQM2、C7M46、C7M47、ZYM1等[①]，崔镐玹女士所说的郑州商代前期铜器第二期大部分属于该阶段，铜器也已经形成典型二里岗风格[②]。MGM2出土的铜鼎、瓿、爵、斝已经形成典型二里岗风格，比较流行兽面纹；还共存有南方传统的原始瓷尊[③]（图1-13）。

四 白家庄期

郑州商城的主要发掘者和考古发掘报告撰写者安金槐先生将白家庄期称为二里岗上层二期，邹衡先生称为商文化第Ⅵ组[④]，张文军等先生称为郑州商城二期Ⅳ段[⑤]，以白家庄上层为代表。从很多学者的认识来看，白家庄期是郑州商城逐渐衰落并失去王都地位的阶段，但郑州商城仍然有丰富的遗迹和遗物。城墙依然存在，大型夯土建筑也没有人为破坏的迹象，铸铜作坊、制陶作坊等继续使用，仍然常见高规格墓葬，青铜重器埋藏坑也都形成于该阶段。陶器、铜器、卜骨等具有鲜明的时代特征，高规格器物的规范化、标准化程度较高，甚至陶器也有标准化的倾向。以白家庄上层出土的陶器为例，陶鬲、斝、豆等器类的标准化程度较高，深腹罐依然存在圜底的二里头文化传统和平底的下七垣文化传统、总体风格有了新的

[①] a. 王炜：《〈郑州商城〉铜器墓研究》，《中国国家博物馆馆刊》2013年第9期。该文在前人研究的基础上对郑州商城发掘的铜器墓重新进行了分期研究，订正了一部分墓葬的年代，笔者判断铜器墓的年代主要依据该文，凡是没有特别说明者均依据该文。
b. 朱凤瀚：《中国青铜器综论（中）》，上海古籍出版社2009年版，第867—885页。王炜先生研究论文中没有提到的铜器材料的断代均依据该书的研究，凡是没有特别说明者均依据该书。

[②] 崔镐玹：《郑州商代前期铜器研究》，博士学位论文，北京大学，2013年。

[③] a. 郑州市博物馆：《郑州市铭功路西侧的两座商代墓》，《考古》1965年第10期，图版叁、肆。
b. 河南省文物考古研究所编著：《郑州商城——1953—1985年考古发掘报告》，文物出版社2001年版，第792—814页，彩版一三、三〇，图版二一四、二一五、二一九、二二〇、二二三、二二四。

[④] 邹衡：《试论夏文化》，《夏商周考古学论文集》，文物出版社1980年版，第110页。

[⑤] 张文军、张玉石、方燕明：《关于郑州商城的考古学年代及其若干问题》，《郑州商城考古新发现与研究（1985—1992）》，中州古籍出版社1993年版，第30—47页。

面貌，浅腹盆出现了圆圜底的新风格，素面平底浅腹盆具有浓郁的岳石文化传统，有些器类如大口尊的体量大幅度增加（图1-14）。白家庄期的陶器风格具有很高的识别度。

图1-13 典型二里岗期晚段铜器墓MGM2出土器物举例

采自《试论二里岗文化构成的演变》图九。

1、2. 铜爵（MGM2:22、21） 3. 铜斝（MGM2:8） 4. 铜斝（MGM2:20） 5. 原始瓷尊（MGM2:1）（比例不详）

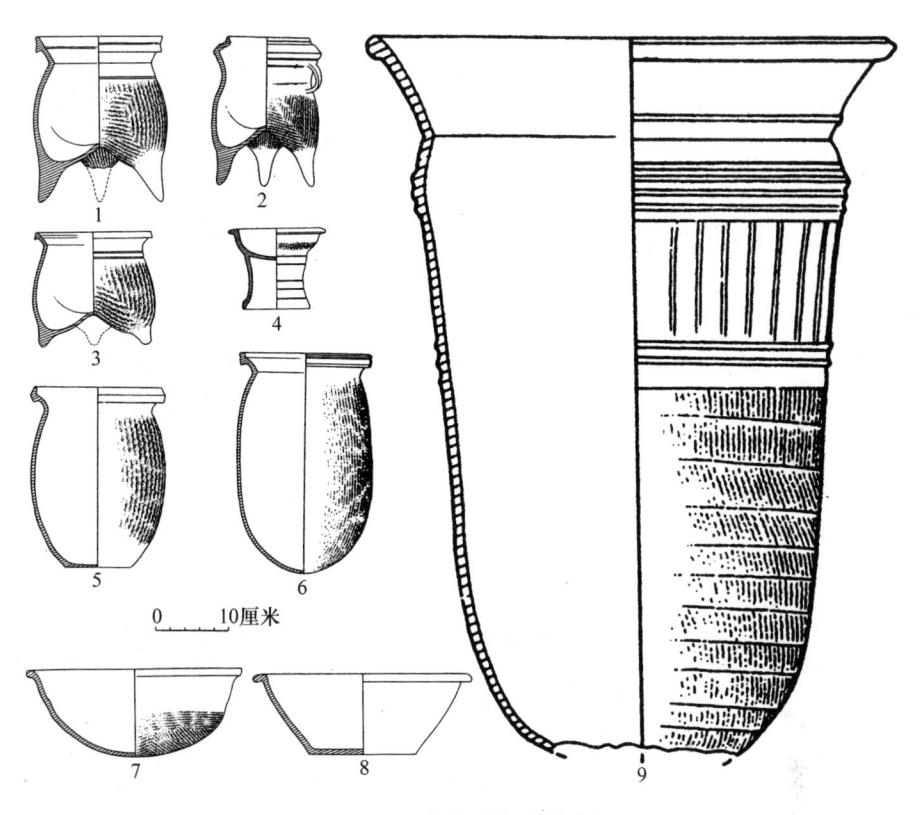

图 1-14 白家庄期陶器举例

1、3. 鬲（C8T10②：1，C8T4②：5） 2. 斝（C8T13②：24） 4. 豆（C8T10②：4）
5. 平底深腹罐（C8T10②：44） 6. 圜底深腹罐（C8T10②：39） 7. 圜底浅腹盆（C8T4②：39） 8. 平底浅腹盆（C8T1②：17） 9. 大口尊（C8T18②：25）

根据王炜先生的研究，黄委会家属院C8M39、白家庄C8M2、C8M3、铭功路西MGM4、二里岗省商业局仓库C1M1、北二七路BQM1、BQM4、97ZSC8ⅡT143M1、C8T61M1等铜器墓都属于白家庄期[①]。白家庄C8M2、C8M3[②]等出

[①] 王炜：《郑州商城铜器墓研究》，《中国国家博物馆馆刊》2013年第9期。
[②] a. 河南文物工作队第一队：《郑州市白家庄商代墓葬发掘简报》，《文物参考资料》1955年第10期。
  b. 河南省文物考古研究所编著：《郑州商城——1953—1985年考古发掘报告》，文物出版社2001年版。彩版一九、二二、二六、二八、三五、三八，图版二一二、二一四、二一六、二一八、二二〇、二二二、二二四、二二八、二二九、二三一。

土的铜鼎、爵、斝、觚、鬲、盘、罍具有典型的时代风格（图1-15、图1-16），器类增多、纹饰凸显、体量加大，兽面纹成为必不可少的主流装饰，崔镐玹称之为白家庄风格①。郑州商城内城外侧发现的三处铜器埋藏坑②出土了丰富的青铜器，铜器的体量总体上明显大于此前。

五　郑州商城考古学文化构成的历时性变化

郑州商城二里头文化与二里岗文化过渡期的文化面貌非常复杂，各种文化传统广泛接触、交错共存、深度融合，既有各种文化特征鲜明的器物，又有各种文化因素融合之后形成的新面貌。从日常陶器的使用量来看，本地二里头文化传统仍然是主体，下七垣文化传统、辉卫文化传统、岳石文化传统等都有典型器物，不同文化因素融合风格的器物也比较常见。发现有二里头文化传统的铜器和玉器，也有铜器融入了下七垣文化因素。大型夯土建筑采用的技术和理念都属于二里头文化传统。

图1-15　白家庄期铜器墓C8M2出土铜器

1. 鼎（C8M2:4）　2. 爵（C8M2:8）　3. 斝（C8M2:7）　4. 盘（C8M2:3）　5. 罍（C8M2:1）（比例不详）

---

① 崔镐玹：《郑州商代前期铜器研究》，博士学位论文，北京大学，2013年。
② 河南省文物考古研究所、郑州市文物考古研究所编著：《郑州商代铜器窖藏》，科学出版社1999年版。

图1-16 白家庄期铜器墓 C8M3
1. 爵（C8M3：1） 2. 斝（C8M3：6） 3. 觚（C8M3：5） 4. 鬲（C8M3：3） 5. 罍（C8M3：9）（比例不详）

典型二里岗期形成了具有鲜明时代特征的文化面貌，二里头文化传统和下七垣文化传统的陶鬲、平底深腹罐、大口尊、圆腹罐、捏口罐、豆、深腹盆、浅腹盆等被选择为主要器类，形成特征鲜明的典型二里岗文化。同时，二里头文化、下七垣文化、辉卫文化、岳石文化等旧文化传统的遗风犹存，除了以融合风格出现之外，岳石文化传统的红褐陶深腹罐等仍然有零星发现。典型二里岗期早段已经常见青铜器，风格仍以二里头文化传统为主；铜器上已经有简约的兽面纹，陶器上则罕见兽面纹的例子，印文硬陶和原始瓷的案例也比较罕见。典型二里岗期晚段青铜器比较流行，已经形成新的时代特征，即铜器此时才形成典型二里岗风格；铜器上开始流行兽面纹，陶器上也常见兽面纹、总体比例极小，印文硬陶和原始瓷的例子也常见、总体极少；陶龟开始流行。

白家庄期也形成了识别度很高的时代特征，器物有规范化和标准化倾向，器物的体量有明显增大的趋势，仍然有少量各种文化传统的遗风、但痕迹已经不太明显，仍有个别岳石文化传统的案例。铜器上的兽面纹几乎成了必不可少的装饰，形成了白家庄风格的铜器。陶器上的兽面纹比较常见、总体比例极小。印文硬陶、原始瓷、陶龟等比较少见，仅偶有发现。白家庄期（二里岗上层二期）是郑州商城稳静运行、小双桥商都兴起并失去都城地位的阶段，经历了都邑迁徙和重新组织，文化传统有何响应也是值得关注的重要问题。

第四节　郑州商城和小双桥商都的高规格陶器

郑州商城肇建前后不同阶段出土陶器、铜器的阶段性特征和文化因素构成，是研究郑州商城的基础，郑州商城和其附近的小双桥商都还出土了引人注目的几类高规格陶器（含印纹硬陶和原始瓷）。这几类高规格陶器包括"兽面纹"陶器、陶龟、印纹硬陶、原始瓷等，是进一步深入认识郑州商城与王畿区域文化面貌和内涵的重要载体。"兽面纹"也称为"饕餮纹"，商代主要流行于青铜器上，也有装饰在精致陶器上的现象，是高规格器物的重要表征，具有重要的神秘功能[①]。陶龟很容易让人联想起商周时期经常用作占卜的龟甲，有某种神秘的功用。印纹硬陶和原始瓷是遥远的长江中下游流行的南方文化传统，与远距离的文化接触和互动相关。这几类文化传统在郑州商城所在地分别什么时候开始出现？什么时候流行？其分布状况如何？这些问题对认识郑州商城与王畿区域文化传统的形成和发展非常重要。

一　陶器上的兽面纹

查《郑州商城》发掘报告，典型二里岗期早段（二里岗下层二期）之

---

① a. 段勇：《商周青铜器幻想动物纹研究》，上海古籍出版社2012年版。
　b. ［日］林巳奈夫著：《神与兽的纹样学——中国古代诸神》，常耀华等译，生活·读书·新知三联书店2009年版。
　c. ［美］张光直著：《美术、神话与祭祀》，郭净译，生活·读书·新知三联书店2013年版，第47—74页。

前的陶器上未见兽面纹的报道，有一例典型二里岗期早段陶簋残片（C8T62③：9）上的"虎噬人"图案，与后来的兽面纹不太相同，但构图有些接近。类似的"虎噬人"图案在商王朝晚期安阳殷都出土的铜器上就有多例，如妇好墓出土的大铜钺[1]、司母戊鼎[2]等，阜南龙虎尊[3]上也有类似的纹样，类比可以对陶片的图案进行复原（图1-17），汤威等先生作过专门的复原研究[4]。张光直先生认为这类纹样中的人是巫师，动物（虎）

图1-17 郑州商城陶器兽面纹举例[5]

1. C8T62③：9（C8T62夯土上地层出土陶片纹样复原） 2. 二里岗 H2：224 3. 二里岗 T14：16 4. 二里岗 H1：63 5. 铭功路东 T1④：152 6. 郑州医疗机械厂 T6③：11 7. 二里岗 T46：39 8. 二里岗 T46：20 9. 二里岗 T18：28

---

[1] 中国社会科学院考古研究所编著：《殷墟妇好墓》，文物出版社1980年版，第105、106页。
[2] 《中国青铜器全集》编辑委员会编：《中国青铜器全集》第2卷，文物出版社1997年版，图版四七、图版说明第24页。
[3] 葛介屏：《安徽阜南发现殷商时代的青铜器》，《文物》1959年第1期。
[4] 汤威、张巍：《郑州商城"人兽母题"陶片图案复原及相关问题探讨》，《中国历史文物》2008年第1期。
[5] 仅图2-17：9为原拓片，图中其余拓片进行了尽可能的复原。郑州商城兽面纹陶器的拓片发表较少，本图包括了主要的部分；器物线图上的兽面纹有些不清晰，有些变形，这里不再举例。

是帮助人沟通天地的[①]；林巳奈夫先生认为这类纹样中的人是祖先神灵，虎为帝[②]。张光直、林巳奈夫等先生的具体认识有差别，本质上都认为与神灵和沟通天地相关，表明这类纹样在商代精神世界和宗教生活中具有很重要的地位。

有几例典型二里岗期早段的陶簋上装饰有云雷纹，与后来的兽面纹同样是阳线印纹（有"浅浮雕"的效果），但没有兽面纹的例子；也有两例双耳簋的耳上有兽面装饰，与后来装饰在器物腹部的兽面纹的风格也相去甚远。典型二里岗期晚段（二里岗上层一期），粗柄豆的柄部、簋的腹部、罍的腹部、圈足盘的腹部等开始有不少装饰兽面纹的例子，如铭功路西制陶作坊遗址陶豆 C11H109：11、簋 C11H123：4、C11H156：1、C11H157：1、圈足盘 C11T112②：137、罍 C11T102②：104、C11T109②：40、17、C11M152：2、器座 C11H141：1、C11H109：9、器盖 C11T108②：68、C11T108②：44，南关外陶簋 C9.1H146：56、C5T61①：75、罍 C5.1H145：2，紫荆山北陶豆 C15T31②：39，德化街陶簋 DHH1：3，郑州保险公司陶簋 ZBT2⑤：26，北二七路黄泛区园艺场陶罍 BQYT3⑥：33，其中一些应属于白家庄期（二里岗上层二期）。《郑州商城》发掘报告的材料虽然比较多，但发表的拓片比较少，一些后来发掘的材料也没有纳入，只能反映大致的趋势，可以发表的郑州商城其他材料来作补充。《郑州二里岗》发掘报告中有兽面纹陶片的拓片和照片，兽面纹陶片 H2：244（H2 乙坑）、H1：63 的年代都为二里岗上层一期，其余按探方编号的标本无法判断层位。北大街二里岗上层一期陶簋 H102：7 腹部有兽面纹[③]。老坟岗陶簋 T0501④b：16 腹部有兽面纹，简报认为年代为二里岗 C1H17 阶段偏晚[④]，年代接近二里岗上层一期。铭功路东兽面纹陶片 T1④：152 所在的第④层的年代相当于二里岗上层二期[⑤]。郑州医疗机械厂陶簋 T6③：

[①] [美] 张光直著：《美术、神话与祭祀》，郭净译，生活·读书·新知三联书店 2013 年版，第 51—63 页。

[②] [日] 林巳奈夫著：《神与兽的纹样学——中国古代诸神》，常耀华等译，生活·读书·新知三联书店 2009 年版，第 16—25 页。

[③] 河南省文物考古研究所：《郑州商城北大街商代宫殿遗址的发掘与研究》，《文物》2002 年第 3 期。

[④] 郑州市文物考古研究院：《郑州市老坟岗商代遗址发掘简报》，《中原文物》2009 年第 4 期。

[⑤] 郑州市文物考古研究所：《郑州市铭功路东商代遗址》，《考古》2002 年第 9 期。

11腹部有兽面纹，年代为二里岗上层一期①。经五路陶甗T2⑤：26、北二七路陶甗T2⑥：53、陶罍T3⑥：33等器物的腹部都有兽面纹，年代为二里岗上层一、二期之际②。河医二附院陶甗T1④：13腹部有兽面纹，年代为二里岗下层偏晚或二里岗上层一期偏早③。银基商贸城陶甗T1④：23腹部有兽面纹，年代为二里岗上层一期④。南顺城街H1下层出土有兽面纹陶片H1下：260、286，年代为二里岗上层二期⑤。新华社河南分社发现有二里岗上层二期兽面纹陶片⑥。通过对郑州商城出土兽面纹陶器的梳理，可知在郑州商城宫殿区、外城的不同方位都发现有兽面纹陶器，铭功路西制陶作坊出土的相对多些，其余多为零星发现，说明这类陶器的总体比例很小。从时间上看，主要集中在典型二里岗期晚段，白家庄期的例子也较多，典型二里岗期早段的例子则极少。

二 陶龟

查《郑州商城》发掘报告，铭功路西制陶作坊遗址二里岗上层一期有陶龟C11H153：7，全书仅此一例。《郑州二里岗》中有一件陶龟T54：18，年代为二里岗上层时期。二里岗C5.1陇海路与城东路（旧称二里岗大道）交叉口西南发现有一件二里岗上层一期陶龟⑦。郑州商城内城北墙东段C8T27出土一件二里岗上层时期陶龟C8T27：229⑧，郑州回民中学出土一件二里岗上层时期陶龟91T28④：010⑨，郑州医疗机械厂出土两件二

---

① 河南省文物研究所：《郑州医疗机械厂发掘报告》，《郑州商城考古新发现与研究（1985—1992）》，中州古籍出版社1993年版。
② 郑州市博物馆：《郑州商代遗址发掘简报》，《考古》1986年第4期。
③ 郑州市文物工作队：《河医二附院等处商代遗址发掘简报》，《中原文物》1986年第4期。
④ 郑州市文物考古研究所：《郑州市银基商贸城商代外夯土墙基发掘简报》，《华夏考古》2000年第4期。
⑤ 河南省文物考古研究所、郑州市文物考古研究所编著：《郑州商代铜器窖藏》，科学出版社1999年版。
⑥ 河南省文物研究所郑州工作站：《近年来郑州商代遗址发掘收获》，《中原文物》1984年第1期。
⑦ 河南省文化局文物工作队第一队：《郑州第5文物区第1小区发掘简报》，《文物参考资料》1956年第5期。
⑧ 河南省博物馆、郑州市博物馆：《郑州商代城址发掘报告》，《文物资料丛刊》（1），文物出版社1977年版，第33页。
⑨ 河南省文物研究所：《1992年度郑州商城宫殿区发掘收获》，《郑州商城考古新发现与研究（1985—1992）》，中州古籍出版社1993年版，第115页。

里岗上层时期陶龟 T8③：8、T16③：19①，新华二厂出土一件白家庄期陶龟②。小双桥已知发现的白家庄期乌龟体有 78 件、乌龟头 16 件，例如 00 Ⅴ T175④A：27、00 Ⅴ T97④A：27、00 Ⅴ T97④A：261、00 Ⅴ T135④A：674、00 Ⅴ T129④A：66、96 Ⅳ H68：3 等（图 1-18）。查考郑州商城周边

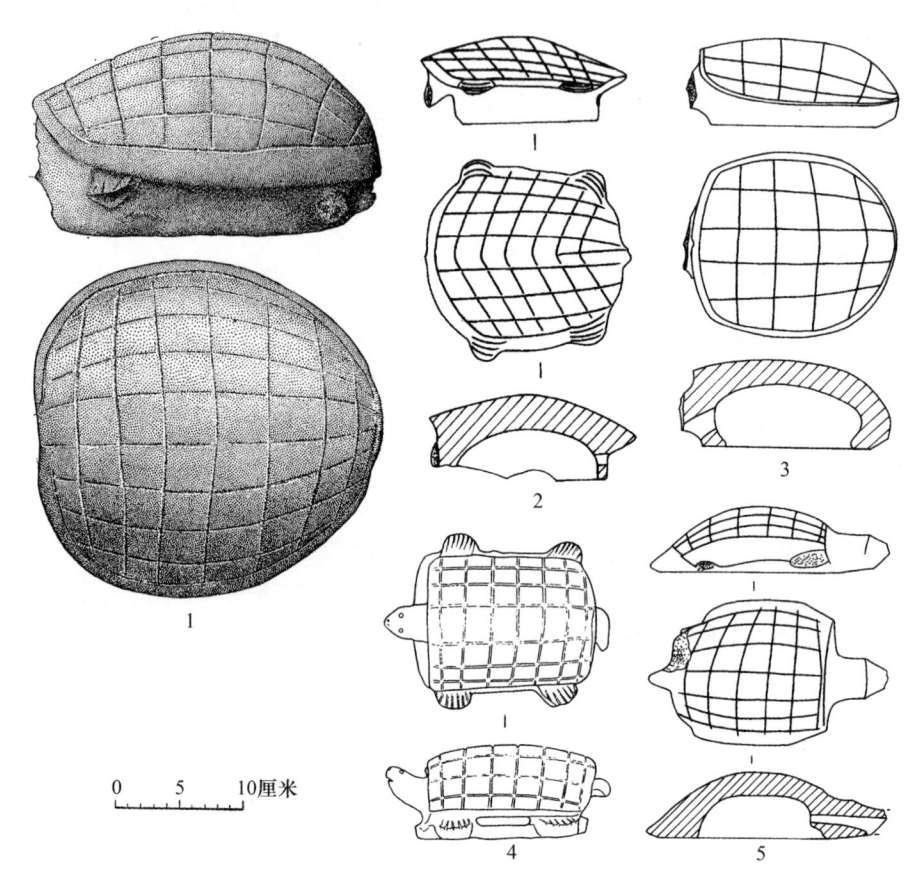

图 1-18 郑州商城和小双桥商都出土陶龟举例

1. 二里岗 T54：18　2. 小双桥 00 Ⅴ T97④A：261　3. 小双桥 00 Ⅴ T97④A：27　4. 铭功路西 C11H153：7　5. 小双桥 00 Ⅴ T175④A：27

---

① 河南省文物研究所：《郑州医疗机械厂考古发掘报告》，《郑州商城考古新发现与研究（1985—1992）》，中州古籍出版社 1993 年版，第 153、156 页。
② 河南省文物研究所郑州工作站：《近年来郑州商代遗址发掘收获》，《中原文物》1984 年第 1 期，图版二：5。

区域发表的资料，未见其他遗址有出土有同时期陶龟的报道。可见，陶龟在典型二里岗期晚段（二里岗上层一期）开始出现在郑州商城，并且比较稀见，其他遗址未有报道的例子；白家庄期时小双桥都邑比较流行陶龟，其他遗址也未有报道的例子。郑州之外的二里岗时期遗址中，仅在偃师商城出土有少量陶龟[①]。这种情况说明陶龟是一种规格较高的神秘器物，主要在商王朝王都使用，一般城邑和村落罕有使用或不使用，这使其成为商王朝前期王都的表征性器物之一。

三　原始瓷、印纹硬陶

长江中下游流行的印纹硬陶、原始瓷作为远距离沟通的重要物证，出现时间和分布情况也值得关注。查《郑州商城》发掘报告，南关外二里岗下层二期陶折肩尊 C5T3②：4、C5T35②：40 器形与原始瓷尊接近；南关外二里岗上层一期印纹硬陶器有折肩尊 C5H5：17、瓮 C9.1H142：49 等、原始瓷有 C5T4①：18、21 等，铭功路西制陶遗址二里岗上层一期印纹硬陶器有瓮 C11H111：12 等，铭功路西二里岗上层一期原始瓷有折肩尊 MGM2：1，商城宫殿区原始瓷有折肩尊 C8T8⑤：16，人民公园遗址二里岗上层一期原始瓷有折肩尊 C7M25：6，北二七路二里岗上层一期印纹硬陶有折肩尊 BQM2：13。《郑州商城》发掘报告中印纹硬陶和原始瓷多集中在二里岗上层一期，二里岗下层二期时也应当和南方文化传统有接触，二里岗上层二期的例子比较少，该书之外的郑州商城材料中也有一些例子。南顺城街 H1 下层出土的二里岗上层二期印纹硬陶有 H1 下：13，原始瓷有 H1 下：22、228、229 等[②]。老坟岗二里岗下层二期偏晚的地层中出土有印纹硬陶罐 T0610④b：1[③]。《郑州二里岗》发表有印纹硬陶瓮 C9H142：49、尊 H13：153 等印纹硬陶器，原始瓷尊 H13：32、C5T4：21 等，年代为二里岗上层时期。小双桥白家庄期陶折肩尊 95ⅣH6：17、95ⅤH57：1 器形与原始瓷尊接近。小双桥出土了一批以折肩尊 99ⅣH188：

---

① 中国社会科学院考古研究所河南第二工作队：《河南偃师尸乡沟商城第五号宫殿基址发掘简报》，《考古》1988 年第 2 期。
② 河南省文物考古研究所、郑州市文物考古研究所编著：《郑州商代铜器窖藏》，科学出版社 1999 年版。第 49—51 页。
③ 郑州市文物考古研究院：《郑州市老坟岗商代遗址发掘简报》，《中原文物》2009 年第 4 期。

1、96ⅣH144∶8、96ⅣH129∶8等为代表的原始瓷器，以印纹硬陶尊99ⅨT209④∶2、00ⅤT173④A∶20、00ⅤT135④A∶680等为代表的印纹硬陶器，年代均为白家庄期。望京楼出土有二里岗上层时期的原始瓷折肩尊，案例非常少①。从已发表的郑州商城周边王畿区域其他遗址的资料中，很难找到印纹硬陶和原始瓷的例子，并不是说其他遗址中没有，至少说明不太显眼或极少。因此，印纹硬陶和原始瓷代表的南方文化传统在二里岗下层二期时已在郑州商城内有影响，二里岗上层一期时比较流行，但总体上比例很小；白家庄期时郑州商城内罕见印纹硬陶和原始瓷，小双桥发现有不少印纹硬陶和原始瓷，但所占的比例仍然极小。王都之外的周边区域罕见印纹硬陶和原始瓷，规模较大的望京楼城邑中也仅有个别例子。这些都说明来自遥远地域的长江中下游文化传统也是高规格器物，是商王朝都邑的器物表征之一。

第五节 望京楼商城考古学文化构成的演变

新郑望京楼二里头文化城邑是夏王朝的东部重镇，望京楼商城是郑州商城王畿区域的南部重镇，与郑州商城互为表里。望京楼夏商时期城邑是和郑州商城形成与发展节奏最接近的中型城邑，二里头文化时期和二里岗文化时期的材料都很丰富，其文化面貌与郑州商城一致性很高、也略有差异，可以作为深入讨论郑州商城王畿区域文化传统的重要案例。

望京楼夏商城邑发现的夏商时期遗存可分为六期②，依次对应于本地二里头文化三期、二里头文化与二里岗文化过渡期偏早（二里头文化四期）、二里头文化与二里岗文化过渡期偏晚（二里岗下层一期偏晚）、典型二里岗期早段（二里岗下层二期）、典型二里岗期晚段（二里岗上层一期）、二里岗上层二期（白家庄期），后四期相当于望京楼商城一至四期。以新郑望京楼发掘报告的分期成果为主要依据，结合地层关系和出土器物

---

① 张松林、吴倩：《新郑望京楼发现二里头文化和二里岗文化城址》，《中国文物报》2011年1月28日。

② 郑州市文物考古研究院编著：《新郑望京楼：2010—2012年田野考古发掘报告》，科学出版社2016年版。

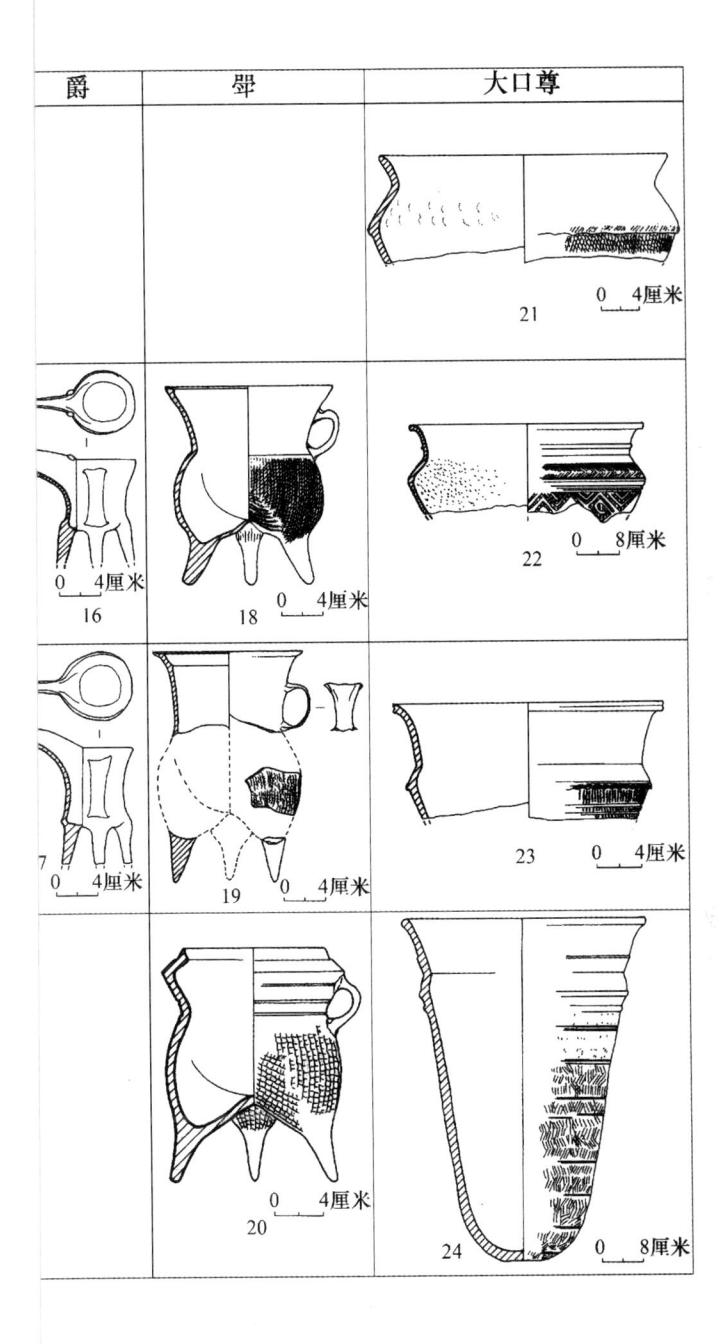

爵	斝	大口尊
		21 0 4厘米
16 0 4厘米	18 0 4厘米	22 0 8厘米
17 0 4厘米	19 0 4厘米	23 0 4厘米
	20 0 4厘米	24 0 8厘米

深腹罐（ⅣT1206H621∶1） 6.深腹罐（ⅣT1506H173∶4） 7.深
∶2） 11.深腹罐（ⅠT0707H365∶10） 12.深腹罐（ⅣT1709M27∶
17.爵（ⅣT0505H612∶1） 18.斝（ⅠT1708M21∶3） 19.斝
23.大口尊（ⅠT4113④∶22） 24.大口尊（ⅢT4M65∶6）

第一章 郑州商城王畿区域的文化传统

特征等，笔者对陶器反映的望京楼商城第一至四期考古学文化构成进行了梳理（图1-19）。

一 二里头文化与二里岗文化过渡期

新郑望京楼发掘报告中二里头文化城邑第二期（本地二里头文化四期）遗存中，有些遗迹出土的器物除了二里头文化传统外，还有辉卫文化传统、下七垣文化传统、岳石文化传统等，表现出二里头文化与二里岗文化过渡期的特征；二里岗文化城邑第一期也明显存在这种多元文化面貌的现象（图1-20）。

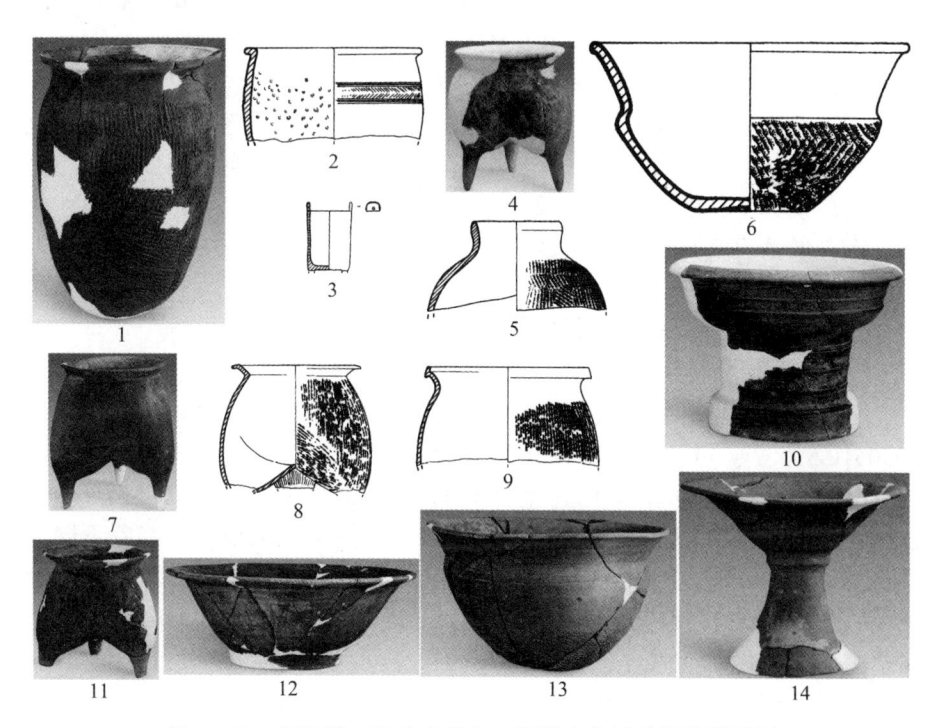

图1-20 望京楼二里头文化与二里岗文化过渡期陶器举例

1. 深腹罐（Ⅲ T2002H487：3） 2. 敛口罐（Ⅳ T0305H176：11） 3. 小方鼎（Ⅳ T0305H176：4） 4、7、8、11. 鬲（Ⅲ T2002H487：2、Ⅳ T0305H176：6、Ⅳ T1206H687：7、Ⅰ T1808M41：1） 5. 高领罐（Ⅲ T0803H605：8） 6. 长颈盆（Ⅲ T0803H605：1） 9. 深腹罐（Ⅳ T1206H687：8） 10. 豆（Ⅳ T1206H621：6） 12. 圈足盆（Ⅰ T1808M41：5） 13. 深腹盆（Ⅰ T1808M41：3） 14. 豆（Ⅰ T1808M41：2）

ⅢT2002H487、ⅣT0305H176等遗迹出土陶器以二里头文化传统为主体，如圜底深腹罐（ⅢT2002H487：3）、敛口罐（ⅣT0305H176：11）、小方鼎（ⅣT0305H176：4）。ⅢT2002H487、ⅢT0803H605等遗迹出土有辉卫文化传统的陶器，如鬲（ⅢT2002H487：2）、高领罐（ⅢT0803H605：8）、折肩长颈盆（ⅢT0803H605：1）等。ⅣT0305H176、ⅣT1206H687等遗迹出土有下七垣文化（漳河型文化为主体）传统的陶器，如鬲（ⅣT0305H176：6、ⅣT1206H687：7）、深腹罐（ⅣT1206H687：8）等，这种文化传统的陶鬲成为典型二里岗期陶鬲的主脉。陶豆（ⅣT1206H621：6）有辉卫文化高圈足陶盘的特征，可能吸收了多元文化因素，此类豆成为典型二里岗期陶豆的主脉。二里头文化与二里岗文化过渡期偏晚墓葬ⅠT1808M41随葬陶器以岳石文化传统为主，如鬲（ⅠT1808M41：1）、豆（ⅠT1808M41：2）、圈足盆（ⅠT1808M41：5）；深腹盆（M41：3）有辉卫文化传统。

因此，二里头文化与二里岗文化过渡期偏早阶段以本地二里头文化传统为主，北方的辉卫文化和下七垣文化（以漳河型文化为主体）传统明显渗入，但比例不大。二里头文化与二里岗文化过渡期偏晚阶段以本地二里头文化传统为主，北方的辉卫文化和下七垣文化（以漳河型为主体）传统、东方的岳石文化传统都明显增加。

二 典型二里岗期早段

一些遗迹出土器物已经形成典型二里岗文化风格，如鬲（ⅣT0505H659：3、5）、陶豆（ⅣT0305H161：20）；共出的器物仍具有浓郁的下七垣文化（漳河型文化为主体）传统，如深腹盆（ⅣT0305H161：17）。ⅠT1708M21出土器物已经形成典型二里岗文化风格，但有着不同的文化来源，如深腹盆（ⅠT1708M21：4）是从下七垣文化（漳河型文化为主体）传统而来，陶斝（ⅠT1708M21：3）、陶爵（ⅠT1708M21：1）是从二里头文化传统而来（图1-21）。

此时仍存在浓郁的多元文化传统。如陶鬲（ⅠT0707H378：3）属于辉卫文化传统，陶鬲（ⅣT1507M64：1）有晋西南东下冯文化传统的影响，半月形双孔石刀（ⅣT1406H631：1）为岳石文化传统。还发现一些长江中下游同时期流行的文化传统，如ⅣT1105M52随葬有残损的原始瓷尊（ⅣT1105M52：3）；ⅣT1205M54随葬有残损的原始瓷尊，还有形制与同时期原始瓷豆接近的陶豆（ⅣT1205M54：2）；折腹簋（ⅣT1306M59：

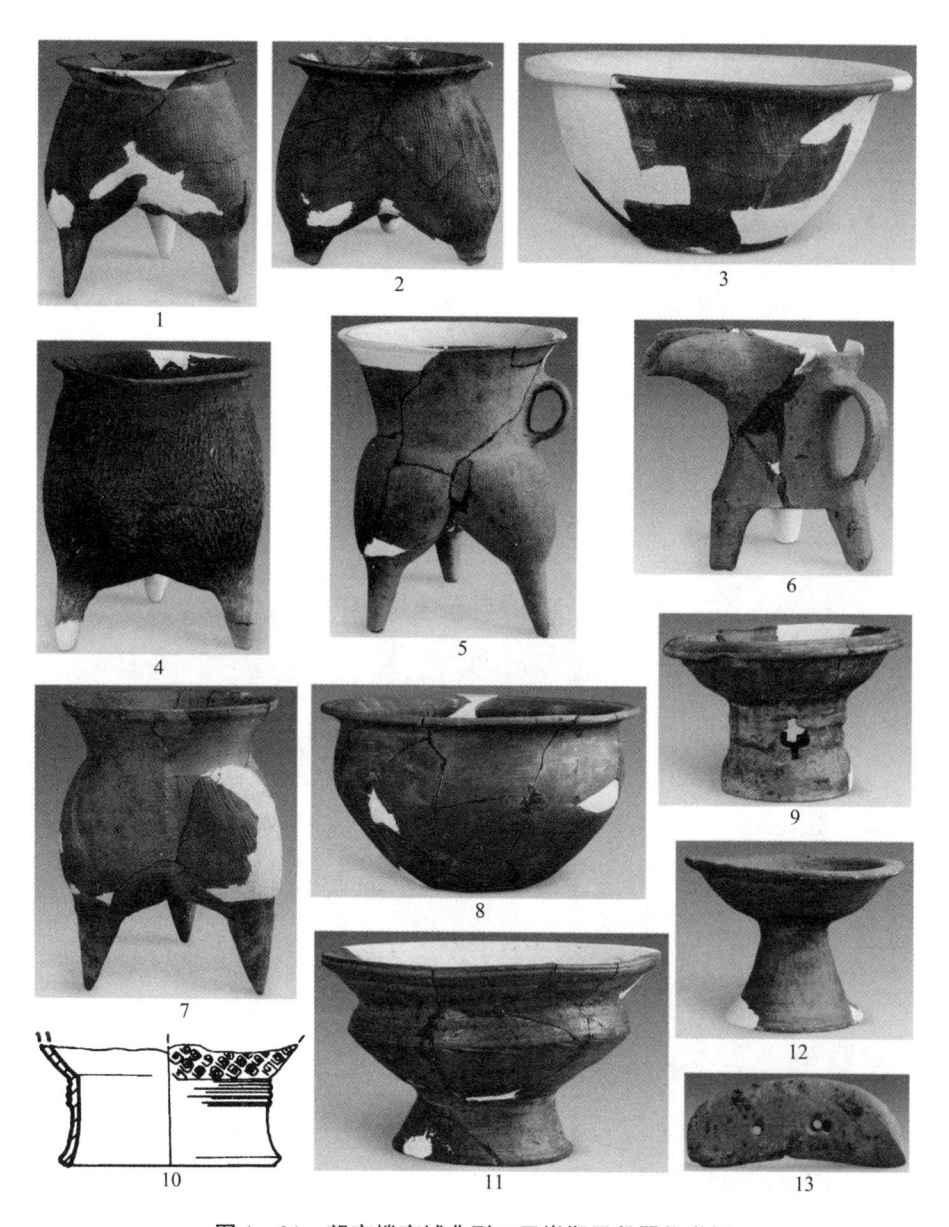

第一章 郑州商城王畿区域的文化传统

图 1-21 望京楼商城典型二里岗期早段器物举例

1、2、4、7. 陶鬲（ⅣT0505H659∶3、ⅣT0505H659∶5、ⅣT1507M64∶1、ⅠT0707H378∶3）
3、8. 陶盆（ⅣT0305H161∶17、ⅠT1708M21∶4） 5. 陶斝（ⅠT1708M21∶3） 6. 陶爵
（ⅠT1708M21∶1） 9、12. 陶豆（ⅣT0305H161∶20、ⅣT1205M54∶2） 10. 原始瓷尊（Ⅳ
T1105M52∶3） 11. 陶簋（ⅣT1306M59∶1） 13. 石刀（ⅣT1406H631∶1）

· 53 ·

1）较少见，形制与原始瓷折腹尊相近（图1-21）。

三 典型二里岗期晚段

望京楼商城第三期相当于郑州商城二里岗上层一期（典型二里岗期晚段），城市总体建设已经完成，城市设施已基本完备，内城内外的遗存相当丰富，是该城的繁荣鼎盛阶段，与郑州商城的鼎盛相呼应。陶器的典型二里岗文化风格更加彰显，如鬲（ⅣT0605M2：2）、豆（ⅣT0605M2：1）；仍可识别出少量下七垣文化传统的遗风，如深腹盆（ⅣT1005M3：2）；二里头文化传统的影子还可识别，如深腹罐（ⅣT0305H90：1）；也存在少许岳石文化传统，如鼎（ⅣT1810M12：3）；个别长江中下游的文化传统也能明显识别，如原始瓷尊（ⅣT0305H88：1）（图1-22）。

图1-22 望京楼商城典型二里岗期晚段陶器举例

1. 鬲（ⅣT0605M2：2） 2. 深腹盆（ⅣT1005M3：2） 3. 簋（ⅣT0605M4：1）
4. 深腹罐（ⅣT0305H90：1） 5. 豆（ⅣT0605M2：1） 6. 鼎（ⅣT1810M12：3） 7. 原始瓷尊（ⅣT0305H88：1）

四 白家庄期

望京楼商城第四期的文化面貌一方面与郑州商城白家庄期（二里岗上层二期）主体上保持一致，陶器标准化、规范化程度很高。二里头文化传统依然可辨，如深腹罐（ⅣT1005H33∶7）；平底深腹盆（如ⅣT1709M27∶1）表现出安阳、邢台一带的风格，仍有浓郁的下七垣文化传统，反映了文化的交流与互动；一些陶鬲（ⅣT1709M27∶3、ⅣT1005H33∶6）与洹北商城早期风格接近，也体现了两地之间的文化交流（图1-23）。

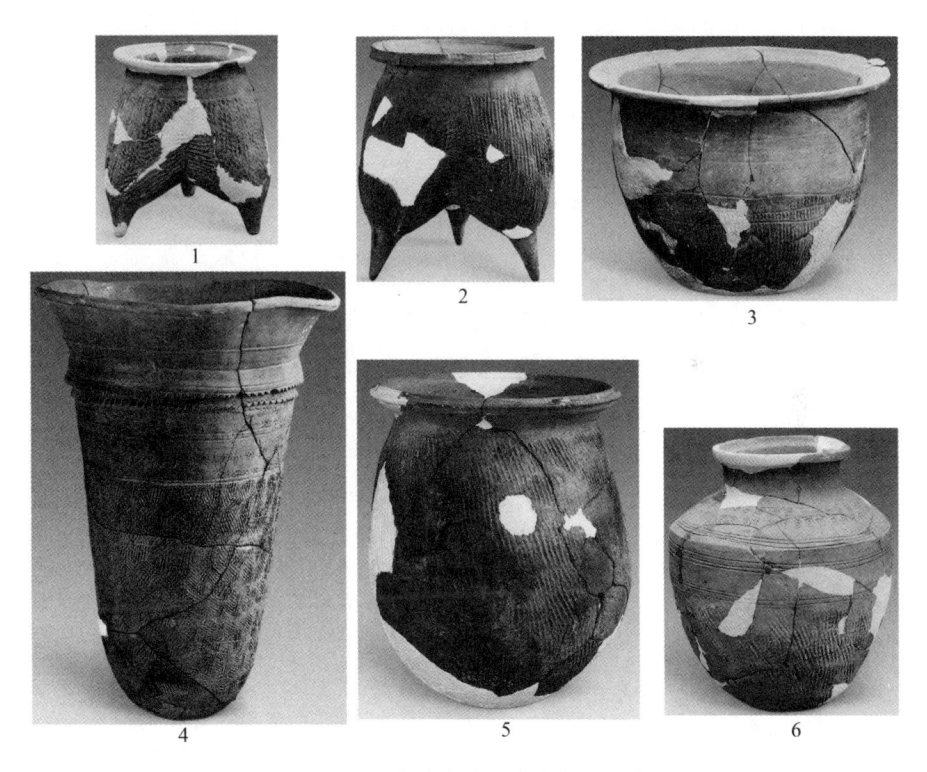

图1-23 望京楼商城白家庄期陶器举例
1、2. 鬲（ⅣT1709M27∶3、ⅣT1005H33∶6） 3. 深腹盆（ⅣT1709M27∶1） 4. 大口尊（ⅢT4M65∶6） 5. 深腹罐（ⅣT1005H33∶7） 6. 高领罐（ⅣT1709M27∶2）

城门和城墙都被二里岗上层二期（白家庄期）遗迹打破，仍发现有该阶段的青铜器，说明二里岗上层二期（白家庄期）之末或略晚该城废弃，此后的商代晚期不再作为城邑使用。

第六节　郑州商城王畿区域的文化传统

上文以郑州商城为标尺、望京楼商城为典型案例，讨论了考古学编年及文化传统，为研究郑州商城王畿区域的文化传统奠定了坚实基础。郑州商城王畿区域考古材料比较丰富的是西部的索、须、枯河流域[①]，郑州商城之南的望京楼商城周围区域其他遗址的材料很少[②]，郑州商城之东、之北的区域，都因黄河及相关河流泛滥的而被黄沙覆盖，因地理环境因素导致考古材料明显较少，难以深入讨论相关问题。

一　二里头文化与二里岗文化过渡期

郑州商城范围内可识别的二里头文化与二里岗文化过渡期遗存较多，宫殿区多处发掘点包含过渡期遗存，如黄委会青年公寓及相关夯土墙[③]、北大街[④]；郑州商城内城中部多处发掘点包含有二里头文化与二里岗文化过渡期遗存，如郑州电力学校[⑤]、郑州化工三厂[⑥]；郑州商城内城城墙内侧也发现有很多过渡期遗存，如内城西南角发现的一些长方形坑[⑦]；郑州商

---

① a. 张松林：《郑州市聚落考古的实践与思考》，《中国聚落考古的理论与实践》（第一辑），科学出版社2010年版，第199—247页。
b. 郑州市文物考古研究院、北京大学考古文博学院：《河南省郑州市索、须、枯河流域考古调查报告》，《古代文明》第10卷，上海古籍出版社2016年版。
② 河南大学黄河文明与可持续发展研究中心、河南省文物考古研究院：《河南省新郑市望京楼商城周边区域考古调查》，《华夏考古》2023年第3期。
③ a. 河南省文物研究所：《郑州黄委会青年公寓考古发掘报告》，《郑州商城考古新发现与研究（1985—1992年）》，中州古籍出版社1993年版。
b. 河南省文物考古研究所：《河南郑州商城宫殿区夯土墙1998年的发掘》，《考古》2000年第2期。
④ 河南省文物考古研究所：《郑州商城北大街商代宫殿遗址的发掘与研究》，《文物》2002年第3期。
⑤ 河南省文物研究所：《郑州电力学校考古发掘报告》，《郑州商城考古新发现与研究（1985—1992）》，中州古籍出版社1993年版。
⑥ 河南省文物考古研究所郑州工作站：《郑州化工三厂考古发掘简报》，《中原文物》1994年第2期。
⑦ 河南省文物考古研究院：《郑州商城遗址内城西南角商代灰坑发掘简报》，《华夏考古》2022年第5期。

第一章　郑州商城王畿区域的文化传统

城内城与外城之间多处发掘点包含有过渡期遗存，如二里岗①、南关外②（图1-24）。

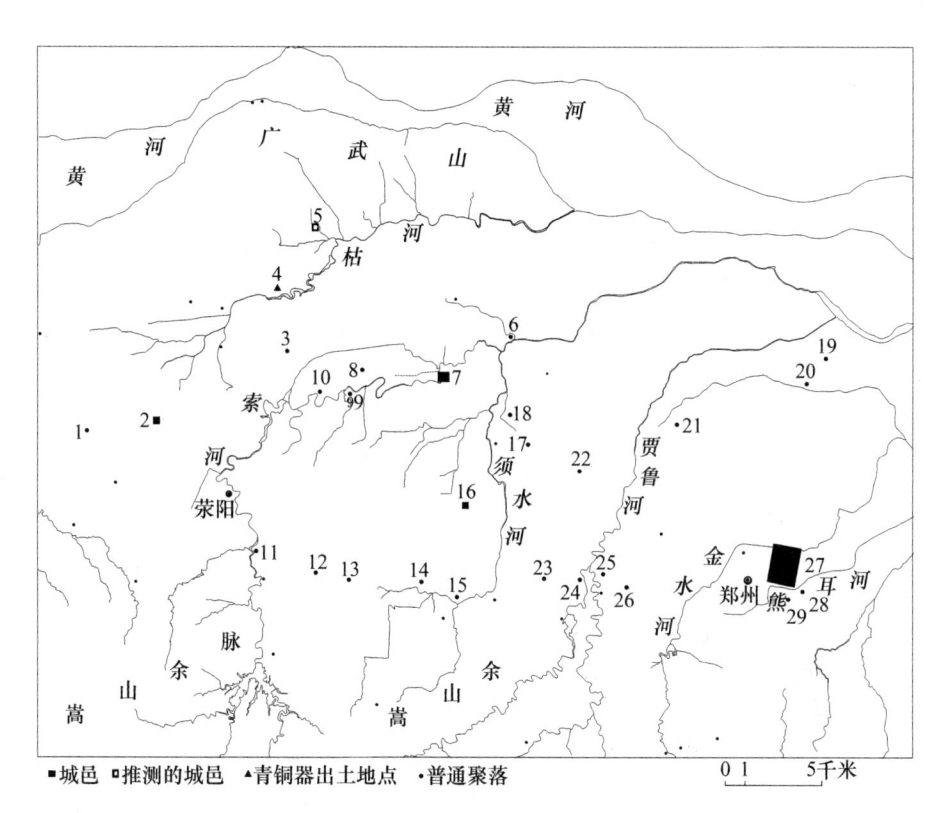

图1-24　郑州商城王畿区域西部二里头文化与二里岗文化过渡期聚落分布示意

1. 上街　2. 西史村　3. 广武丁楼　4. 高村寺　5. 唐垌　6. 岔河　7. 大师姑　8. 袁垌　9. 娘娘寨　10. 广武孙寨　11. 阎河　12. 碾徐　13. 槐西　14. 瓦屋孙　15. 须水白寨　16. 东赵　17. 祥营　18. 堂李　19. 大河村　20. 黑庄　21. 王寨　22. 瓦屋李　23. 马良寨　24. 常庄北　25. 宋庄　26. 洛达庙　27. 郑州商城　28. 二里岗　29. 南关外

根据调查和发掘材料，图1-24范围内确认包含二里头文化与二里岗文化过渡期遗存的遗址有上街、西史村、广武丁楼、高村寺、唐垌、岔河、大师姑、袁垌、娘娘寨、广武孙寨、阎河、瓦屋孙、须水白寨、东

---

① 河南省文化局文物工作队：《郑州二里岗》，科学出版社1959年版。
② 河南省博物馆：《郑州南关外商代遗址的发掘》，《考古学报》1973年第1期。

赵、祥营、堂李、大河村、马良寨、常庄北、洛达庙。根据郑州市文物考古研究院提供的线索，可以推断包含过渡期遗存的遗址有碾徐、槐西、黑庄、王寨、瓦屋李、宋庄①；其中一些遗址无法判断是否包含过渡期遗存，仅将其标注在图1-24上作为参考，不进行编号和讨论。

  郑州商城王畿区域二里头文化与二里岗文化过渡期呈现出多元文化传统深度接触、共存、融合的文化景观，文化面貌仍然以本地二里头文化传统为主体，最引人注目的是下七垣文化（以漳河型为主体）传统的涌入。下七垣文化（以漳河型文化为主体）传统的涌入引起了郑州商城王畿区域的巨变，最直接的结果就是郑州商城的肇建。二里头文化四期、南关外期或二里岗下层一期的时候，在多个遗址中出现一个共同现象，就是下七垣文化（以漳河型为主体）传统、岳石文化传统以非常直接的方式与其他文化传统共存，一些器物的器形和纹饰作风都和典型下七垣文化（以漳河型为主体）传统、岳石文化传统相似，这应当反映了下七垣文化（以漳河型为主体）传统和岳石文化传统直接进入了郑州地区。此外，二里头文化四期、南关外期或二里岗下层一期的时候，有很多多元文化传统融合风格的陶器，显然是不同文化传统接触的结果。这些都进一步说明二里头文化与二里岗文化过渡期包括二里头文化四期、南关外期和二里岗下层一期。偃师二里头夏都流行的铜礼器，郑州商城之外的王畿区域也有个别地点发现，例如荥阳西史村出土的铜斝（采：6）②、高村寺出土的铜斝（采集66）③、新郑望京楼出土的铜爵④等（图1-25），这些铜礼器的特征也是二里头文化传统。王畿区域的文化面貌和文化传统构成总体上与郑州商城一致，郑州商城的文化面貌最复杂、文化因素构成中的外来因素明显，望京楼商城等规模较大的中型城邑的文化面貌略显复杂、文化因素构成中的外来因素较少，基层聚落的文化面貌主要是本地二里头文化传统的延续、偶见外来文化因素，这些反映了中心性都邑与周边聚落之间的发展并不是完全同步的。过渡期文化面貌的种种特殊现象，表明该阶段文化和社会发生了大规模的重新组织。

---

① 郑州市文物考古研究院、北京大学考古文博学院：《河南省郑州市索、须、枯河流域考古调查报告》，《古代文明》第10卷，上海古籍出版社2016年版。
② 郑州市博物馆：《河南荥阳西史村遗址试掘简报》，《文物资料丛刊》（5），文物出版社1981年版。
③ 陈立信、马德峰：《荥阳县高村寺商代遗址调查简报》，《华夏考古》1991年第3期。
④ 新郑县文化馆：《河南新郑县望京楼出土的铜器和玉器》，《考古》1981年第6期，图版肆。

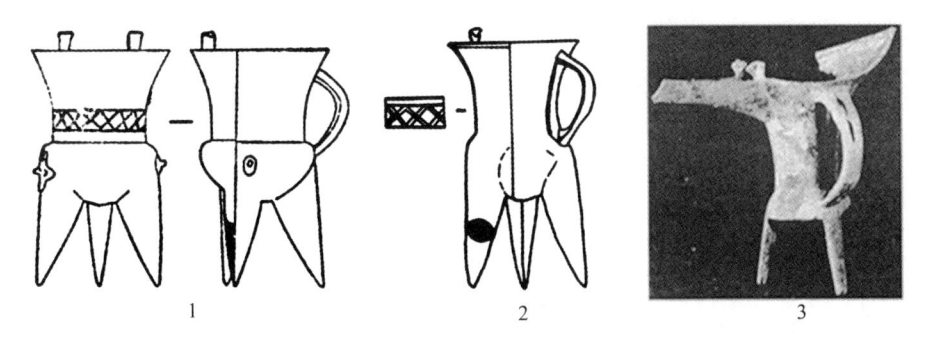

图1-25 郑州商城王畿区域二里头文化与二里岗文化过渡期铜器举例
1、2. 斝（西史村采：6、高村寺采集：66） 3. 爵（望京楼采集）

二 典型二里岗期

郑州商城逐渐发展并走向兴盛的典型二里岗期（包括二里岗下层二期、二里岗上层一期），宫殿区（宫城）、内城（大城）、外城等三重结构的布局已经形成并逐渐发展完善。郑州商城宫殿、祭祀遗存、铸铜作坊、制陶作坊、墓葬等遗迹形成比较成熟的布局，陶器、铜器、玉器、原始瓷、印纹硬陶等各类遗物都相对比较丰富。根据发表的考古调查和发掘材料，图1-26中确认包含二里岗期遗存的遗址有西史村、高村寺、唐垌、小双桥、岔河、大师姑、南城、阎河、西张寨、须水白寨、祥营、堂李、大河村、陈庄、马良寨等。西史村、高村寺、西张寨、堂李等遗址出土有青铜器，据传唐垌也出土有青铜器。根据郑州市文物考古研究院提供的信息，可以确认包含二里岗期遗存的遗址有西张村、东张村、倪店、广武北、张河、石河、岗崔、袁垌、娘娘寨、广武孙寨、广武丁楼、方靳寨、城角、槐西、瓦屋孙西南、三十里铺、东赵、汪庄北、牛寨、常庄北、芦村河、凤凰台等[1]，其中东赵遗址发现有大型夯土建筑基址[2]、出土过青铜器。有些遗址包含商时期遗存，由于没有核对相关遗物标本，无法判断其具体年代；仅标注在图1-26中作为参考。

---

[1] 郑州市文物考古研究院、北京大学考古文博学院：《河南省郑州市索、须、枯河流域考古调查报告》，《古代文明》第10卷，上海古籍出版社2016年版。
[2] 张家强、郝红星：《沧海遗珠——郑州东赵城发现记》，《大众考古》2015年第8期。

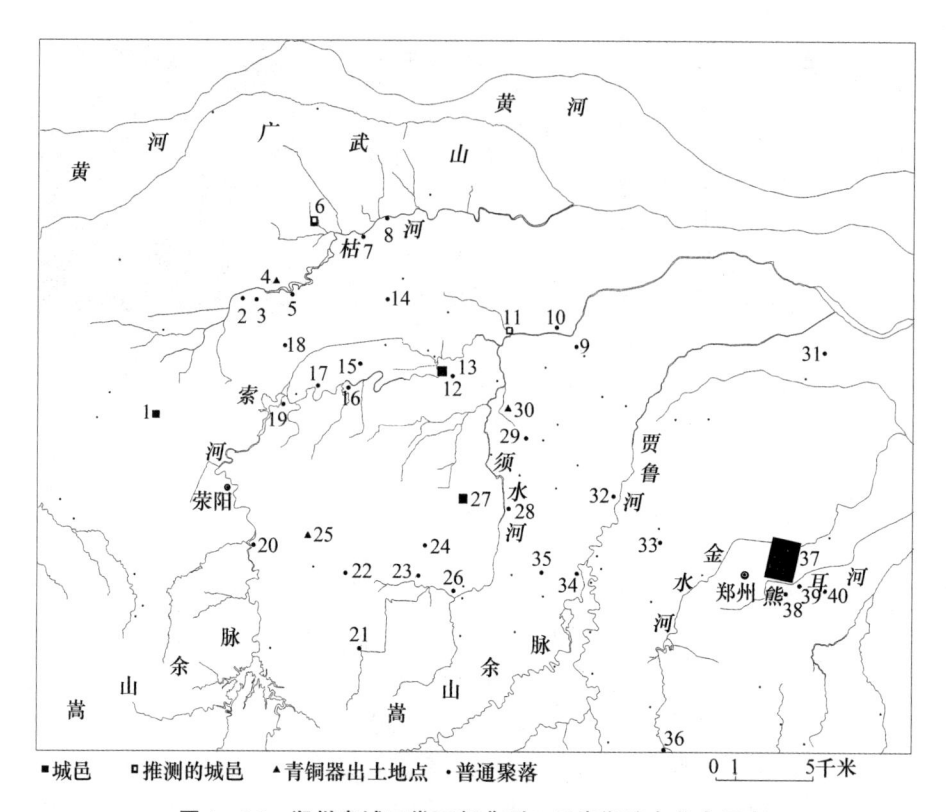

图1-26 郑州商城王畿西部典型二里岗期遗存分布示意

1. 西史村 2. 西张村 3. 东张村 4. 高村寺 5. 倪店 6. 唐垌 7. 广武北 8. 张河
9. 小双桥 10. 石河 11. 岔河 12. 岗崔 13. 大师姑 14. 南城 15. 袁垌 16. 娘娘寨
17. 广武孙寨 18. 广武丁楼 19. 方斳寨 20. 阎河 21. 城角 22. 槐西 23. 瓦屋孙西南
24. 三十里铺 25. 西张寨 26. 须水白寨 27. 东赵 28. 汪庄北 29. 祥营 30. 堂李
31. 大河村 32. 陈庄 33. 牛寨 34. 常庄北 35. 马良寨 36. 芦村河 37. 郑州商城
38. 南关外 39. 二里岗 40. 凤凰台

典型二里岗期王畿区域的文化面貌总体上与郑州商城保持一致，逐渐形成了基本器物组合与稳定文化风格，比较稳定的典型二里岗文化逐渐成为新的主体文化传统。典型二里岗文化形成之后，此前的多元文化传统仍然有很多流风余韵，例如岳石文化传统的篦纹红褐陶深腹罐依然存在，王畿区域基层聚落的文化面貌保留了很多本地二里头文化传统。高规格器物铜礼器也逐渐形成了新的二里岗风格，典型二里岗期早段的铜器尚有浓郁的二里头风格、但已经开始装饰兽面纹；典型二里岗期晚段铜器已经流行兽面纹，兽面纹陶器也流行起来。在郑州商城铜礼器和兽面纹陶器逐渐增多的背景下，王畿区域其他聚落仅零星地发现铜礼器和兽面纹陶器；郑州商城在典型二里岗期晚段零星发现的陶龟、印纹硬陶和原始瓷等稀有器类，王畿区域其他聚落非常罕见。因此，典型二里岗期日用陶器的风格在王畿区域趋于一致的背景下，铜礼器、兽面纹陶器、陶龟、原始瓷、印文硬陶等高规格器物主要集中在郑州商城，望京楼等规模较大的中型城邑也零星发现各类高规格器物，基层聚落仅零星发现有兽面纹陶器。王畿区域的文化面貌总体上有趋于一致的倾向，基层聚落的发展节拍略慢于郑州商城。

三　白家庄期

郑州商城处于稳静运行状态、小双桥商都逐渐兴起并突然放弃的白家庄期，郑州商城范围内仍有很多高规格遗存，小双桥商都包含大型宫殿宗庙建筑、宫城和青铜器、朱书陶缸、兽面纹陶器、陶龟等高规格遗存。根据发表的调查和发掘材料，图1-27中可以确认包含白家庄期遗存的遗址有西史村、高村寺、岔河、大师姑、石佛、陈庄、须水白寨、牛寨，岔河、石佛出土有青铜器。根据考古调查材料或郑州市文物考古研究院提供的信息，可以确认包含白家庄期遗存的遗址有西张村、倪店、唐垌、岗崔、南城、袁垌、广武孙寨、广武丁楼、城角、槐西、三十里铺、东赵、汪庄北、芦村河[1]，南城出土有青铜器、广武孙寨出土有兽面纹陶器。根据各种资料提供的信息，结合与小双桥商都的分布关系，可以推断包含白家庄期遗存的遗址有岳岗、石河、前庄王、祥营、大里东北、堂李、西连河、关庄北、关庄、欢河，其中岳岗、关庄、堂李出土有青铜器。一些典型二里岗期遗址无法确认是否含有白家庄期遗存，但未必真的没有，标注在图1-27中作为参考。白家庄期聚落的分布数量明显多于笔者标注的数字，图1-27仅曲折地反映白家庄期聚落的分布情况。

郑州商城王畿区域白家庄期的文化面貌具有鲜明的时代特征，呈现出规范化、标准化的倾向，器物的体量有加大趋势，岳石文化传统的痕迹仍

---

[1] 郑州市文物考古研究院、北京大学考古文博学院：《河南省郑州市索、须、枯河流域考古调查报告》，《古代文明》第10卷，上海古籍出版社2016年版。

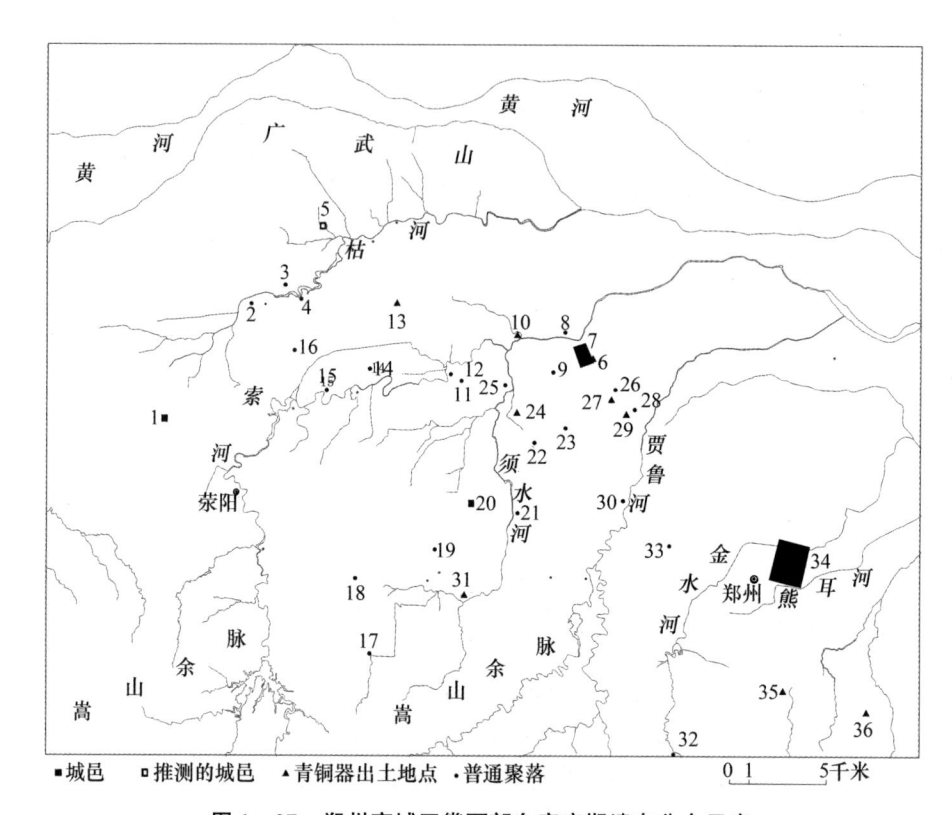

■ 城邑　□ 推测的城邑　▲ 青铜器出土地点　• 普通聚落

图 1-27　郑州商城王畿西部白家庄期遗存分布示意

1. 西史村　2. 西张村　3. 高村寺　4. 倪店　5. 唐户　6. 岳岗　7. 小双桥　8. 石河　9. 前庄王　10. 岔河　11. 岗崔　12. 大师姑　13. 南城　14. 袁垌　15. 广武孙寨　16. 广武丁楼　17. 城角　18. 槐西　19. 三十里铺　20. 东赵　21. 汪庄北　22. 祥营　23. 大里东北　24. 堂李　25. 西连河　26. 关庄北　27. 关庄　28. 欢河　29. 石佛　30. 陈庄　31. 须水白寨　32. 芦村河　33. 牛寨　34. 郑州商城　35. 佛岗　36. 小姚庄

有少量发现，王畿区域的文化面貌与郑州商城和小双桥商都保持高度一致。铜礼器的体量有加大的趋势，兽面纹几乎成了必不可少的装饰，郑州商城、小双桥商都出土青铜器的数量增多、体量加大。铜礼器、兽面纹陶器、陶龟、原始瓷、印纹硬陶等高规格器物主要集中在郑州商城和小双桥商都，其他聚落中仅零星发现这些高规格器物，但铜礼器和兽面纹陶器的出土地点明显增多。以兽面纹陶器为例，望京楼商城白家庄期陶杯（M32：1）

的腹部有兽面纹[1],广武孙寨陶簋(2011孙寨:2)腹部有兽面纹[2],新郑华阳故城城南沟出土有白家庄期兽面纹陶簋腹片[3]。神秘器类陶龟在小双桥商都比较流行,朱书陶缸和刻文陶豆也比较常见。郑州商城王畿区域文化传统的一致性较高,同种类型的器物在整个王畿区域内的形制非常接近,基层聚落的发展节拍与都邑保持了高度一致。

---

[1] 郑州市文物考古研究院:《河南新郑望京楼二里岗文化城址东一城门发掘简报》,《文物》2012年第9期。
[2] 郑州市文物考古研究院、北京大学考古文博学院:《河南省郑州市索、须、枯河流域考古调查报告》,《古代文明》第10卷,上海古籍出版社2016年版。
[3] 郑州市文物考古研究院、新郑市旅游文物局:《河南新郑市华阳城遗址的调查简报》,《中原文物》2013年第3期。

第二章　郑州商城的形成过程与城市化进程

偃师商城[1]和洹北商城[2]的考古材料表明商王朝王都的营造顺序是先营建宫殿宗庙建筑和宫城，再依次营建外城（大城）。《诗经·绵》记载周王朝的先祖公亶父在周原营造都邑时先建宫室宗庙、再建城墙、城门[3]，可见周代文献资料也支持上述考古发现的都邑营造顺序。因此，可把郑州商城最早一批大型宫殿宗庙建筑的营造时间作为其始建年代。

具体的人类活动和历史事件与考古学文化的发展演变并不完全同步，始建年代不同的建筑设施也可以共时使用一段时间，本书重点考察郑州商城形成与发展过程的阶段性，对复杂的共时性问题进行宏观处理。把年代相当于二里头文化三期的人群集聚地作为郑州商城肇建之前的本地聚落基础，把最早一批宫殿宗庙建筑及夯土墙内包含和叠压的二里头文化遗物也指认为郑州商城肇建之前的遗存。二里头文化与二里岗文化过渡期是郑州商城的肇始阶段，其始建年代在这个时间范围内，但难以把握其始建时间在考古学编年中的精确位置，就把最早一批宫殿宗庙建筑、夯土墙及共时的其他二里头文化与二里岗文化过渡期遗存，指认为郑州商城肇始阶段的遗存。郑州商城最早一批宫殿宗庙建筑和夯土墙营建之后，城墙、宫殿宗庙建筑、手工业作坊和小型房基等各类建筑设施经历了增建、重修、更改用途等过程，始建于不同时期的建筑设施的使用可能共时、也可能不共

---

[1] 杜金鹏、王学荣：《偃师商城近年考古工作要览——纪念偃师商城发现20周年》，《考古》2004年第12期。

[2] 中国社会科学院考古研究所安阳工作队、中加洹河流域区域考古调查课题组：《河南安阳市洹北商城遗址2005—2007年勘察简报》，《考古》2010年第1期。

[3] 周振甫译注：《诗经译注》（修订本），中华书局2010年版，第374、375页。传统上说的"古公亶父"，有学者认为"古"表示追述古时候的事儿，其本应称为"公亶父"，笔者采用这一说法。

时。郑州商城的总体规划在典型二里岗期早段形成定局，典型二里岗期晚段郑州商城达到鼎盛阶段、完成了一般意义上的城市化进程。

最早一批宫殿宗庙建筑及夯土墙 W22 代表的小城是郑州商城最初的形态；面积约 3 平方公里的大城（内城）营建之后，小城就成了宫城；面积达 10 平方公里以上的外城构筑起来之后，大城就成了内城。在对郑州商城王畿区域考古学文化传统深入认识的基础上，本章重点探讨郑州商城的形成机制、布局规划及历时性变化，勾勒出郑州商城城市化进程的宏观图景。

第一节 郑州商城肇建之前的聚落基础

郑州商城肇建于二里头文化与二里岗文化过渡期，笔者提出其具体年代相当于二里头文化四期早段[①]。因此，二里头文化三期遗存在郑州商城肇建之前；一部分二里头文化与二里岗文化过渡期遗存也可能早于郑州商城的肇建，但难以通过文化面貌进行识别，只有依据地层关系把相关遗存指认到郑州商城肇建之前。郑州商城相关发掘报告、简报多把本地二里头文化遗存称为"洛达庙期文化"或"洛达庙类型"，本书提到这两个概念时指的是本地二里头文化。

郑州商城工作站院内 C8T39 夯土层内包含有洛达庙期陶片、叠压有洛达庙三期灰坑，省歌舞团宿舍楼夯土层出土少量洛达庙期陶片，省戏校东院夯土层中出土有洛达庙期陶片，市土产公司商店夯土层中出土有洛达庙期陶片，皮毛玩具厂院内夯土层中出土有洛达庙期陶片、叠压有洛达庙期堆积，黄委会邮电所门前夯土基址打破了洛达庙期文化层[②]。这些遗迹中的"洛达庙期"文化层和陶片有些属于郑州商城肇建之前，有些属于郑州商城肇始阶段，由于没有见到相关陶器的直接信息，无法确切判断。

黄委会科研所院内的过渡期宫殿宗庙建筑 C8G15（F15）出土有洛达

[①] 侯卫东：《论二里头文化四期中原腹地的社会变迁》，《中原文物》2020 年第 3 期。
[②] 河南省文物考古研究所编著：《郑州商城——1953—1985 年考古发掘报告》（上），文物出版社 2001 年版，第 86、253—256、259 页。

庙期陶片，叠压有洛达庙期文化层①，被叠压的洛达庙期文化层应是郑州商城肇建之前的遗存。

郑州市银行家属院C8T55夯土层打破洛达庙三期文化层，夯土层内也出土有洛达庙三期陶片②。夯土基址下压的洛达庙三期文化层出土的陶片特征接近二里头文化三期（图2-1），应当是郑州商城肇建之前的遗存。

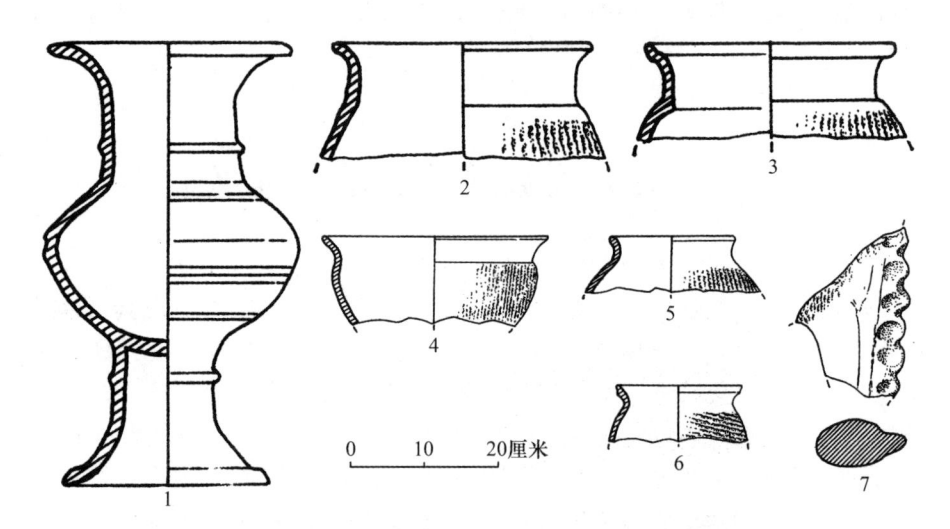

图2-1 郑州商城宫城范围内出土二里头文化三期陶器示意

1. 壶（C8T55⑤：5） 2. 深腹罐（C8T55⑤：10） 3. 鬲（C8T55⑤：18） 4. 盆（91ZSC8ⅡT26⑤：4） 5. 瓮（91ZSC8ⅡT25⑤：6） 6. 圆腹罐（91ZSC8ⅡT26⑤：1） 7. 鼎足（C8T55⑤：13）

黄委会青年公寓发表的洛达庙早、中、晚期遗存比较丰富，洛达庙中期还发现有多座墓葬③，其正处于郑州商城肇建之前大型聚落的中心区。1998年黄委会一号高层住宅楼夯土墙打破的灰坑H46、H85、H86、

---

① 河南省文物考古研究所编著：《郑州商城——1953—1985年考古发掘报告》（上），文物出版社2001年版，第243、245页。
② 河南省文物考古研究所编著：《郑州商城——1953—1985年考古发掘报告》（上），文物出版社2001年版，第249—251页。
③ 河南省文物研究所：《郑州黄委会青年公寓考古发掘报告》，《郑州商城考古新发现与研究（1985—1992）》，中州古籍出版社1993年版，第185—207页。

H87 等①，应当形成于郑州商城肇建之前。

郑州商城内城北城墙东段 CNT4 中夯土墙下叠压有洛达庙三期文化层；C8T27 城墙内包含有洛达庙三期陶片，也叠压一个洛达庙三期灰坑②。内城东北角的"洛达庙三期"遗存应当有一部分早于郑州商城肇建年代。

北大街宿舍楼西北东南向夯土墙中包含有洛达庙期陶片③，其南侧的北大街夯土建筑中包含有不少洛达庙期陶片④，北大街最早的夯土建筑中的洛达庙期陶片大多为郑州商城肇建之前。二里头文化与二里岗文化过渡期夯土基址 C8G9（F9）下叠压的"洛达庙期"文化层⑤的年代应当为郑州商城肇建之前。河南省中医药研究院中部 C8G16（F16）夯土层中包含洛达庙期陶片，打破洛达庙期文化层⑥，这里的洛达庙期遗存应当有一部分早于郑州商城肇建阶段。

郑州回民中学和河南省中医学院东里路家属院都发现有二里岗下层之前的河相堆积，二者大体在一条东西向的线上，至二里岗下层偏早逐渐淤平⑦，说明这条东西向的河流或壕沟不晚于二里头文化与二里岗文化过渡期。郑州回民中学 91T25⑤层河湖相堆积出土的陶器为二里头文化传统（图 2-1），特征接近二里头文化三期；省中医学院家属院出土陶鬲 T35⑥：1、折腹盆 T42⑥：3、大口罐 T45⑥：2 等为辉卫文化传统，特征接近二里头文化三、四期之际。这条河流或壕沟出土有风格接近二里头文化三、四期之际的陶器，说明其最初存在的时间可能会更早、郑州商城肇建之前就已经存在。

郑州商城内城北部宫殿宗庙建筑和夯土墙叠压打破不少"洛达庙期"

---

① 河南省文物考古研究所：《河南郑州商城宫殿区夯土墙 1998 年的发掘》，《考古》2000 年第 2 期。
② 河南省文物考古研究所编著：《郑州商城——1953—1985 年考古发掘报告》（上），文物出版社 2001 年版，第 185—188、214、218 页。
③ 河南省文物考古研究所编著：《郑州商城——1953—1985 年考古发掘报告》（上），文物出版社 2001 年版，第 233、234、237、238 页。
④ 河南省文物考古研究所：《郑州商城北大街商代宫殿遗址的发掘与研究》，《文物》2002 年第 3 期。
⑤ 河南省文物考古研究所编著：《郑州商城——1953—1985 年考古发掘报告》（上），文物出版社 2001 年版，第 261、262 页。
⑥ 河南省文物考古研究所编著：《郑州商城——1953—1985 年考古发掘报告》（上），文物出版社 2001 年版，第 280、281 页。
⑦ 河南省文物研究所：《1992 年度郑州商城宫殿区收获》，《郑州商城考古新发现与研究（1985—1992）》，中州古籍出版社 1993 年版，第 109—111、121、124—126、139 页。

遗迹，相关遗迹也包含不少"洛达庙期"陶片，"洛达庙期"遗迹和陶片在内城北部相当于宫城的范围内普遍存在、并且分布相当密集，在面积不少于60万平方米的范围内呈集聚态势（图2-2）。最初营建的宫城范围占

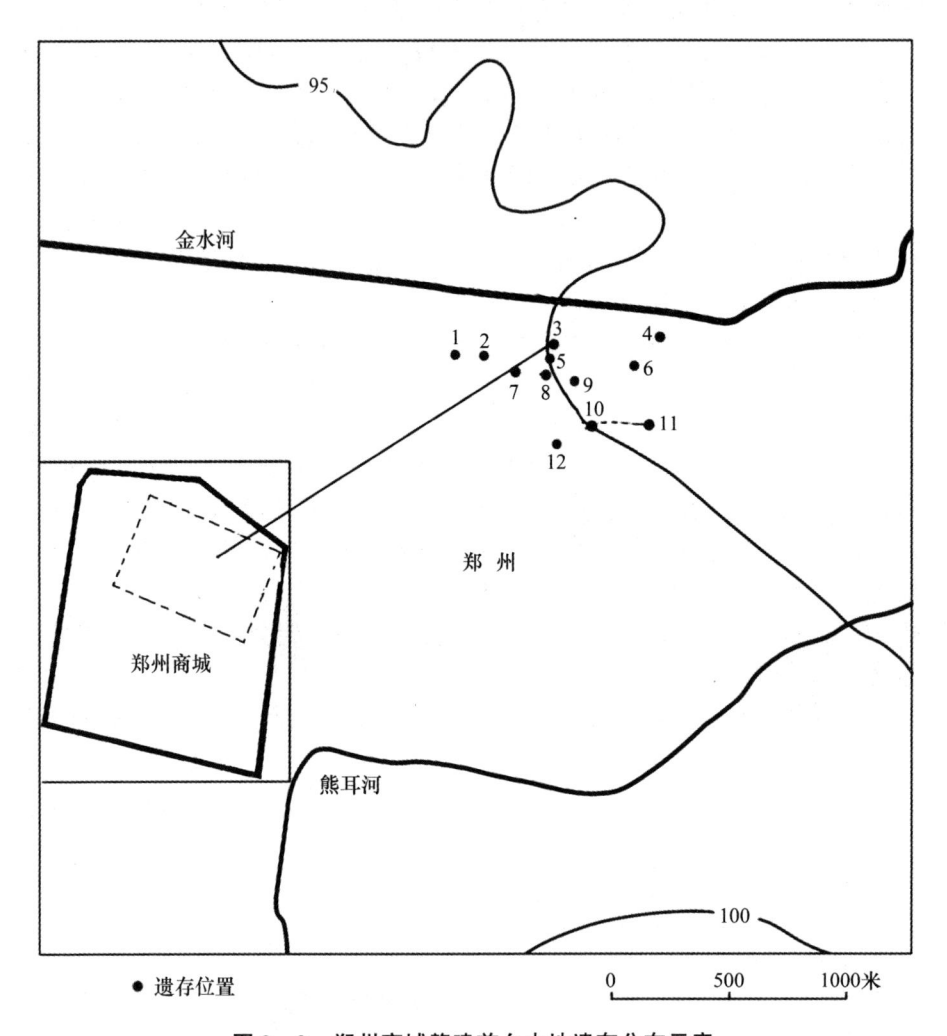

图2-2 郑州商城肇建前夕本地遗存分布示意

采自《郑州商城肇始阶段王畿区域聚落变迁与社会重组》图二。

1. 黄委会科研所　2. 省戏校东院（市银行家属院）　3. 黄委会青年公寓　4. C8T27、CNT4　5. 黄委会一号高层住宅楼　6. 北大街　7. 市土产公司商店　8. C8T45 夯土　9. C8G9（F9）叠压的文化层　10. 郑州回民中学　11. 河南省中医学院　12. C8G16 打破的文化层

据了这个大型居住点集聚区的大部分,其无疑是最初选择营建郑州商城的聚落社会背景和历史文化基础。郑州商城内城城墙、外城城墙包含洛达庙期陶片和叠压打破"洛达庙期"遗迹的位置也比较普遍,外城城墙内侧也有多处"洛达庙期"遗存,其中有些属于郑州商城肇建之前。郑州商城外城之外不远处亦有多处郑州商城肇建之前的聚落遗址,如洛达庙①、董寨②、旮旯王③等。这个大型居住点集聚区的周围,由近及远分布着不少同时期的聚落,说明其应当是周围很多基层聚落的中心聚落。

第二节 郑州商城肇始阶段的布局

二里头文化与二里岗文化过渡期是郑州商城的肇始阶段,最早一批宫殿宗庙建筑和宫城、大城(内城)营建之后,郑州商城的布局如何?二里头文化与二里岗文化过渡期各类遗存的分布状况反映了怎样的文化格局?这些是讨论郑州商城形成过程的关键问题。以郑州商城大城(内城)的营建为标尺,此时及以前的宫殿宗庙建筑和宫城皆为肇始阶段的遗迹,已知同时的其他遗存都纳入肇始阶段来讨论。因此,首先要确定郑州商城大城(内城)的始建年代,其次要讨论外城的始建年代应该归入哪个阶段,在对郑州商城的总体布局形成框架性认识之后,再讨论哪些重要遗迹属于肇始阶段。

一 郑州商城小城肇建与宫城形成的年代

郑州商城最早一批宫殿宗庙建筑和宫城的始建年代,是郑州商城肇始阶段的年代上限。下面讨论一下宫殿区夯土墙和最早一批宫殿宗庙建筑的

---

① 河南省文物研究所:《郑州洛达庙遗址发掘报告》,《华夏考古》1989年第4期。
② 河南省文物考古研究所编著:《郑州商城——1953—1985年考古发掘报告》(上),文物出版社2001年版,第7、39页。
③ a. 河南省文化局文物工作队第一队:《郑州旮旯王村遗址发掘报告》,《考古学报》1958年第3期。
b. 河南省文物考古研究所编著:《郑州商城——1953—1985年考古发掘报告》(上),文物出版社2001年版,第22页。

年代。

袁广阔先生论证宫殿区黄委会青年公寓发现的夯土墙 W22 始建于洛达庙晚期①，李伯谦先生又进一步论证 W22 的始建年代为洛达庙晚期②，二位先生的"洛达庙晚期"概念是早于二里岗下层一期 C1H9 阶段的。笔者的认识是洛达庙晚期（二里头四期）与二里岗下层一期 C1H9 阶段有很大程度的年代重合，因此袁、李二位先生的观点相当于夯土墙 W22 始建于二里头文化与二里岗文化过渡期偏早阶段。

1998 年对郑州商城内城东北部宫殿区夯土墙 W22 之南的区域进行了发掘，在黄委会家属区中部发现了同一道夯土墙，根据发表的资料，可将这道东北西南向的夯土墙的已知长度推断为 130 余米，方向 23°③。1998 年简报关于夯土墙基的年代信息比较多，并且对黄委会青年公寓发掘报告的年代判断提出纠正。宫殿区夯土墙叠压了大量灰坑，这些灰坑的年代均为二里头四期早段，也就是说夯土墙的始建年代不早于二里头四期早段（二里头文化与二里岗文化过渡期偏早阶段）。打破夯土墙的两个灰坑出土的遗物均不晚于二里岗下层 C1H9 阶段，说明此时这段墙基应当已经受到破坏，也是夯土墙始建年代的下限。夯土墙内也出土了不少陶器（图 2-3），从特征上看，都属于二里头文化四期早段，这些器物的年代与夯土墙叠压打破的灰坑的年代是一致的，说明二里头四期早段正是这段夯土墙建筑的年代。也就是说，这道夯土墙的始建年代为略早于 C1H9 的过渡期偏早阶段。1998 年的简报说其中一个灰坑（H114）正好挖在夯土墙基中部，实际上是在夯土墙西部靠近边缘处，并不能说明夯土墙此时已经废弃。1998 年发掘的夯土墙南端不再向南延伸，如果夯土墙到此为止的话，应当有向西或向东拐的迹象，发掘和勘探并没有发现；此处存在缺口的可能性比较大，或许因后期破坏太严重，可惜向南发掘后未发现延长线上有类似夯土墙。

---

① 袁广阔：《关于郑州商城夯土基址的年代问题》，《中原文物考古研究》，大象出版社 2003 年版。
② 李伯谦：《对郑州商城的再认识》，《文明探源与三代考古论集》，文物出版社 2011 年版。
③ a. 河南省文物研究所：《郑州黄委会青年公寓考古发掘报告》，《郑州商城考古新发现与研究（1985—1992）》，中州古籍出版社 1993 年版。该文指出钻探和发掘的夯土墙基槽约 80 米。
b. 河南省文物考古研究所：《河南郑州商城宫殿区夯土墙 1998 年的发掘》，《考古》2000 年第 2 期。该文指出发掘残长 24 米左右的夯土墙基槽，向北延伸约 30 米与黄委会青年公寓夯土墙相接，如此则该夯土墙的已知长度约 134 米。

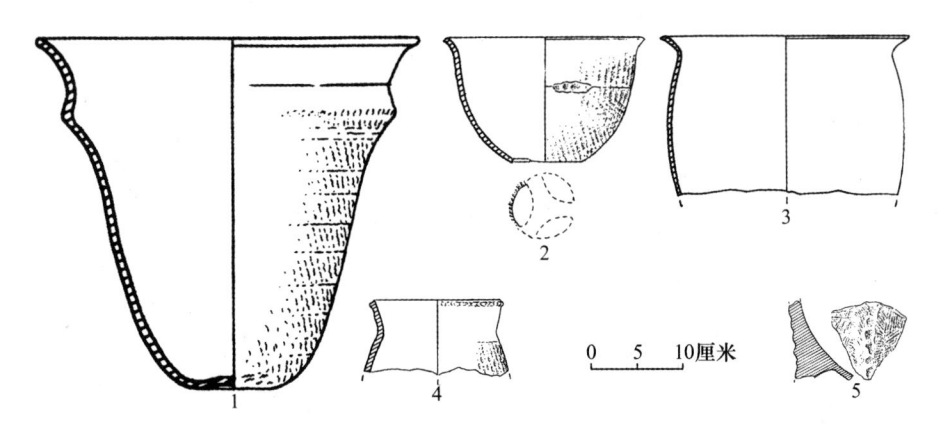

第二章　郑州商城的形成过程与城市化进程

图 2-3　郑州商城大城（内城）城墙下叠压遗迹出土陶器举例
1. 大口尊（C5T4⑤：6）　2. 甑（CNT4⑥：33）　3. 深腹罐（C5T4⑤：10）　4. 花边罐（C8T27⑥H：4）　5. 鼎（CNT4⑥：51）

W22 东侧第⑤层发现有类似夯层的迹象，揭不出夯面、未发现夯窝；第④层结构致密、硬度大、无夯层和夯窝，第⑤层的年代为过渡期偏早阶段，第④层的年代为南关外 H62 阶段。发掘报告提到夯土墙基 W22 被第④层叠压、叠压有第④层、第⑤层，应当是笔误，造成笔者对地层关系的困惑。打破 W22 的灰坑 H35 中出土的遗物的年代不晚于南关外 H62 阶段，W22 如果叠压南关外 H62 阶段地层的话，则其从营建到形成叠压它的堆积之间的时间太短。并且 W22 西南延长线上的同一道夯土墙被二里岗 C1H9 阶段的灰坑打破，与其叠压稍晚些的地层是矛盾的，说明 W22 的局部被第④层叠压、而不是叠压第④层。第⑤层为黄灰色硬土，而 W22 叠压打破了这层黄灰色硬土，说明在夯土墙 W22 营建之前第⑤层可能是人类踩踏等活动形成的活动面、也可能是有意进行处理形成的。

1995 年在郑州商城内城东北部宫殿区北大街大队拟建宿舍楼楼基下发现一道西北东南向夯土墙基，位于宫殿区东部边缘地带，其向西北的延长线与 W22 向东北的延长线相交近直角，两道墙的夯层厚度接近，夯土颜色都为黄灰色[1]。夯土墙 W22 东北方向钻探的线索表明穿过了顺河路，北大街夯土墙西北方向的延长线在顺河路一带和夯土墙 W22 相交，说明二者并

---

[1] 河南省文物考古研究所编著：《郑州商城——1953—1985 年考古发掘报告》（上），文物出版社 2001 年版，第 233、234、237、238 页。

没有形成一个独立的闭合空间，夯土墙 W22 还应与别的夯土墙相关联。夯土墙 W22 的墙基宽 6 米以上，而西北东南向夯土墙基的宽度仅 3 米。这些都说明两道夯土墙最初不是同时营建的。发掘者在《郑州商城》发掘报告出版之前曾认为北大街夯土墙的年代为二里岗上层时期①，夯土墙北侧与夯土墙基平行的石砌排水管道的修筑年代为二里岗上层一期，可能是受到这个排水管道影响，发掘者把二者看作有直接关联的设施，将二者的年代都推断为二里岗上层一期。《郑州商城》发掘报告认为夯土层内包含的陶片包括洛达庙期和二里岗下层二期，把夯土墙的建筑年代向前推至二里岗下层二期，由于没有发表相关陶器标本，很难对这些陶片的年代作进一步的讨论。按照袁广阔、曾晓敏等郑州商城发掘者的认识，多把早年发表的夯土墙中的"二里岗下层二期"陶片的年代向前推至洛达庙期，由于没有向他们那样重新观察相关陶片，不敢臆测。如果北大街夯土墙中的"二里岗下层二期"陶片的年代不会更晚的话，笔者姑且把这道夯土墙的始建年代判断为晚于过渡期、不晚于典型二里岗期早段。也就是说，北大街夯土墙的始建年代晚于黄委会青年公寓夯土墙 W22 为代表的宫城，宫城的布局随着时间的发展存在动态的变化。

通过上文的分析，郑州商城宫殿区最早的夯土墙营建于二里头文化与二里岗文化过渡期偏早阶段，代表郑州商城的肇建年代；还应当有若干同时营建的宫殿宗庙建筑才能有效说明其最初作为都邑的性质。从叠压打破关系和包含物来看，北大街夯土Ⅶ、夯土Ⅸ、夯土Ⅻ的年代偏早②，始建年代应当为过渡期偏早阶段；C8T62 夯土建筑的年代也应当为过渡期偏早阶段③；下文还将论证几处同时期的宫殿宗庙建筑。因此，二里头文化与二里岗文化过渡期偏早阶段（二里头文化四期早段）是郑州商城小城肇建和最早一批宫殿宗庙建筑营建的时间，也是郑州商城肇始阶段的年代上限，宫城（小城）在这个阶段形成。

---

① 曾晓敏、宋国定：《郑州商城宫城墙和城市供水设施》，《中国考古学年鉴1996》，文物出版社1998年版，第169页。
② 袁广阔：《关于郑州商城夯土基址的年代问题》，《中原文物考古研究》，大象出版社2003年版。
③ a. 河南省文物研究所：《郑州商代城内宫殿遗址区第一次发掘报告》，《文物》1983年第4期。
b. 河南省文物考古研究所编著：《郑州商城——1953—1985年考古发掘报告》（上），文物出版社2001年版，第267页。

二 郑州商城大城营建与内城形成的年代

郑州商城大城（内城）的始建年代，是郑州商城肇始阶段的年代下限。郑州商城大城（内城）始建年代的主要判断依据是其城墙解剖沟的层位关系和出土遗物（图2-3），包括城墙叠压的遗迹、城墙夯层、叠压城墙的遗迹等出土的遗物。

郑州商城大城（内城）南墙东段探沟CST3、CST4中夯土墙打破了南关外期文化层第⑤层，该层下叠压有南关外期壕沟和灰坑①。第⑤层出土的大口尊CST4⑤：6的特征接近二里头文化三、四期之际，素面罐CST4⑤：10为岳石传统，年代应当为二里头文化与二里岗文化过渡期偏早阶段。

郑州商城大城（内城）北墙东段探沟C8T27夯土墙叠压一个洛达庙三期（二里头文化第四期）灰坑（第⑥层）②，出土的深腹罐C8T27⑥H：6、花边罐C8T27⑥H：4的特征接近二里头文化三、四期之际，年代应当为过渡期偏早阶段或二里头三期偏晚。北墙探沟CNT4中夯土墙叠压洛达庙三期文化层第⑥层③，出土的甗CNT4⑥：33、鼎CNT4⑥：51的特征接近二里头文化三、四期之际，年代应当为二里头文化与二里岗文化过渡期偏早阶段或二里头文化三期偏晚。

郑州商城大城（内城）东墙北段探沟CET7内夯土墙叠压一个洛达庙三期（二里头文化四期）灰沟（第⑥层）④，该灰沟内出土的陶器未发表标本，从夯土墙内出土的洛达庙三期（二里头文化四期）陶器标本的特征来看，花边罐CET7⑤：50的特征接近二里头文化三、四期之际，年代应当为二里头文化与二里岗文化过渡期偏早阶段或二里头三期偏晚，如果夯

---

① 河南省文物考古研究所编著：《郑州商城——1953—1985年考古发掘报告》（上），文物出版社2001年版，第213、219页。
② 河南省文物考古研究所编著：《郑州商城——1953—1985年考古发掘报告》（上），文物出版社2001年版，第188、218页。
③ 河南省文物考古研究所编著：《郑州商城——1953—1985年考古发掘报告》（上），文物出版社2001年版，第212、214页。
④ 河南省文物考古研究所编著：《郑州商城——1953—1985年考古发掘报告》（上），文物出版社2001年版，第190、221页。第24页中表述为东墙北段探沟CET7有洛达庙二期壕沟，前后表述不同。

土墙内的这些陶片是夯筑时从本地取土而得，则第⑥层的年代很可能与之相当。

郑州商城大城（内城）西墙中段探沟 CWT5 内夯土墙下叠压一个小沟（第⑥层），出土有洛达庙三期（二里头文化四期）陶片①，发掘报告认为出土有二里岗下层二期陶片，但没有发表相关陶器标本。袁广阔、曾晓敏认为小沟中出土的"二里岗下层"陶片的特征接近洛达庙期，将其年代推测为洛达庙二期（二里头文化三期）②，虽然基于对陶片特征的重新把握，但最具有过渡特征的是洛达庙三期（二里头文化四期）或二里岗下层一期，这些陶片可能更接近这个年代。因此，第⑥层出土陶片的年代应为二里头文化与二里岗文化过渡期偏早。

袁广阔、曾晓敏指出郑州商城大城（内城）夯土墙下面叠压的洛达庙期遗存为洛达庙二期（二里头文化三期）③，因为是基于对陶器特征的观察，总体特征应当把握不误，最迟也不会晚于洛达庙三期（二里头文化四期）。洛达庙二、三期（二里头文化三、四期）之际的文化面貌并不能确切地推断到某个年代，由于出现了少量外来文化传统，具有过渡期偏早阶段的风格，上文笔者把这些遗迹的年代推断为过渡期偏早或二里头文化三期偏晚，与袁广阔等的认识并不矛盾。由于郑州商城内城城墙多处叠压有过渡期偏早阶段遗存，则其始建年代晚于二里头文化三期、不早于二里头文化与二里岗文化过渡期偏早阶段，过渡期偏早阶段是其年代上限。

郑州商城大城（内城）北墙东段探沟 C8T27、东墙北段探沟 CET7、西墙中段探沟 CWT5 夯土墙内包含有洛达庙期和二里岗下层陶片，发掘报告认为多数属于洛达庙三期、少量属于二里岗下层二期④。郑州商城内城南墙东段探沟 CST4 夯土墙内包含有南关外期和二里岗下层陶片，发掘报告认为二里岗下层陶片为二里岗下层二期⑤。发表的夯土墙内出土陶器标

---

① 河南省文物考古研究所编著：《郑州商城——1953—1985年考古发掘报告》（上），文物出版社2001年版，第192、193页。
② 袁广阔、曾晓敏：《论郑州商城内城和外郭城的关系》，《考古》2004年第3期。
③ 袁广阔、曾晓敏：《论郑州商城内城和外郭城的关系》，《考古》2004年第3期。
④ 河南省文物考古研究所编著：《郑州商城——1953—1985年考古发掘报告》（上），文物出版社2001年版，第185—189、192、193页。
⑤ 河南省文物考古研究所编著：《郑州商城——1953—1985年考古发掘报告》（上），文物出版社2001年版，第190、191页。

本仅有东墙北段探沟 CET7 中的洛达庙三期（二里头文化四期）陶器①，所谓的少量"二里岗下层二期陶片"则没有发表相关标本。袁广阔等先生把夯土墙内的"二里岗下层二期陶片"推测为洛达庙期②，这种判断陶片年代的差异，与过渡期文化面貌的复杂和难以识别有关；从发掘报告中所说的大多数陶片为洛达庙三期、少量属于二里岗下层二期来看，应当是一些洛达庙三期、二里岗下层二期相近的特征导致了发掘者的保守判断，最初营建的内城夯土墙包含的陶片应不晚于二里头文化与二里岗文化过渡期。

叠压郑州商城大城（内城）夯土墙的遗迹晚于其始建年代，其中最早的一批接近其始建年代，可帮助判断其始建年代的下限。发表的相关二里岗下层时期陶器标本的年代大多为二里岗下层二期 C1H17 阶段③。袁广阔等认为叠压城墙内侧的地层不是短时间形成的，叠压城墙的遗迹出土的早期陶鬲为卷沿、细绳纹，城墙的时代要早于二里岗期下层④。叠压城墙的遗迹出土的卷沿细绳纹鬲，年代应当为过渡期，由于没有发表相关标本，说明这类遗物较少，应当是营建城墙时或营建城墙之后不久的遗物，年代非常接近大城（内城）的始建年代。

综上，郑州商城大城（内城）最初叠压的遗迹中最晚的年代为二里头文化三、四期之际和二里头文化与二里岗文化过渡期偏早阶段，最初营建的大城（内城）夯土墙内陶片的年代最晚都为过渡期，叠压夯土墙的遗迹出土遗物最早年代为过渡期偏晚阶段。因此，郑州商城大城（内城）的始建年代正好为过渡期，由于叠压的遗迹和夯土墙内包含的陶片有二里头文化晚期风格和岳石文化风格，说明与郑州商城形成相关的岳石文化传统已经在本地存在过一段时间，大城（内城）的始建年代不是二里头文化与二里岗文化过渡期中最早的时间，而是相当于二里岗下层 C1H9 阶段的过渡期晚段。

三 郑州商城肇始阶段宫城的布局

最早的一批宫殿宗庙建筑和宫城（黄委会青年公寓夯土墙 W22 为代

---

① 河南省文物考古研究所编著：《郑州商城——1953—1985 年考古发掘报告》（上），文物出版社 2001 年版，第 221 页。
② 袁广阔、曾晓敏：《论郑州商城内城和外郭城的关系》，《考古》2004 年第 3 期。
③ 河南省文物考古研究所编著：《郑州商城——1953—1985 年考古发掘报告》（上），文物出版社 2001 年版，第 198—202 页。
④ 袁广阔、曾晓敏：《论郑州商城内城和外郭城的关系》，《考古》2004 年第 3 期。

表）营建于二里头文化与二里岗文化过渡期偏早阶段，大多在过渡期偏晚阶段继续沿用，与大城（内城）和过渡期偏晚营建的宫殿宗庙建筑共时过一段时间。北大街夯土墙的建筑年代不早于二里头文化与二里岗文化过渡期偏晚阶段，从发掘者后来判断为二里岗下层二期来看，年代应当不会太早，很可能为南关外 H62 阶段，笔者将其归入典型二里岗期早段。

宫殿区西北部黄委会科研所院内有一条东西向壕沟，位于宫殿宗庙建筑基址 C8G15 之北的宫殿区北边缘，已知长度为 80 余米。根据《郑州商城》发掘报告提供的信息[①]，从解剖该壕沟的探沟 C8T50 和 C8T51 的层位关系来看，壕沟内上部厚 0.6—1.4 米的堆积中出土的陶片最晚的属于二里岗上层一期（典型二里岗期晚段），说明这条壕沟很可能在典型二里岗期晚段之末就已经被淤平或填满；壕沟下部厚 0.4—0.9 米的堆积中出土的陶片都属于二里岗下层二期，且不说该报告很可能把一些略早的陶片保守地判断为二里岗下层二期，即使全都是二里岗下层二期的陶片，也说明壕沟的年代可能早于二里岗下层二期（典型二里岗期早段），因为壕沟使用期间会有清淤等管理措施，壕沟挖成到形成一定厚度的淤积需要一段时间，其开凿时间最迟为南关外 H62 阶段。该壕沟位于黄委会夯土墙 W22 及其延长线代表的宫城内，宫殿区西北部的地势为西高东低，其功能应当为引宫城之西的水入宫城，供宫城内用水。这个引水工程应当与最早一批宫殿宗庙建筑和宫城的营建相配套，开凿的年代应当不晚于大城（内城），笔者也将其归入二里头文化与二里岗文化过渡期。

下面重点讨论一下二里头文化与二里岗文化过渡期宫城范围内的宫殿宗庙建筑和其他重要遗迹的布局。

1. C8G15 及相关建筑基址

黄委会科研所南院东南角发掘的大型建筑基址 C8G15（F15）的方向约 22°，东西长度超过 65 米，南北宽 13.6 米[②]。从发表的 C8G15 平面图来看，这座建筑基址主体建筑的北边线、南边线、西边线都已经找出，只有东边线因压在紫荆山路下未发现。由 C8G15 主殿残留的柱础坑可知东西

[①] 河南省文物考古研究所编著：《郑州商城——1953—1985 年考古发掘报告》（上），文物出版社 2001 年版，第 238、239 页。

[②] a. 河南省文物研究所：《郑州商代城内宫殿遗址区第一次发掘报告》，《文物》1983 年第 4 期。C8G15 的方向是根据指北针的方向算出来的。

b. 河南省文物考古研究所编著：《郑州商城——1953—1985 年考古发掘报告》（上），文物出版社 2001 年版，第 243—248 页。

向一排至少有29个。1983年在东里路中段北侧、紫荆山百货楼锅炉房工地、第15号房基（C8G15）东端约40米处，发现一个二里岗上层灰坑，未见商代夯土，证明第15号房基的长度不会超过100米[①]。商代宫殿宗庙大多为四合院式建筑，C8G15是郑州商城目前揭露面积最大的单体建筑，其南侧几处夯土可能与之构成一组四合院式建筑。

C8G15夯土基址叠压打破洛达庙期文化层，由于没有发表相关器物，无法作进一步的推断。根据《郑州商城》发掘报告中的表述原则，洛达庙期文化一般是指罕见下七垣文化传统和岳石文化传统的本地二里头文化，其年代不晚于二里头文化与二里岗文化过渡期偏早阶段。C8G15夯土内出土的陶片特征以二里头传统为主，还有少量岳石传统（图2-4）[②]，岳石

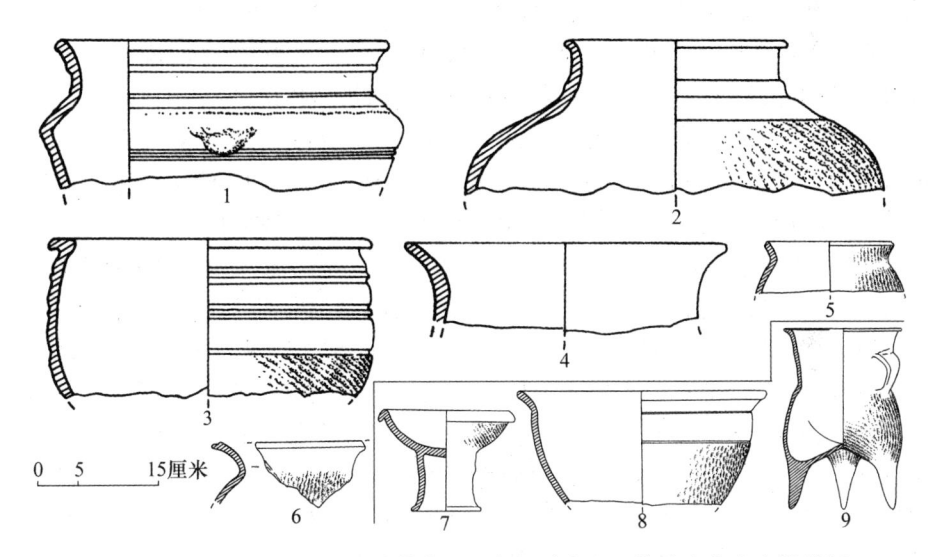

图2-4 C8G15（F15）组建筑夯土层及打破夯土层的遗迹出土陶器举例
1. 大口尊（C8T60④:5） 2. 瓮（C8T61④:6） 3. 敛口盆（C8T61④:13） 4. 深腹罐（C8T61④:23） 5. 圆腹罐（C8F15④:59） 6. 鬲（C8T61④:2） 7. 豆（C8M36:1） 8. 敞口盆（C8H49:5） 9. 斝（C8M36:2）（右下角7、8、9为打破夯土层的遗迹出土陶器，其余均为夯土内出土陶器）

---

① 河南省文物研究所：《郑州商城遗址》，《中国考古学年鉴1984》，文物出版社1984年版，第130页。
② 河南省文物研究所：《郑州商代城内宫殿遗址区第一次发掘报告》，《文物》1983年第4期，图二七。

传统的篦纹红陶罐与二里头传统在郑州地区共存的时间最初为过渡期早段。C8G15夯土内出土的陶片的年代大多为过渡期早段。因此，C8G15的年代上限为二里头文化与二里岗文化过渡期偏早阶段。

C8M36打破C8G15的西部边缘处，墓室为长方形竖穴，宽0.54、残长1.2米，头向为西南向220°，墓室底部铺有朱砂。C8M36出土的陶斝、豆的特征更接近本地二里头文化四期早段（图2-4），而与二里岗下层二期的同类器差别较大，年代应当为过渡期，说明其打破的C8G15的年代不晚于二里头文化与二里岗文化过渡期。该墓没有破坏C8G15主体建筑，其下葬年代如果如与C8G15的始建年代相当，很可能与C8G15的奠基仪式有关。

由上述C8G15的年代关系可知，其始建年代为二里头文化与二里岗文化过渡期。黄委会青年公寓发掘报告中指出W22西距第15号宫殿基址（C8G15）约405米，由于二者的方向近同、始建年代接近，说明二者之间有直接的关系，W22很可能是C8G15使用期间的宫城城墙。

C8G15北边缘偏东部被二里岗下层灰坑C8H49打破，从发表的陶盆C8H49:5和鬲的特征来看，不晚于南关外H62阶段，C8H49位于柱础的外侧，没有破坏主体建筑，说明C8G15此时应当还在使用。

C8G15北边缘被二里岗上层一期地层叠压，出土的陶片多数为二里岗上层一期，少数属于二里岗下层和洛达庙晚期，说明最迟二里岗上层一期时对C8G15的夯土台基边缘有所破坏。从C8G15北边缘西壁剖面（《郑州商城》图四八）来看，二里岗上层一期地层叠压的基槽边缘宽度在1.5米以内；从C8G15的平面布局来看，北边一排柱础之外的夯土台基宽度为1.5米左右，说明二里岗上层一期地层恰好沿着柱础外侧堆积的，并没有破坏建筑的主体。二里岗上层一期灰坑C8H50打破了C8G15的西北部边缘处，在柱础之外1米左右，也没有破坏建筑的主体。二里岗上层一期遗迹叠压打破C8G15的位置都在边缘部位，说明此时C8G15夯土台基的外围遭受了很大破坏，但主体部分可能还在沿用，至少C8G15的主体建筑在典型二里岗期早段还在使用。

C8G15东部偏南不到10米的地方（市银行家属院）发现一片东西长26米以上、南北宽14米以上的夯土（夯1）[①]，由于破坏严重，未发现柱

[①] a. 河南省文物考古研究所编著：《郑州商城——1953—1985年考古发掘报告》（上），文物出版社2001年版，第248—250页。
b. 河南省文物研究所：《郑州商代城内宫殿遗址区第一次发掘报告》，《文物》1983年第4期。

础遗存。C8G15 夯 1 叠压有洛达庙期文化层，从发表的陶器特征来看，年代应在二里头三、四期之际。C8G15 夯 1 夯土内出土的陶片大多为过渡期偏早阶段，以二里头传统为主体，有少量下七垣传统和岳石传统。C8G15 夯 1 南部被二里岗下层时期的灰坑 C8H45 打破，出土陶器的特征为二里岗下层 H17 阶段或略早，说明 C8G15 夯 1 的始建年代更早。根据叠压打破关系和包含物综合判断，C8G15 夯 1 的始建年代应当为过渡期。由于灰坑 C8H45 打破 C8G15 夯 1 南部的具体位置不明，无法判断此时是否还继续使用。

C8G15 夯 1 西部南侧约 3 米处 C8T55 发掘出一片夯土，东西两端均未到头，东西残长约 9 米、南北残宽 4—7 米，夯层打破二里头三、四期之际地层，夯层内包含少量二里头三、四期之际的陶片，始建年代应为过渡期。夯土的颜色和厚度都与 C8G15 夯 1 接近，二者应有直接关系。C8T55 夯土中部偏南处有一片东西长约 3.5、南北宽约 3.7 米的料姜石夯土台，夯土台上部中间被二里岗下层二期灰坑 C8H44 打破，说明二里岗下层二期该料姜石夯土台已经不再使用，其始建年代应当为更早的过渡期。C8T55 料姜石夯土台与同时的 C8T55 夯土基址应为直接关联的建筑。

省戏校西院 C8T67 发现的夯土基址东西残长约 12、南北残宽约 10 米（东边、南边均为到边）[1]，发掘报告认为夯层内包含的陶片都不晚于二里岗下层二期，夯土颜色、夯土结构都与 C8G15 夯 1 接近，二者也近于接连，应当有直接关联，始建年代也应当为过渡期。C8T67 夯土基址距 C8G15 约 30 米，据此可以大体判断 C8T67 夯土基址、C8G15、C8G15 夯 1 的相对位置关系。

在 C8G15 西部偏南 10 多米的地方发现一片东西长约 19、南北宽约 16 米的夯土（夯 2），没有发掘，详细情况不明。

省歌舞团宿舍楼发现一片夯土基址，东西残长约 9.1、南北残宽约 6 米，夯土面上偏东部叠压有二里岗下层二期地层，发掘报告认为夯土层中的陶片没有晚于二里岗下层二期的，年代也应当是偏早的。该建筑基址位于 C8T67 夯土基址之西附近，年代相同，很可能也是有直接关联的，可称之为 C8G15 夯 3。

在 C8G15 西南 70 多米处发现一座东西长 30、南北宽 9 米左右的夯土

---

[1] 河南省文物考古研究所编著：《郑州商城——1953—1985 年考古发掘报告》（上），文物出版社 2001 年版，第 250—253 页。

台基（夯4），发掘报告介绍说夯层内仅发现一些二里岗下层时期的陶片，没有发表相关器物，夯4建筑年代应当为二里头文化与二里岗文化过渡期。

夯4向南大约30米（向南跨过东里路）发现一片断断续续的夯土，发掘的C8T62中夯土层内未发现陶片，夯土上面灰层中出土陶器以二里头文化与二里岗文化过渡期偏晚阶段者居多，有些晚至二里岗下层C1H17阶段[①]，这些遗物应是C8T62夯土建筑营建之后陆续积累的，C8T62夯土的始建年代应当更早，很可能为二里头文化与二里岗文化过渡期偏早阶段。

发掘报告、陈旭先生[②]都把C8G15和上述夯1、夯2、夯4、C8T62夯土作为一组建筑，她认为该组建筑的年代为南关外期。陈旭先生所说的南关外期包括二里岗C1H9，笔者的分析认为该组建筑的始建年代不晚于二里头文化与二里岗文化过渡期偏晚阶段（二里岗C1H9），与陈先生的认识非常接近。与夯土墙W22关联起来考虑，笔者将其归入二里头文化与二里岗文化过渡期偏早阶段。

C8T62夯土的年代与C8G15相同，都在W22延长线以西的区域，二者大致在一条东北西南向连线上，可能有一定的关联；由于距离较远，二者应当不是一个单体建筑。夯4与C8T62夯土的距离稍近，二者可能有关联。结合偃师商城、洹北商城四合院式宫殿宗庙建筑的布局以横长方形为主的现象，C8G15与夯1、夯2、夯3、C8T55夯土、C8T67夯土可能属于一个四合院式单体建筑（图2-5），而夯4与C8T62夯土则可能是与之相关的一组建筑。

2. 黄委会夯土墙W22及其延长线西侧几处零星夯土

省戏校东院夯土基址位于C8G15之东100米左右。省戏校东院夯土层中的陶片，发掘报告认为多属于典型洛达庙期遗存、有一部分属于二里岗下层二期，实际上应当都不晚于过渡期；夯土基址上部的部分夯层中夹杂一些二里岗上层一期陶片[③]，说明这里的夯土基址始建于过渡期，二里岗上层一期进行过修补和使用。

---

① a. 河南省文物研究所：《郑州商代城内宫殿遗址区第一次发掘报告》，《文物》1983年第4期。
b. 河南省文物考古研究所编著：《郑州商城——1953—1985年考古发掘报告》（上），文物出版社2001年版，第267页。
② 陈旭：《郑州商城宫殿基址的年代及其相关问题》，《中原文物》1985年第2期。
③ 河南省文物考古研究所编著：《郑州商城——1953—1985年考古发掘报告》（上），文物出版社2001年版，第254页。

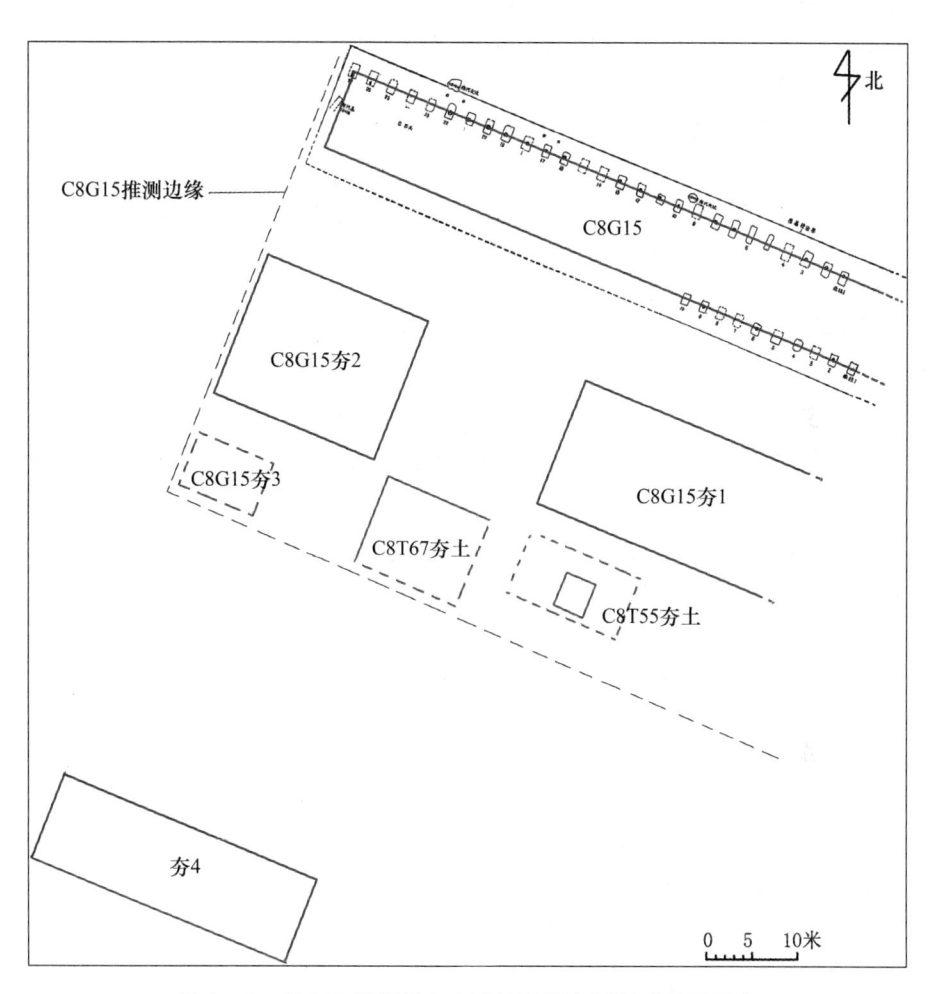

图 2-5　C8G15 及相关夯土建筑平面布局相对位置示意

改自《郑州商城的城市化进程》图二。

市土产公司商店夯土位于夯土墙 W22 延长线西侧 100 余米。市土产公司商店发现有红褐色夯土，夯土层破坏严重，夯层内包含的陶片多为洛达庙期，始建年代应当为过渡期。

皮毛玩具厂院内普遍分布有商代夯土基址，发掘报告提到厂院西部探方 C8T45 内红粘土夯土层包含有洛达庙期和二里岗下层二期陶片[1]，实际上都应当为二里头文化与二里岗文化过渡期陶片，该夯土基址的始建年代应当为过渡期。C8T45 夯土及皮毛玩具厂院内的其他夯土大多应在夯土墙 W22 延长线西侧邻近位置，东部的一些夯土也可能在 W22 延长线上。

黄委会青年公寓夯土墙 W22 西侧 150 米左右的黄委会球场普遍发现商代夯土遗迹，多是红粘土夯筑而成的坚硬的红夯土[2]，始建年代也可能为二里头文化与二里岗文化过渡期。

紫荆山路西侧、顺河路北侧、人民路东侧、金水河南岸的黄委会1—5号综合楼，发现灰坑 183 个、水井 11 眼、墓葬 6 座、灰沟 3 条、夯土基址 13 处；夯土基址叠压打破关系复杂，发现较多打破夯土的商代墓葬、灰坑、水井等，还有一些开口在夯土下的灰坑，如 H182，包含物丰富；M2、M3（铜爵）为二里岗下层二期，均打破夯土[3]。夯土建筑被较多的二里岗下层二期墓葬等遗迹打破，说明有些建筑的破坏已经很严重，始建年代可能早到二里头文化与二里岗文化过渡期偏晚阶段。

3. C8G16 及相关夯土

C8G16 位于河南省中医药研究院中部，在 W22 西南延长线以东，该建筑基址的方向为 23°。由残存柱础坑的排列方式可知其与洹北商城和殷墟商代宫殿宗庙建筑的布局相同，应为四合院式建筑[4]。C8G16 南北长 38.4、东西宽 31.2 米，根据残存柱础坑的排列方式，按照对称原则和柱础坑等距原则，可将 C8G16 复原为图 2-6。该四合院式建筑四周有建筑围绕，中部为庭院，西庑和南庑的位置明确，东庑和北殿的位置存疑。

---

[1] 河南省文物考古研究所编著：《郑州商城——1953—1985 年考古发掘报告》（上），文物出版社 2001 年版，第 255、256 页。

[2] 河南省文物考古研究所编著：《郑州商城——1953—1985 年考古发掘报告》（上），文物出版社 2001 年版，第 256 页。

[3] 贾连敏、曾晓敏、韩朝会：《郑州市商代遗址及唐宋铸钟遗迹》，《中国考古学年鉴 2004》，文物出版社 2005 年版，第 247—249 页。

[4] 河南省文物研究所：《郑州商代城内宫殿遗址区第一次发掘报告》，《文物》1983 年第 4 期。
河南省文物考古研究所编著：《郑州商城——1953—1985 年考古发掘报告》（上），文物出版社 2001 年版，第 280—285 页。

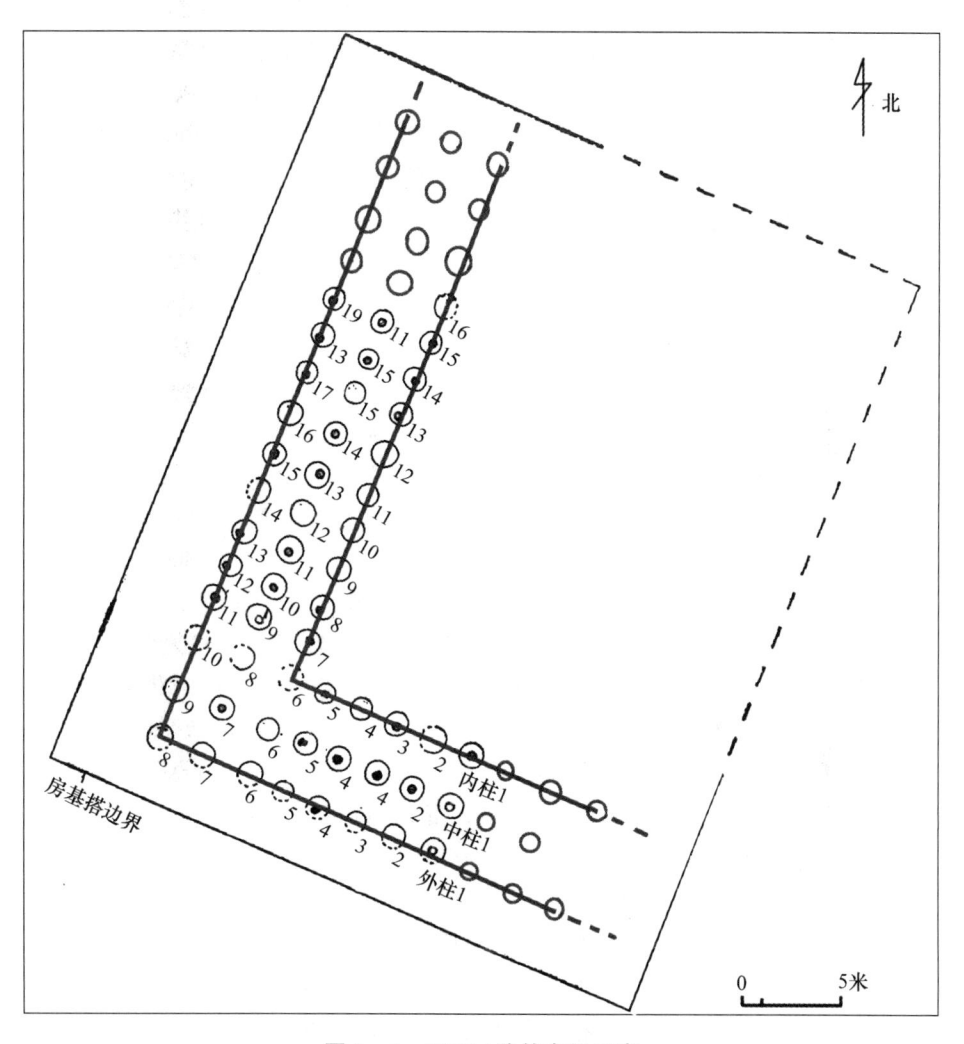

图 2-6　C8G16 建筑布局示意

　　C8G16 夯土内出土的陶片大多为二里头文化与二里岗文化过渡期早段，以二里头传统为主，包含有下七垣传统的侧装扁三角形足盆形鼎。C8G16 西部边缘打破两层灰土层，下层出土的陶片相当于二里头三、四期之际，上层出土的陶片大多为过渡期早段（包含典型岳石传统篦纹红陶罐）。从 C8G16 夯层内和打破的地层内包含的陶片来看，都不晚于二里头文化与二里岗文化过渡期早段，说明营建时还不到更晚的时候，应当为过渡期早段。二里岗上层一期灰坑打破C8G16西部边缘，没有破坏主体建筑，该建筑可能沿用到二里岗上层一期，至少在二里岗期早段还在使用。

C8G16西南约10余米处发现有商代灰色夯土，其范围和具体的年代不明。

C8G16以东200余米处发现有两块灰色夯土，其范围不明，发掘报告指出其包含的陶片为二里岗下层，应当为二里头文化与二里岗文化过渡期陶片，夯土的年代可能接近过渡期。

C8G16以东300米左右有一片商代红色夯土，其北面还有一大片商代夯土，二者的范围和具体的年代不明。

4. 郑州回民中学和河南省中医学院夯土建筑

郑州回民中学夯土基址F12出土的陶片年代不晚于南关外H62阶段，其打破夯土基址F13，则F13很可能为早于南关外H62阶段的建筑基址，F13的建筑年代不早于叠压的东西向河流或壕沟的年代，应当为二里头文化与二里岗文化过渡期晚段遗存[1]。

河南省中医学院东里路家属院西南部发现有多处夯土建筑基址[2]。C8ⅡF1的平面接近长方形，东部被压在探方壁下，东西向残长为30米、南北宽为13米左右。发掘报告指出C8ⅡF1的方向为105°，以报告中平面图的西边为准进行测量，则C8ⅡF1的方向约21°，与其相关联的C8ⅡF2的西边的方向约22°，说明C8ⅡF1、F2的方向与郑州商城大部分早期宫殿宗庙建筑的方向一致。C8ⅡF2位于C8ⅡF1西侧，二者呈垂直状、间距约3米，90C8ⅡF2南北均压在探方壁下，南北残长20米、东西宽8米（图2-7），C8ⅡF2与C8ⅡF1的柱础结构区别明显，比较简单。C8ⅡF3位于C8ⅡF1南侧、被后者打破，大部分压在探方南壁下，夯面上未发现柱础石、柱础坑或墙基等与建筑有关的设施，夯层较厚、结构较疏松，可能是该组建筑的活动场地。根据该组建筑的布局和结构，C8ⅡF1应为主体殿堂，C8ⅡF2应为西廊庑或西配殿，C8ⅡF3应为庭院内的活动面。C8ⅡF1出土陶器的年代多为二里头文化与二里岗文化过渡期，叠压有过渡期偏早阶段或更早的河相堆积，C8ⅡF1打破的H104、H105中出土的陶器也

---

[1] 河南省文物研究所：《1992年度郑州商城宫殿区收获》，《郑州商城考古新发现与研究（1985—1992）》，中州古籍出版社1993年版，第109—113页。

[2] 河南省文物研究所：《1992年度郑州商城宫殿区收获》，《郑州商城考古新发现与研究（1985—1992）》，中州古籍出版社1993年版，第122—131页。

多为过渡期，C8ⅡF3 出土陶器的年代多为过渡期（图 2-8），该组建筑的营建年代应当为过渡期偏晚阶段。叠压打破该组建筑的遗迹多为战国时期以来的，这些晚期的遗迹中也包含有少量商代陶片，年代大多不早于二里岗上层一期，该组建筑有可能延续使用到典型二里岗期早段（二里岗 C1H17 阶段）。

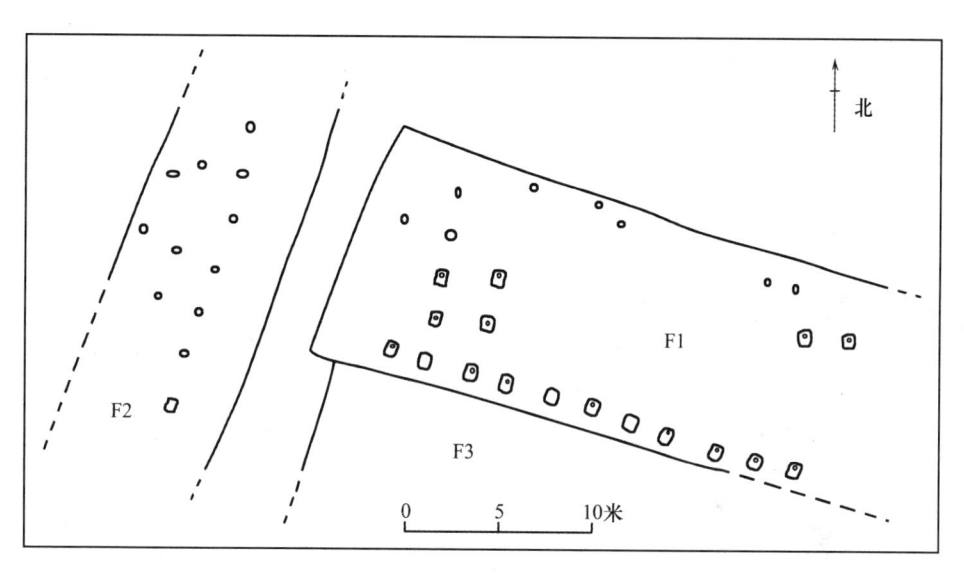

图 2-7　河南省中医学院东里路家属院 F1、F2、F3 平面示意

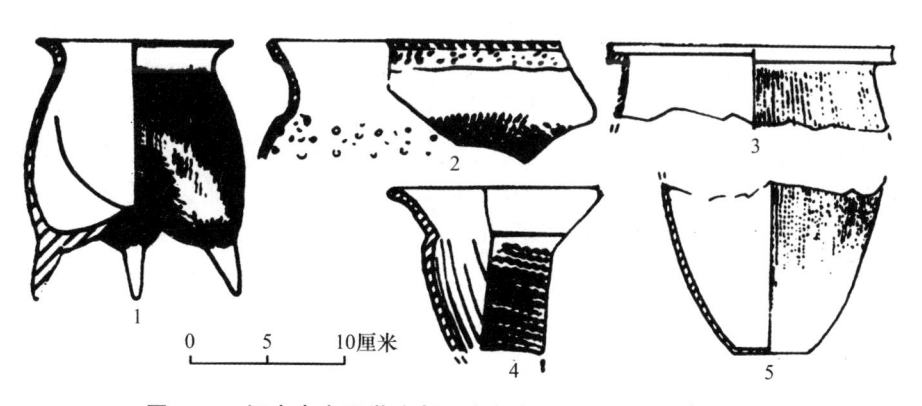

图 2-8　河南省中医学院东里路家属院夯土内出土陶器举例

1. 鬲（F1∶65）　2. 花边罐（F1∶14）　3、5. 深腹罐（F1∶63、F3∶4）　4. 刻槽盆（F1∶51）

5. C8G9

C8G9位于夯土墙W22的延长线东侧，被多座二里岗上层一期和二里岗下层二期的夯土基址叠压打破，破坏非常严重，北头压在现代建筑下、南头被近代坑破坏，南北残长约37、东西残宽约13米，基址中部偏南有两个东西对应、间距2.15米的柱础石[①]。C8G9夯层内和叠压的地层内出土的陶片原报告认为属于洛达庙期和二里岗下层二期，根据后来的判断，很可能大多都不晚于二里头文化与二里岗文化过渡期，因此C8G9应当始建于过渡期。陈旭先生将C8G9的年代推断为南关外期，是可信的。

6. 北大街夯土基址

上文已指出北大街夯土Ⅶ、夯土Ⅸ、夯土Ⅻ的年代为二里头文化与二里岗文化过渡期，由于受典型二里岗期建筑基址的破坏较严重，已经看不出形状。

7. 郑州商城肇始阶段宫城的布局

二里头文化与二里岗文化过渡期先营建一批宫殿宗庙建筑和宫城，东北西南向宫城城墙W22及其延长线两侧均有过渡期宫殿宗庙建筑，说明最初营建宫殿宗庙建筑时就至少存在东、西两个区域。在宫殿区的西北部，还开凿了引水设施。最早的一批宫殿宗庙建筑和宫城营建之后，在二里头文化与二里岗文化过渡期偏晚阶段营建了大城（内城）城墙并继续营建宫殿宗庙建筑（图2-9）。上文讨论的宫殿宗庙建筑都在内城的北半部略偏东，内城南半部也有很多夯土建筑基址[②]，由于没有发表详细的资料，无法判断建筑年代是否有早到过渡期的。内城北半部是宫殿宗庙建筑集中分布的区域，营建有最早的一批宫殿宗庙建筑和宫城，应当是郑州商城的中心区域，此后陆续营建宫殿宗庙建筑、宫墙、排水沟等设施；内城南半部的夯土建筑基址可能是内城营建之后陆续营建的，说明内城布局是一个逐渐完善的过程。内城主要是大型夯土建筑基址为代表的宫殿宗庙建筑和相关设施，说明内城主要是最高统治集团和相关机构活动和生活的场所，如此大的范围，建筑顺序早晚不同、选择位置不同，说明应当有不同的功能区划。

---

① 河南省文物考古研究所编著：《郑州商城——1953—1985年考古发掘报告》（上），文物出版社2001年版，第261、262页。
② 袁广阔、曾晓敏：《论郑州商城内城和外郭城的关系》，《考古》2004年第3期，图一。

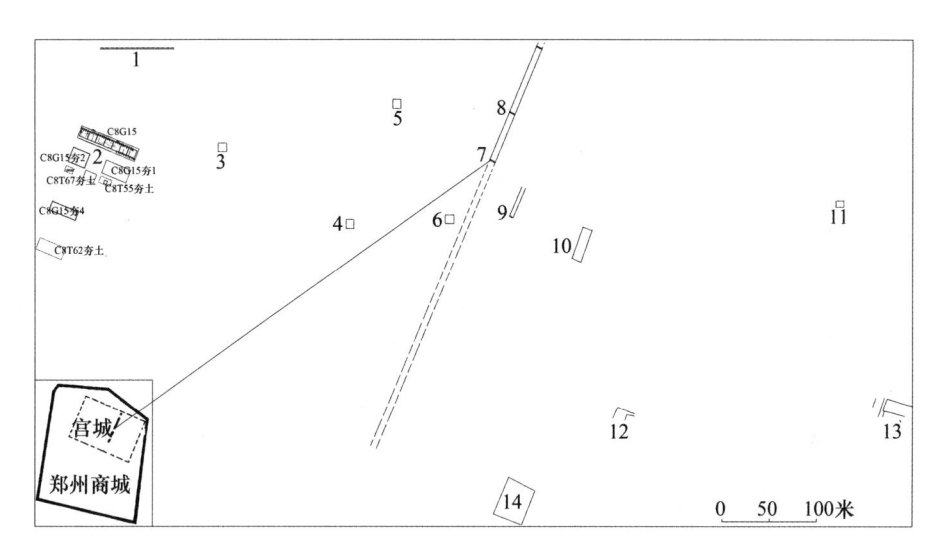

图 2-9　郑州商城肇始阶段宫城布局示意

采自《试论郑州商城形成阶段宫殿宗庙区的布局》图 6。

1. 壕沟　2. C8G15 建筑群　3. 省戏校东院夯土　4. 市土产公司商店夯土　5. 黄委会球场夯土　6. C8T45 夯土　7. 1998 年发掘的夯土墙　8. 黄委会青年公寓夯土墙 W22　9. T166M6 和 G3　10. C8G9　11. 北大街夯土　12. 郑州回民中学　13. 河南省中医学院（C8YJM1 在附近）　14. C8G16

在宫城范围内发现有不少"洛达庙三期"遗存，相当一部分属于二里头文化与二里岗文化过渡期。郑州商城工作站院内 C8T39 夯土层内包含有洛达庙期陶片，叠压有洛达庙三期灰坑[①]。省歌舞团宿舍楼夯土层出土少量洛达庙期陶片，省戏校东院夯土层中出土有洛达庙期陶片，市土产公司商店夯土层中出土有洛达庙期陶片，皮毛玩具厂院内夯土层中出土有洛达庙期陶片、叠压有洛达庙期堆积，黄委会邮电所门前夯土基址打破了洛达庙期文化层[②]。这些遗迹中的"洛达庙期"文化层和陶片有些属于过渡期，有些属于过渡期之前，由于没有见到相关陶器的直接信息，无法确切判

---

① 河南省文物考古研究所编著：《郑州商城——1953—1985 年考古发掘报告》（上），文物出版社 2001 年版，第 86、259 页。

② 河南省文物考古研究所编著：《郑州商城——1953—1985 年考古发掘报告》（上），文物出版社 2001 年版，第 253—256 页。

断。北大街宿舍楼西北东南向夯土墙中有洛达庙期陶片[1]，其南侧的北大街夯土建筑中包含有不少洛达庙期陶片[2]，这些陶片中都有属于二里头文化与二里岗文化过渡期者。郑州回民中学操场南部 91ZSC8ⅡT26F12 叠压在洛达庙三期文化层之上[3]，回民中学 91H32 为二里岗下层一期，91T25⑤层出土陶器为二里头传统[4]。回民中学既有过渡期遗存，又有此前的遗存。省中医学院家属院西南部夯土基址内包含有洛达庙期的陶片[5]，省中医学院家属院 91ZSC8Ⅱ出土的陶鬲 F1∶65、花边罐 F1∶4、深腹罐 F3∶3、4 的特征为过渡期[6]。河南省中医药研究院中部 C8G16（F16）夯土层中包含洛达庙期陶片，打破洛达庙期文化层[7]，这里的洛达庙期遗存可能兼有过渡期和此前者。宫城范围内广泛分布有过渡期遗存，反映了其作为都邑核心区人类活动非常频繁的现象；也有相当一部分遗存略早于过渡期，分布的范围较大、并且密集。

确认的二里头文化与二里岗文化过渡期墓葬较少，宫城范围内有铜器墓 T166M6、C8YJM1。T166M6 位于夯土墙 W22 东侧附近，方向 110°，随葬青铜器丰富，规格较高，年代为洛达庙晚期[8]。T166M6 被二里岗下层时期一条东北西南向的壕沟（河务局 G2）叠压，这条壕沟的方向与黄委会青年公寓夯土墙 W22 的延长线的间距为 35 米左右。河务局 G2 还叠压有 G3，G3 的年代也应当为过渡期。省中医院家属院 C8YJM1 位于宫城东南部省中医学院夯土建筑附近[9]，墓室已被毁，随葬有铜盉、爵各 1 件，没

---

[1] 河南省文物考古研究所编著：《郑州商城——1953—1985 年考古发掘报告》（上），文物出版社 2001 年版，第 233、234、237、238 页。
[2] 河南省文物考古研究所：《郑州商城北大街商代宫殿遗址的发掘与研究》，《文物》2002 年第 3 期。
[3] 河南省文物考古研究所编著：《郑州商城——1953—1985 年考古发掘报告》（上），文物出版社 2001 年版，第 270 页。
[4] 河南省文物研究所：《1992 年度郑州商城宫殿区收获》，《郑州商城考古新发现与研究（1985—1992）》，中州古籍出版社 1993 年版，第 110—114 页。
[5] 河南省文物考古研究所编著：《郑州商城——1953—1985 年考古发掘报告》（上），文物出版社 2001 年版，第 276 页。
[6] 河南省文物研究所：《1992 年度郑州商城宫殿区收获》，《郑州商城考古新发现与研究（1985—1992）》，中州古籍出版社 1993 年版，第 124、125 页。
[7] 河南省文物考古研究所编著：《郑州商城——1953—1985 年考古发掘报告》（上），文物出版社 2001 年版，第 280、281 页。
[8] 河南省文物考古研究所：《郑州商城新发现的几座商墓》，《文物》2003 年第 4 期。
[9] 河南省文物考古研究所编著：《郑州商城——1953—1985 年考古发掘报告》（上），文物出版社 2001 年版，第 565 页。

有其他相关信息，无法进一步讨论。C8M28 墓室破坏严重，未发现青铜器之类的高规格随葬品，墓底铺有朱砂，随葬有陶盉、爵等陶礼器[1]，加之该墓埋葬在宫城范围内，墓主并非一般平民。这些高规格墓葬与宫城内的大型夯土建筑（宫殿或宗庙）的位置相邻，这种现象在安阳商王朝晚期王都中也很常见[2]，说明商代都邑中的贵族与其居住的宫室生死相依，贵族墓和其相关的宫殿宗庙建筑可能是一个血缘、政治一体的基本社会单元——族邑[3]。这种生死一体、家国一体的族邑至少在郑州商城肇始阶段就已经形成了，最高统治者（商王）拥有以宫城为中心的最大的族邑（王室），宫城内居住和埋葬的可能是与商王血缘关系最近的王室成员及相关服务人员。

四 郑州商城肇始阶段的居住点

郑州商城大城（内城）东、西、北三面城墙夯层内都包含洛达庙期陶片或叠压有洛达庙期遗迹，南城墙叠压打破有"南关外期"遗迹，这些遗存早于大城（内城）的始建年代，属于过渡期偏早阶段或更早的二里头文化三期。大城（内城）南墙东段探沟 CST3、CST4 中夯土墙打破了南关外期文化层第⑤层，该层下叠压有南关外期壕沟和灰坑[4]，第⑤层出土的大口尊 CST4⑤：6 的特征接近二里头文化三、四期之际，素面罐的为岳石文化传统，年代应当为过渡期偏早阶段；第⑤层叠压的所谓"南关外期壕沟和灰坑"应当形成于郑州商城始建之前。北城墙东段 C8T27 城墙内包含有洛达庙三期陶片，也叠压一个洛达庙三期灰坑；北城墙 CNT4 夯土层叠压有洛达庙三期文化层[5]。东墙北段探沟 CET7 夯土层下有洛达庙期壕沟，夯层内出土洛达庙三期陶片[6]。西墙中段 CWT5 出土洛达庙三期陶片，夯土

---

[1] 河南省文物考古研究所编著：《郑州商城——1953—1985 年考古发掘报告》（上），文物出版社 2001 年版，第 51、154 页。
[2] 如小屯 M333、妇好墓、花园庄东地 M54 等。
[3] 唐际根、荆志淳：《安阳的"商邑"与"大邑商"》，《考古》2009 年第 9 期。
[4] 河南省文物考古研究所编著：《郑州商城——1953—1985 年考古发掘报告》（上），文物出版社 2001 年版，第 213、219 页。
[5] 河南省文物考古研究所编著：《郑州商城——1953—1985 年考古发掘报告》（上），文物出版社 2001 年版，第 185—188、214、218 页。
[6] 河南省文物考古研究所编著：《郑州商城——1953—1985 年考古发掘报告》（上），文物出版社 2001 年版，第 24、190、221、222 页。

墙下叠压一个小沟，出土有洛达庙期陶片①。内城四面城墙都叠压打破洛达庙期或南关外期遗迹，表明内城营建之前的过渡期偏早阶段宫城周围与城邑相关的聚落体系就已经很庞大，宫殿宗庙和宫城的营建初具规模之后，其外围的居住点和各类设施需要被圈围起来的时候，在过渡期偏晚阶段营建了内城城墙。

内城南部在二里头文化与二里岗文化过渡期不是空白地带。由于袁广阔、曾晓敏先生的文章中仅在内城南部标注了普遍分布的几处夯土区，而没有相关年代信息②，笔者无法知道这些夯土建筑是否有属于二里头文化与二里岗文化过渡期者。郑州电力学校、化工三厂等内城东南部的发掘点都发现有二里头文化与二里岗文化过渡期的灰坑，电力学校H6出土的陶器包含漳河型传统、二里头传统、岳石传统等③；化工三厂H1出土的陶鬲H1:2为辉卫型传统、甗H1:3、15为下七垣传统、鬲形鼎H1:1岳石文化传统④。内城西南角的夕阳楼一带发现有二里岗下层一期的长方形竖井坑⑤，说明过渡期遗存遍布全城。内城南部文化面貌比较多样，反映了二里头文化与二里岗文化过渡期多元文化传统接触、共存、融合的现象，应当是重要居住区、分布有若干族邑，居于内城则表明这些族邑与王室关系密切。

郑州商城内城和外城之间有不少二里头文化与二里岗文化过渡期遗存，外城的始建年代也是讨论郑州商城布局的关键问题。《郑州商城》发掘报告认为外城城墙内罕见洛达庙晚期陶片，包含的二里岗期陶片多数属于二里岗下层一、二期⑥。从《郑州商城》发掘报告发表的外城墙内出土的陶鬲口沿和陶罐口沿来看，应当不晚于过渡期偏晚阶段。袁广阔、曾晓敏将这些原发掘报告称为"二里岗下层一、二期"的陶片归属为洛达庙

---

① 河南省文物考古研究所编著：《郑州商城——1953—1985年考古发掘报告》（上），文物出版社2001年版，第192、193页。
② 袁广阔、曾晓敏：《论郑州商城内城和外郭城的关系》，《考古》2004年第3期。
③ 河南省文物研究所：《郑州电力学校考古发掘报告》，《郑州商城考古新发现与研究（1985—1992）》，中州古籍出版社1993年版，第167—173页。
④ 河南省文物考古研究所：《郑州化工三厂考古发掘简报》，《中原文物》1994年第2期。
⑤ 河南省文物考古研究院：《郑州商城遗址内城西南角商代灰坑发掘简报》，《华夏考古》2022年第5期。
⑥ 河南省文物考古研究所编著：《郑州商城——1953—1985年考古发掘报告》（上），文物出版社2001年版，第302、303页。

期①。由于二里头文化传统在二里岗下层时期陶器中仍然占主体，导致学界对郑州商城及其王畿区域洛达庙期陶片和二里岗下层时期陶片不容易区分，不同的学者对同一批陶片的属性和年代有不同的认识，同一个学者的不同研究阶段对同一批陶片的属性和年代也会有不同的认识，这对重新认识外城始建年代提供了可能。

1993年在郑州饭店扩建工程中发掘的外城西墙，夯层内出土的陶器为龙山时期并且打破龙山文化地层②。2001年对紫荆山路外城南墙和城河的发掘，出土了一部分陶片，发掘者认为外城南墙夯土基槽出土的陶片属于洛达庙期，城河内出土的陶片大多为洛达庙晚期、少数为二里岗期③。外城南墙夯土基槽出土的鬲腹片（T24夯土：1）饰交错中绳纹，纹理间有毛刺，风格与二里头文化传统和辉卫文化传统融合者接近，年代应当不早于二里头文化三期偏晚；鬲腹片（T24夯土：2）饰中绳纹，绳劲较紧、印痕较深，是下七垣文化传统（以漳河型文化为主体）流行的风格，年代应当不早于过渡期偏早；细绳纹陶片（T24夯土：6、7）是下七垣文化传统（以漳河型文化为主体），郑州商城及其王畿区域这类陶片的年代大多不早于过渡期，南关外H62阶段也比较常见这类纹饰；陶片（T24夯土：8）饰交错绳纹，纹饰比中绳纹略粗，很可能是鬲的下腹部，特征不早于南关外H62阶段。2006年、2007年在二七路西侧发掘的西南东北向夯土墙，发掘者根据打破关系和包含物判断其年代相当于南关外H62阶段④。

上述材料把外城的营建时间指向南关外H62阶段。根据商代都城的营建顺序，外城的营建应略晚于内城，如此则外城的营建年代应略晚于二里头文化与二里岗文化过渡期偏晚阶段，正与上述材料指向的营建年代相一致。因此，《郑州商城》发掘报告将外城的营建年代判断为二里岗下层二期，可能略有些晚了；袁广阔、曾晓敏将外城的营建年代判断为不晚于二里岗下层一期H9阶段，可能又略有些早了。外城的营建年代应当介于二里岗C1H9和C1H17之间，大体相当于南关外H62阶段，可将其归入二里头文化与二里岗文化过渡期之后的典型二里岗期之初。

内城、外城之间散布着二里头文化与二里岗文化过渡期的很多居住

---

① 袁广阔、曾晓敏：《论郑州商城内城和外郭城的关系》，《考古》2004年第3期。
② 河南省文物考古研究所：《郑州商城外郭城的调查与试掘》，《考古》2004年第3期。
③ 河南省文物考古研究所：《郑州商城外郭城的调查与试掘》，《考古》2004年第3期。
④ 郑州市文物考古研究院：《郑州市老坟岗商代遗址发掘简报》，《中原文物》2009年第4期。

点，确认的就有6处，其余"空白"地带因相关材料没有公布或难以开展考古工作而无法确知。这些居住点散布在内城周围，与王室的关系可能略远，但与整个内城的关系却非常密切，是整个都邑手工业产品和各类服务的直接供给源。内城外围的各类居住点应当有不同的功能区划（不同职能的族邑），过渡期尚不明显，典型二里岗期的布局就比较清晰了。典型二里岗期之初在内城之外营建外城，说明当时认识到此前内城之外一定的区域相当重要，与内城共同构成一个庞大的都城体系。因此，以外城沿线为外围界限，讨论二里头文化与二里岗文化过渡期内城周围居民点的分布情况是有重要意义的。

《郑州商城》发掘报告指出二里岗下层一期遗存仅在二里岗和铭功路西侧发现较为集中，人民公园和宫殿区有零星发现[1]，相关遗迹有二里岗C1H9、C1H10、C1H14、C1M23、铭功路西侧制陶作坊C11F106、C11F112、C11F113、C11F122、C11H138、C11H154、C11H171、C11H172、C11H176、C11M109（图2-10）、北二七路西侧人民公园C7H15、C7H29等。北二七路东侧1982年发掘的T1⑤层出土有短颈大口尊、卷沿鬲、深腹盆、刻槽盆、捏口罐、缸、豆等，器物照片不太清晰，能看出为二里岗下层风格，发掘者判断为二里岗下层时期，是否能早到二里头文化与二里岗文化过渡期则难以断定；T1⑤层下叠压有陶窑Y1，填土内有少量细绳纹碎陶片，发掘者认为也属于二里岗下层时期[2]，年代可能早到过渡期。南关外C5T95出土有"南关外期"遗存[3]，根据《郑州商城》发掘报告，南关外也出土有二里岗下层一期遗存，例如陶豆（C5T50③：16）、陶簋（C9.1T108③：45）、石镰（C5T5②：9）等[4]。郑州火车站、木材公司等地的外城夯土墙附近发现有二里岗下层遗迹和洛达庙期、二里岗期陶片[5]，说明两地有过渡期遗存。紫荆山路外城南墙夯土基槽出土的陶片属于洛达庙期、护城河出土的

---

[1] 河南省文物考古研究所编著：《郑州商城——1953—1985年考古发掘报告》（上），文物出版社2001年版，第26、27、38、142、143、146—177页。
[2] 河南省文物研究所：《郑州北二七路新发现三座商墓》，《文物》1983年第3期。
[3] 河南省博物馆：《郑州南关外商代遗址的发掘》，《考古学报》1973年第1期。
[4] 河南省文物考古研究所编著：《郑州商城——1953—1985年考古发掘报告》（上），文物出版社2001年版，第53、54、157页。
[5] 陈嘉祥：《郑州商城外发现商代夯土墙》，《中国考古学年鉴1987》，文物出版社1988年版，第182、183页。

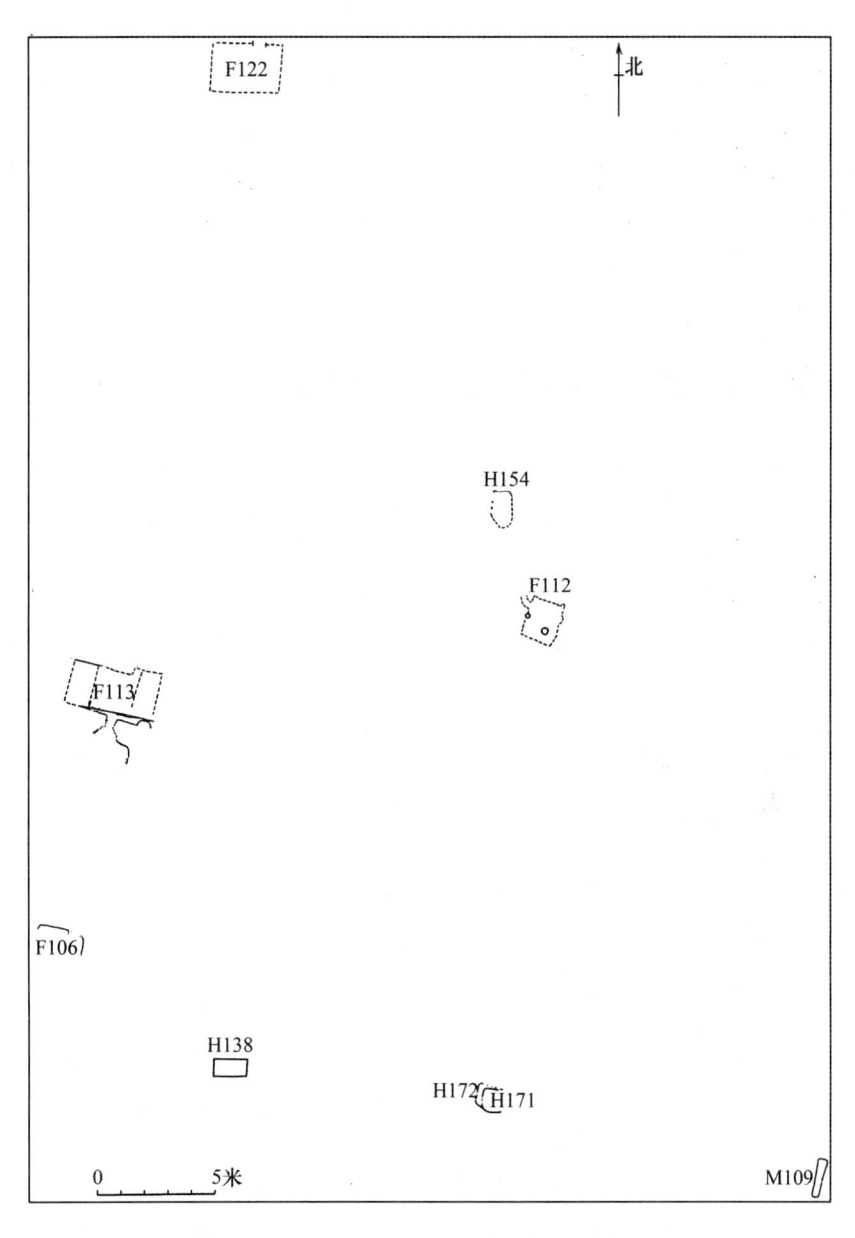

第二章 郑州商城的形成过程与城市化进程

图 2-10 郑州商城肇始阶段铭功路西侧遗迹分布示意①

---

① 本图底图采自河南省文物考古研究所编著:《郑州商城——1953—1985 年考古发掘报告》(上),文物出版社 2001 年版,从第 386 和 387 页之间的图二三四中选出过渡期遗迹。

大部分为洛达庙晚期陶片①，该位置紧邻木材公司，应存在过渡期遗存。花园新村夯土城墙墙基包含有洛达庙期陶片，很可能是过渡期遗存②。近年郑州商城外城发掘了不少地点，由于很多没有发表详细资料，哪些地点还存在二里头文化与二里岗文化过渡期居住点尚无法确知。从内城外围目前发现的居住点来看，内城东南方和西偏北两个区域是重要的居住区，在典型二里岗期分别是铸铜作坊区和制陶作坊区。有些手工业作坊在过渡期可能就已经从事生产活动，由于材料不太清晰，还难以定论。

五 郑州商城肇始阶段的总体布局

二里头文化与二里岗文化过渡期偏早阶段，在郑州商城大城（内城）北部开始营建宫殿宗庙建筑和宫城城墙，东北—西南向夯土墙W22及其延长线将宫殿宗庙建筑分隔为东、西两部分，至少存在两个"宫城"单元。受考古材料和现代城市建筑的局限，宫殿区的夯土墙是否形成了两个或更多闭合的宫城单元，目前无法获得考古材料的确证。鉴于宫殿区存在早期夯土墙，早期宫殿宗庙建筑又相对集中于这道夯土墙的两侧，笔者根据宫殿宗庙建筑的分布状况划出一个宫城范围，用来指代这座都城的核心区域。宫城西北部壕沟的位置和走向都不足以与夯土墙W22的延长线围成一个规整的界隔性设施，而是从西方引水入城的给水设施。宫殿宗庙建筑的布局总体上为坐北朝南的四合院式布局，以北偏东20°左右者居多，由于破坏比较严重，揭露的建筑大多残缺得厉害，每组建筑的具体布局难以求证，但其概貌可以根据偃师商城和洹北商城宫殿宗庙建筑的布局模拟得之。高规格墓葬常常在宫殿宗庙建筑附近。宫城相当于商王室的大族邑，宫城内外又分布着若干王室成员的小族邑。

郑州电力学校H6、化工三厂H1的文化面貌具有多元的文化传统，表明二里头文化与二里岗文化过渡期偏早阶段在宫城范围之南不远就存在多元文化传统的居住点。大城（内城）南部的夯土基址大部分没有发表详细资料，无法得知是否存在二里头文化与二里岗文化过渡期夯土建筑。从大城（内城）四面城墙都叠压打破过渡期偏早阶段遗存来看，宫

---

① 河南省文物考古研究所：《郑州商城外郭城的调查与试掘》，《考古》2004年第3期。
② 河南省文物研究所：《郑州三德里、花园新村考古发掘简报》，《郑州商城考古新发现与研究（1985—1992）》，中州古籍出版社1993年版，第229、231—233页。

城与大城（内城）之间的二里头文化与二里岗文化过渡期居住点应当比较多，这也应当是过渡期偏晚阶段修筑大城（内城）城墙的重要原因之一。大城（内城）南部的居住点应当代表了若干与王室有密切关系的族邑，整个大城（内城）可能是广义的宫城①，包含若干不同功能的宫城单元或建筑群。

刘亦方、张东先生认为"郑州商城内城东北部已揭示的'宫殿区'作为高等级贵族居住区，并非宫殿区的全部。内城中部一带符合商代前期宫城规划，虽然受后期严重破坏，但其重要性不言而喻，是除内城东北部以外考察宫城选址的重点，应当予以关注"。② 位居大城（内城）中部的正兴商务大厦虽有夯土遗迹，但年代不早、形制不明③。郑州商城大城（内城）中南部作为重要的宫城单元甚至宫城的核心都有可能，因无法确认相关迹象，目前还不宜直接将其作为明确的宫城单元。

大城（内城）外围也有不少二里头文化与二里岗文化过渡期偏早阶段就存在的居住点，保护贵族阶层及相关居住点的大城（内城）修建之后，其外围营建了不少王室手工业作坊，加之一些此前就存在的很多居住点，外城的营建就成为后来的必然趋势。大城（内城）外围的居住点应当代表了不同功能的若干族邑，东南方的二里岗一带有下七垣文化传统（漳河型文化为主体）代表的族邑，南方的南关外一带有岳石文化传统代表的族邑，二里头文化传统的遗存在大城（内城）内外广泛分布，很多族邑内下七垣文化传统（漳河型文化为主体）、辉卫文化传统、岳石文化传统和二里头文化传统交错分布或局部聚集。

总之，从宫城、大城（内城）到大城（内城）外围的三重结构，分布着若干与商王及王室关系远近不同的族邑，形成以商王及王室为核心的向心式布局，这座三重结构的都邑相当于甲骨文和早期文献中的"大邑商"（图2-11）。商王朝晚期王都安阳殷都以若干族邑为基本单元组成"大邑商"，可见这种布局模式有着深厚的历史文化渊源，可以追溯到郑州商城。

---

① 许宏：《大都无城——论中国古代都城的早期形态》，《文物》2013年第10期。该文提出广义的宫城即小城或内城，包含与宫室有关的各种建筑、贵族府第等。
② 刘亦方、张东：《关于郑州商城内城布局的反思》，《中原文物》2021年第1期。
③ 河南省文物考古研究院：《郑州市正兴商务大厦商代遗存发掘简报》，《华夏考古》2016年第4期。

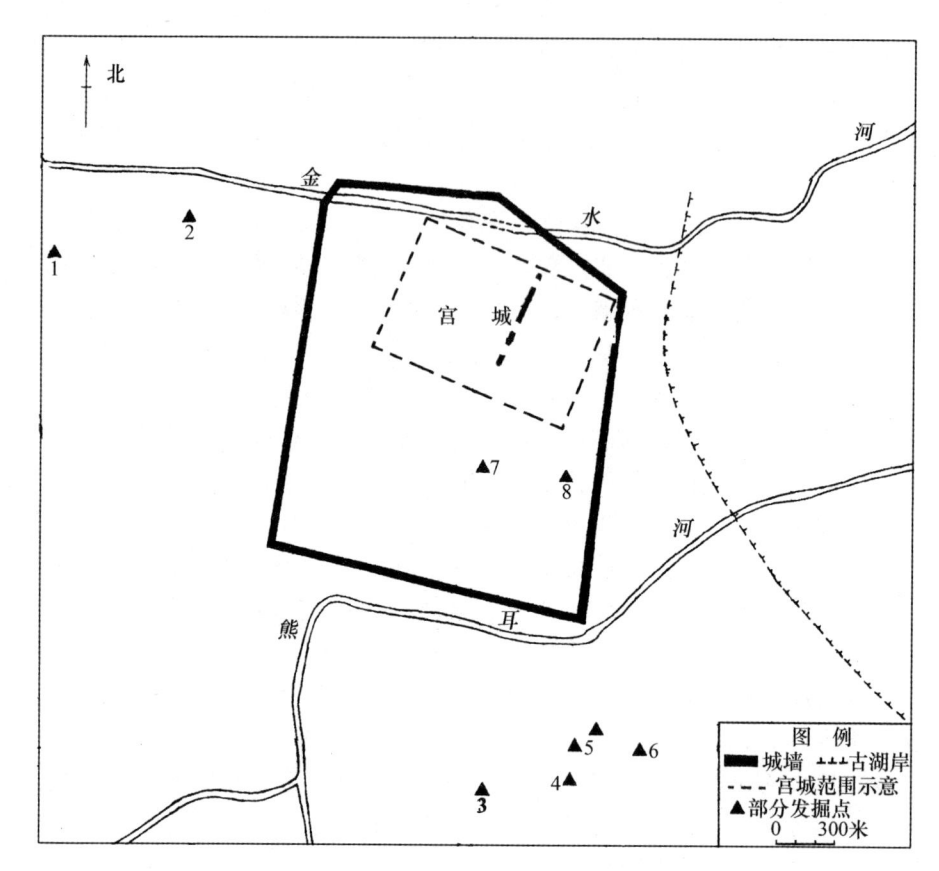

图 2-11 郑州商城肇始阶段布局示意

采自《郑州商城的城市化进程》图三。

1. 铭功路西侧　2. 人民公园　3. 木材公司　4. 火车站　5. 南关外　6. 二里岗　7. 化工三厂　8. 电力学校

郑州商城外城墙沿着内城东南、西南和西方的岗地修建，海拔相对较高；内城所在地较平坦，海拔相对较低。内城西墙西侧200米左右是杜岭土岗，内城东南500米左右是二里岗土岗，内城东北部建在紫荆山土岗上，说明郑州商城的营建既主体上选择了较为平坦的地貌，又利用了丘陵岗地营建城墙。宫殿宗庙建筑和宫城最初营建在内城东北部，既有利于城邑向周围延伸拓展，又有利于取用西南方山地丘陵地带河流流过来的水。宫城范围西北部的壕沟穿入宫城，应当是宫城的给水设施；金水河位于宫城范围北侧，穿过内城北部边缘地带，流入城东的古湖泊，应当是内城的给水排水设施；熊耳河位于内城南墙南侧，穿过外城东南部，流入城东的古湖泊，应当是外城的给水排水设施。这种宏观水系与都邑的关系值得重视。

第三节　郑州商城定局阶段的布局

郑州商城在典型二里岗期早段之初营建了外城，宫城、内城、外城三重结构的总体布局形成定局，成为同时期结构最复杂、规模最宏大、内涵最丰富的广域中心性都邑。

二里头文化与二里岗文化过渡期营建的宫殿宗庙建筑继续使用或加以修缮、重修、改建、扩建后再使用，有些已经夷为平地，继续营建新的宫殿宗庙建筑，内城南部的居住点开始增多。外城与内城东侧的古湖泊形成一个闭合的外围界隔性设施，将很多居民点围在内城和外城之间，内城和外城之间设置有多处手工业作坊（铸铜作坊、制陶作坊、制骨作坊等），散布有不少墓葬和祭祀遗迹。

一　郑州商城外城的营建

郑州商城外城城墙的营建和护城河的开凿，是典型二里岗期早段最大的变化。河南省文物考古研究所的考古工作和袁广阔等的研究[①]，对郑州商城外城、外城河走向的总体认识是可靠的，对内城之东古湖泊的认识也是可信的，郑州商城外城总体布局可采信其基本认识。近年来郑州市文物考古研究院在郑州商城外城西北部的考古工作，发现了多段夯土墙，并且根据走向能连接到一起，说明外城西北部比较复杂，需要进一步深入讨论。

2008 年郑州市文物考古研究院在老坟岗一带发掘一处东北西南走向

[①]　a. 河南省文物考古研究所：《郑州商城外郭城的调查与试掘》，《考古》2004 年第 3 期。
　　b. 袁广阔、曾晓敏：《论郑州商城内城和外郭城的关系》，《考古》2004 年第 3 期。
　　c. 袁广阔：《略论郑州商城外郭城的走向与年代》，《中原文物》2018 年第 3 期。

夯土墙，揭露长度110米，墙基上口宽12—14.8米，该段夯土墙之西60米范围内的外侧没有发现城壕和其他同时期遗迹，夯土墙之东的内侧发现有南关外H62阶段以来的多处灰坑[①]。2011年郑州市文物考古研究院在郑州市华润印象城发现一处二里岗期夯土遗迹，呈西南东北向，发掘长度50、宽13—16米，应为郑州商城外郭城[②]。2006年在西太康路与民主路交叉口西南沃尔玛商场范围内发掘一段西南东北走向的夯土墙基[③]，其位置在华润印象城之北附近。2007年在二七路西侧的丹尼斯百货建设工地发掘了一段夯土墙基，走向为西南东北向，年代为南关外H62阶段[④]。2009年在北二七路与杜岭街之间的金水河两岸钻探出夯土墙遗迹，呈西南东北向。从老坟岗到金水河两岸的上述几段夯土墙可以连接起来，大体呈弧形，这道夯土墙的外侧没有城壕，说明外城墙有一道是从老坟岗西南开始向东北呈弧形包围住内城。2008年在省委文印中心发现50米左右夯土墙，有学者认为此处为外城北墙的一部分，并根据勘探和城墙走向推测北墙应该在省委文印中心之东的纬五路和经三路交叉口一带[⑤]（图2-12）。

郑州商城外城西北部护城河与上述内城西北方向的弧形夯土墙之间存在一大片区域，西北部护城河的内侧没有发现夯土墙的迹象，可以确认的是外城西北部靠外的部分形成一个相对封闭的空间，这个空间内也有不少二里岗时期的遗存。外城西北部的这种布局方式可能是为了加强西北方向的防御能力，因为这个位置从地势地貌上看相对低平。

郑州商城外城内有很多典型二里岗期早段的居住点、手工业作坊、祭祀遗存和墓葬等，此时郑州商城的规模已经形成，各类设施的布局已经在逐渐形成若干专门的区域。

[①] 郑州市文物考古研究院：《郑州市老坟岗商代遗址发掘简报》，《中原文物》2009年第4期。
[②] 信应君、刘青彬：《郑州市华润印象城仰韶文化及商代遗址》，《中国考古学年鉴2011》，文物出版社2012年版，第301、302页。
[③] 刘彦锋、吴倩、薛冰：《郑州商城及外廓城墙走向新探》，《郑州大学学报》（哲学社会科学版）2010年第43卷第3期。从图中的标注来看沃尔玛这段墙应是西南东北向，原文"西北东南向"应是笔误。
[④] 郑州市文物考古研究院：《郑州市老坟岗商代遗址发掘简报》，《中原文物》2009年第4期。
[⑤] 刘彦锋、吴倩、薛冰：《郑州商城及外廓城墙走向新探》，《郑州大学学报》（哲学社会科学版）2010年第43卷第3期。从图中的标注来看这段墙应是西南东北向，原文"西北东南向"应是笔误。

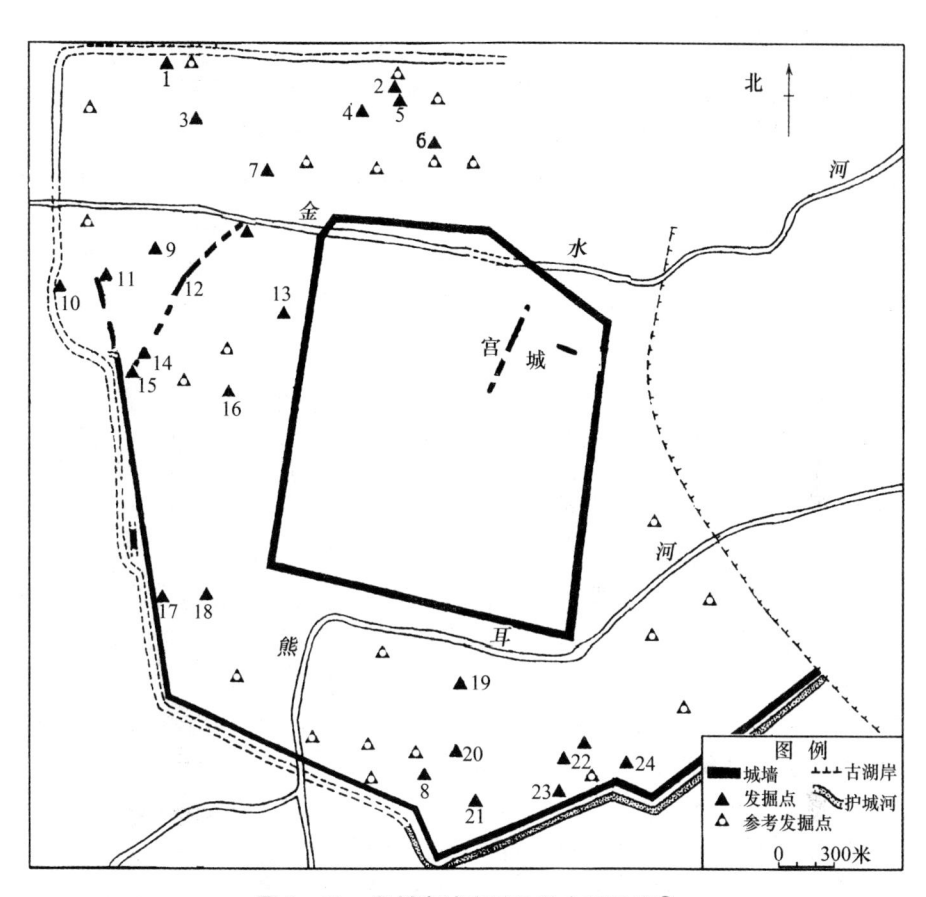

图 2-12 郑州商城定局阶段布局示意①

1. 省图书馆　2. 省文印中心　3. 省二轻厅　4. 省委家属院　5. 省保险公司　6. 紫荆山北制骨作坊　7. 省二附院　8. 87ZSC5M1　9. 人民公园青年湖　10. 铭功路制陶作坊　11. 九州城　12. 2007 年发掘夯土墙　13. 杜岭街　14. 华润印象城　15. 老坟岗　16. 二七路　17. 银基商贸城　18. 德化街　19. 紫荆山路中南段　20. 南关外铸铜作坊　21. 郑州市木材公司　22. 南关外　23. 火车站　24. 二里岗

二　郑州商城定局阶段宫城的布局

二里头文化与二里岗文化过渡期在宫城范围内营建了夯土墙、多处大

---

① 该图以《论郑州商城内城和外郭城的关系》图一为底图改制，参考了《郑州商城及外廓城墙走向新探》等文章对外城西北部新材料的介绍。

型宫殿宗庙建筑，并且在宫城西北部开凿有壕沟作为引水设施，这些郑州商城始建阶段的重要设施很多沿用到了典型二里岗期早段，例如夯土墙W22、宫城西北部大壕沟、C8G15主体建筑、省戏校东院夯土建筑、C8G16、河南省中医学院东里路家属院F1组夯土建筑等，其中有些建筑设施可能进行了修整、改建、扩建等，但目前的材料难以确证。

根据考古发掘报告，北大街夯土墙的已知长度为62米、底宽3米，两端均未到头；其北侧8米以外平行的石筑水管道的已知长度为30多米、宽约1.5米，两端均未到头。石筑水管道西北约70米处有一处石筑水槽，石筑水槽与石筑水管道方向一致、大体在一条直线上，建筑年代均为二里岗上层一期[①]。北大街夯土墙的始建年代应为典型二里岗期早段，石筑水管道和石筑水槽的可证年代为典型二里岗期晚段，是否有更早的前身则不得而知。

1. 北大街夯土建筑

北大街夯土建筑基址群的年代以典型二里岗期早段者居多[②]，北大街夯土建筑与各类遗迹之间的叠压打破关系较多，建筑破坏严重，未揭露出一组完整的建筑。发掘者已经指出北大街F1、F2和圆形的夯土遗迹夯土Ⅷ、夯土ⅩⅥ为一组建筑，F1出土陶器中鬲足、橄榄形深腹罐、篦纹罐的特征都有过渡期的作风，特征又偏晚，年代应当介于二里岗C1H9和C1H17之间、相当于南关外H62阶段，说明F1的建筑年代不早于这个阶段。打破F1北侧活动面的H8的年代为二里岗上层一期，说明其建筑年代不晚于二里岗上层一期。打破F2的H156、H160的年代为二里岗下层二期，则其年代不晚于二里岗下层二期。将这组建筑结合起来考虑，其营建年代应当为南关外H62阶段至二里岗C1H17阶段之间的某个时间，属于二里岗期偏早阶段。从叠压打破关系来看，大部分夯土建筑基址都不晚于F1、F2、夯土Ⅷ、夯土ⅩⅥ这一组建筑，笔者把该组建筑叠压打破的建筑作为较早的建筑，包括夯土Ⅵ、夯土Ⅶ、夯土Ⅸ、夯土Ⅹ、夯土Ⅺ、夯土Ⅻ、夯土ⅩⅢ、夯土ⅩⅣ、夯土ⅩⅤ、夯土ⅩⅦ。打破夯土Ⅵ的夯土Ⅲ、

---

① a. 河南省文物考古研究所编著：《郑州商城——1953—1985年考古发掘报告》（上），文物出版社2001年版，第233—235页。
  b. 河南省文物研究所：《1992年度郑州商城宫殿区收获》，《郑州商城考古新发现与研究(1985—1992)》，中州古籍出版社1993年版，第99—102页。
② 河南省文物考古研究所：《郑州商城北大街商代宫殿遗址的发掘与研究》，《文物》2002年第3期。

夯土Ⅱ被夯土Ⅰ打破，夯土Ⅲ、夯土Ⅱ的层位与F1、F2组建筑相同，虽然破坏严重，夯土Ⅲ、夯土Ⅱ的总体形状、布局、方向与F1和其北侧的"活动面"相类似，F2与其北侧的夯土ⅩⅦ也是类似的布局，它们都在一条西北东南向的线上，应当属于同一组建筑（图2-13）。圆形夯土建筑夯土Ⅷ、夯土ⅩⅥ应为庭院中的建筑设施，可能与礼仪活动有关，则F1、F2组建筑的庭院在其北侧。夯土Ⅳ与F1、F2组建筑的方向一致，东部边缘又与夯土Ⅲ、夯土Ⅱ在一条线上，夯土Ⅳ也应当属于该组建筑。夯土ⅩⅥ东侧的夯土ⅩⅧ分布的范围较大，由于破坏严重，形状和布局已不太清楚，从F1、F2组建筑的布局状况来看，夯土ⅩⅧ应当代表与夯土Ⅳ相对称的一处建筑。F2东侧应当存在与夯土Ⅲ、夯土Ⅱ相对称的建筑，由于受到晚期破坏和发掘范围的限制，未发现相关遗迹。按照夏商时期四合院式宫殿宗庙建筑布局的对称原则，根据F1、F2组建筑已知夯土的西北东南向跨度，推测其西北东南向的长度为110米左右。夯土Ⅲ、F1、F2等南部一排长条形建筑代表的应当是四合院的南庑，夯土ⅩⅧ、夯土Ⅳ应分别代表东、西配殿（厢房），圆形夯土建筑夯土Ⅷ、夯土ⅩⅥ应为庭院中的建筑设施，则该组建筑的北部还应当存在主体殿堂。根据F1、F2组建筑已知夯土的东北西南向跨度，考虑到主体殿堂的进深一般比廊庑宽和庭院要有足够空间，该组建筑东北西南向的长度应不少于60米。因此，F1、F2组建筑的面积应不少于6600平方米，此前的二里头都邑和此后的洹北商城都有面积达1万平方米以上的四合院式建筑，该组建筑的规模如此宏大，与其地位和时代相称。

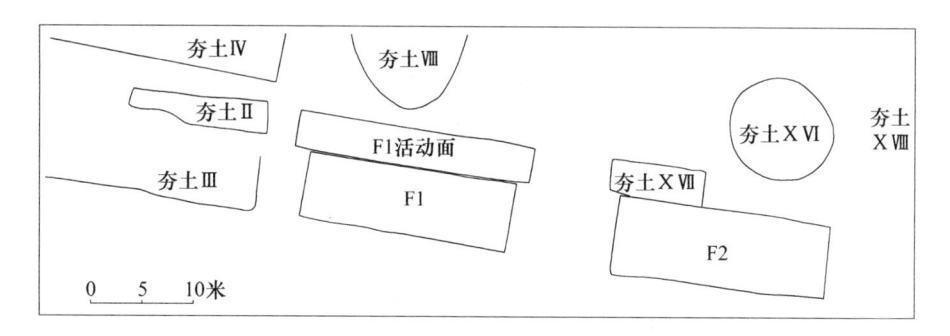

图2-13 北大街F1、F2组建筑布局示意

北大街夯土Ⅰ打破F1、F2组建筑的西部夯土Ⅲ、夯土Ⅱ、夯土Ⅳ，并且是从这几处建筑的中部打破,说明夯土Ⅰ建筑之时F1、F2组建筑的西部被破坏了,重新营建新的建筑。夯土Ⅰ已知的平面为L形,其东南角打破了早于F1、F2组建筑的夯土Ⅵ,夯土Ⅰ与夯土Ⅵ形成一个凹字形的布局(图2-14)。由于大多夏商时期的大型夯土宫殿宗庙建筑的布局为四合院式的,夯土Ⅰ的已知平面形状应当为四合院式建筑的一部分。由于夯土Ⅰ北部未发掘,北部的建筑不清楚,其东部建筑应当叠压在夯土Ⅵ上且二者有部分重合,根据对称原则和夯土Ⅰ东西向的已知跨度,其东西向长度应为14米左右。根据夯土Ⅰ南北向的已知长度,加上北部主体建筑的宽度,其南北向的长度应当不少于15米。夯土Ⅰ大面积叠压打破F1、F2组建筑,表明其营建之时F1、F2组建筑已经使用相当长时间、需要废弃重新营建夯土建筑,则夯土Ⅰ的建筑年代与F1、F2组建筑的始建年代应有一段较长的时间间隔,叠压打破夯土Ⅰ的遗迹均为战国及其以后,其他夯土建筑大多有二里岗下层二期遗迹叠压打破,进一步印证夯土Ⅰ的建

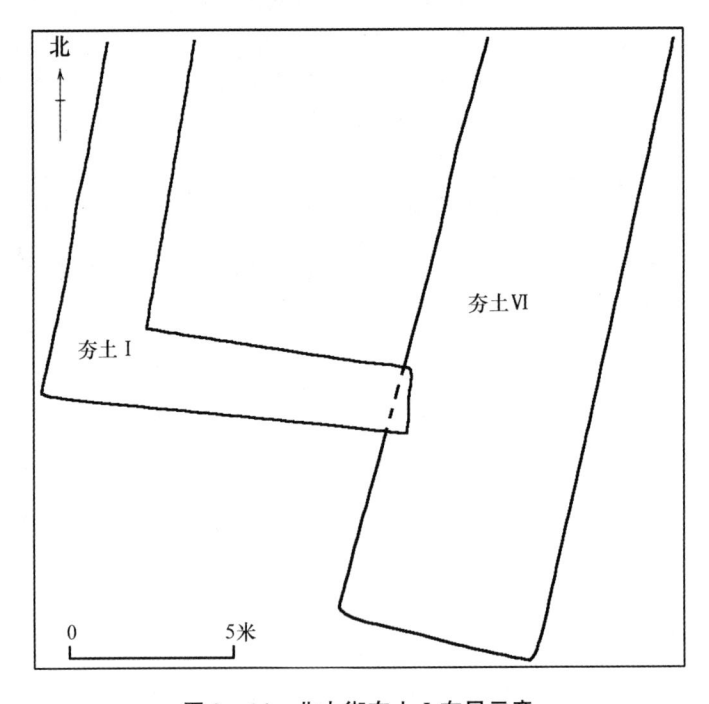

图2-14 北大街夯土Ⅰ布局示意

筑年代不早于二里岗下层二期。夯土Ⅰ的建筑年代与F1、F2组建筑的始建年代结合起来看，夯土Ⅰ的建筑年代应当在二里岗下层二期与二里岗上层一期之际，此时F1、F2组建筑已经有部分废弃。

早于北大街F1、F2组建筑的夯土建筑中，最早的几处破坏的都比较严重，平面形状不明，夯土Ⅶ、夯土Ⅸ的距离较近，可能为一组建筑。被F1、F2组建筑打破的夯土中夯土Ⅵ、夯土Ⅹ的方向一致、层位相同、距离较近，应为一组建筑（图2-15）。夯土Ⅵ、夯土Ⅹ组建筑的北部因发掘范围的限制而不清楚，根据对称原则，夯土Ⅹ以东应当存在属于该组的建筑，因叠压打破关系太多而难以识别；夯土Ⅹ以南的建筑因F1的打破而难以判断。由于始建年代为南关外H62、二里岗C1H17之际的F1、F2组建筑叠压打破夯土Ⅵ、夯土Ⅹ组建筑，则夯土Ⅵ、夯土Ⅹ组建筑的始建年代不晚于南关外H62阶段。夯土Ⅵ、夯土Ⅹ组建筑叠压打破的夯土Ⅶ、夯土Ⅸ的年代为二里头文化与二里岗文化过渡期偏早阶段，则夯土Ⅵ、夯土Ⅹ组建筑的始建年代应当不早于过渡期偏早阶段。夯土Ⅺ打破过渡期偏早阶段的夯土Ⅻ，则夯土Ⅺ的年代应当不早于过渡期偏早阶段，夯土Ⅹ又打破夯土Ⅺ，则夯土Ⅹ的年代更应当晚于过渡期偏早阶段。因此，夯土Ⅵ、夯土Ⅹ组建筑的年代应为过渡期偏晚阶段或南关外H62阶段。

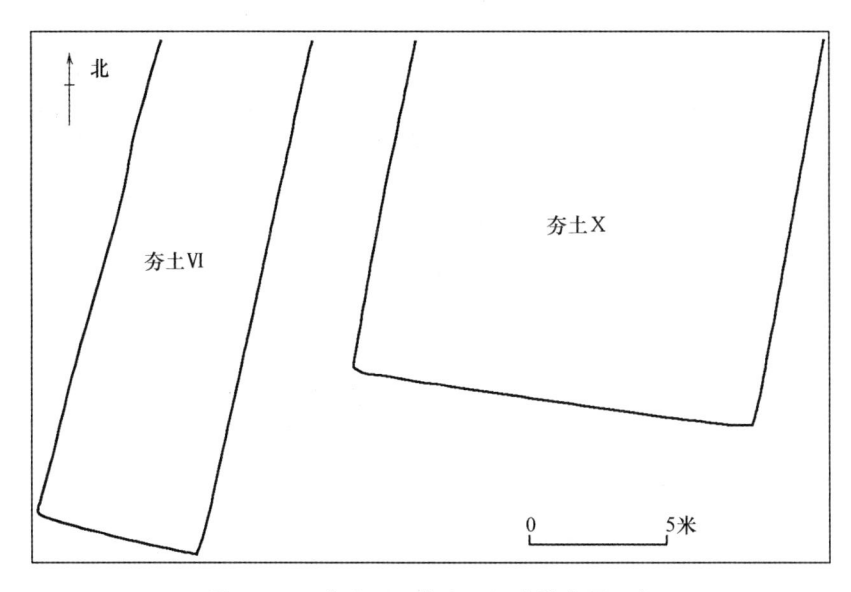

图2-15 夯土Ⅵ、夯土Ⅹ组建筑布局示意

北大街宫殿宗庙建筑基址的方向可识别者大多为北偏东10°—13°，与郑州商城内城的方向接近，而与黄委会青年公寓夯土墙W22和北大街夯土墙的方向差别较大，并且这些建筑的始建年代都晚于夯土墙W22，很难与夯土墙W22直接关联。

北大街二里头文化与二里岗文化过渡期偏早阶段的几处夯土建筑的布局不太清楚，虽然始建年代与夯土墙W22一致，但没有足够的证据说明它们有直接关联。

2. C8G10组夯土建筑

C8G10位于W22延长线以东，是一座近长方形的残破夯土基址，北部被压在现代建筑下，南部被近代坑破坏，南北向残长为34米，实际长度应当更长；东西向残宽10.2—10.6米，大体为该宫殿宗庙基址一个单体建筑的宽度。C8G10建筑内铺有料姜石粉末和料姜石掺和料的地坪面，地坪面损毁一次即加高铺垫一次，共铺垫了5层地坪，表明使用了相当长一段时间。C8G10的地坪面上东西两侧边各有一行南北向排列的13个料姜石柱础窝，基址的中部发现有7行东西向排列的柱窝、残存的柱窝每行2—4个。根据C8G10夯土基址照片和相关介绍，可将其大体复原（图2-16），

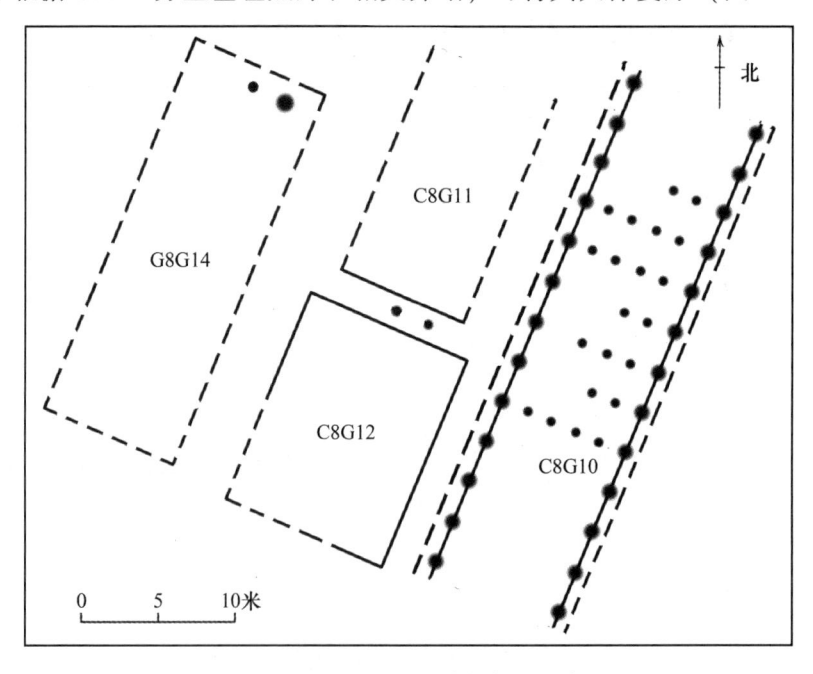

图2-16　C8G10组建筑复原示意

其中南北两端均未到头，可能是一座四合院式建筑的西庑或东庑，中部可能有隔间。C8G10打破了过渡期的夯土建筑C8G9，其夯层内最晚的陶片为二里岗上层一期，其中部被一条二里岗上层一期偏晚的南北向堆埋人头骨壕沟打破，则C8G10的始建年代晚于过渡期而早于二里岗上层一期偏晚，由于经过至少5次重修地坪，其使用时间跨度应当较长，始建年代可能为二里岗下层偏晚，夯层内包含的二里岗上层一期陶片是后来维修时掺入的。

C8G11位于C8G9、C8G10西部（图2-16），打破了C8G9的西部，原报告认为其叠压有二里岗下层二期和洛达庙期地层、夯层内包含有二里岗下层二期和洛达庙期陶片，实际叠压的应当为过渡期地层，夯层内包含的陶片也应当为过渡期陶片。C8G11的始建年代晚于过渡期的C8G9，其又被二里岗上层一期地层叠压，始建年代应当为二里岗下层二期。C8G11破坏严重，残存部分呈南北向纵长方形，北部压在现代建筑下，南部发现了端部，南北向残长12—15米、东西向残宽8.5米，地坪因受到晚期严重破坏而未发现柱窝。

C8G12位于C8G9的西部和C8G11的南部（图2-16），打破了C8G9的西部，西南角被二里岗上层一期夯土建筑基址C8G13打破，夯土特征与C8G11接近，建筑年代也应当为二里岗下层二期。C8G12呈南北向长方形，其四边都有保存，南北长14、东西宽11米。C8G9南部地面上发现的两个柱础石正好位于C8G11之南、C8G12之北的中间处，这两个柱础石或许和C8G11、C8G12之间的联系有关。

C8G14位于C8G11、C8G12的西侧（图2-16），东南部被二里岗上层一期夯土建筑基址C8G13打破，夯土内包含的陶片没有晚于二里岗下层二期的，因此其建筑年代应当为二里岗下层二期。该建筑受到严重破坏，残存部分南北长约25、东西宽约9米，基址北部还保存一个直径约1米的柱础槽，其西侧还有柱础石。

C8G10之西50—70米处发现有夯土台基，其位置接近T166M6。发掘报告介绍说夯土层内包含洛达庙期和二里岗下层陶片、台基叠压洛达庙期文化层，该台基的始建年代接近二里头文化与二里岗文化过渡期，应当不晚于二里岗期早段。

3. 郑州医疗机械厂夯土建筑

郑州医疗机械厂88C8F101叠压的夯土层代表的建筑，其始建年代应为二里岗上层一期之前，二者之间可能有兴替关系。88C8F101试沟一北壁剖面上88C8F101、88C8F102的边缘部分都是斜坡状向上收，T3东壁剖面显示88C8F101南部边缘斜坡上收且打破其南侧夯土至底部，说明营建88C8F101时挖去了此前的一部分夯土至底部，并且破坏的宽度较大。88C8F101北边缘西部的解剖表明88C8F101破坏了88C8F103，88C8F101试沟一北壁剖面未显示88C8F103夯土，说明88C8F101对88C8F103的打破也是至底部。88C8F103与88C8F101南侧打破的夯土同为二里岗下层二期营建，二者很可能为同一座单体建筑，营建88C8F101时被从中间挖断；保守地说，二者为同时期的具有直接关联的建筑。88C8F101下叠压的夯土基址的建筑年代也应当为二里岗下层二期，其与88C8F103邻近，应当有直接关联。G1的年代为二里岗下层二期，其内有陶水管，可复原者有两件，这条沟应当为排水管道，其上叠压的夯土层的年代不早于这个时间，具体情况不明。排水管道G1应与88C8F103有关联，88C8F102下叠压的二里岗下层二期夯土基址也应与88C8F103有关联[①]（图2-17）。

4. 郑州回民中学、丝钉厂夯土建筑

郑州丝钉厂大型夯土建筑基址94ZSC8ⅡF1等在郑州回民中学夯土建筑基址之南不远处，二者或许有一定的关联，放在一起介绍。

郑州回民中学夯土建筑基址91F11打破91F12，二者均仅揭露出西北角一部分（图2-18），发掘报告都指认为二里岗下层时期，出土的陶器大多相当于南关外H62阶段[②]，应当是典型二里岗期早段的建筑。从郑州回民中学91F11和91F12之间的布局关系和柱础石、柱洞的分布情况来看，二者应当是一组建筑，F11应当是主体建筑，F12是北回廊和西回廊，F11之西一定范围内的夯土应当是庭院内的活动面。发掘所揭露的是这组建筑的西北部分。

94ZSC8ⅡF1之上叠压有二里岗上层一期文化层[③]，其始建年代很可能为更早的典型二里岗期早段。94ZSC8ⅡF1略呈东西向长方形，东西残长

[①] 河南省文物研究所：《郑州医疗机械厂考古发掘报告》，《郑州商城考古新发现与研究（1985—1992）》，中州古籍出版社1993年版，第144—151页。

[②] 河南省文物研究所：《1992年度郑州商城宫殿区发掘收获》，《郑州商城考古新发现与研究（1985—1992）》，中州古籍出版社1993年版，第111—113页。

[③] 河南省文物考古研究所编著：《郑州商城——1953—1985年考古发掘报告》（上），文物出版社2001年版，第286、287页。

30多米（东端未到头）、南北残宽7米多（北部未到边）。94ZSC8ⅡF1南侧发现一条方向与其平行的带状建筑设施，较均匀地分布一排柱础槽，已发现的东西向长度约60、南北宽约2.2米，应当是94ZSC8ⅡF1的南廊庑之类的建筑设施。这两处建筑基址附近发现3处同时期的夯土基址，这些夯土基址应属于一组建筑，揭露的是这组建筑的西南部。

5. 几处零星夯土

顺河路北侧黄委会43号院典型二里岗期晚段（二里岗上层一期）铜器墓97ZSC8ⅡT143M1打破商代夯土建筑基址，周围夯土基址分布比较密

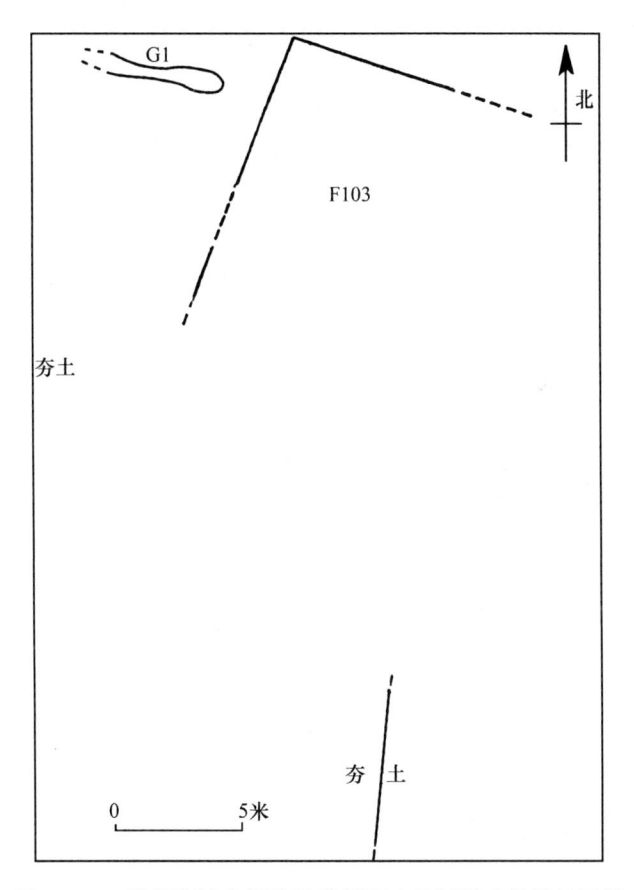

图2-17 郑州商城定局阶段郑州医疗机械厂建筑基址示意

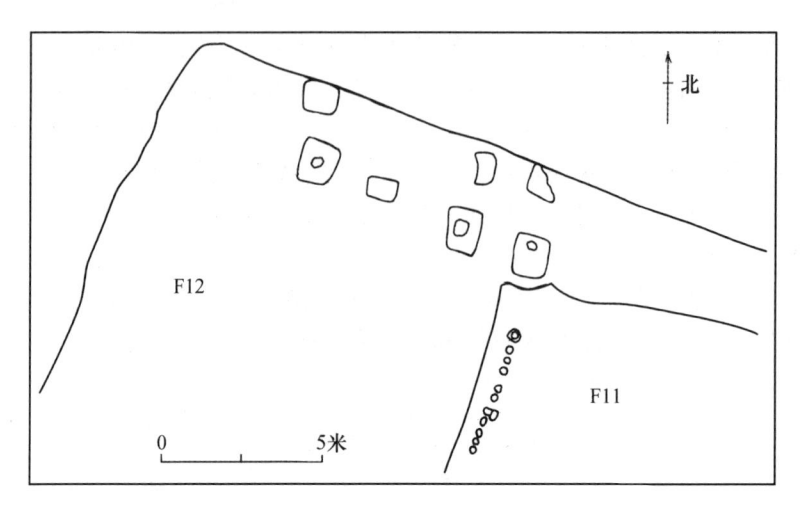

图 2-18　郑州回民中学 F11、F12 组夯土建筑示意

集①，可能有属于二里岗期早段者。黄委会中心医院内发现有多处夯土建筑基址，1981 年发掘的残夯土基址上叠压有很薄的二里岗上层一期文化层，1992 年发掘的二里岗上层一期石筑水槽东北部叠压有夯土建筑基址，《郑州商城》发掘报告将这两处夯土建筑基址的年代都推断为二里岗上层一期②。这两处夯土建筑基址既然都被二里岗上层一期遗迹叠压或打破，其始建年代应当更早，很可能属于二里岗期早段的建筑。省中医药研究院家属院内的夯土基址位于省中医学院南侧，1994 年发掘出一处夯土建筑基址，略呈东南西北向，夯土基址的南部叠压有二里岗上层一期文化层，《郑州商城》发掘报告将其年代推断为二里岗上层一期③。该处夯土建筑基址既然被二里岗上层一期文化层叠压，其始建年代很可能为更早的二里岗期早段。黄委会水文局院内夯土④、郑州变压器厂家属院夯土⑤等代表的宫

---

① 河南省文物考古研究所：《郑州商城新发现的几座商墓》，《文物》2003 年第 4 期。
② 河南省文物考古研究所编著：《郑州商城——1953—1985 年考古发掘报告》（上），文物出版社 2001 年版，第 266、267 页。
③ 河南省文物考古研究所编著：《郑州商城——1953—1985 年考古发掘报告》（上），文物出版社 2001 年版，第 276 页。
④ 河南省文物考古研究所编著：《郑州商城——1953—1985 年考古发掘报告》（上），文物出版社 2001 年版，第 286 页。
⑤ 河南省文物考古研究所编著：《郑州商城——1953—1985 年考古发掘报告》（上），文物出版社 2001 年版，第 291、292 页。

殿宗庙建筑，也属于典型二里岗期早段。

6. 郑州商城定局阶段宫城的布局

典型二里岗期早段宫城范围内的建筑设施发生了一系列变化，除了上文提到的一些夯土墙、壕沟、宫殿宗庙建筑继续沿用之外，又进行了很多营造活动（图2-19）。《郑州商城》发掘报告提到很多"二里岗下层二期"建筑，但未提到"二里岗下层一期"建筑，按照宫殿宗庙建筑率先营建的原则，其中一部分的始建年代应当属于郑州商城肇始阶段的过渡期，笔者也通过分析材料把一部分"二里岗下层二期"建筑指认到二里头文化与二里岗文化过渡期。在C8G15与夯土墙W22之间以及C8G15之南的范围内存在的很多夯土基址中，有一部分无疑属于典型二里岗期早段；在C8G16与黄委会水文局夯土之间的几片夯土也可能有属于典型二里岗期早

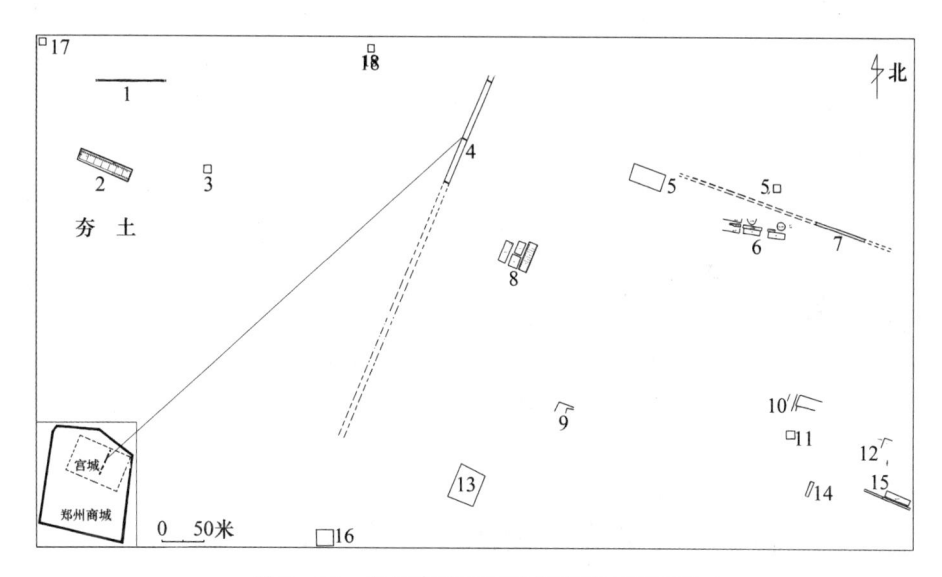

图2-19 郑州商城定局阶段宫城布局示意

改自《郑州商城的城市化进程》图四。

1. 宫城西北部壕沟 2. C8G15（F15） 3. 省戏校东院夯土 4. 黄委会青年公寓夯土墙W22及其延长线 5. 黄委会中心医院夯土及C8M32（C8M7位于C8M32东北附近） 6. 北大街宫殿宗庙建筑 7. 北大街夯土墙 8. C8G10（F10）组夯土建筑 9. 郑州回民中学夯土 10. 省中医学院夯土 11. 省中医药研究院夯土 12. 郑州医疗机械厂夯土 13. C8G16（F16） 14. 黄委会水文局夯土 15. 郑州丝钉厂94ZSC8ⅡF1 16. 郑州变压器厂家属院夯土 17. 黄委会1—5号综合楼夯土及M2、M3 18. 黄委会43号院夯土

段者；由于这些位置的夯土建筑大多没有发表帮助识别年代的材料，在讨论二里岗期早段宫殿宗庙建筑时笔者没有贸然指认，但并不意味这些位置是空白的。

  北大街营建了西北东南向夯土墙，与其西方的夯土墙W22及延长线、东方的内城东城墙等围成的空间范围内，宫殿宗庙建筑比较多、呈现向内城东北部集聚的趋势，并且有外围界隔性设施划出这一部分"宫城"，夯土墙W22及延长线以西的宫殿宗庙建筑可能有不同的功能区划。北大街夯土墙北侧似乎也是一个相对独立的空间，应当有特定的功能。典型二里岗期晚段北大街夯土墙及其延长线北侧又砌筑了石砌水管道和石砌水池，宫城范围西北部的东西向壕沟逐渐填平。北大街夯土墙南侧的夯土基址内存在规模较大的祭祀遗存，水池西南190米左右的大型夯土建筑C8G10内存在规模浩大的典型二里岗期晚段人牲祭祀遗存，进一步印证了该区域在典型二里岗期早段以来逐渐成为宫城的重心。

  宫城范围内发现有几座铜器墓，但未发现同时期的普通墓葬。C8M32位于黄河医院（黄委会中心医院）内，C8M7位于C8M32东北不远处[①]。在宫城西北部壕沟北侧附近的黄委会1—5号综合楼（紫荆山路西侧、顺河路北侧、人民路东侧、金水河南岸）发现有两座铜器墓M2、M3，都打破夯土[②]，打破的夯土建筑的年代显然不晚于典型二里岗期早段。郑州商城目前发现的典型二里岗期早段铜器墓主要是这几座，都在大型夯土建筑附近，说明此时宫城内的王室成员仍然埋葬在其生活的宫室附近，高规格墓葬与其相关的大型夯土建筑同样代表一个生死相依的族邑。普通人不能正常埋葬在宫城内，宫城内还没有流行人殉人祭现象。

三　郑州商城定局阶段的手工业作坊

  郑州商城的手工业作坊主要有铸铜、制骨、制陶等三大类，目前发现的都分布在外城内。当时石器还在广泛使用，郑州商城迄今尚未发现石器

---

① 河南省文物考古研究所编著：《郑州商城——1953—1985年考古发掘报告》（上），文物出版社2001年版，第564、565页。
② 贾连敏、曾晓敏、韩朝会《郑州市商代遗址及唐宋铸钟遗迹》，《中国考古学年鉴2004》，文物出版社2005年版，第247—249页。M2、M3打破的夯土的年代不晚于二里岗期早段，有可能为更早的过渡期，由于没有详细资料，无法作进一步的判断。

作坊，石器作坊或许设在外城之外，其石器工业是专门的作坊化生产还是业余的家庭式生产，目前还不得而知。郑州商城的手工业作坊在典型二里岗期早段（二里岗下层二期）已经形成规模，其中一部分的形成年代应该为南关外H62阶段。根据发表的考古材料，分别对典型二里岗期早段的铭功路西制陶作坊、南关外铸铜作坊、紫荆山北制骨作坊进行讨论。

1. 铭功路西制陶作坊

铭功路西制陶作坊区在二里头文化与二里岗文化过渡期发现有几处房基和灰坑，房基的规模比较小，没有识别出是否有同时期的陶窑。铭功路西制陶作坊区可以确定为典型二里岗期早段的各类遗迹比较丰富（图2-20），《郑州商城》发掘报告认为二里岗下层二期的各类遗迹也有动态的变化。制陶工作场所、奠基遗存和墓葬等应是一个相互关联的系统，应放在一起讨论。

铭功路西制陶作坊中部有一条西北东南向的大壕沟，这条大壕沟内堆积有二里岗下层与二里岗上层一期灰土，说明这条壕沟最初开挖的时间不晚于二里岗下层二期。发现的陶窑可确定为典型二里岗期早段的共5座：C11Y101、C11Y102、C11Y110、C11Y114、C11Y115，前4座都在大壕沟沿线分布，说明大壕沟与陶窑之间应当有直接的关联。原报告认为这条大壕沟是取土沟，取土用作陶土原料。陶窑C11Y101、C11Y102的位置在大壕沟范围内，最初营建陶窑的时候是当时的地面基础上进行的，并不是在大壕沟内的填土上营建的，陶窑最初营建时并不是有意选择在大壕沟内的，只是经过一段时间的取土，这两座陶窑逐渐呈现出在大壕沟内的状态，说明发掘清理出的大壕沟经过了个动态的变化的过程。陶器制坯和烧造过程中需要大量的水，铭功路西制陶作坊之西紧临外城河，大壕沟有可能与外城河相通联，可以引水至作坊区。大壕沟南北两侧的F102、F121以及白灰面相关的地面，应当是制坯或存放陶坯的场所。F102的各层地坪或垫土下都有成人墓和小孩墓，壕沟东北侧的白灰面地坪下叠压有小孩墓，小孩墓可能具有奠基性质，成人墓的墓主可能是制陶从业者[①]，这两处建筑可能是制陶作坊的管理场所或重要的操作场所。根据F121规模较大、其南侧白灰面地坪上残存有经过淘洗的陶泥，发掘者认为这里是一处制作陶器坯胎的作坊。

[①] 刘绪：《〈商系墓葬研究〉序》，见于部向平《商系墓葬研究》，科学出版社2011年版。

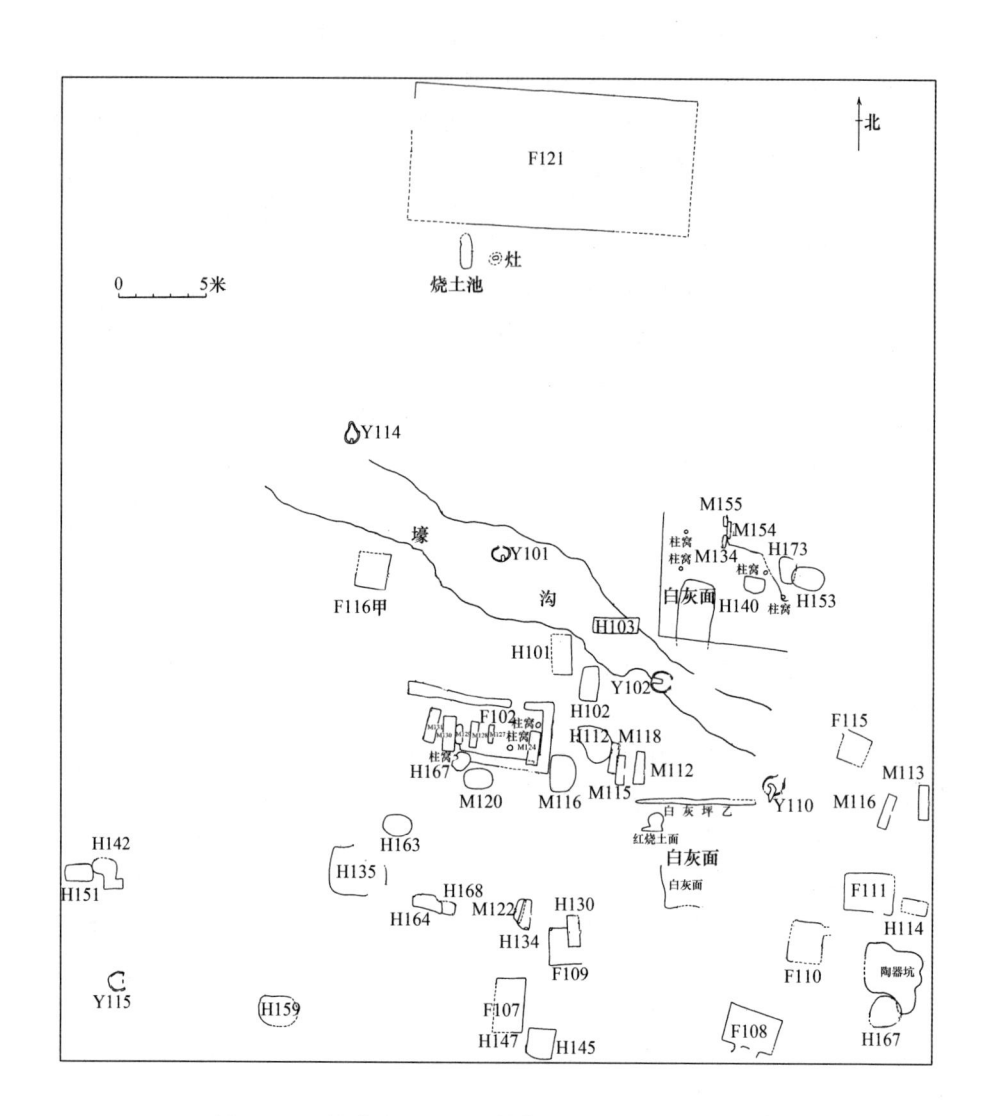

图 2-20　铭功路西制陶作坊典型二里岗期布局示意①

采自《郑州商城的城市化进程》图七。

制陶作坊区的东南部有 7 处具有居住功能的小型房基，应当是陶工的

---

① 本图底图采自河南省文物考古研究所编著《郑州商城——1953—1985 年考古发掘报告》（上），文物出版社 2001 年版，从第 386 和 387 页之间的图二三四中选出二里岗期早段遗迹。

住所。发现的15座墓葬有随葬品者不多，属于正常埋葬的8座成人墓在一道东西向线上（图2-21）。从这些信息来看，当时的制陶作坊可能并没有多少人，但已经能够生产大量的陶器了。C11M131打破F102西部最上一层地坪，墓室为长方形土坑竖穴，头向194°，南北长2.0、东西宽0.65、残深0.83米，墓主骨架保存尚好，仰身直肢、面向西，随葬陶鬲、簋、尊各1件、盆2件。F102第2层垫层之下的C11M130位于C11M131东侧，二者最小间距0.3米左右；C11M130墓室为长方形土坑竖穴，头向185°，南北长1.99、东西宽0.68、残深1.15米，仰身屈肢、面向不明，无随葬品。F102第4层地坪下的C11M124位于F102室内的东部边缘，该墓为长方形土坑竖穴，头向190°，墓室南北长1.91、东西宽0.68、残深0.74米，仰身直肢、面向不明，随葬陶瓮、浅腹盆各1件。F102室内从东至西的成人墓C11M124、C11M130、C11M131的埋葬顺序从早到晚，规格接近、头向略有差异、随葬品差别较大，M130为较少见的屈肢葬，说明这3座成人墓的规格接近、传统多元。C11M118位于M124之东4米、F102之东3.4米，该墓为长方形土坑竖穴，头向194°，墓室南北长1.86、东西宽0.5、残深0.45米，仰身直肢、面向东，随葬陶鬲1件。C11M115位于M118东侧并打破M118，该墓为长方形土坑竖穴，头向183°，墓室南北长1.84、东西宽0.67、残深0.4米，仰身直肢、面向东，随葬陶斝、杯、盆各1件、豆2件。C11M112位于M115东侧0.6米，该墓为长方形土坑竖穴，头向185°[1]，墓室南北长2.4、东西宽0.65、残深0.6米，仰身直肢、面向东，随葬陶鬲、斝、爵各1件。M118、M115、M112的集聚在一起，M115、M112的头向接近、面向相同、随葬品都有斝，二者间距仅0.6米，应属于相同的传统；M118被M115打破，其头向与相邻的M115、M112差别较大，应当有不同的传统。C11M116位于M112之东13.7米左右，该墓为长方形土坑竖穴，头向198.5°（表格中记录为180°，从平面图上测算为198.5°），墓室南北长2、东西宽0.56、残深0.4米，仰身直肢、面向不明，随葬陶鼎、簋各1件。C11M113位于C11M116之东约1.3米，该墓为长方形土坑竖穴，头向183°，墓室南北长2、东西宽0.56、残深0.35米，仰身直肢、面向西，随葬陶鬲、斝、爵、簋、豆、

---

[1] 铭功路西制陶作坊平面图中显示C11M112的方向为南偏西，《郑州商城》发掘报告第572页表格中记录C11M112为185°，笔者采信这一说法；《郑州商城》发掘报告第407页C11M112图中指北针显示该墓头向为南偏东，由于同一排的其他墓葬都是南偏西，该图中指北针可能标注有误。

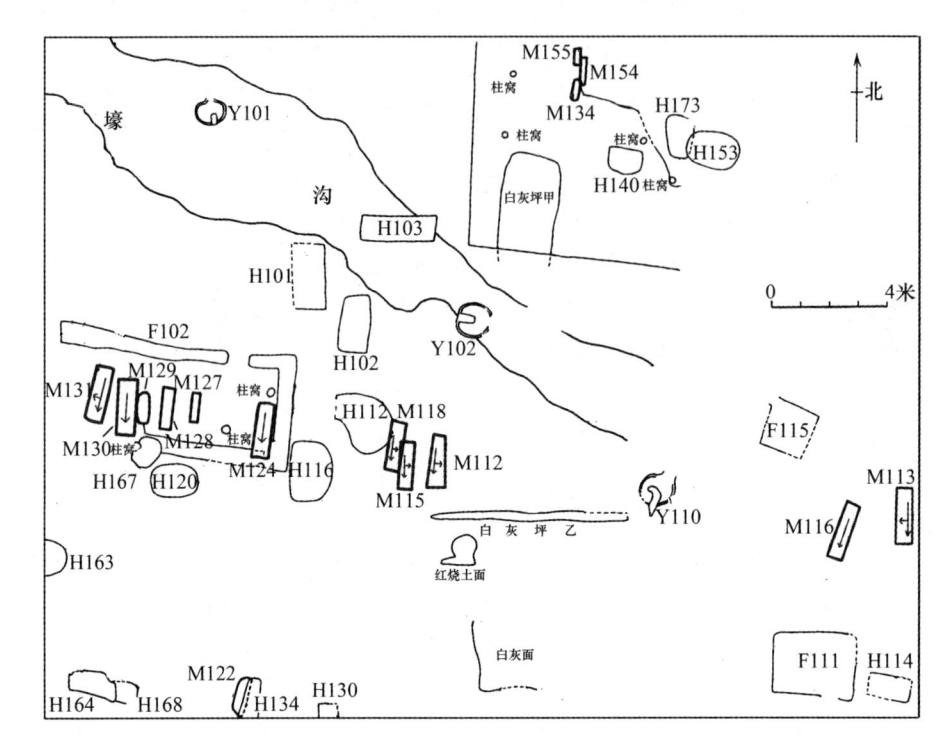

图 2-21　铭功路西制陶作坊区墓葬和奠基遗存布局示意①

注：箭头方向为头向和面向，墓圹太小者未用箭头指示头向。

尊各 1 件。C11M116、C11M113 距离虽然很近，墓圹规格相同，但头向和随葬品差别较大，二者的传统应当不同。M113 与其西方 15 米左右的 M112 的头向接近、面向相对，随葬品中都有陶鬲、斝、爵，二者的传统应当接近。这 8 座正常埋葬的成人墓都位于壕沟之南，大体在一道东西向的线上，头向都朝南偏西，墓圹的规格大多接近，说明这些墓葬拥有共同的大传统。这些墓葬头向南偏西的角度有相同者和不同者，面向东者、也有面向西者，仰身直肢葬为主、也有个别仰身屈肢葬，随葬品的组合和多寡也有很多差别，说明这些墓葬的传统又具有多元性。这些墓葬拥有共同

---

① 本图底图采自河南省文物考古研究所编著《郑州商城——1953—1985 年考古发掘报告》（上），文物出版社 2001 年版，从第 386 和 387 页之间的图二三四中选出二里岗期早段墓葬和奠基遗迹。

的大传统，说明墓主的身份相类；这些墓葬又具有多元的个性传统，说明墓主出身不同或年代不同。

铭功路西制陶作坊有 7 座墓埋葬的是小孩，墓圹也都比较小，除了 M155 头向朝北之外，其余 6 座头向都是南偏西。F102 室内中部的 3 座墓 M127、M128、M129 东向西依次排列，相邻墓葬的间距都不超过 0.55 米，皆无随葬品；M129 在 F102 最下一层地坪垫土第 6 层下，仰身屈肢葬，应当为 F102 最初营建时的奠基墓；M127、M128 在 F102 地坪垫土第 3 层下，M127 为仰身直肢葬、M128 为俯身葬，两座墓都打破了地坪垫土第 4、5、6 层和房基下的黄土层，应当为重修过程中的第二次奠基墓。壕沟东北侧的白灰面地坪下的 3 座墓 M134、M154、M155 集聚在一起，墓圹很小、都没有随葬品，应当都是奠基墓；前两座头向南偏西、后一座头向北，这种差异令人不解，也没有信息可以推断是否先后两次奠基形成的。M122 位于 F102 东部之南约 7 米，墓圹很小、没有随葬品，由于该墓不能和房基关联起来，应当不是奠基墓，可能是祭祀遗存或早夭儿童墓葬。

此前中原腹心地区的二里头都邑尚未发现规模化的制陶作坊，难以知道二里头都邑制陶作坊内是否埋葬陶工和儿童。但二里头都邑的铸铜作坊的工作面发现有埋葬成年人的例子，工作场地边缘埋葬有儿童[①]，与铭功路制陶作坊内成人墓的性质非常相近，可能都邑内手工业作坊的工匠死后埋在工作场所是二里头都邑就有的传统。

通过分析可知，铭功路西制陶作坊区发现的遗迹有管理场所、生产作坊和陶窑等管理和生产的设施，有陶工居住的小型房屋和他们死后的埋葬场所，这些形成一个比较完备的管理、生产、生活系统。

2. 南关外铸铜作坊

南关外铸铜作坊有南、北两处集聚分布的铸铜遗存，发掘报告分别称之为南关外铸铜作坊南区和北区，两区相距 80 米左右。两个区域都发现有与铸铜作坊直接相关联的壕沟，南区仅揭露了一段，无法得知是否为环壕；北区全部揭露出来了，大体为长方形半封闭的环壕，笔者先讨论北区。

南关外铸铜作坊北区典型二里岗期早段铸铜相关的遗迹大部分被界隔在一个长方形半封闭的环壕内（图 2–22），壕沟口宽 0.5—0.9、深度 1—

---

① 中国社会科学院考古研究所编著：《中国考古学·夏商卷》，中国社会科学出版社 2003 年版，第 103、112 页。

1.5 米，北壕沟东西长 19 米、西壕沟南北长 14.5 米、南壕沟东西长 16.5 米、东壕沟南段长 5 米，东壕沟的北段是一个长约 9.5 米的缺口。环壕主体部分的下层堆积为典型二里岗期早段、上层堆积为典型二里岗期晚段，说明其使用过程至少经历了典型二里岗期早段和晚段。环壕东南角向外延伸出一段壕沟，填土中包含的陶片属于典型二里岗期晚段，由于其底部地势呈西北高东南低的状态、沟底有淤积层，发掘者认为这是二里岗上层一期（典型二里岗期晚段）增挖的与铸铜场地排水有关的壕沟；这段壕沟的排水功能比较明显，排水口一般要经常清淤，如果其最初的使用时间与环壕一样是典型二里岗期早段，很可能因清淤而底部不见典型二里岗期早段的遗物。环壕内东部的铜锈面和烧土面代表的是作坊场地，因破坏严重而无法复原；H190 的平面为比较规则的圆形、口径 2.32、深 1.66 米，位于作坊场地中部偏西，可能是与作坊场地直接关联的设施。环壕内两处二里岗上层一期的"储沙坑"H181、H182 都是规则的长方形竖穴，报告中没有明确指出属于二里岗下层二期的"储沙坑"，H169 为规则的长方形竖穴、报告没有介绍更详细的信息，可能是二里岗下层二期的"储沙坑"。环壕内西北部边缘处的 H194 平面近圆形，口径 2.01—2.25 米、深 4.1 米以上（见水未挖到底），坑内有一具人骨架和一些铜渣，从形状规则和较深的情况来看可能是水井，人骨架的具体埋藏方式没有介绍，在水井中的人骨架应当不是正常埋葬、祭祀的可能性也比较小。环壕内西北部的 H175 的平面不太规则、面积明显比其他灰坑大，深 1.52 米，包含丰富的铜炼渣、木炭灰、红烧土，应当是垃圾坑。环壕内西南部的 H174 的平面不太规则、面积也比较大，深 3.7 米以上（见水未挖到底），包含有铜炼渣，由于太深而难以判断是否垃圾坑。环壕东侧 H177 的平面为长方形，南北长 2、东西宽 1.25、深 5.75 以上（见水未挖到底），西壁有脚窝，包含有柴灰土和小铜棍，形制结构和郑州商城常见的水井相同，发掘者认为是水井。其他环壕内外的几个灰坑没有详细信息，无法讨论。上述遗迹构成一套铸铜设施，但缺乏熔铜设施。环壕之东约 25 米的探沟 C5T21 内东北部发现一处熔炉残底，环壕南侧约 7 米处的 C5T61、C5T64 内西部有熔炉残壁堆积，这两处熔炉相关的遗迹关联的陶片都是典型二里岗期晚段的，由于没有典型二里岗期早段的相关证据，只能推测其中一处（南侧最有可能）在典型二里岗期早段就已经使用。

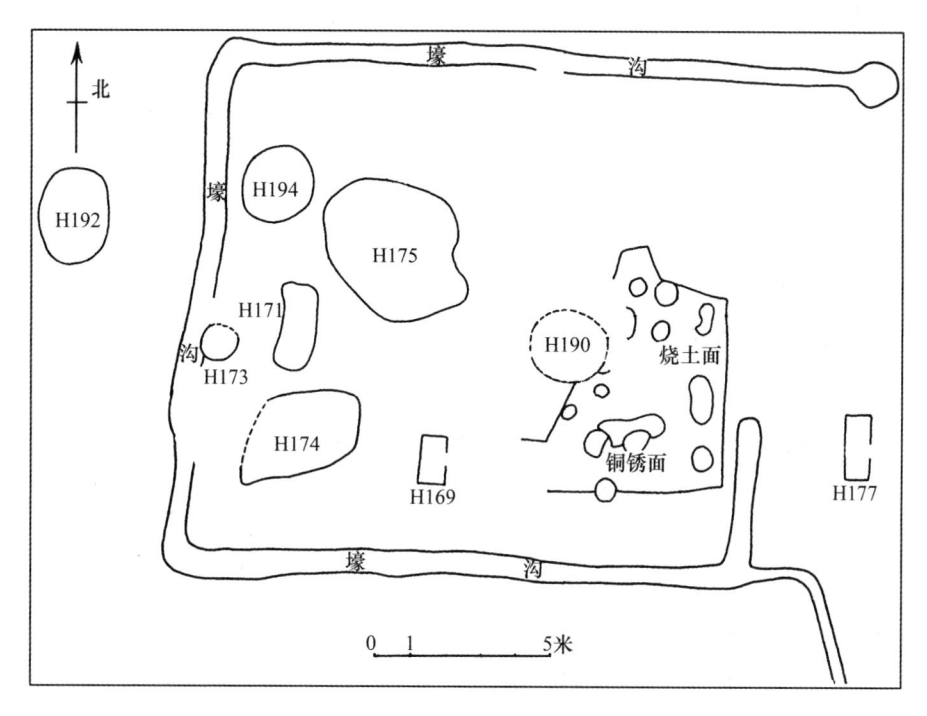

第二章 郑州商城的形成过程与城市化进程

图 2-22 南关外铸铜作坊北区示意

南关外铸铜作坊北区的环壕和其东侧的水井 H177 所处的长方形区域为 275 平方米左右；如果把环壕之东 25 米处或环壕之南 6 米处的熔铜设施也包括在内，南关外铸铜作坊北区的熔铜、铸铜设施所占的面积也并不是很大。环壕的宽度不足以阻挡一般人的通行，其作用主要应该是铸铜作坊的给排水，界隔性作用则在其次。

南关外铸铜作坊南区的南部边缘有一条大体呈东西向的壕沟（图 2-23），发掘出的长度为 19.5 米，东、西两端均未到头，沟口宽 1.2—1.5 米、底宽 0.8 米、深 2.4—2.6 米，壕沟下部的黄沙灰土层包含有很少典型二里岗期早段细绳纹陶片、中上部的浅灰土层包含大量典型二里岗期晚段陶器和骨器，这条壕沟的北侧为铸铜遗迹、南侧很少发现铸铜遗迹，发掘者推断为铸铜作坊南部边沿处的界沟。南关外铸铜作坊南区的壕沟沟口的宽度也不能阻挡一般人的通行，参考南关外铸铜作坊北区环壕的规模和功用，南区的壕沟也应当以给排水功能为主，其次为界隔性功能。南关外铸铜作

· 117 ·

坊南区在壕沟以北发现与熔铜、铸铜有关的遗迹在小范围内呈集聚态势，包括铜锈面、白灰面和一些与熔铜、铸铜相关的"灰坑"。由于受后世人类活动破坏严重，无法复原作坊。

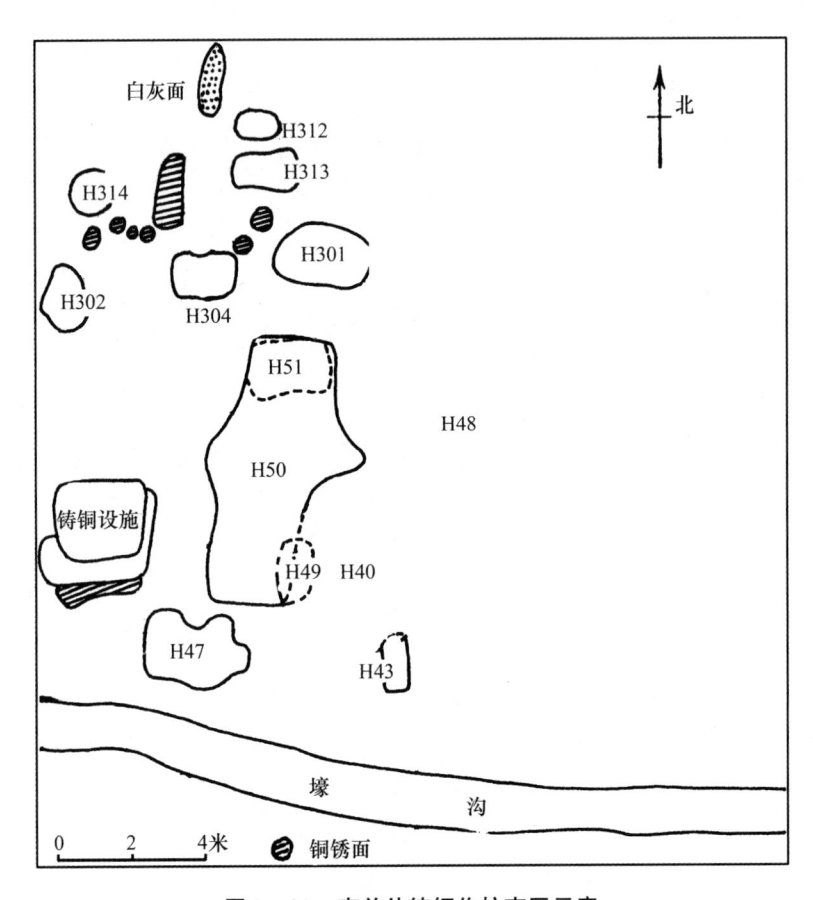

图 2-23 南关外铸铜作坊南区示意

袁广阔、曾晓敏先生认为南关外铸铜作坊东侧和南侧的壕沟可能均为作坊的防御设施①，南关外铸铜作坊东侧壕沟的功用需要讨论一下。南关外铸铜作坊东侧的壕沟位于南关外发掘点的西区，根据位置图提供的信息，可测算出其位于南关外铸铜作坊之东 530 米左右。南关外铸铜作坊东

---

① 袁广阔、曾晓敏：《论郑州商城和外郭城的关系》，《考古》2004 年第 3 期。

侧壕沟发掘出的长度约 34 米，呈东南西北向，口宽 2.5—4.0 米、底宽 0.8—1.1 米、沟深距地表 2.15—3.15 米不等，即使考虑到埋藏深度和计算方法的不同，这条壕沟与南关外铸铜作坊南区的南部边缘壕沟的规模还是有明显的差别，该沟的宽度能够阻挡一般人的通行。如果二者是有关联的防御设施，则该处铸铜作坊东西向的范围达 500 米以上，南关外铸铜作坊东侧壕沟之西不远处并没有发现与铸铜相关的遗迹遗物，铸铜作坊与东侧壕沟之间这么远的距离没有发现与铸铜相关的遗存，说明铸铜作坊与东侧壕沟之间的区域大多与铸铜作坊没有直接关联，南关外铸铜作坊东侧的壕沟可能与南关外居住址的给排水有关。

发掘区范围内没有发现铸铜工人居住的房基，也没有发现奠基性埋葬和正常墓葬，这几类遗迹在铭功路西制陶作坊区是常见的，似乎此时两类作坊的管理模式和运行机制不同。铭功路西制陶作坊位于内城之西、外城河内侧的边缘部位，生产陶器的工匠具有生产、居住和埋葬都在作坊区的传统。铸铜作坊位于内城之南不远处的位置，铜器是王室和高级贵族使用的高规格礼器，王室对其控制应当更直接；铸铜工匠的居住和埋葬则可能不在作坊区，这与二里头都邑铸铜作坊埋葬工匠的传统似乎不同。

3. 紫荆山北制骨作坊

发掘报告没有提供紫荆山北制骨作坊的平面图，从介绍的遗迹位置来看，主要集中于制骨作坊区的西北部和东南部。制骨作坊区的西北部省保险公司院内 ZBT2 西部发现有夯土遗迹，残存范围南北长 2.5、东西宽 2.1、夯土厚 1.46 米，是一座典型二里岗期早段的小型房基。在 ZBT2 内这处房基东侧有两条东西向的并列壕沟，二者间距 3 米左右。南侧的 ZBG2 西窄东宽、西浅东深，东西长 5、南北宽 0.3—0.5、最深 1.3 米，应当为其西侧的房基向东的排水沟。北侧的 ZBG1 东西长 4（东端未到头）、宽 0.84、深 0.92 米，也可能与其西侧的房基有关联。ZBT2 内还发现一个圆形竖井式灰坑 H14，口径 2.17—2.3、深 3.4 米，坑的下部逐渐收成长方形坑，填土分为两大层、包含很少典型二里岗期早段陶片，如此深而规则的圆形竖井应当是水井。附近的 ZBT3 内发现一座墓葬 ZBM5，墓内无随葬品，被叠压在典型二里岗期早段堆积之下，说明其埋葬的年代在制骨作坊形成之初，很难判断其是否与制骨作坊有直接关联。从制骨作坊区的西北部的这几处遗迹出土的遗物来看，大多为陶器，报告中没有提到骨器相关的信息，这个区域可能主要为制骨作坊的生活区或管理区。

制骨作坊的东南部新华通讯社河南分社院内靠西部处也发现一处夯土遗迹，破坏比较严重，断断续续约8平方米，夯土厚0.5米，夯层清晰，看不出是房基还作坊的工作场地。制骨作坊的东南部发现的长方形竖井形灰坑C15H8除了出土有不少典型二里岗期早段陶片外，还包含大量骨器成品、半成品、废骨料和制骨工具。制骨作坊的东南部还发现一些乱葬现象，有些人头和人骨架分离地埋在地层中，有些完整人骨架与完整猪骨架埋在一起，发掘者推测这些应当与祭祀有关。从遗迹特征和遗物类别来看，该区域应当为作坊区。

四　郑州商城定局阶段的墓葬和祭祀遗存

郑州商城目前发表的典型二里岗期早段墓葬和祭祀遗存都不太多，《郑州商城》发掘报告发表的随葬铜器为主的墓葬仅3座、随葬陶器为主的墓葬仅13座、无随葬器物的墓葬仅17座，与此时郑州商城宏大的规模和密集的居住点明显不相适应。近20年来郑州商城一直在开展考古工作，也陆续发现有相关的墓葬，由于没有发表详细资料，其中哪些属于典型二里岗期早段则难以判断。受目前考古工作的局限，只能就确认的相关墓葬进行讨论。

1. 典型二里岗期早段随葬青铜器为主的墓葬

目前发现的几座铜器墓主要在宫城范围内，宫城范围西北部黄委会1—5号综合楼M2、M3没有发表详细资料，发表的材料也难以判断是否还有其他铜器墓。C8M7、C8M32都位于宫城范围东北部，C8M7在C8M32东北方向不远处。C8M32为长方形土坑竖穴，头向98°，长1.8、宽0.5、残深0.8米，骨架已经腐朽，随葬铜斝、爵各1件，伴出陶鬲、斝、豆、器盖各1件。C8M7残存西北角部分，墓室为长方形土坑竖穴，头向35°，残长2.0、残宽1.3、残深0.6米，有二层台，墓室底部铺有朱砂，骨架已经腐朽，随葬多件铜器、玉器、骨器和100多枚贝，铜器除平面图上标出的3件爵、1件斝、1件戈外，还有破坏该墓者捡到的1件三弦纹的铜盉。从C8M7残存的规模和具有二层台的现象来看，其原来的墓室面积比较大（图2-24）。C8M7残存的部分明显大于C8M32，墓葬形制也比C8M32复杂，随葬品的数量和规格也都明显超过C8M32，二者的头向差别也比较大，这些说明二者的规格有高低之分、传统也有不同。可见，宫城范围内埋葬的贵族身份有高低之别，文化传统也有差别。

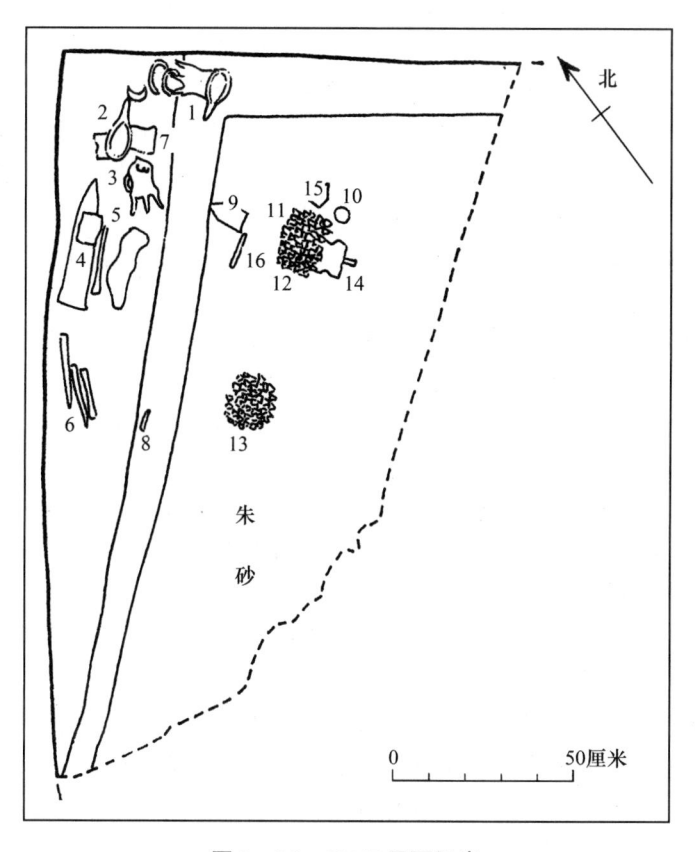

图 2-24　C8M7 平面示意

采自《郑州商城》567 页图三七九。

1—3. 青铜爵　4. 石戈　5、14—16. 玉柄形器　6. 青铜戈　7. 青铜斝　8. 骨器　9. 玉戈　10. 涂朱圆陶片　11—13. 贝

宫城范围之外的其他位置应当也有随葬青铜器的墓葬，目前发表的材料仅有位于内城之南、外城墙北侧附近的 87ZSC5M1[①]。87ZSC5M1 为长方形土坑竖穴，墓圹南北长 2、东西宽 1.2、残深 0.25 米，头向北偏东 30°，面向上、仰身直肢，骨架保存状况很差，墓主为中老年男性，随葬铜鼎、

---

① 河南省文物考古研究所：《郑州新发现的几座商墓》，《文物》2003 年第 4 期。

铜爵、陶鬲、陶尊各1件。陶鬲（87M1∶3）的特征与南关外H62阶段的同类器接近，属于辉卫文化传统与二里头文化传统融合之后发展而来的；陶尊（87M1∶2）的形制特征与敞口折肩原始瓷尊相类，郑州商城发现的这类陶尊较早者为二里岗下层二期，这件陶尊的年代应当不晚于二里岗期早段，更早的证据则不足；两件铜器的特征也都不晚于典型二里岗期早段，该墓的埋葬时间应为典型二里岗期早段，原报告推断为二里岗下层一期可能偏早了。此外，在内城之南、外城之北的熊耳河先后两次出土有典型二里岗期早段的铜器①，应当代表两座铜器墓，具体的情况则无法了解。

2. 郑州商城内城城墙内侧墓葬

《郑州商城》发掘报告列出打破内城城墙内侧夯土的5座墓葬，都有以陶器为主的随葬品，刘绪认为城墙的内侧应是安葬一部分人的墓地②。C8M8、CNM1位于内城北城墙东端的内侧，二者的距离50余米，二者的头向差别较大，C8M8铺有朱砂并且随葬品明显多于CNM1，二者的传统应当不同。CWM7、CWM8、CWM9位于内城西城墙北端的内侧，三者集聚在一处；CWM8打破CWM9，二者头向略有差异、墓室规格相同、都铺有朱砂、葬式相同、随葬品同类者较多，二者的传统非常接近，应当有直接关联；CWM7除了方向与CWM8、CWM9有差异外，墓室规格略小、没有铺朱砂、随葬品略少，应有不同的传统。如果郑州商城内城城墙内侧是墓地的话，应当会有很多墓葬，受考古材料的局限，目前无法知道具体的情况。从内城北城墙东端内侧和西城墙北端内侧发现的上述几座墓葬来看，墓主人属于正常埋葬，并且有着不同的传统。

3. 郑州商城外城内的墓葬

上文已经讨论的铭功路西制陶作坊区墓葬和外城南墙北侧的铜器墓，这里不再重述；近些年在外城内发现的二里岗期墓葬大多没有发表详细资料，无法判断哪些属于典型二里岗期早段，下面主要介绍人民公园、南关外等地发现的墓葬。

郑州商城内城西城墙北段之西700米左右的人民公园曾经发现5座墓葬。郑州人民公园C7M25位于内城西城墙北段之西约700米，在青年湖东

---

① 《河南出土商周青铜器》编写组编：《河南出土商周青铜器》（一），文物出版社1981年版，第五七、六七。

② 刘绪：《〈商系墓葬研究〉序》，见于邰向平《商系墓葬研究》，科学出版社2011年版。

南岸[①]，该墓正好位于外城西北部新发现的东北西南向夯土墙的外侧，有腰坑、坑内殉狗，墓主仰身直肢、头向北略偏东、面向东，随葬1件铜礼器爵，还随葬有铜刀、镞、玉柄形器、原始瓷尊、陶斝、盆和卜骨等。C7M27为长方形土坑竖穴，头向北偏东5°，墓室长2.0、宽0.7、深0.69米，发现上下两具人骨架，上具骨架破坏严重，下具骨架保存尚好、仰身直肢葬、面向西，随葬陶爵、簋、斝各1件、玉柄形器2件、涂朱圆陶片1件。C7M27内的两具人骨架上下相距仅0.4米，发掘者认为下具骨架是墓主、难以认定上具置于木棺之上的人骨架是否殉葬者，二里岗时期及其后的殷墟时期都罕见殉葬者置于墓主棺上的例子，或许这是一个特例。C7M27打破的C7M28为长方形土坑竖穴，东西向（90°），墓室长2.3、宽0.95米，见水未挖到底而不明深度，葬式和随葬品都不清楚。C7M27、C7M28两座墓的走向接近垂直，C7M28墓室的规格大于C7M27，根据C7M27有多件随葬品、并且有玉器随葬的现象，C7M28也应该有相类的随葬品，可以因未挖到底而无法求证。C7M49、C7M53的墓室较小、无随葬品，不再详细讨论。人民公园这4座墓的头向就有朝北、朝东、朝南3类，墓室规格和埋葬方式也有很大差别，说明其文化传统多元。

郑州商城内城南城墙东端之南600余米的南关外C5M57、C5M67、C5M68、C5M87等4座墓，位于南关外铸铜作坊南区之东500余米，都未见随葬品由于南关外铸铜作坊没有发现适用于铸铜工人居住的房屋基址和相关墓葬，这些墓葬或许与南关外铸铜作坊有关联。C5M67、C5M68为正常埋葬，C5M57人骨架被掷埋在堆积层中，C5M87为小孩墓，这4座墓的头向分北、东、南、西四种，葬式分仰身直肢、侧身直肢、俯身直肢、仰身屈肢四种，说明其传统具有多元性，与所在地南关外H62阶段陶器的多元风格相呼应。

二里岗C5M8位于上述南关外4座墓之东300余米，头向南（187°），墓室长1.96、宽0.98米，俯身直肢、无随葬品。郑州商城内城北城墙西段之北的经五路ZBM5为不规则形土坑，头向北偏东22°，仰身直肢，无随葬品。

[①] a. 郑州市文物工作组：《郑州市人民公园第二十五号商代墓葬清理简报》，《文物参考资料》1954年第12期。
b. 河南省文物考古研究所编著：《郑州商城——1953—1985年考古发掘报告》（上），文物出版社2001年版。第578页。

4. 祭祀遗迹

内城南墙之南300余米二里岗时令小河东岸台地上，发掘的4个"灰坑"C5.1H161、C5.1H171、C9.1H111、C9.1H110和4座"墓葬"C9.1M121、C9.1M101、C9.1M102、C9.1M106，埋葬大量小孩和成人骨架、兽骨架，堆积层内的C9.1M122、C9.1M123、C9.1M124埋葬有兽骨架[1]，根据《郑州商城》报告提供的信息可复原出上述遗迹的相对位置（图2-25）。此外，C5.1H161打破典型二里岗期早段夯土及烧土面，说明祭祀遗存附近可能存在相关建筑。

郑州卷烟厂C9.3H301位于二里岗C9.1H111等祭祀遗迹之西700余米，坑内有一个成人骨架和一个牛头骨，也应当与祭祀有关。

上文已经提到郑州商城内城北城墙之北的紫荆山北制骨作坊东南部堆积层中掷埋有5具人骨架和5具猪骨架，应当和祭祀有关。

谢肃先生认为商文化的手工业作坊内或附近往往有埋葬牺牲的现象，是与手工业有关的祭祀（或巫术）活动遗存[2]。郑州商城典型二里岗期早段可以与手工业作坊相联系的祭祀遗存，主要有紫荆山北制骨作坊堆积层中掷埋的人骨架和猪骨架、铭功路西制陶作坊内的奠基墓。南关外铸铜作坊区此时尚未发现相关的祭祀遗存，二里岗C5.1区和C9.1区的祭祀遗存位于南关外铸铜作坊区之东800余米、郑州卷烟厂C9.3H301位于南关外铸铜作坊区之北250余米，很难将这些祭祀遗存和铸铜作坊直接关联起来。

郑州商城内城南城墙东段之南300余米、熊耳河南岸的二里岗C5.1区和C9.1区，是祭祀遗迹比较集中的区域。《考工记·匠人》之类的文献把祭祀类的宗庙、社稷安排在宫城南城墙之南[3]，汉代以来的祭祀类礼制建筑也都安排在城南，说明城南作为祭祀区域是中国古代的一种传统。商代的宗庙社稷之类的建筑虽然在内城（或宫城）之内，二里岗C5.1区和C9.1区祭祀遗迹集中分布的情况，表明当时可能已经有了在城南举行一些祭祀活动的传统。

---

[1] 河南省文物考古研究所编著：《郑州商城——1953—1985年考古发掘报告》（上），文物出版社2001年版。第484—493页。
[2] 谢肃：《商文化手工业作坊内的祭祀（或巫术）遗存》，《江汉考古》2010年第1期。
[3] 闻人军译注：《〈考工记〉译注》，上海古籍出版社2008年版，第112、113页。

图 2-25　二里岗祭祀遗存分布示意①

---

① 图中圆圈和方框仅是根据报告提供的数据绘制的示意图，不反映实际的方向。C5.1 与 C9.1 之间的相对距离根据《郑州南关外商代遗址的发掘》图 3.1 提供的信息大体测算的（《考古学报》1973 年第 1 期）。C9.1 区内诸遗迹的相对位置有数据来源，C5.1 区两个遗迹的相对位置没有数据来源、仅表示二者距离较近。

· 125 ·

五 郑州商城定局阶段的总体布局

郑州商城在典型二里岗期早段完成了宫城、内城、外城三重结构的总体营造，每重区域内又存在动态的发展过程，目前的考古材料仅能够揭示一个概貌。

宫城范围内夯土墙的位置与走向表明应当存在不同的功能区划，可能存在宫殿与宗庙的差别、朝堂与寝宫的区分，甚至还可能有官僚日常办公的衙署区和贵族居住区，但目前的考古材料还不足以讨论这些更具体的问题。黄委会青年公寓夯土墙W22及其延长线以东、北大街夯土墙以南、内城东城墙以西的区域，宫殿宗庙建筑分布比较密集，很多都是新建的，似乎表明此时该区域逐渐成为宫城范围的重心。典型二里岗期早段宫城范围内有不少祭祀遗存，例如北大街F1、F2组宫殿宗庙建筑中的两处圆形夯土建筑可能就与祭祀之类的礼仪活动有关，由于受到晚期的破坏和考古发掘的局限，目前相关遗存识别和揭露者较少。宫城范围内早期的祭祀遗存是今后考古发掘和研究中值得关注的一个重要问题。目前发现的典型二里岗期早段铜器墓大多在宫城范围内或附近，很多王室成员埋葬在其居住的宫室附近，说明宫城内存在若干王室成员生死相依的族邑作为基本单元。

内城西北部、南部也发现了不少夯土建筑，发表的材料提供的信息无法知道这些夯土建筑之中是否有二里岗期早段者；这些区域既然在内城城垣之内，显然是都邑的腹心地带，应当存在不少重要的居住点和各类设施。如果内城北部的宫城范围主要是王室居住和活动的场所，内城南部应当是与王室关系密切的贵族居住的区域，应当存在若干族邑。

内城北城墙东端内侧和西城墙北端内侧发现的叠压打破城墙内侧的普通墓葬，表明内城城墙内侧应当是安葬一些人的墓地。这些墓葬的规格较低、随葬品以陶器为主，墓主的身份很可能就是所谓"国人"之类的平民。这些埋葬在内城城墙内侧的"国人"应当生活在"国内"（即城内），内城之内显然应当有"国人"居住和活动的区域。

从郑州商城外城城墙和城河的走向来看，主要结合了地势地貌和居民点的分布，如二里岗、南关外等过渡期就存在的居民点都恰好位于外城城墙的内侧。外城西北部城河的南侧河南省图书馆老馆最早的堆积T1⑩层出土的卷沿细绳纹陶鬲有些可早至南关外H62阶段，其余多为二里岗C1H17

阶段及其之后①,这个居住点很可能是外城和城河刚刚营建之后形成的。九洲城(铭功路东)②、老坟岗③等也都沿着城墙附近。可见外城的界隔性设施形成之后,一些居住点也沿着外城城墙和城河的内侧分布。外城既有不少普通居住点和与之相关的墓葬,手工业作坊也都分布在外城内,内城东南方向的外城区域还是祭祀遗存比较集中的地方。外城南部有3处出土铜器的地点,表明外城南部是与贵族墓相关联的一个重要区域,应当分布有高规格的族邑。外城内很少发现大型夯土建筑,说明居住的主要是"国人"为主的平民和各类手工业者。从外城的总体功能区划来看,铸铜作坊区在外城南部,并且外城南部存在高规格族邑、可能与铸铜作坊的管理有关;制陶作坊区在外城西部边缘,工匠与作坊生死相依,也相当于一个邑;外城西北部、西南部和东南部分布有不少居住点,应当存在若干族邑。外城内的这些"邑"与王室的关系大多会远一些,但主要都是为王室服务的,特别是铸铜作坊及其相关的"邑"应当直接为王室所掌握。

总之,无论是有意规划还是因地制宜、无论是国家行为还是自发组织,郑州商城在典型二里岗期早段形成了结构复杂、规模宏大、布局有序的中心性都邑。

第四节 郑州商城鼎盛阶段的布局

郑州商城在典型二里岗期早段总体布局形成之后,典型二里岗期晚段(二里岗上层一期)继续营造大型夯土建筑,给排水设施更加完善,各类手工业作坊继续发展,祭祀活动更加普遍、规模更加宏大,随葬青铜器的墓葬增多,青铜器代表的高规格器物有制度化和复杂化的趋势。郑州商城在典型二里岗期晚段达到鼎盛局面,在有计划和自组织的双线发展过程中形成若干相对专门的功能区域,宫城、内城、外城等三重结构的功能区划更加彰显。

---

① 河南省文物考古研究所:《郑州商城外郭城的调查与试掘》,《考古》2004年第3期。
② 郑州市文物考古研究所:《郑州市铭功路东商代遗址》,《考古》2002年第9期。
③ 郑州市文物考古研究院:《郑州市老坟岗商代遗址发掘简报》,《中原文物》2009年第4期。

一 郑州商城鼎盛阶段宫城的布局

宫城范围西北部的东西向壕沟在典型二里岗期晚段逐渐填平，典型二里岗期晚段应当也使用过一段时间。宫城范围东北部的北大街夯土墙在典型二里岗期晚段继续使用，北大街夯土墙及其延长线北侧此时又砌筑了石砌水管道和石砌水池。黄委会青年公寓夯土墙 W22、大型宫殿宗庙建筑 C8G15、C8G16 等二里头文化与二里岗文化过渡期早段就营建的高规格建筑，经历了典型二里岗期早段之后，没有证据得知它们是否仍然在修葺或改建之后继续使用，由于这几处建筑规模大、揭露比较多，仍然将它们标注在宫城范围遗迹分布示意图上，作为可能存在的重要建筑的参考，这些建筑本身应当不能继续使用了。典型二里岗期早段营建的宫殿宗庙建筑，有相当一部分都在继续使用或改建、重修之后使用，也都标注在图上作为参考。

1. 北大街夯土墙及相关遗迹

宫城东北部北大街夯土墙北侧 8 米以外平行的石筑水管道的已知长度 30 多米、宽约 1.5 米，两端均未到头；石筑水管道西北约 70 米有一处石筑水池，石筑水池与石筑水管道方向一致、大体在一条直线上，建筑年代均为典型二里岗期晚段[①]。石筑水池为东南—西北向的长方形，东西长约 100 米、南北长约 20 米。根据发表的石筑水池平面图，参考重要遗迹的相对位置关系，石筑水池、石筑水管道和北大街夯土墙的布局关系可以大体复原（图 2-26）。

石筑水池南侧的北大街夯土建筑应有一部分继续沿用，因为典型二里岗期晚段的活动遗迹还比较多。营建年代较晚的北大街夯土Ⅰ应当沿用到了典型二里岗期晚段，规模较大的北大街 F1、F2 组建筑可能经过修葺、改建等继续使用。营建北大街夯土Ⅰ时占据了北大街 F1、F2 组建筑西部的夯土Ⅱ、夯土Ⅳ的一部分，至少说明北大街 F1、F2 组建筑西部进行过改建。

---

① a. 河南省文物考古研究所编著：《郑州商城——1953—1985 年考古发掘报告》（上），文物出版社 2001 年版。第 233—235 页。
  b. 河南省文物研究所：《1992 年度郑州商城宫殿区收获》，《郑州商城考古新发现与研究（1985—1992）》，中州古籍出版社 1993 年版，第 99—102 页。

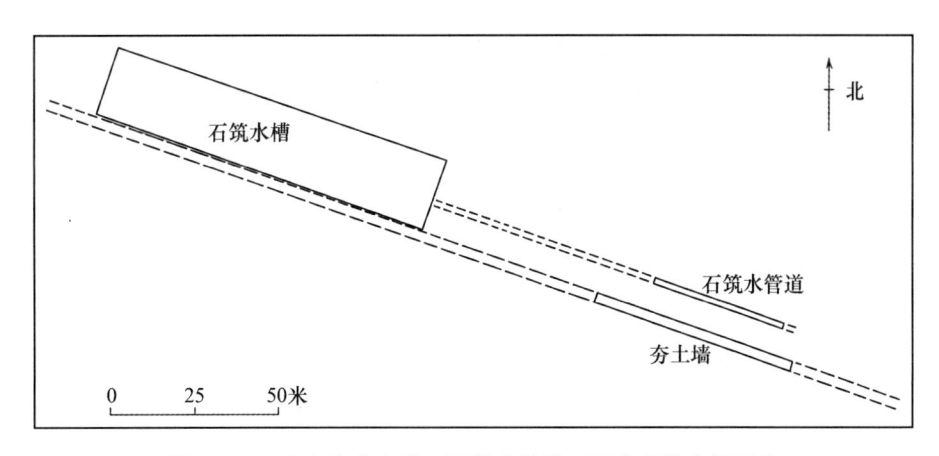

第二章　郑州商城的形成过程与城市化进程

图 2-26　北大街夯土墙、石筑水管道、石筑水池布局示意

石筑水池西侧的黄委会中心医院西部夯土台基，上文提到其始建年代可能为典型二里岗期早段偏晚，夯土台基上叠压有很薄的典型二里岗期晚段堆积，典型二里岗期晚段很可能也使用过一段时间①。

2. 黄委会 62 号楼 90C8ⅡF1

1990 年在黄委会 62 号楼基下发现一座保存较好的商代夯土基址（90C8ⅡF1），平面为东北西南向窄长方形，西部已到原建筑边缘，南、北端都被现代建筑叠压，南北残长 47 米、东西宽 11 米，夯基上发现南北纵列的 3 排柱础坑，保存完好的 34 个，年代为典型二里岗期晚段②。《中国考古学年鉴 1991》介绍的黄委会家属区较完整的一座夯土建筑③，根据特征应当就是黄委会 62 号楼基下的夯土建筑，这里介绍当时的清理长度约 30 米、宽 10 余米，31 个柱础坑为东西 3 排、南北 13 排，根据 90C8ⅡF1 为东北西南向窄长方形的布局、柱础坑为南北纵列 3 排的介绍，这是

---

① a. 河南省文物研究所郑州工作站：《近年来郑州商代遗址发掘收获》，《中原文物》1984 年第 1 期。
　b. 河南省文物考古研究所编著：《郑州商城——1953—1985 年考古发掘报告》（上），文物出版社 2001 年版，第 266、267 页。
② a. 宋国定：《1985—1992 年郑州商城考古发现综述》，《郑州商城考古新发现与研究（1985—1992）》，中州古籍出版社 1993 年版，第 54 页。
　b. 河南省文物考古研究所编著：《郑州商城——1953—1985 年考古发掘报告》（上），文物出版社 2001 年版，第 257 页。
③ 宋国定、曾晓敏：《郑州商代遗址》，《中国考古学年鉴 1991》，文物出版社 1992 年版，第 223 页。

31个柱础坑实际上应为南北3排、东西13排，应是笔误造成的。因此，根据柱础坑的等距和对称规律，南北向47米的90C8ⅡF1至少应有19排东西向柱础坑，由于南北两端都不到头，东西向柱础坑实际上应当不少于20排（图2-27）。根据查询到的相关信息，可知90C8ⅡF1大体位于石筑水槽之西偏南、黄委会夯土墙W22东侧、C8G10之北偏西，具体的位置不太清楚。

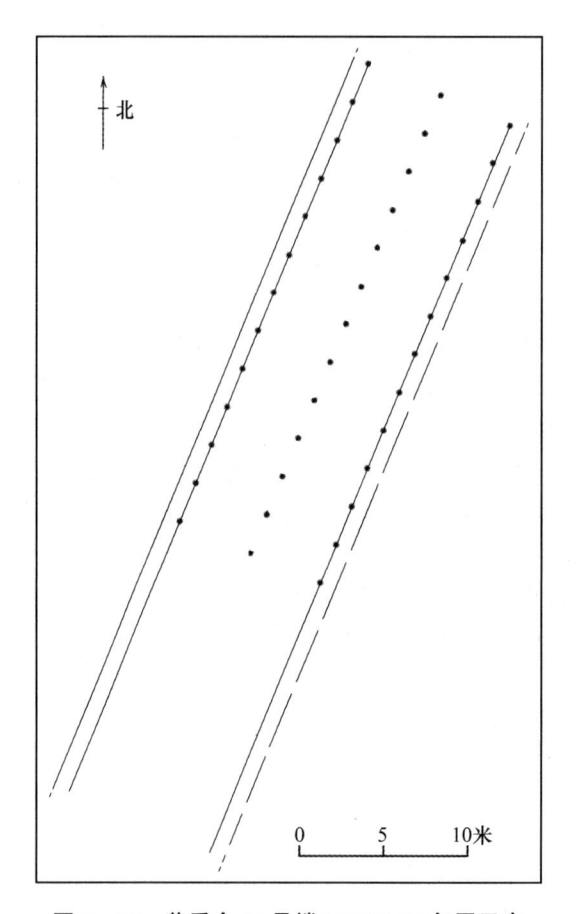

图2-27 黄委会62号楼90C8ⅡF1复原示意

3. C8G10组夯土建筑

上文已指出C8G10在典型二里岗期晚段继续使用，典型二里岗期晚段的C8G8打破C8G9而未打破紧邻的C8G10，也侧面说明C8G10在继续使用。根据发掘报告，C8G8下叠压有典型二里岗期晚段的地层，夯土层内包含较多典型二里岗期晚段陶片，建筑基址上部被一条典型二里岗期晚段壕沟打破①，该建筑可能营建于典型二里岗期晚段之初、破坏于典型二里岗期晚段之末。C8G8北部压在现代建筑下、南部被近代坑破坏，残存南北长21—29、东西宽6米，其长度显然更长，其宽度相对较窄，这种窄长条状的夯土建筑应当是廊庑或活动地带。

C8G10的宽度和规模应为殿堂，白灰面地坪经过五次反复修整，说明其使用的频率很高、磨损的速度很快。二里岗上层一期的南北向人头骨壕沟从C8G10中部穿过，该壕沟处理规整、埋葬近百个人头骨，这些人头骨都是眉部和耳部以上的头盖骨，是经过锯类工具切割处理的②。这些头盖骨多属于青壮年男性，从郑州商城到安阳殷墟的人祭传统来看，如此规整有序地集中瘗埋大量人头骨应当是一种隆重的祭祀活动，C8G10则可能是宗庙之类的礼仪性建筑。由于迹象表明这些人头骨是从壕沟的东侧放入的，人类活动的空间应当主要在东侧，C8G10的门很可能朝东，而东侧的C8G8则可能是大殿外侧的活动场所（图2-28）。

C8G13打破了C8G12西南角和C8G14东南角，其下叠压有典型二里岗期早段堆积，夯土层内包含少量典型二里岗期早段陶片，该建筑应始建于典型二里岗期早、晚段之际。C8G13南部被压在路基下，南北残长11—14、东西宽9米。C8G13与C8G10可能为一组建筑。

4. 郑州医疗机械厂夯土建筑

郑州医疗机械厂发现很多夯土基址，西院南墙北侧发掘出相对完整的3座夯土基址③。88C8F101是一座保存较完整的夯土基址，平面呈长方形，东西长约31.2、南北宽11米，方向北偏东约20°（图2-29）。88C8F101南北两侧边沿处残存11个柱础石，根据排列规律可复原为南北两侧边沿各11个柱础石，其代表的建筑开间可能为3间，东、西两间各用4个柱

---

① 河南省文物考古研究所编著：《郑州商城——1953—1985年考古发掘报告》（上），文物出版社2001年版，第265、266页。
② 河南省文物考古研究所编著：《郑州商城——1953—1985年考古发掘报告》（上），文物出版社2001年版，第476—482页。
③ a. 河南省文物研究所：《郑州医疗机械厂考古发掘报告》，《郑州商城考古新发现与研究（1985—1992）》，中州古籍出版社1993年版，第144—161页。
  b. 河南省文物考古研究所编著：《郑州商城——1953—1985年考古发掘报告》（上），文物出版社2001年版，第277—280页。

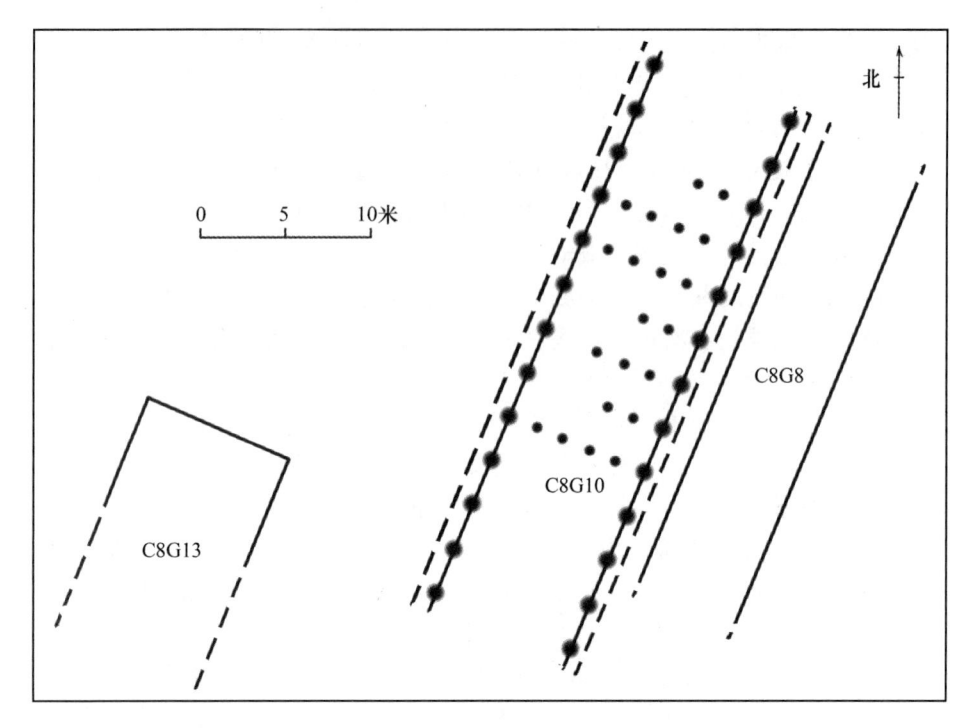

图 2-28　C8G10 组夯土建筑示意

（南北向人头骨壕沟打破 C8G10）

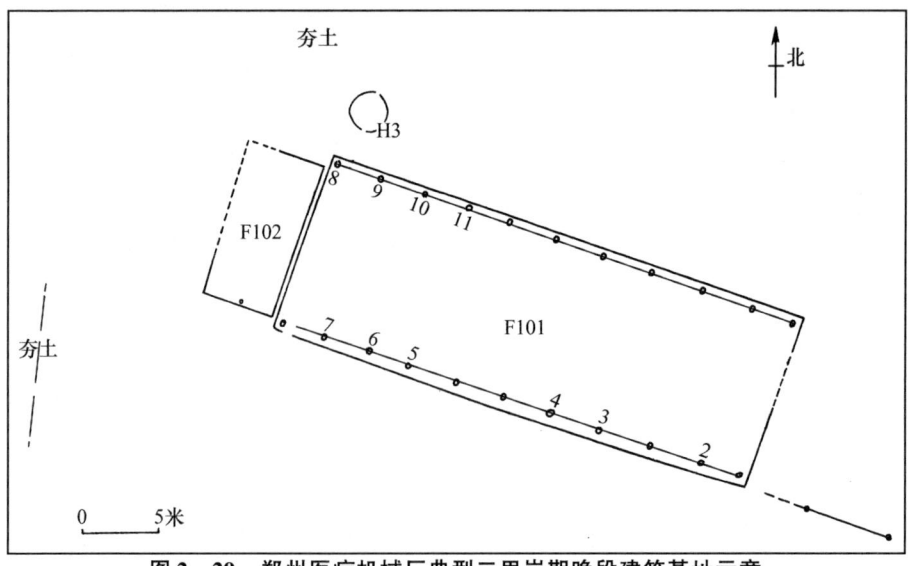

图 2-29　郑州医疗机械厂典型二里岗期晚段建筑基址示意

子，中部一间用 5 个柱子。发掘报告指出 88C8F101 被典型二里岗期晚段地层叠压、其下叠压有典型二里岗期早段地层和夯土层，把 88C8F101 的建筑年代指向典型二里岗期早、晚段之际。从发掘报告发表的地层中的二里岗下层陶器特征来看，大多介于二里岗 C1H9 和 C1H17 之间，年代相当于南关外 H62 阶段，88C8F101 叠压的夯土层代表的建筑的始建年代应当接近这个阶段，88C8F101 的建筑年代应当晚于这个时间；典型二里岗期晚段陶器大多为偏晚阶段的，88C8F101 的建筑年代应当在此之前，由于典型二里岗期晚段地层仅在局部叠压了 88C8F101 的边缘，可能并没有破坏建筑主体，典型二里岗期晚段之末该建筑还继续使用。因此，88C8F101 的营建年代应当为典型二里岗期早、晚段之际，至少使用至典型二里岗期晚段之末。88C8F102 位于 88C8F101 西侧，二者平行、间距 0.3 米，88C8F102 南北长 9.7、东西宽 4.7 米。夯层内包含有折沿鬲残片，其下叠压有典型二里岗期早段夯土基址，该建筑基址的年代应当与 88C8F101 相同，二者应有直接关联。88C8F101 之东有两个柱础石与 88C8F101 南部边缘一排柱础石大致在一条直线上，其代表的建筑可能与 88C8F101 有关联，由于发掘报告没有相关介绍，具体情况不太清楚。88C8F101 西南方向 T1 西壁剖面显示的夯层，具体年代不明。

5. 几处零星夯土

河南中医学院家属院 1976 年试掘的东片夯土基址的范围不清楚，夯层内包含的陶片多数为典型二里岗期晚段、少量为典型二里岗期早段[1]，建筑年代应为典型二里岗期晚段之初。

省中医药研究院家属院内 1994 年发掘的夯土建筑基址，上文提到其始建年代可能为典型二里岗期早段。其南部叠压有典型二里岗期晚段文化层，此时也应当使用一段时间[2]。

黄委会邮电所夯土层内包含的陶片多属于典型二里岗期晚段、少数属于二里岗下层一期[3]，可能始建于典型二里岗期晚段之初。

紫荆山路与城北路交叉口西南角河南省歌剧院住宅楼发现有典型二里

---

[1] 河南省文物考古研究所编著：《郑州商城——1953—1985 年考古发掘报告》（上），文物出版社 2001 年版，第 273—274 页。

[2] 河南省文物考古研究所编著：《郑州商城——1953—1985 年考古发掘报告》（上），文物出版社 2001 年版，第 276 页。

[3] 河南省文物考古研究所编著：《郑州商城——1953—1985 年考古发掘报告》（上），文物出版社 2001 年版，第 256 页。

岗期晚段夯土基址①。

6. 郑州商城鼎盛阶段宫城的布局

宫城范围的界隔性设施此时可以确定的是东北部的北大街夯土墙。黄委会青年公寓夯土墙W22及1998年发掘的其西南延长线上的夯土墙都被商代堆积叠压，发掘报告没有介绍叠压的是夯土墙的边缘部位还是中间部位，也没有介绍叠压的商代堆积中包含物的具体年代信息，这道夯土墙在典型二里岗期晚段是否仍然使用过一段时间，本书持存疑态度。从发掘报告提供的信息来看，夯土墙W22及其延长线以西此时仍然营建夯土建筑，宫城范围西北部的东西向壕沟在使用过程中逐渐被填平。顺河路北侧黄委会43号院97ZSC8ⅡT143M1的年代为白家庄期，其打破商代夯土建筑基址，周围夯土基址分布比较密集②，这些夯土建筑基址至少有一部分属于典型二里岗期晚段，也可能有属于典型二里岗期早段者。典型二里岗期晚段堆积叠压的仅是C8G15的边缘部位，这座大型宫殿宗庙建筑有可能经过修葺或改建继续使用。总之，宫城范围内夯土墙W22及其延长线以西的区域仍然作为一个功能区在使用。

黄委会青年公寓夯土墙W22及其延长线如果还在发挥界隔性功能，实际上这道夯土墙及其延长线以东、北大街夯土墙及其延长线以南、内城东城墙北段以西的区域，仍然是一个一个相对封闭的区域，该区域内除了在典型二里岗期早段营建的大量宫殿宗庙建筑有一部分继续使用或修葺、改建后使用外，还新建有大型夯土建筑。该区域内密集的大型宫殿宗庙建筑、堆积大量人头骨的壕沟、北大街夯土墙及其延长线北侧的大型石砌给排水设施等（图2-30），都充分说明典型二里岗期晚段该区域继续作为宫城范围的重心，各类设施进一步完善，并且出现了规模浩大的人牲祭祀，这些现象似乎都是郑州商城发展到顶峰的一部分物质表征。郑州商城宫城东部这个功能单元的总体布局与偃师商城宫城的布局③非常相似（图2-30、图2-31），偃师商城宫城的石砌水池和排水道南侧是祭祀区、祭祀区再往南是大型宫殿宗庙建筑；郑州商城宫城的石砌水池和排水道

---

① 贾连敏、曾晓敏、韩朝会：《郑州市商代遗址及唐宋铸钟遗迹》，《中国考古学年鉴2004》，文物出版社2005年版，第247—249页。
② 河南省文物考古研究所：《郑州商城新发现的几座商墓》，《文物》2003年第4期。
③ 中国社会科学院考古研究所河南第二工作队：《河南偃师商城宫城池苑遗址》，《考古》2006年第6期。

南侧未见专门的祭祀区，但其南侧的北大街夯土基址内存在规模较大的祭祀遗存，水池西南190米左右的大型夯土建筑C8G10内存在规模浩大的人牲祭祀遗存。郑州商城宫城东部区域与偃师商城宫城总体布局的相似性，进一步印证了该区域在典型二里岗期早段以来逐渐成为郑州商城宫城的重心。郑州商城石砌水池以南的宫城单元应当与偃师商城宫城的主体布局类似，若干组四合院式宫殿或宗庙建筑有序地排列成排；石砌水池及其以北相对独立的区域应当与偃师商城宫城北部池苑区的功能类似。

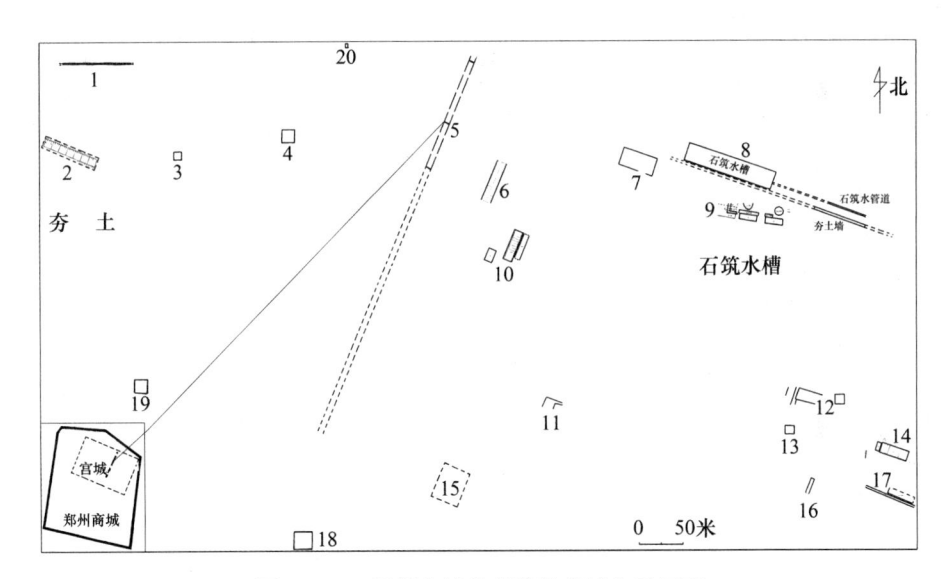

图2-30 郑州商城鼎盛阶段宫城布局示意

改自《郑州商城的城市化进程》图四。

1. 宫城西北部壕沟 2. C8G15（F15） 3. 省戏校东院夯土 4. 黄委会邮电所 5. 黄委会青年公寓夯土墙W22及延长线 6. 90C8ⅡF1 7. 黄委会中心医院夯土 8. 石砌水槽、石筑水管道、北大街夯土墙 9. 北大街宫殿宗庙建筑 10. C8G10（F10）组夯土建筑（人头骨壕沟在其中） 11. 郑州回民中学夯土 12. 省中医学院夯土 13. 省中医药研究院夯土 14. 郑州医疗机械厂夯土 15. C8G16（F16） 16. 黄委会水文局夯土 17. 郑州丝钉厂94ZSC8ⅡF1 18. 郑州变压器厂家属院夯土 19. 河南省歌剧院住宅楼夯土 20. 97ZSC8ⅡT143夯土

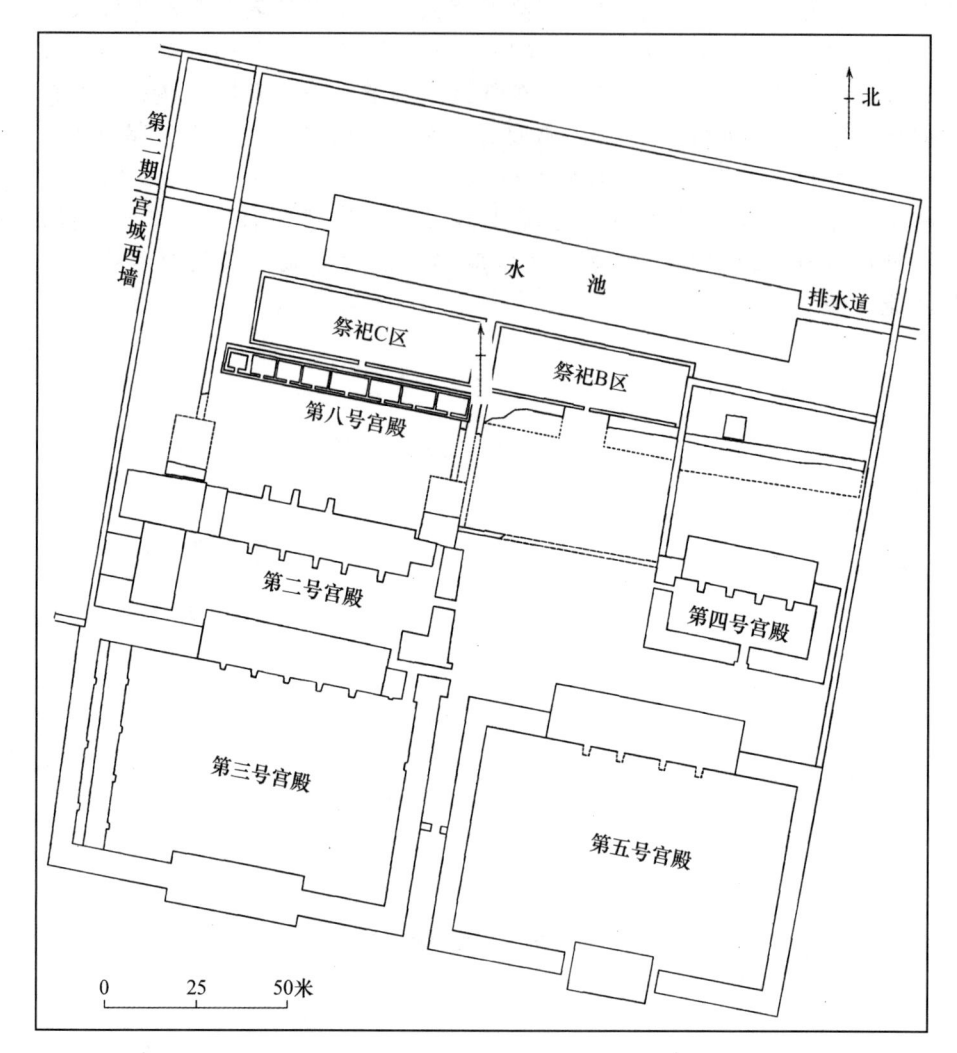

图 2-31　偃师商城宫城第三期（典型二里岗期晚段）平面布局示意
采自《河南偃师商城宫城池苑遗址》。

宫城范围内罕见其他小规模祭祀遗存和铜器墓，典型二里岗期晚段铜器墓一改典型二里岗期早段的分布方式，埋葬在内城城墙外的高亢之地则成为流行的现象。王室成员死后几乎很少埋在生前居住的宫室附近，可能与郑州商城宫城的功能更加专门化有关，也应当与郑州商城的布局已经成熟有关，王室成员可能形成了一些约定俗成的葬地，代表高规格身份的铜器墓的选址或许顺应了新的文化传统。

二 郑州商城鼎盛阶段内城的重要遗迹

郑州商城宫城范围之外的内城也有很多夯土建筑基址，上文已经提到内城中南部广泛分布夯土建筑基址，因绝大部分没有发表详细资料而无法得知其具体的年代、规模和布局信息。内城中南部的夯土建筑基址发表资料较全的是郑州电力学校89ZDF1，年代为典型二里岗期晚段。89ZDF1破坏严重，残存平面为"L"形，东、西都不到边，南部到边了，北部显然也不到位置，原本应当为四合院式建筑，东西残长34、南北残长20米，南庑的宽度可知为12米[①]。内城西南部白家庄期铜器墓2001T61M1打破的夯土Ⅱ[②]的使用年代可能为二里岗期晚段。可见，内城中南部分布的大量夯土建筑基址有很多应当在典型二里岗期晚段使用，由于没有掌握相关信息，无法进行具体的推断，可以确定的是南城中南部是宫城之外最重要的居住区，其中不乏一般贵族的居所。

郑州商城内城东北角、北城墙东端内侧发现一片祭祀遗迹，在这片祭祀遗迹形成之前的二里岗期早段，其西南部边缘位置有一座陶器墓C8M8和几个灰坑C8H22、H23、H24、H25、H26、H30[③]（图2-32）。C8M8为正常埋葬的"国人"墓，其附近的上述几个灰坑都不太深、没有特别的迹象，说明在二里岗早段该区域只是普通墓地和普通的人类活动场所。

到典型二里岗期晚段，内城东北角发生了重大变化，沿着北城墙东端内侧密集地分布着和祭祀有关的遗迹，这些遗迹都打破城墙内侧的夯土。《郑州商城》报告中没有M28、M31、H28等遗迹的信息，本书不予讨论。方形小房子C8F5位于人坑、狗坑、烧土坑和石头的中央，室内面积仅5平方米左右、室内北部偏东又有一个烧土台，显然不是一般的居住用房，而是和祭祀活动直接相关的坛庙类设施。单人坑分布在坛庙类小房子的北

[①] 河南省文物研究所：《郑州电力学校考古发掘报告》，《郑州商城考古新发现与研究（1985—1992）》，中州古籍出版社1993年版，第162—164、182、183页。
[②] 河南省文物考古研究所：《郑州商城新发现的几座商墓》，《文物》2003年第4期。
[③] 河南省文物考古研究所编著：《郑州商城——1953—1985年考古发掘报告》（上），文物出版社2001年版，第493—505、524、565页。

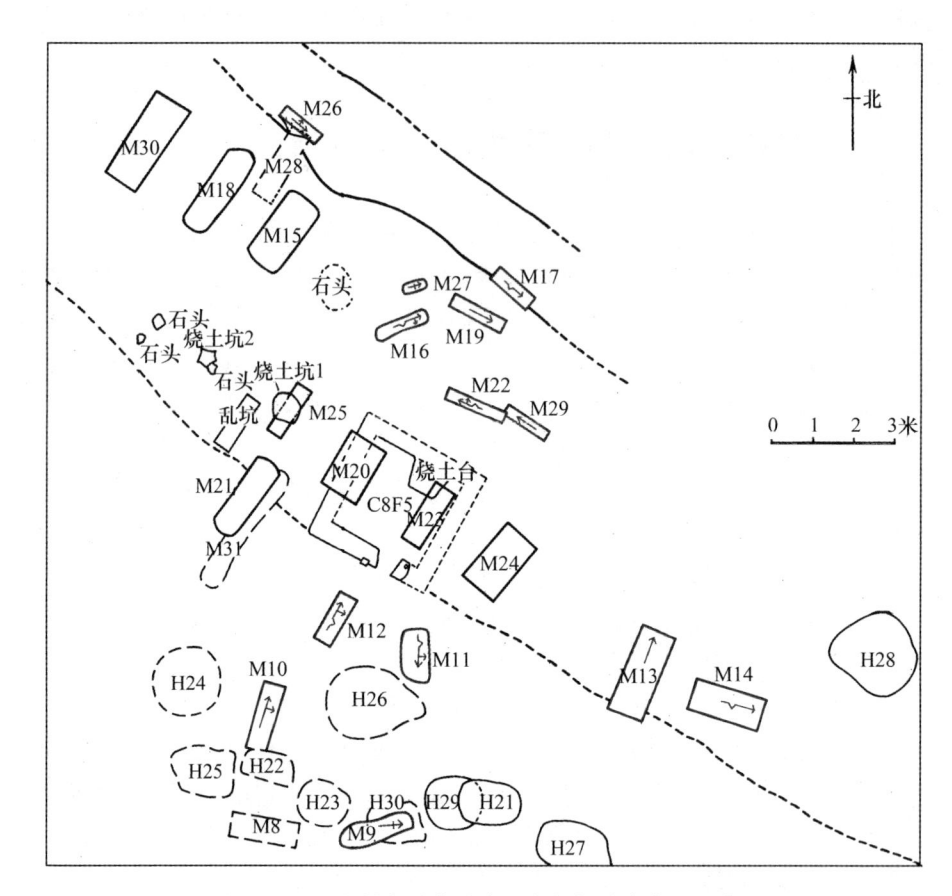

图 2-32　郑州商城内城东北角祭祀遗存布局示意

注：红色坑为单人墓、蓝色坑为狗坑，西南部虚线灰坑和墓葬为二里岗期早段遗迹，西北东南向虚线和虚实相间的线表示北城墙东端内侧的几处界线。单人墓标注箭头方向为头向或面向，箭杆直线表示直肢、折线表示屈肢，箭杆上的垂直短线表示俯身、其余皆为仰身。

侧、南侧和东侧，墓坑大部分小到仅能容身，12座皆无随葬品、仅有2座有随葬品，墓坑内人骨架的头向、面向和葬式在图中已经都有标注，这里主要讨论其性质问题。

C8M9、C8M16、C8M29内人骨架的身高都不足1.4米，死者应当都是尚未成年的青少年，并且死者都有被捆缚的姿态；C8M22内人骨架为侧身屈肢，身高接近1.7米，应当为成年人，其双手和双足有被捆缚的姿态；C8M26内死者的身高复原数据为1.65米左右，接近成年人，其右臂向外曲张、墓坑的挖筑也依据其姿态，应当是非正常死亡。从3位少年和2位成年的反常姿态来看，他们都属于非正常死亡，而这些单人坑也都是非正常埋葬。

C8M14、C8M17内人骨架的身高都不足1.4米，死者应当都是尚未成年的青少年，葬式为仰身屈肢；C8M11内埋葬一个儿童，C8M27内死者为俯身屈肢的小孩。这些人都死于生理年龄的早期阶段，又多为同时期并不流行的屈肢葬，显然也都是非正常死亡和非正常埋葬。C8M12内埋葬的为成年人，仰身屈肢，与非正常埋葬中流行屈肢葬相一致，应当也是非正常死亡和非正常埋葬。

C8M10内人骨架的身高不足1.4米，死者应当是未成年的青少年，其姿态从容，随葬陶爵、豆各1件；C8M13内死者的身高不超过1.5米，也应当为未成年的青少年，随葬陶豆1件、玉柄形饰1件[①]。C8M10、C8M13是这片13座单人坑中两座有随葬品者，两座墓的死者也为青少年，姿态自然，可能死亡的方式不同于捆绑状者和屈肢葬者，代表身份略高还是其他原因则需要更多的信息才能讨论。

通过上述分析，可知上述13座单人坑内死者有8位青少年、2位儿童、3位成年，有4位呈捆绑姿态，有6位为屈肢葬，种种迹象表明这些人属于非正常死亡，大部分应当是用于祭祀的人牲。

8座狗坑的方向都与坛庙类小房子一致，东西向排列成3排，中间一排4座中有2座打破了坛庙类小房子，这种打破未必说明破坏掉了小房子，很可能是一种仪式性的活动，此后继续修建小房子并用于祭祀活动，由于发掘时的状态是狗坑和小房子的残基一起被晚期堆积叠压，无法得知狗坑之上是否还建筑有小房子的墙体，这点儿以后的研究中是值得关注的。8座狗坑中埋狗达100余只，有两座狗坑中还埋葬有人骨架。狗坑的排列规则、规模较大，与单人坑和坛庙类小房子一起构成一个颇有规模的祭祀场所，狗坑里的狗骨架和少量人骨架应当分别是用于祭祀的犬牲和人牲。

坛庙类小房子西北侧的烧土面、烧土坑和"埋石"等迹象，也应当是祭祀活动相关的遗存。这片祭祀场所位于内城东北角高亢之地，如此规模较大、迹象较复杂的祭祀场所，西南紧邻宫城，应当是非常重要的迹象。

[①] 河南省文物考古研究所编著：《郑州商城——1953—1985年考古发掘报告》（上），文物出版社2001年版，第587、589页。

紧邻内城东北角祭祀场所的陶器墓CNM5，有棺、有腰坑、朱砂铺底、随葬6件陶器和1件玉器①，应当属于正常的埋葬。可见内城东北角祭祀场所附近也有一些正常埋葬的墓，祭祀场所边缘部位的随葬陶器的C8M10、C8M13也可能为正常埋葬。

内城西城墙中部略偏北处的探方CWT2内发现一个近方形狗坑（CW狗坑1），该坑位于西城墙的内侧，狗坑的处理和狗的放置都很讲究，其性质应当和内城东北角的狗坑相类，属于祭祀遗存，埋葬的狗为祭祀用的犬牲。在CW狗坑1之南100余米处内城西城墙中段内侧墙根处发现一座无随葬品且仅能容身的单人坑，可能也是祭祀遗存②，由于比较孤立，无法确定其是否人牲。内城西城墙中段内侧祭祀遗存的位置在宫城范围之西仅200余米，发现的迹象虽然不多，却足以说明内城东北角墙根处的祭祀遗存不是孤立的，当时应当有在城墙根内侧的某些位置举行祭祀活动的传统。

内城西城墙北段内侧的铜器墓99ZSCWT17M2③打破城墙的西部边缘，随葬3件铜礼器，表明此时内城城墙内侧也埋葬贵族。

三 郑州商城鼎盛阶段外城的重要遗迹

典型二里岗期晚段外城普遍分布各类遗迹，手工业作坊进一步发展，目前发现的铜器墓主要分布在外城，普通墓葬和祭祀遗存也多有发现。由于罕见大型夯土建筑基址，外城内居住的大多应为手工业者和平民。下面对一些重要遗迹进行介绍和讨论。

1. 南关外铸铜作坊

南关外铸铜作坊北区的布局没有发生大的变化，熔铜和铸铜的位置没变（图2-33）。环壕内西南部的H170应当为水井，表明水井的位置从环壕东侧移到环壕内的西南部。用于倾倒废弃的陶范、炉壁、铜渣等垃圾的坑在环壕内外都有分布，有向外扩散的态势。出现的一个新现象是在环壕的中部偏南有一个祭祀坑C9M172，非正常埋葬4具人骨架④，谢肃在讨论

---

① 河南省文物考古研究所编著：《郑州商城——1953—1985年考古发掘报告》（上），文物出版社2001年版，第586页。
② 河南省文物考古研究所编著：《郑州商城——1953—1985年考古发掘报告》（上），文物出版社2001年版，第506页。
③ 河南省文物考古研究所：《郑州商城新发现的几座商墓》，《文物》2003年第4期。
④ 河南省文物考古研究所编著：《郑州商城——1953—1985年考古发掘报告》（上），文物出版社2001年版，第506、507页。

商文化手工业作坊内的祭祀遗存时列举了该例①。在铸铜作坊操作场所内用4个成年人牲进行祭祀，与同时期的人牲祭祀相比已经相当隆重，一方面反映了祭祀活动在典型二里岗期晚段进一步发展，另一方面也说明铸铜在当时非常重要。《郑州商城》报告还提到铸铜作坊附近的C9M167中埋葬4具人骨架，也可能与祭祀有关。

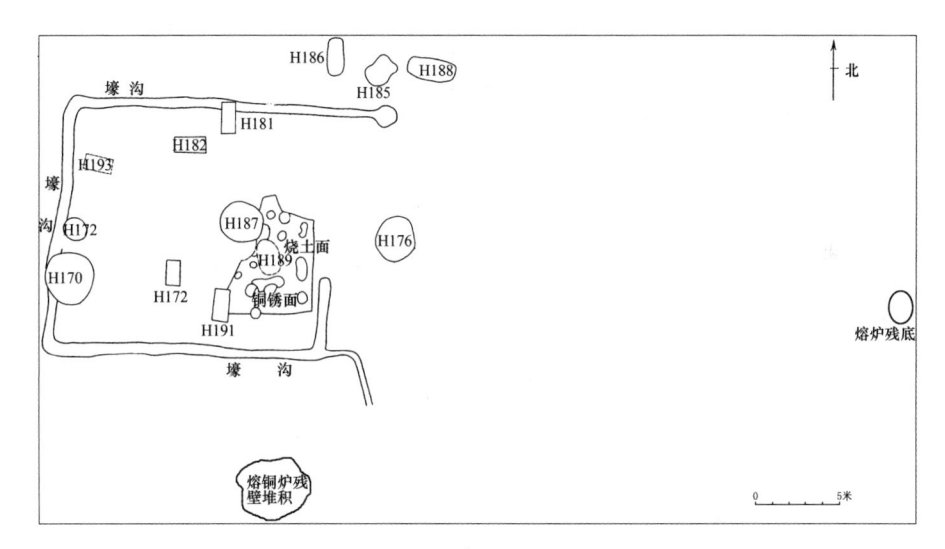

图 2-33 南关外铸铜作坊北区典型二里岗期晚段布局图

南关外铸铜作坊南区沿用了典型二里岗期早段的铸铜操作场所，倾倒废弃的陶范、炉壁、铜渣等垃圾的坑向外围扩散，铸铜操作场所的东、西、北三面都有较多的垃圾坑，明显多于二里岗期早段紧挨着铸铜操作场所的几处垃圾坑（图2-34），似乎表明典型二里岗期晚段铜器生产量更多。铸铜操作场所东侧的长方形竖井C5.3H307的底部的不同深度分别埋有两具完整的猪骨架，坑内有大量残陶范、铜炼渣、木炭屑，出土有典型二里岗期晚段陶片、骨器、石器等遗物，坑底的猪骨架很可能是与铸铜有关的祭祀遗存②。结合南关外铸铜作坊北区用人牲祭祀的现象，南区用猪牲祭祀同样反映了铸铜工业的重要性和神圣性。

---

① 谢肃：《商文化手工业作坊内的祭祀（或巫术）遗存》，《江汉考古》2010年第1期。
② 河南省文物考古研究所编著：《郑州商城——1953—1985年考古发掘报告》（上），文物出版社2001年版，第510、511、513、514页。

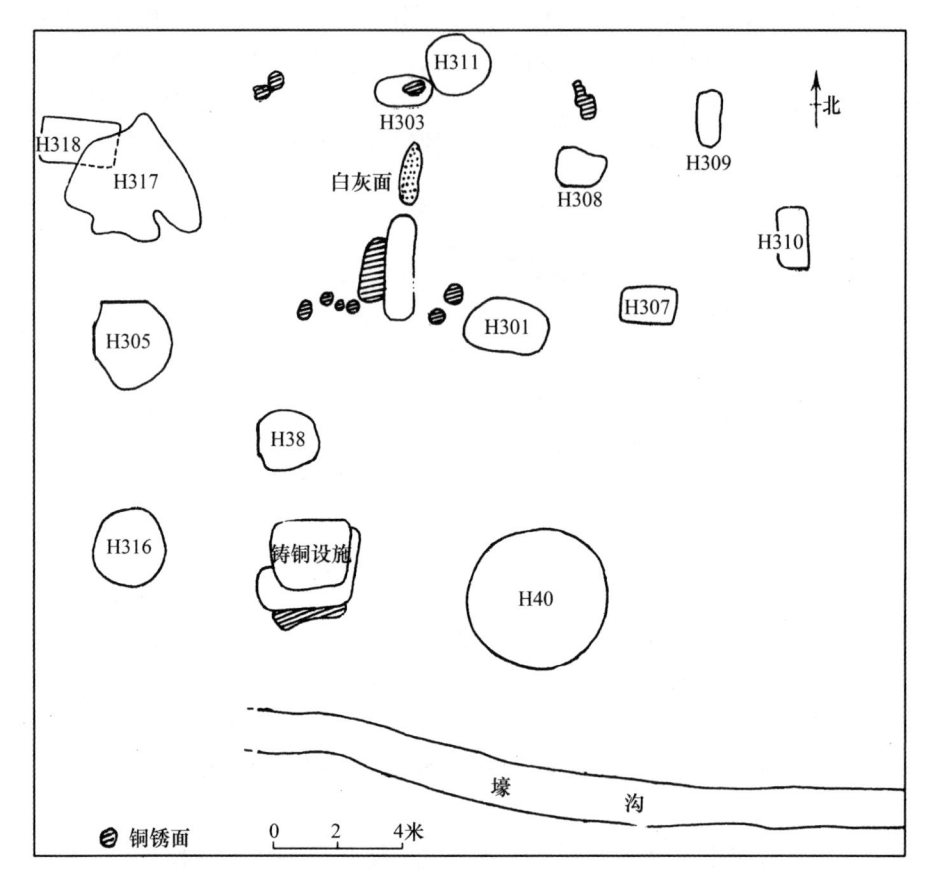

图 2-34 南关外铸铜作坊南区典型二里岗期晚段布局图

2. 紫荆山北铸铜作坊

紫荆山北铸铜作坊位于内城北城墙中部之北约 200 米的高亢之地，从发掘出的遗迹范围来看，铸铜作坊相关的范围在 1500 平方米左右[1]（图 2-35）；由于铸铜遗址的还向北延伸，该处铸铜作坊的范围应当更大，明显比南关外的两处规模都大。紫荆山北铸铜作坊是从典型二里岗期晚段之初才开始出现的，其规模之大也与典型二里岗期晚段以来铜器数量增加和器体增大的现象相一致。南关外铸铜作坊南区仅发现一处 10 平方米左右

---

[1] 河南省文物考古研究所编著：《郑州商城——1953—1985 年考古发掘报告》（上），文物出版社 2001 年版，第 367—383 页。

的围墙式铸铜设施,紫荆山北铸铜作坊发现 6 处房基,多处都是 20 平方米以上的操作间。紫荆山北铸铜作坊一方面整体布局比较规整、操作间布置专业,另一方面仅有少量几座窖穴和水井、罕见一般垃圾坑,说明该处

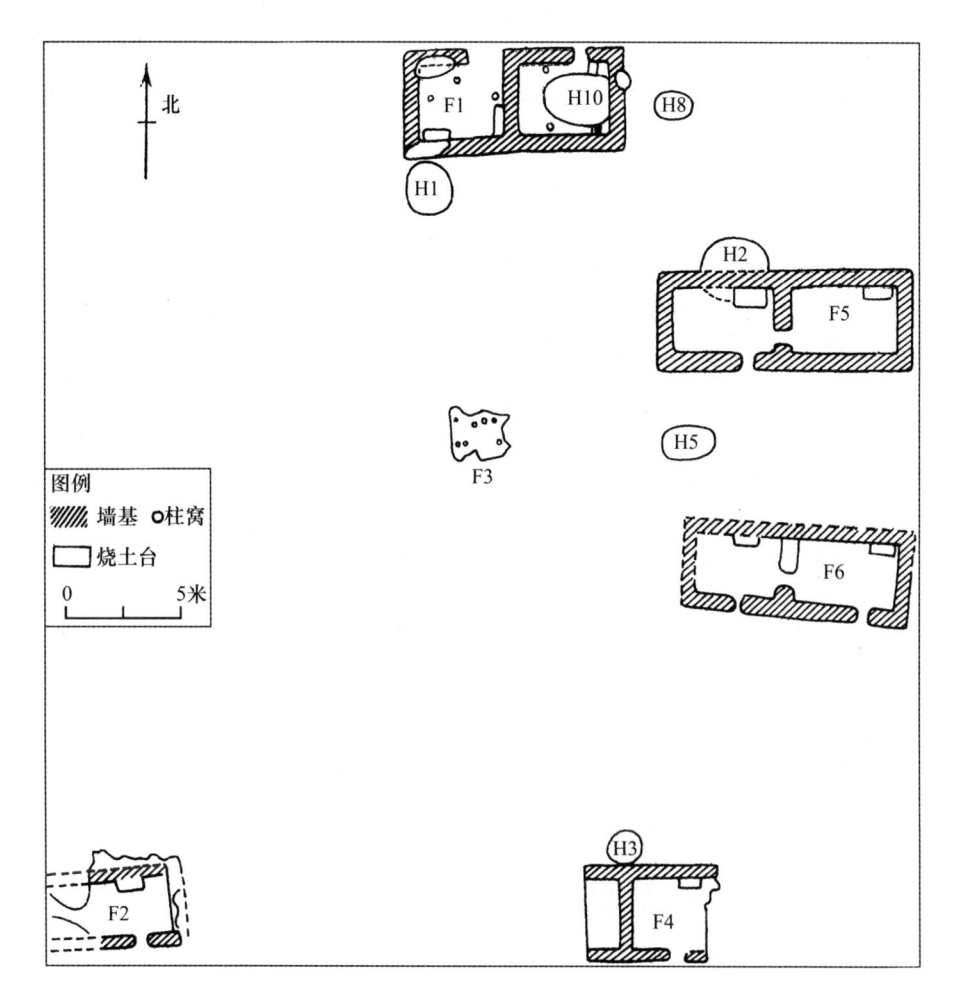

图 2-35　紫荆山北铸铜作坊平面布局示意①

采自《郑州商城的城市化进程》图六。

---

① 底图为河南省文物考古研究所编著:《郑州商城——1953—1985 年考古发掘报告》(上),文物出版社 2001 年版,第 370 页,图二二五。

规模大、专业化程度高的铸铜作坊不再就地处理垃圾，而是将垃圾移到远处。紫荆山北铸铜作坊范围内目前没有发现祭祀遗存，似乎与当时的传统不相适应；由于当年不是全面揭露式发掘、北侧的铸铜遗存也没有作进一步的发掘，祭祀遗存是否存在还只能存疑。

3. 铭功路西制陶坊

典型二里岗期晚段铭功路西制陶作坊的布局发生了较大的变化，制陶作坊和相关的陶窑、房基主要集中分布在壕沟沿线及其以南的区域。壕沟之北主要分布10座墓葬构成的墓地，其中5座铜器墓占了郑州商城同时期铜器墓的一半，制陶作坊南侧10米左右也发现1座铜器墓，这些墓葬与制陶作坊呈离散态势、制陶作坊范围内各类遗迹则成集聚态势，上述墓葬似乎与制陶作坊没有直接关联。因此，制陶作坊南、北两侧高规格墓葬的存在把作坊区的范围限定在壕沟以南约800平方米的区域内（图2-36）。

典型二里岗期晚段铭功路西制陶作坊内的房基大多为制陶操作间，仅有两座小型房基属于住房，显然与此时多达10座陶窑的现象不相适应，可能此前的住房还有沿用下来的，简单地根据分期将此前的住房排除在外，是不合适的，此时应不止两座住房。

制陶作坊范围内仅发现了5座墓葬，头向都为北偏东，葬式都为仰身直肢，都有随葬品。4座成人墓位于作坊东南部的边缘地带。作坊西南部边缘的C11M132内人骨架的身高不足1.3米，应当为未成年的少年；由于死者姿态自然并且有随葬品，应当不是用于祭祀的人牲，可能属于其他原因的非正常死亡。

制陶作坊在典型二里岗期晚段仍然是一个完备的生产生活系统，生产规模有扩大的迹象，作坊相关的范围却明显缩小，生产和生活的区域更加集中、专业化程度有提高的趋势。

4. 郑州商城外城的铜器墓

典型二里岗期晚段外城的铜器墓有铭功路西C11M125、C11M126、C11M146、C11M148、C11M150、MGM2、BQM2、C7M46、C7M47、ZYM1等[1]，这些铜器墓都在内城之西的外城西部，似乎此时高规格墓地多分布于内城之西。

上文提到铭功路西制陶作坊南、北两侧分布有离散于作坊的墓葬，这

---

[1] a. 王炜：《〈郑州商城〉铜器墓研究》，《中国国家博物馆馆刊》2013年第9期。
　　b. 朱凤瀚：《中国青铜器综论（中）》，上海古籍出版社2009年版，第867—885页。

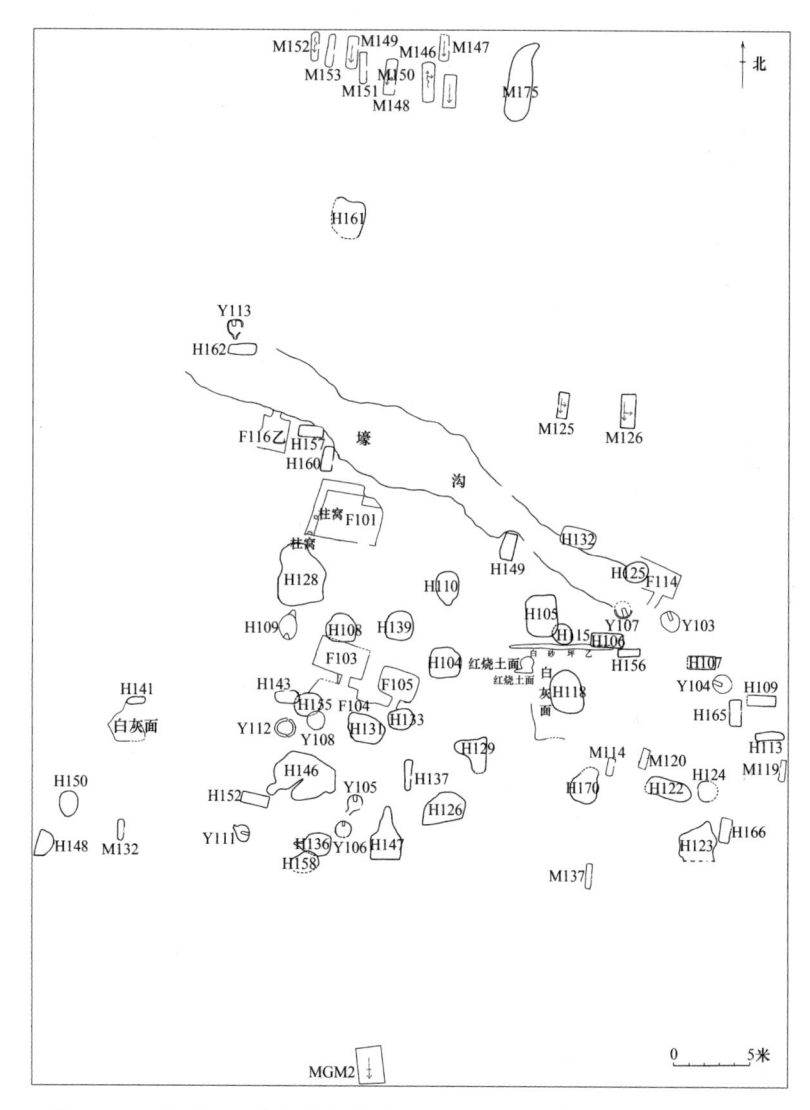

图 2-36 典型二里岗期晚段铭功路西制陶作坊及附近墓地布局示意①

采自《郑州商城的城市化进程》图八。

注：图中墓葬标注的箭头方向为墓主头向和面向，箭杆弯曲表示屈肢葬，箭杆中部垂直短线表示俯身葬。

---

① 底图为河南省文物考古研究所编著：《郑州商城——1953—1985 年考古发掘报告》（上），文物出版社 2001 年版，第 386 页和 387 页之间的插页二三四。

些遗迹都位于外城河的内侧和新发现的外城西北部东北西南向夯土墙的外围。北侧墓地揭露的比较完整，可以看到墓地的大体布局；南侧发现有 5 座墓葬，发表详细资料的有铜器墓 MGM2、MGM4①，MGM2 的年代为典型二里岗期晚段、MGM4 的年代属于白家庄期，只有 MGM2 一座墓可以讨论。制陶作坊将其南、北两侧的墓葬阻隔成不同的墓地，笔者分别进行讨论。壕沟北侧的墓地从空间分布上可以分为两个小区域。壕沟东北侧 6—9 米的 C11M125、C11M126 都是铜器墓、二者东西并列、间距约 3.4 米，二者均有腰坑、头向南略偏西、面向东、仰身直肢，C11M125 和 C11M126 的随葬品有一些共性、前者随葬的陶器明显比后者多；总体上看，两座墓有着很多共同的传统。C11M125 北偏西约 18 米是一处由 8 座排列有序的墓葬形成的墓地，头向朝南或朝北、墓穴东西向成排（个别墓排列异常）；3 座铜器墓 C11M146、C11M148、C11M150 随葬铜器都只有 1 件、随葬的陶器组合有很多共性；陶器墓 C11M152 和 C11M153 并列间距约 0.5 米、随葬陶器组合共性较多，二者应当有很近的亲缘关系；总体上看，这 8 座墓有很多共同的传统。上述 10 座墓都有很多共同的传统，与典型二里岗期早段表现的多元传统不太相同，表明此时已经形成比较固定的传统，可能墓葬形制、随葬器物组合等方面已经形成很多制度化的传统。制陶作坊南侧的 MGM2 的墓圹比上述 10 座墓都大，随葬的铜器多达 8 件，还随葬有 1 件原始瓷尊和多件玉器，墓主为俯身直肢葬（图 2-37）。MGM2 的葬式和随葬品的组合都与壕沟北侧的 5 座铜器墓迥异，规格明显高出很多，应当属于另一种传统，这种传统一方面身份很高、另一方面也可能属于不同的家族。

上述铜器墓分布在不同位置者应属于不同的家族，都呈现出一些共同的时代风格和文化传统，头向、葬式和随葬品的不同曲折地反映了文化传统的细微差异，殉狗腰坑、礼器组合等已经呈现出制度化的现象②，表明此时郑州商城代表的社会和国家已经处于发展的成熟阶段。

5. 外城的祭祀遗存

郑州人民公园内西部彭公祠门前发现有 3 个集聚在一起的牛坑，加上建设工程挖出的 1 个牛坑，4 个牛坑集聚在一处，应当是牛牲祭祀遗存③。

---

① 郑州市博物馆：《郑州市铭功路西侧的两座商代墓》，《考古》1965 年第 10 期。
② 邰向平：《商系墓葬研究》，科学出版社 2011 年版，第 160 页。
③ 河南省文物考古研究所编著：《郑州商城——1953—1985 年考古发掘报告》（上），文物出版社 2001 年版，第 507—511 页。

图 2-37　铭功路西 MGM2 平面示意

采自《郑州商城》第 575 页图三八八。

1. 原始瓷尊　2. 青铜鼎　3. 玉戈　4. 青铜戈　5、14. 玉柄形器　6. 圆陶片　7. 青铜斝　8. 青铜觚　9. 青铜刀　10. 陶盆片　11—13. 骨器　15. 玉璜　16. 骨刀　17—19. 绿松石（其余随葬器物均已提前取出了）

这几个牛祭坑位于外城西北部新发现的东北西南向夯土墙与外城河之间。

郑州第五文物区第 1 小区（C5.1）二里岗时令河东侧、陇海路与城东路（旧称二里岗大道）交叉口西南，发现有不少二里岗上层一期的各类遗迹①。发现多处夯土和硬土面代表的建筑遗迹，由于破坏严重而无法复原，年代信息也缺失，根据二里岗上层一期遗存较多的现象推断有一部分属于二里岗上层一期。灰土层中发现 6 个人骨架的年代大多为二里岗上层一期，埋葬范围都没有边缘，也罕见随葬品，应当是非正常埋葬。还发现有几处包含有人骨架的灰坑，人骨架多表现出非正常死亡的特征，有些伴随动物骨骼，很少伴随陶器等各类器物。其中 C5.1H145 人骨架坑出土 2 具残乱骨架，伴出 1 件可以复原的磨光仿铜兽面纹陶罍，应当具有祭祀功能。C5.1H161、C5.1H171 所在的 C5.1 区域内的堆积层中发现 6 具人骨架，灰坑 103、145 中也埋葬有人骨架②，由于相关考古报告没有给出这几处遗迹之间相对位置的信息，无法知道它们之间的相对位置。这里的祭祀遗存位于外城东南部城墙北侧 100 余米。

位于外城西北部的河南省体育场发现一处围墙和环壕围护的祭祀场所，围墙维护的面积 1000 平方米左右，北部为一排东西向排房，祭祀场位于围墙院落的中南部（图 2-38）。③ 用整猪瘗埋的现象与偃师商城的传统一致（图 2-39），K14 瘗埋婴儿的现象在商代也比较常见（图 2-40），围墙和环壕围护成一个专门的仪式性场所，值得高度重视。

手工业作坊区域内的祭祀遗存上文已经讨论过。总的来看，外城的祭祀遗存主要分布在南部和西部，这两个区域都是铜器墓和手工业作坊分布的区域，祭祀遗存大多和墓地相关联、也有一些和手工业作坊有关。

---

① 河南省文化局文物工作队第一队:《郑州第 5 文物区第 1 小区发掘简报》,《文物参考资料》1956 年第 5 期。
② 河南省文化局文物工作队第一队:《郑州第 5 文物区第 1 小区发掘简报》,《文物参考资料》1956 年第 5 期。
③ 郑州市文物考古研究院:《河南省体育场商代祭祀遗址发掘简报》,《中原文物》2020 年第 2 期。

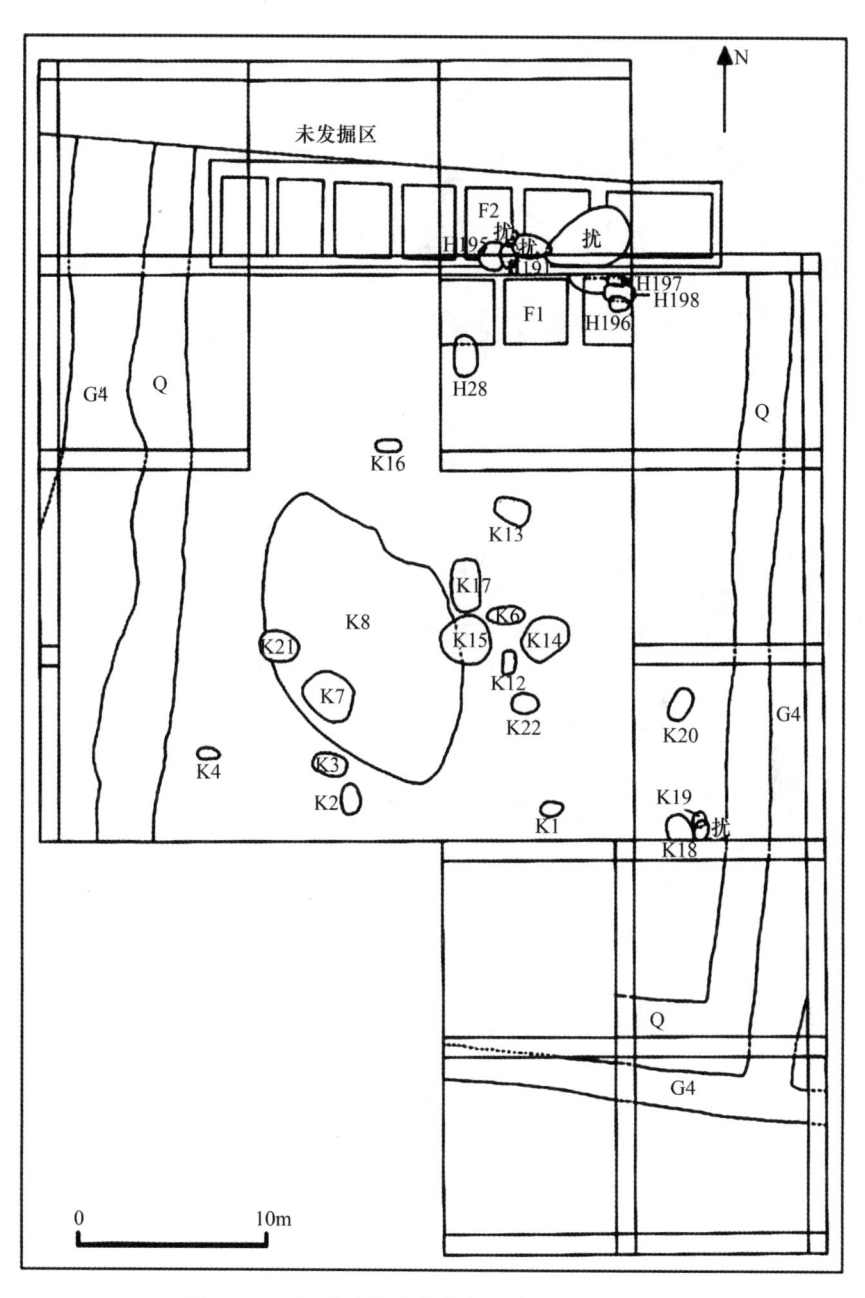

第二章 郑州商城的形成过程与城市化进程

图 2-38 河南省体育场祭祀遗存平面布局示意

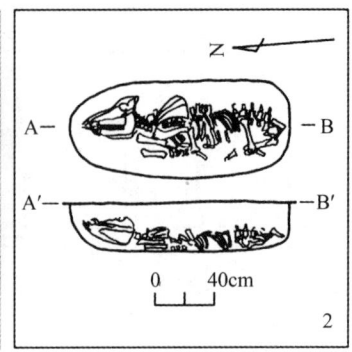

图 2-39　河南省体育场祭祀遗存 K2

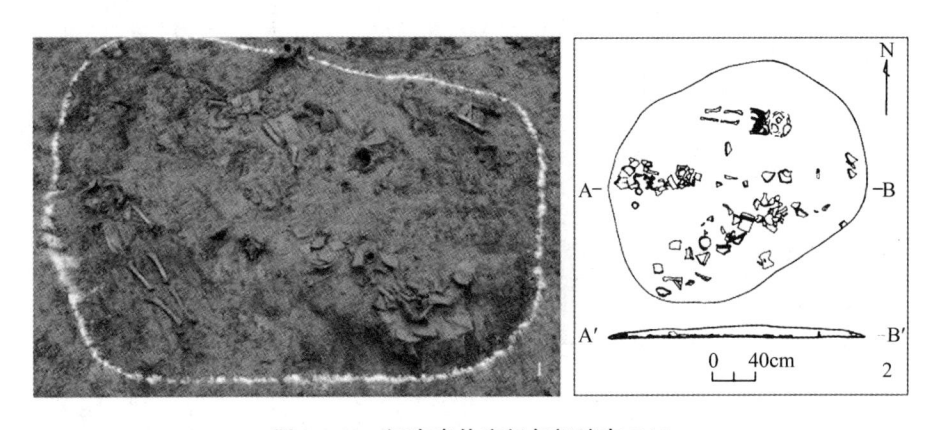

图 2-40　河南省体育场祭祀遗存 K14

四　郑州商城鼎盛阶段的总体布局

上文对郑州商城宫城范围在典型二里岗期晚段的布局已经进行了详细讨论并得出了总体认识，宫城范围内宫殿宗庙建筑和给排水设施都呈现出鼎盛的局面（图 3-30）。由于上文对宫城范围既有详细讨论、又绘制有平面布局示意图，这里仅将其位置标注在郑州商城鼎盛阶段布局示意图上（图 2-41）。

· 150 ·

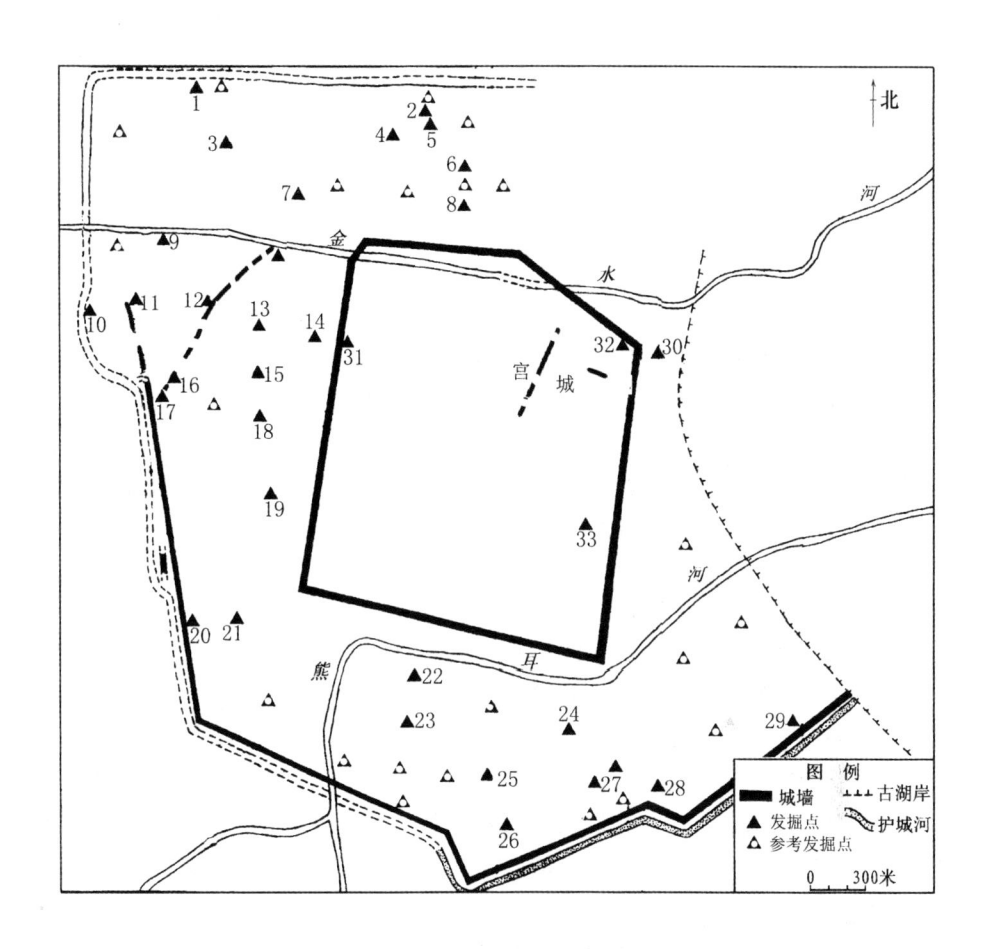

第二章　郑州商城的形成过程与城市化进程

图 2-41　郑州商城鼎盛阶段布局示意①

1. 省图书馆　2. 省文印中心　3. 省二轻厅　4. 省委家属院　5. 省保险公司　6. 紫荆山北制骨作坊　7. 省二附院　8. 紫荆山铸铜作坊　9. 彭公祠　10. 铭功路制陶作坊（南、北两侧墓地）　11. 九州城　12. C7M25　13. BQM4　14. 杜岭街墓地　15. 黄泛区园艺场　16. 华润印象城　17. 老坟岗　18. 二七路　19. 亚细亚大楼　20. 银基商贸城　21. 德化街　22. 烟厂墓地　23. 烟厂西街　24. 通用机械厂　25. 南关外铸铜作坊　26. 郑州市木材公司　27. 南关外　28. 二里岗　29. 杨庄墓地　30 白家庄墓地　31.99ZSCWT17M2　32. 内城东北祭祀场　33. 电力学校

---

① 该图以《论郑州商城内城和外郭城的关系》图一为底图改制，参考了《郑州商城及外廓城墙走向新探》等文章对外城西北部新材料的介绍。

内城南部广泛分布夯土建筑基址，因未发表详细资料而无法知道大部分夯土建筑的年代，其中郑州电力学校的夯土建筑基址可确认为典型二里岗期晚段。典型二里岗期晚段郑州商城各类遗迹普遍较多的现象，表明内城南部的夯土建筑基址中应有不少在典型二里岗期晚段使用，未在图上标注内城南部的大部分建筑基址，并不表示这里是空白，应分布有若干族邑。内城东北角紧挨着城墙有一片以人坑和狗坑为主的祭祀场所，内城西城墙内侧也有类似的现象，表明内城里的人有意识地选择城墙内侧的一些地方举行祭祀活动。在内城城墙内侧也发现有正常埋葬的铜器墓和陶器墓，说明城墙内侧的一些地方也是安葬一部分人的墓地。内城总的来说以居住和举行各类活动为主，墓葬则比较少、仅有少数人被安葬在内城范围内。结合此前二里头夏都的网格状布局[1]、同时期偃师商城多个功能单元的布局[2]，郑州商城内城应通过道路、垣墙之类的设施区分为若干功能单元。

外城有很多居住点，典型二里岗期早段延续至晚段的不再说明，需要指出的是郑州市通用机械厂、烟厂西街、亚细亚大楼等地点发现有典型二里岗期晚段灰坑[3]。外城因为罕见大型夯土建筑基址，居住的大多为"国人"和手工业者。手工业作坊仍然都安排在外城，铸铜作坊除了内城之南的南关外铸铜作坊继续扩大生产外，内城之北新营建了紫荆山铸铜作坊、并且生产规模扩大、专业化程度更高；制陶作坊的生产区位南移，生产更加集中；制骨作坊没有太多信息。墓地主要在外城西部和南部、铜器墓和陶器墓皆有，确认的铜器墓以外城西部居多，表明贵族死后大多葬在外城的墓地。除了南关外铸铜作坊内的祭祀遗存与作坊的生产活动相关外，外城的祭祀遗存多在东南部和西北部的高亢之地。

总之，典型二里岗期晚段郑州商城达到了发展的高峰，各类遗迹都很丰富，形成了很多专门的区域和相对稳定的文化传统，形成了规模化的生产和制度化的礼仪。至此，郑州商城完成了其从形成到发展兴盛的全过程，此后白家庄期的种种迹象预示着一个新阶段的到来。

---

[1] 赵海涛：《二里头都城布局结构进一步明晰》，《人民日报》2021年10月12日第20版。
[2] 谷飞、陈国梁、曹慧奇：《偃师商城2018—2020年田野工作的新收获》，《中原文物》2020年第6期。
[3] 郑州市文物考古研究所：《郑州南关附近商代灰坑发掘简报》，《中原文物》1998年第2期。

第二章　郑州商城的形成过程与城市化进程

第五节　郑州商城的形成过程与城市化进程

　　郑州商城肇建之前，二里头文化遗迹和遗物在黄委会青年公寓一带面积不小于60万平方米的范围内呈集聚态势，最初营建的宫城范围占据了这个大型居住集聚区的大部分，其无疑是最初选址营建郑州商城的聚落背景和历史基础。郑州商城肇始阶段的二里头文化与二里岗文化过渡期，呈现出多元文化传统共存的文化格局，本地二里头文化传统从"量"上占主体，外来的下七垣文化（以漳河型为主体）传统、辉卫文化传统、岳石文化传统等均呈现出特征鲜明的文化面貌，不同文化传统融合风格的器物成为时代特色，至少两个"宫城单元"和大城（内城）逐渐营建，初步形成中心性都邑。

　　刘亦方女士提出内城中部一带是宫城选址的重点，内城东北部是否具有"宫城"属性还需要再分析[①]，这个认识值得高度重视。郑州商城之前的偃师二里头夏都由道路和垣墙界隔成多宫格"里坊式"布局[②]，与郑州商城大体同时的偃师商城存在多个封闭的功能单元，郑州商城大城（内城）的布局也可能继承了二里头夏都的这一文化传统，由多个围墙或道路界隔成的"宫城"单元组成，这些不同的"宫城"单元有着不同的功能。由于大城（内城）中南部受后世频繁的人类活动影响，商代早期的遗迹现象支离破碎，目前还无法进行理想的复原研究，但确是值得高度关注的问题。

　　郑州商城定局并走向鼎盛的典型二里岗期，形成宫城、内城和外城的三重结构布局，都邑布局走向成熟，各项设施逐渐完备，发展达到鼎盛的局面，典型二里岗期文化风格逐渐形成，呈现出一元为主的文化格局，其他文化传统遗风犹存，但逐渐融入二里岗文化之中。典型二里岗期早段宫城范围内有不少祭祀遗存，例如北大街F1、F2组宫殿宗庙建筑中的两处

[①] a. 刘亦方、张东：《关于郑州商城内城布局的反思》，《中原文物》2021年第1期。
　　b. 刘亦方、杨树刚、宋国定：《郑州古代城市考古的回顾和思考》，《华夏考古》2021年第2期。

[②] 侯卫东：《二里头都邑与中国古代的"神圣空间"》，《河南日报》2021年2月6日理论版。

圆形夯土建筑可能与祭祀之类的礼仪活动有关。目前发现的典型二里岗期早段铜器墓大多在宫城范围内或附近，很多王室成员埋葬在其居住的宫室附近，说明宫城内存在若干王室成员生死相依的族邑作为基本单元。典型二里岗期内城南部的居住点逐渐增多，给排水系统更加完善；内城东北角紧挨着城墙有一片以人坑和狗坑为主的祭祀场所，内城西城墙内侧也有类似的现象，表明内城里的人有意识地选择城墙内侧的一些地方举行祭祀活动。在内城城墙内侧也发现有正常埋葬的铜器墓和陶器墓，说明城墙内侧的一些地方也是安葬一部分人的墓地。内城总的来说以居住和举行各类活动为主，墓葬则比较少，仅有少数人被安葬在内城范围内。外城设置多处铸铜作坊、制骨作坊等王室手工业作坊，散布很多居住点、墓葬和祭祀遗迹。各类手工业作坊继续发展，祭祀活动更加普遍、规模更加庞大，随葬青铜器的墓葬增多，青铜器代表的高规格器物有制度化和复杂化的趋势。外城既有不少普通居住点和与之相关的墓葬，手工业作坊也都分布在外城内，内城东南方向的外城区域还是祭祀遗存比较集中的地方。外城南部有3处出土铜器的地点，表明外城南部是与贵族墓相关联的一个重要区域，应当分布有高规格的族邑。外城内很少发现大型夯土建筑，说明居住的主要是平民和各类手工业者。从外城的总体功能区划来看，铸铜作坊区在外城南部，并且外城南部存在高规格族邑，可能与铸铜作坊的管理有关；制陶作坊区在外城西部边缘，工匠与作坊生死相依，也相当于一个邑；外城西北部、西南部和东南部分布有不少居住点，应当存在若干族邑。外城内的这些"邑"主要都是为王室服务的，特别是铸铜作坊及其相关的"邑"，应当直接为王室所掌握。郑州商城在典型二里岗期晚段达到全盛，在自发组织和有计划的双线发展过程中形成若干相对专门的功能区域，宫城、内城、外城等三重结构的功能区划更加彰显。手工业作坊仍然都安排在外城，铸铜作坊除了内城之南的南关外铸铜作坊继续扩大生产外，内城之北新营建了紫荆山铸铜作坊，并且生产规模扩大，专业化程度更高；制陶作坊的生产区位南移，生产更加集中。墓地主要在外城西部和南部，铜器墓和陶器墓皆有，确认的铜器墓以外城西部居多，表明贵族死后大多葬在外城的墓地。

  总之，无论是有意规划还是因地制宜，无论是国家行为还是自发组织，从二里头文化与二里岗文化过渡期到典型二里岗期，郑州商城从围护宫殿宗庙建筑的小城（宫城）逐渐发展为三重结构的超大型都邑，考古学文化的主体面貌经历了从一元到多元、再走向一元的过程。郑州商城的城市化进程中都邑的规模越来越大，结构越来越复杂，而文化面貌却从简单到复杂、再走向简单。广域范围内人群和资源的集聚、政治和文化的整合，形成多元文化格局并营建了规模宏大、结构复杂的都邑，郑州商城形成之后的发展过程中逐渐走向一体化、规范化和制度化。典型二里岗期晚段，郑州商城达到了鼎盛阶段，形成了很多专门的功能区域和相对稳定的文化传统，形成了规模化的生产和制度化的礼仪，全面完成了城市化进程。

第三章 郑州商城与小双桥商都的关系

郑州商城经历了典型二里岗期晚段的繁荣和制度化之后，在白家庄期出现很多新现象，最引人注目的是郑州商城西北直线距离12.5公里左右的小双桥一带形成新都邑。白家庄期是郑州商城稳静运行的阶段，也是小双桥商都突然兴起并很快废弃的阶段。郑州商城失去王都地位是在白家庄期开头、中间还是末尾？小双桥商都的兴起与郑州商城的衰落是否同步？郑州商城是突然全面废弃还是经历了逐渐衰落的过程？小双桥商都的废弃有什么样的背景？这些问题对认识郑州商城失去王都地位的过程至关重要，对探讨郑州商城与小双桥商都的关系具有重要意义。

第一节 郑州商城稳静阶段的布局

郑州商城白家庄期仍然埋葬有较多铜器墓，包括黄委会家属院C8M39、白家庄C8M2、C8M3、铭功路西MGM4、二里岗省商业局仓库C1M1、北二七路BQM1、BQM4、97ZSC8ⅡT143M1、C8T61M1[1]、书院街贵族墓M2等[2]。在郑州商城外城东南部的杨庄墓地发现有多件青铜器[3]，

---

[1] 王炜：《郑州商城铜器墓研究》，《中国国家博物馆馆刊》2013年第9期。
[2] a. 黄富成等：《河南郑州商都遗址书院街墓地》，微信公众号"文博中国"2023年2月11日。
b. 李曼、黄富成等：《郑州商城书院街商代贵族墓地2号墓出土金属器科技分析》，《中原文物》2023年第2期。
c. 李曼、吴倩等：《郑州商城书院街商代贵族墓地2号墓出土玉器科技分析》，《中原文物》2023年第2期。
[3] 河南省文物考古研究所编著：《郑州商城——1953—1985年考古发掘报告》（中），文物出版社2001年版，第802、810、812页。

应当代表多座铜器墓；铜器的特征多为白家庄期，说明杨庄墓地存在白家庄期铜器墓。白家庄期的铜器墓主要分布在外城，少数分布在内城东北部的宫城范围附近、内城东南部和内城西南部，葬地的选择继承了此前多在外城的传统。郑州商城内城城墙外侧发现的3处铜器埋藏坑[①]的埋藏时间也都是白家庄期。该阶段铜器埋藏坑和铜器墓中出土的铜器体量有增大的趋势，器物组合的礼制化趋势更加彰显，铜器的总量甚至超过此前的总和，这些都表明郑州商城在白家庄期仍然是一处至关重要的神圣之地。

郑州商城内城城墙多次被后世营造城邑时利用，至今地面上仍有一部分存在，说明郑州商城失去都城地位之后可能并没有刻意毁坏内城城墙。白家庄期仍为神圣之地的郑州商城，其内城城墙的主体在白家庄期应当一直存在，城墙何时失去防御功能、城邑何时失去王都地位则无法从城墙本身观察出来。外城的保存状况不太好，目前发现的外城城墙都是当时地面下的基础部分，主体部分被历代破坏掉了，并且未有白家庄期遗存和外城墙直接关联的信息，很难直接判断外城墙在白家庄期是否继续使用。外城范围内有多处白家庄期铜器墓，表明原来的贵族墓地还继续沿用，与内城的情况类似，当时的人们应当不会主动毁坏外城墙。

宫殿宗庙建筑都在现存地面下若干米才发现有残留的夯土基址，有些宫殿宗庙建筑显示被"二里岗上层"遗迹叠压或打破，大多没有材料可以确认这里所谓"二里岗上层"指的是典型二里岗期晚段还是白家庄期。从考古学的角度来看，根据目前发表的相关资料提供的信息，可以直接判断为白家庄期的宫殿宗庙建筑几乎是没有的，只能结合内城依然耸立、高规格铜器墓依然埋葬的现象推断：当时人们应当不会主动毁坏宫殿宗庙建筑。白家庄期郑州商城的宫殿宗庙建筑和城墙的存废应当是任其自然，存者自存、废者自废，目前很难确知详情。

因此，下文按照铜器关联的高规格遗存和陶器关联的居住点来讨论郑州商城稳静阶段的总体布局。

一 铜器关联的高规格遗存

白家庄期的高规格器物主要有铜器和玉器，卜骨、陶龟等具有神秘意

---

① 河南省文物考古研究所、郑州市文物考古研究所：《郑州商代铜器窖藏》，科学出版社1999年版。

义的遗物以及兽面纹仿铜陶器也属于高规格器物。铜器墓中往往伴出有玉器、卜骨、陶龟，兽面纹仿铜陶器大多为零星出土，铜器是白家庄期最具有表征性的高规格器物，笔者主要讨论铜器关联的高规格遗存，其他种类的高规格器物仅在必要的时候提及。

1. 铸铜作坊

常怀颖先生认为小双桥遗址Ⅳ区开始铸铜活动的时间可能在南关外与紫荆山北铸铜作坊尚未完全废弃之时[①]，也可以理解为小双桥商都代表的白家庄期之时郑州商城内的铸铜作坊可能仍在从事生产活动。袁广阔先生直接认为郑州商城的铸铜作坊在小双桥商都代表的阶段仍然从事生产活动[②]。考虑到郑州商城出土有很多白家庄期铜器，其相关铸铜作坊仍然进行生产活动是合理的。

2. 铜器墓

内城东北部、宫城范围的北部、顺河路北侧黄委会43号院97ZSC8Ⅱ T143M1，长方形土坑竖穴，头朝北，墓圹南北长2、东西宽0.8、残深0.6米，随葬1件铜鬲和几件玉器[③]。内城中部、宫城范围的南部、黄委会家属院C8M39，南北向土坑竖穴，墓圹南北长1.7、东西宽0.44米，随葬铜鼎、斝各1件、玉戈2件[④]。内城西南部2001C8T61M1为长方形土坑竖穴，头朝北，墓圹南北长2.1、东西宽0.75、残深0.4米，随葬铜斝、爵、戈、锯、镰各1件、玉蝉、璜各1件、卜骨2件[⑤]。内城范围之内的这3座墓葬的墓圹都不大，特别是C8M39比较窄小，但这3座墓都随葬有铜礼器和玉器，T61M1甚至还随葬有卜骨，这些墓主的身份应当比较特殊。内城发现3座白家庄期的铜器墓，表明该阶段内城仍然有贵族活动。

白家庄西侧、内城东北角处、东城墙北端的土岗上发现有铜器墓C8M2、C8M3[⑥]，从地形图和位置图来看，这两座墓似乎紧挨着东城墙北

---

① 常怀颖：《郑州商城铸铜遗址研究三题》，《三代考古》（五），科学出版社2013年版，第105、106页。
② 赵海涛、侯卫东、常怀颖：《美美与共 百舸争流——"夏商都邑考古暨纪念偃师商城发现30周年国际学术研讨会"综述》，《夏商都邑与文化》（一），中国社会科学出版社2014年版。
③ 河南省文物考古研究所：《郑州商城新发现的几座商墓》，《文物》2003年第4期。
④ 河南省文物考古研究所编著：《郑州商城——1953—1985年考古发掘报告》（上），文物出版社2001年版，第578、579页。
⑤ 河南省文物考古研究所：《郑州商城新发现的几座商墓》，《文物》2003年第4期。
⑥ 河南文物工作队第一队：《郑州市白家庄商代墓葬发掘简报》，《文物参考资料》1955年第10期。

端外侧（东侧）。C8M2为长方形土坑竖穴，头向北偏东14°，墓圹南北残长1.5、宽1.05、残深1.06米，墓底铺朱砂，有棺灰痕迹，随葬铜罍、爵、斝、鼎、盘各1件、象牙觚1件、绿松石饰2件、玉柄形器1件。C8M3位于为C8M2之南约25米，长方形土坑竖穴，头朝北，墓圹长2.9、残宽1.17、深2.13米；墓室内四周有熟土二层台，西侧二层台上有1个殉人；墓底中间有1个腰坑，腰坑铺朱砂、殉狗1只；墓底铺朱砂、有棺椁痕迹，墓主在墓底中部；随葬铜鼎、罍、爵各1件、铜鬲、斝、觚各2件、象牙梳1件、玉璜2件、玉玦1件。这两座墓的规模比内城铜器墓大些、高规格随葬品也更多，特别是C8M3墓室较大、形制较复杂、高规格随葬品种类丰富。

郑州商城内城东南部新发现了多座铜器墓，其中书院街贵族墓M2出土随葬品200余件，包括铜器20件、玉器11件、金器5件、箭镞50枚、贝币120余枚以及以金箔为地镶嵌绿松石的牌饰等（图3-1），墓葬底部六处殉狗坑分别位于头部、腰部及四肢，使用朱砂，有明显毁器现象，从随葬品的规格和数量看，应当是高级贵族甚至是王室成员[①]。

外城西北部新发现的东北西南向夯土墙与内城西城墙北段之间，发现两座铜器墓北二七路BQM1、BQM4[②]。BQM1为长方形土坑竖穴，头向北偏东5°，墓圹南北长2.7、东西宽1.4—1.5、残深0.15米；墓底铺朱砂，有木棺痕迹；墓底中间有1个腰坑、殉狗1只；随葬铜鼎、爵各1件、铜斝3件、铜觚2件、铜刀1件、铜片1件、石钵1件、石戈7件、石柄形器1件、玉戈3件、玉铲4件、玉柄形器3件、玉璧1件、玉饰1件、骨匕2件、骨镞1件、骨笄2件、牙饰1件（图3-2）。BQM4紧靠BQM1的西侧，为长方形土坑竖穴，头向北偏东6°，墓圹南北长2.7、东西宽1.1、残深0.1米；墓底铺朱砂，有木棺痕迹；墓底中间有1个腰坑、殉狗1只；随葬铜爵、觚各1件、斝2件、铜刀1件、印文硬陶尊1件、石

---

① a. 黄富成等：《河南郑州商都遗址书院街墓地》，微信公众号"文博中国"2023年2月11日。
   b. 李曼、黄富成等：《郑州商城书院街商代贵族墓地2号墓出土金器科技分析》，《中原文物》2023年第2期。
   c. 李曼、吴倩等：《郑州商城书院街商代贵族墓地2号墓出土玉器科技分析》，《中原文物》2023年第2期。
② a. 郑州市博物馆：《郑州商代遗址发掘简报》，《考古》1986年第4期。
   b. 河南省文物考古研究所编著：《郑州商城——1953—1985年考古发掘报告》（上），文物出版社2001年版，第579、580页。

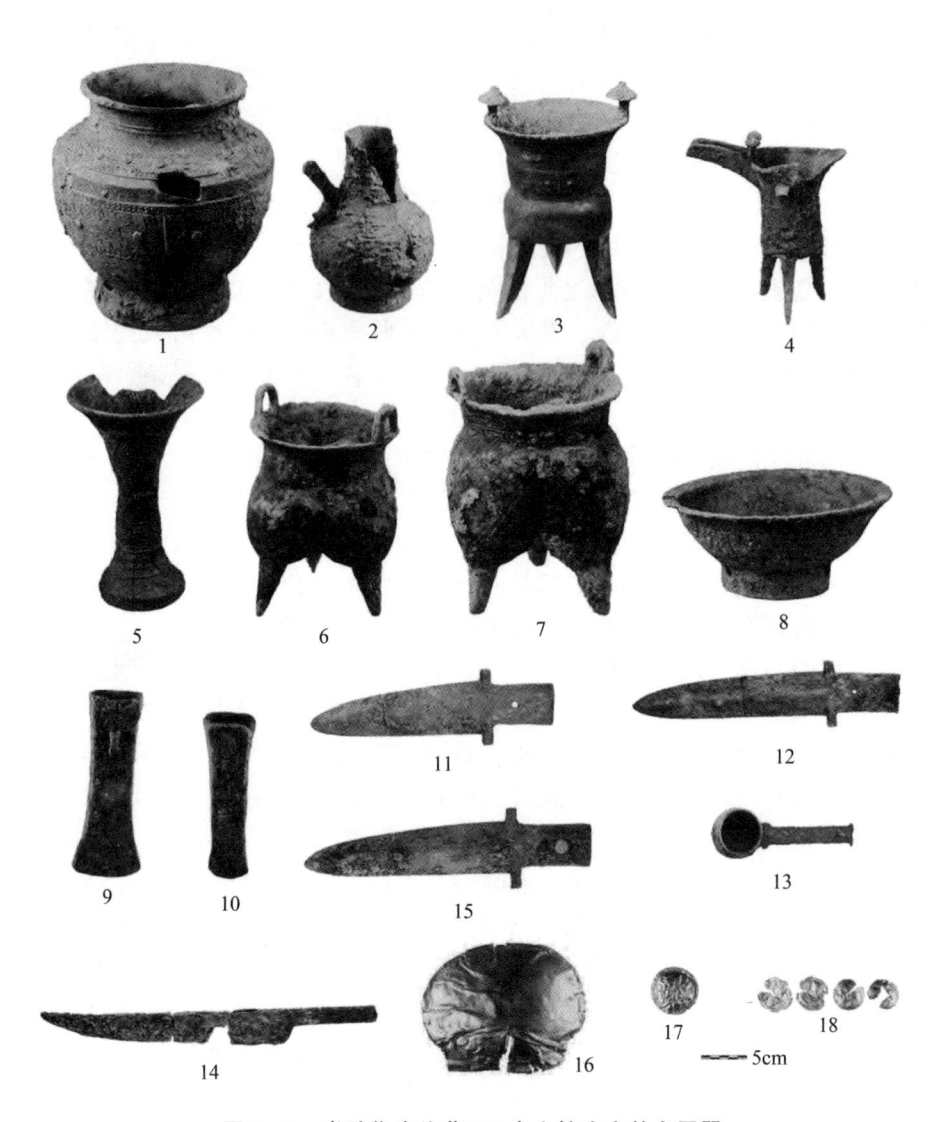

图 3-1 书院街贵族墓 M2 出土较为完整金属器

采自《郑州商城书院街商代贵族墓地 2 号墓出土金属器科技分析》图一。

1. 铜罍 M2：1 2. 铜盉 M2：2 3. 铜斝 M2：3 4. 铜爵 M2：8 5. 铜觚 M2：13 6. 铜鬲 M2：4 7. 铜鬲 M2：5 8. 铜盘 M2：23 9. 铜戕 M2：6 10. 铜戕 M2：30 11. 铜戈 M2：12 12. 铜戈 M2：20 13. 铜斗 M2：22 14. 铜刀 M2：37 15. 铜戈 M2：39 16. 金覆面 M2：14 17. 金泡 M2：36 18. 金泡 M2：16

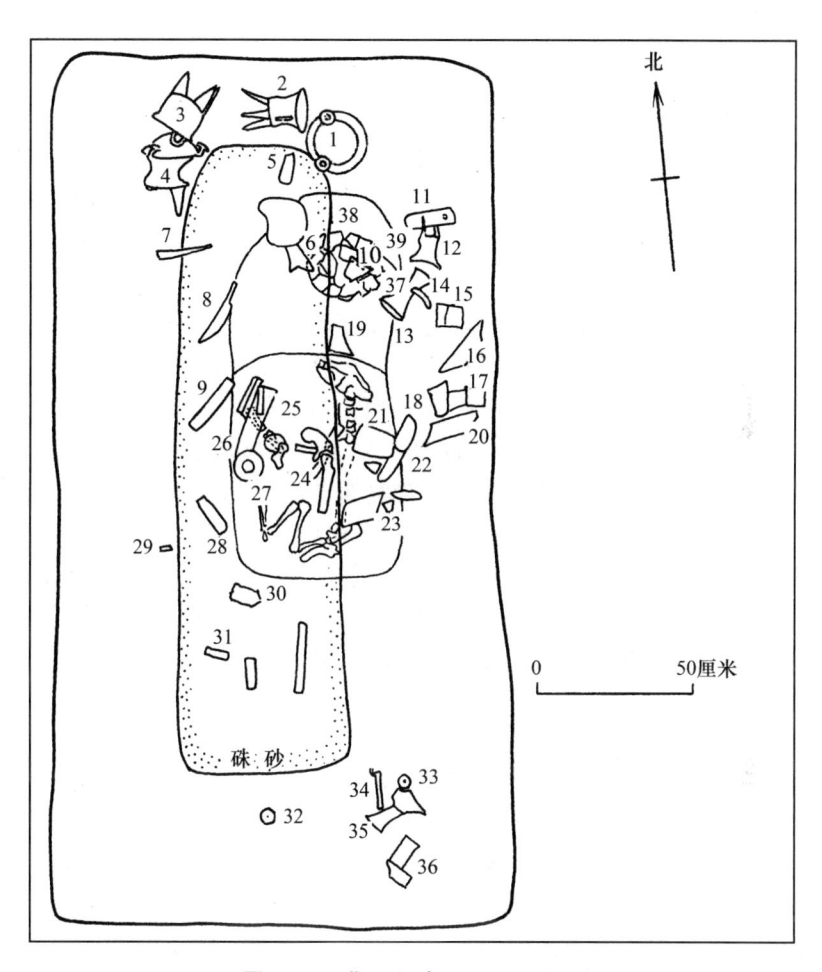

图 3-2 北二七路 BQM1 平面图

1、2、4. 青铜斝　3. 青铜鼎　5. 青铜片　6、16—23、26. 玉戈　7、9. 骨匕　8. 青铜刀　10、11、15、36. 玉铲　12. 青铜爵　13、35. 青铜觚　14. 牙饰　24、25、28、31. 玉柄形器　27. 玉璧　29、32、33. 圆陶片　30. 玉蝉形饰　34、39. 骨簪　37. 骨镞　38. 石钵

戈1件、石铲1件、玉柄形器2件。这两座墓的规模都比较大、形制都比较复杂、随葬品都很丰富，二者的墓葬形制相同、葬俗相近、近距离并列，关联性应当很强。

外城东南部边缘部位的杨庄墓地虽然采集多件白家庄期铜器，由于没有发现相关铜器墓，无法了解其详情。外城南部边缘部位的二里岗省商业局仓库 C1M1 破坏比较严重，墓葬为土坑竖穴，方向为南偏东约 20°，墓圹南北长 2.05、东西宽 0.55、残深 0.15 米，发现铜爵、斝、玉柄形器各 1 件①。该墓规模较小、随葬品也较少。

外城西墙北段之外、外城河内侧、制陶作坊南侧的铜器墓铭功路西 MGM4，为长方形土坑竖穴，头向南偏西，墓圹南北长 2.08、宽 0.69、残深 0.15 米，随葬铜爵、觚各 1 件、玉璜、玉饰、玉柿蒂形饰各 1 件②。该墓规模较小、随葬品也较少。

上述铜器墓在内城东北部、东南部和西南部皆有分布，外城西部、东北部、东南部皆有分布，说明铜器墓的分布总体上呈散布态势，相关联的贵族属于多个不同的家族或有不同的身份。内城东南部的书院街北 M2、内城西侧的北二七路 BQM1、BQM4 和内城东北角城墙外侧的白家庄 C8M3 等几座铜器墓，墓室规模较大、形制较复杂、随葬品较丰富，是目前发现的规格最高的墓葬，特别是书院街北 M2、BQM1 可能代表了与王室相关的高规格墓葬。其他铜器墓的规模接近，随葬品也相类，明显比书院街北 M2、北二七路 BQM1 等铜器墓的规格低，一方面说明规格不同的铜器墓的分布区域总体上有差别，另一方面表明此时有不同阶层的贵族与郑州商城相关联。

3. 铜器埋藏坑

郑州商城内城墙外侧发现 3 个铜器埋藏坑，学界多称之为铜器窖藏坑③。郑州商城铜器埋藏坑的性质主要有两种意见，陈旭先生认为因政局的动乱而把王室重器窖藏起来④，可称之为"窖藏坑"说；安金槐先生认为是举行大型祭祀活动后形成的铜器窖藏坑⑤，可称之为"祭祀坑"说。这两种意见至今仍有各自的赞同者，并没有形成统一的认识。这 3 个坑埋藏的青铜器数量之多、器体之大、规格之高，远非郑州商城内已知的高规格墓葬所比，无疑是王室活动形成的埋藏，其埋藏年代和性质对认识郑州商城在白家庄期的性质具有重要价值，对认识郑州商城和小双桥商都的关

---

① 王彦民、赵清：《郑州二里岗发掘一座商代墓》，《中原文物》1982 年第 4 期。
② 郑州市博物馆：《郑州市铭功路西侧的两座商代墓》，《考古》1965 年第 10 期。
③ 河南省文物考古研究所、郑州市文物考古研究所编著：《郑州商代铜器窖藏》，科学出版社 1999 年版。
④ 陈旭：《郑州杜岭和回民食品厂出土青铜器的分析》，《中原文物》1986 年第 4 期。
⑤ 安金槐：《再论郑州商代青铜器窖藏坑的性质与年代》，《华夏考古》1997 年第 1 期。

系也具有重要意义。

南顺城街 H1 位于内城南端西侧的冈陵上，其坑口以上叠压的是不早于宋代的堆积层，发掘者认为晚期堆积层可能与风成或淤积等自然原因有关，说明该坑形成之后与之相关的人群没有在其上进行过破坏性活动，要么当时的人群不敢冒犯其神圣性（祭祀坑或瘗埋坑）而不接近，要么其存在是一个罕为人知的秘密（窖藏坑），现存的深度应当非常接近实际的深度。南顺城街 H1 因长期以来坑壁的脱落和坍塌，发掘时的形制不太规则，但大体可以推测其原貌。南顺城街 H1 深 4.26 米左右，坑壁皆为生土，坑底为西北东南向长方形，坑口的西部显示坑口原本也应当为长方形，坑的方形是冲着内城的，坑口的面积略大于坑底，坑内中部原来的横截面就大于坑口和坑底（图 3-3）。南顺城街 H1 内有 8 层不同的堆积，按照坑内堆积的先后顺序，下面笔者讨论一下其形成过程。

南顺城街 H1 最底层堆积第 8 层厚 0.16—0.18 米，浅黄色沙土、质地细腻、结构坚硬、厚度均匀，包含少量陶鬲、甗、罐残片，表明当时有意处理过；第 7 层厚 0.18—0.62 米，灰褐色土、含沙量较大、土质细腻、结构比较坚硬，包含丰富的陶器和少量铜器、骨器、原始瓷器，其中不乏完整器，特别是高规格器物原始瓷尊 2 件都比较完整，如此珍贵的器物当时没有理由随便抛弃到 4 米下的深坑内，更不会在丢弃之前还专门处理一下其下面的垫土层（第 8 层），其上面放置大量的青铜重器也很难是巧合所致，第 8 层的垫土、第 7 层放置陶器和原始瓷器为主的器物，都是整个埋藏活动的一个环节。第 6 层为厚 0.005—0.02 米的黑色朽木灰层，压在第 7 层之上，第 7 层的层面比较平整，可见第 6 层原本应当是厚度在 2 厘米以上的木板。第 5 层厚 0.08 米左右，黄褐色土掺有褐色粘土颗粒、质地比较坚硬，未见包含物，该层应当是均匀铺在第 6 层木板之上的一层垫土，该层垫土之上放置大量青铜重器。第 4 层厚 0.8—0.98 米，该层下和层表都比较平整，青铜重器放置在第 5 层表之后形成的灰褐色堆积，土质略呈颗粒状、结构一般，填土中含有较多腐殖质和碳粒，也包含有少量陶片。第 3 层为厚 0.01—0.02 米的黑色朽木灰层，灰层表明有红色颜料，第 3 层原本应当是和第 6 层厚度接近的木板、其表面涂有朱砂，该层将包含青铜重器的第 4 层与叠压在其上的堆积隔绝，第 4 层除了有部分坑壁坍塌的土（原本是生土）外、大部分都是埋藏活动中放置的东西长期埋藏之后形成的。大量青铜重器放置在第 5 层垫土上之后，放置了很多谷物，碳

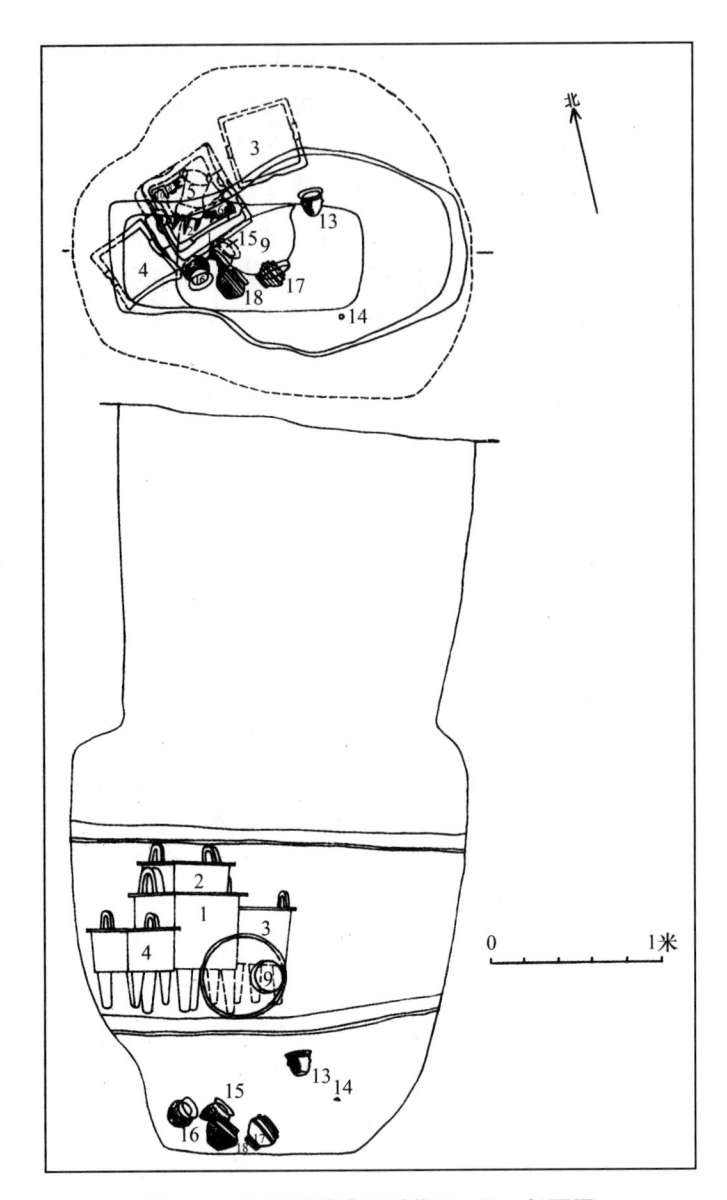

图 3-3 铜器窖藏南顺城街 H1 平、剖面图

1、2、3、4.铜方鼎 5、6.铜罍 7、8.铜爵 9.铜簋 10、11.铜戈 12.铜钺 13.印纹硬陶尊 14.铜泡 15.陶鬲 16.陶捏口罐 17.陶罍 18.陶尊（其中7、1、12号器物被压于其他器物下）

第三章 郑州商城与小双桥商都的关系

粒还可能是燎烧活动形成的。第 2 层厚 0.08—0.1 米，为较纯净的粉质黄沙堆积，土质细腻、疏松，未见包含物，较均匀地分布于整个坑内，说明其平面代表该坑中部的原始横截面。第 2 层垫土厚度接近第 5 层，其他特征也与之接近，二者都在木板之上，两块木板之下叠压的都是包含丰富器物的堆积层，如此类同说明陶器为主的埋藏和铜器为主的埋藏是同一个活动，两块木板分别是隔离陶器层和铜器层的、而不是用来盛放铜器的木质盛器。青铜重器主要放置在第 5 层垫土之上的西北部，第 6 层木板腐朽之后，因铜器的压力而使第 5、6 层西北部略微下沉。第 1 层厚 2.26—2.4 米，灰黄色土，包含物较少、以陶片为主，叠压在第 2 层垫土之上。第 2 层垫土是整个埋藏活动中最后一个需要细致规整地完成的步骤，此后的第 1 层则是厚达 2.4 米的粗放性堆积，堆积中仅包含少量陶片，这个步骤主要是埋藏仪式之后的填埋。至此，完成了南顺城街 H1 埋藏过程的分析，这种层层累加地埋藏、甚至还伴随有燎烧行为的活动，其方向冲着郑州商城内城，应当是王室举行的祭祀城邑的活动[1]；与周原地区西周晚期流行的铜器窖藏坑[2]相比，后者埋藏过程简单直接，性质明显不同。南顺城街 H1 的口和底都原本为长方形，深度达 4 米以上，容易给人造成原本是水井的误解。从水井的选址来看，选择内城城墙外侧的高亢之地开凿水井，一来深度要比平地的位置要深，造成开凿和取水都费劲；二来位于南北向土岗的东部，如果供外城用水的话，人们为何不在土岗的西部开凿水井、而要越过土岗到东部取水；如果供内城用水的话，中间隔着高大的城墙，显然很不方便。可见，该坑最初并不是水井，一开始就是祭祀坑。南顺城街 H1 各层中出土的陶器都属于白家庄期，还是偏晚阶段的特征，将该坑的形成年代锁定在白家庄期偏晚阶段。该坑中出土 4 件青铜重器——铜方鼎，比较规整地正放在第 5 层垫土之上，每件铜方鼎的腹底都有烟炱；出土铜斝、爵、戈各 2 件、簋 1 件、钺 1 件。该坑出土的铜器总体上不甚精致，器形和纹饰特征接近殷墟早期铜器，代表了白家庄期最晚的铜器，是讨论郑州商城和小双桥关系的一个重要材料。

向阳回族食品厂铜器埋藏坑 H1 附近有 3 个长方形坑，它们都挖在生土上，这几个遗迹的方向与内城东城墙的方向平行或垂直（图 3-4）。向

---

[1] 袁广阔：《关于郑州小双桥遗址的几个问题》，《考古》2014 年第 11 期。
[2] 例如眉县杨家村铜器窖藏。陕西省考古研究所等：《陕西眉县杨家村西周铜器窖藏》，《考古与文物》2003 年第 3 期。

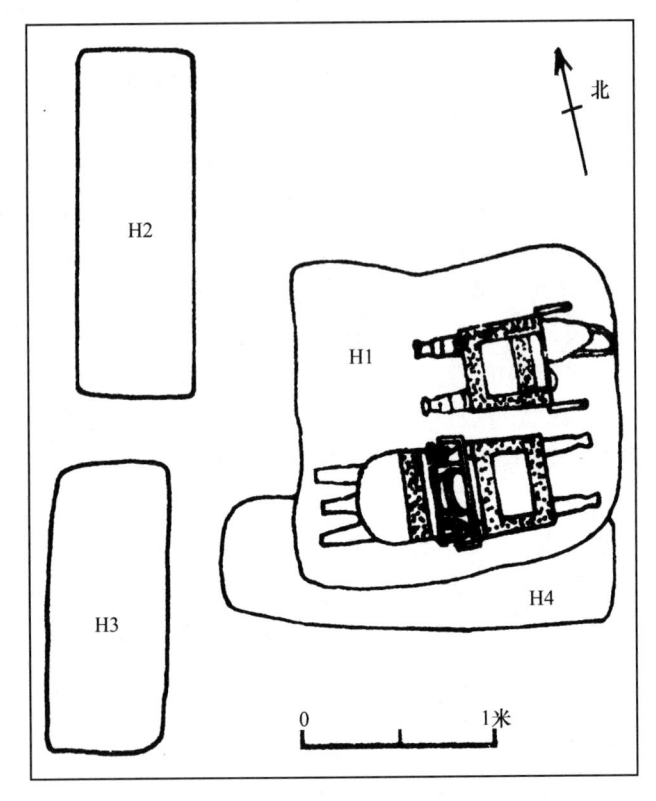

图 3-4 向阳铜器埋藏坑 H1 及相关遗迹

阳回族食品厂 H2 呈南北向长方形，与内城东城墙平行，口长 1.7、宽 0.6、深 3.44 米，填土深灰、质地松软，出土有陶片、印文硬陶片、玉柄形饰和石铲等，距坑口深 1.5—1.7 米处、紧贴东壁发现一具残缺的牛骨架。向阳回族食品厂 H3 位于 H2 南侧，呈南北向长方形，二者大体在一条东北西南向直线上，口长 1.46、宽 0.64、深 3.06 米，填土深灰、质地松软，出土有陶片、骨簪和兽骨等。向阳回族食品厂 H4 呈东西向长方形，与内城东城墙的方向垂直，口长 1.98、宽 0.7、深 2—2.2 米，填土主要为深灰土，出土有陶片、原始瓷片、骨匕和牛骨，其中有涂朱陶片。向阳回族食品厂 H2、H3、H4 的形制、填土和包含物相类，牛骨应与祭祀牺牲相关，玉柄形饰、涂朱陶片应与神圣性相关，深灰色土应当与祭祀活动中使用的物品形成的腐殖质相关，这几个坑都是同类的祭祀坑。从向阳回族食品厂 H2、H3、H4 出土陶器的特征来看，三者年代都属于白家庄期，形成时间非常接近，形成的顺序可能有早晚。向阳回族食品厂 H1 打破了 H4，H4 的形成时间显然在 H1 之前，说明在铜器埋藏坑形成之前此处已是祭祀场所。向阳回族食品厂铜器埋藏坑 H1 的平面近正方形，以坑内大鼎口的朝向朝东或朝西，其方向与内城东城墙大体垂直，坑口东西长 1.7、南北宽 1.62、深 0.9 米，该坑的南部打破 H4 北部的上部、大部分坐落在生土上，坑内填土为黄白色、夹有砂礓和灰土，底部稍平，出土大型铜方鼎 2件、大型圆鼎 1 件、中型圆鼎 2 件、尊 2 件、罍 1 件、卣 1 件、觚 2 件、中柱盂 1 件、盘 1 件，这些铜器从器类和规格上看大部分都是重器，大方鼎和大圆鼎的腹底都有烟炱、都规整地平放在坑底、与内城东城墙相垂直；填土中还包含有陶片、兽骨和猪牙等。

向阳回族食品厂铜器埋藏坑 H1 的深度比南顺城街铜器埋藏坑 H1 要浅很多，埋藏过程也比较简单，二者的位置分别在内城南部边缘的东、西两侧，基本上是对称的，在当时应是有目的、有讲究的安排。向阳 H1的埋藏过程虽然简单，看不出"祭祀"的程序，由于其所在的位置此前就是祭祀场所，加之其和南顺城街 H1 的某些相似性，该坑也应当是祭祀坑，而非贮藏铜器的窖藏坑。向阳 H1 埋藏的铜器都比较精致，与南顺城街 H1 埋藏的铜器比较粗糙明显不同，应当反映了不同的祭祀背景。

张寨南街铜器埋藏坑位于内城西城墙北段之西约 300 米的杜岭土岗南段，地势高出周围 4 米左右，报告没有介绍埋藏坑的形制，大铜鼎出土在地下深约 6 米处，两个铜方鼎一东、一西并列放置，鼎足皆放置在平整过的生土地面上，并且有意处理坑底使两鼎的口沿平齐，以方鼎的北侧口沿为参照、方向为北偏西 70°，两个大方鼎的窖藏方向与内城西城墙接近垂直（图 3-5）。出土的 2 件铜方鼎、1 件铜鬲的腹底都有烟熏痕迹，鼎腹内和周围的灰土中包含有陶片、石器、人骨和兽骨，埋藏之前应当进行过燎烧类祭祀活动，人骨和兽骨可能就是相关牺牲。张寨南街铜器埋藏坑出土大铜方鼎的铸造都比较精致，铜器和伴随陶片的年代也都为白家庄期。

张寨南街、向阳回族食品厂 H1、南顺城街 H1 等 3 个铜器埋藏坑的形成年代接近，都在白家庄期偏晚阶段，具体的形成时间略有先后。根据相关联的陶器和铜器的特征，张寨南街略早、其次为向阳回族食品厂 H1、

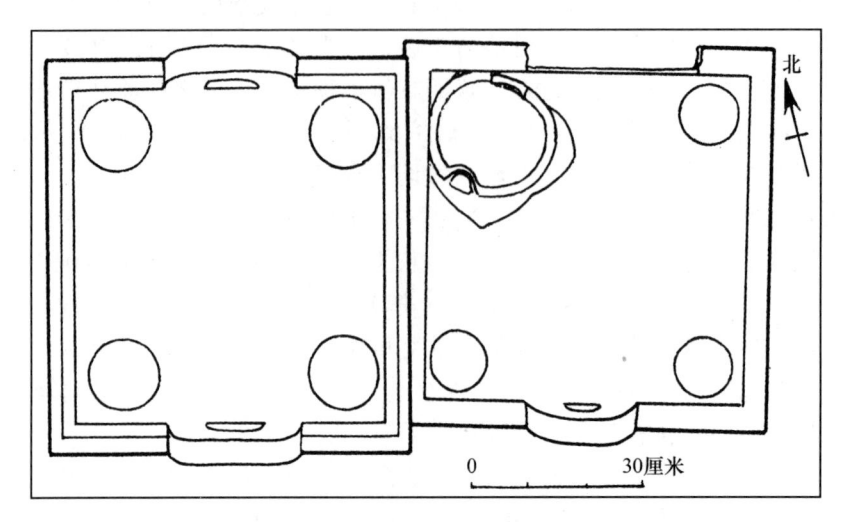

图 3-5　张寨南街铜器埋藏坑

最晚的是南顺城街 H1。3 个铜器窖藏坑的方向都和邻近的内城城墙垂直，都埋藏有 2 件或 4 件大铜方鼎，铜器的规格是郑州商城已知铜器中最高的，都应当属于王室，举行的活动都与内城有直接的关联，这些都说明它们是白家庄期相类的祭祀坑或祭祀活动后的瘗埋坑。袁广阔先生认为祭祀的对象是郑州商城内城，很可能就是住在小双桥商都的商王多次前来祭祀祖先的都邑形成的遗存[①]。

二　陶器关联的居住点

由于《郑州商城》报告把一些白家庄期与典型二里岗期晚段的材料放在一起了，没有加以区分，显得典型二里岗期晚段遗存特别丰富，其中有一部分应当归到白家庄期。典型二里岗期晚段和白家庄期遗物的特征比较接近，区分起来难度比较大。笔者以郑州商城和小双桥商都出土的白家庄期典型陶器为标准，对散布在郑州商城内城和外城的白家庄期遗存进行识别，择其特征鲜明者列举如下。

---

① 赵海涛、侯卫东、常怀颖：《美美与共　百舸争流——"夏商都邑考古暨纪念偃师商城发现 30 周年国际学术研讨会"综述》，《夏商都邑与文化》（一），中国社会科学出版社 2014 年版。

1. 外城的居住点

省图书馆老馆 T1⑤、⑦层出土陶器的特征为白家庄期①。

河南省保险公司、黄泛区园艺场发现有白家庄期遗存②。

郑州市铭功路东九州城发现有白家庄期遗存③。

郑州市老坟岗发现有白家庄期遗存④。

新华社河南分社院内发现白家庄期遗存；德化街北头路西商业大楼南坑为长方形竖井，南北长1.6、东西宽0.75米，深度不明，出土遗物特征为白家庄期⑤。郑州市木材公司发现较为丰富的白家庄期遗存⑥。

郑州市通用机械厂、烟厂西街、亚细亚大楼等处发现有白家庄期遗存⑦。

内城东北角外侧的白家庄一带也发现有白家庄期遗存。

制陶作坊在白家庄期也可能继续生产⑧。

上述材料提供的线索表明，外城的居住点围绕着内城呈散布态势，主要分布在外城北部、西部和南部。如果把外城的人类生活遗存和墓葬、祭祀遗存都标注在平面图上，遗迹点的分布密度还是比较高的（图3－6）。

2. 内城的居住点

《郑州商城》报告中提到的白家庄期遗存大多是偏晚的，主要分布在宫殿区东部，例如省中医院家属院、郑州医疗机械厂，以及外城西部的铭功路西侧⑨。白家庄西部丘陵地带发现有房基和夯土台，房基中间有一条东西向排水沟。

---

① 河南省文物考古研究所：《郑州商城外郭城的调查与试掘》，《考古》2004年第3期。
② 郑州市博物馆：《郑州商代遗址发掘简报》，《考古》1986年第4期。
③ 郑州市文物考古研究所：《郑州市铭功路东商代遗址》，《考古》2002年第9期。
④ 郑州市文物考古研究院：《郑州市老坟岗商代遗址发掘简报》，《中原文物》2009年第4期。
⑤ 河南省文物研究所郑州工作站：《近年来郑州商代遗址发掘收获》，《中原文物》1984年第1期。
⑥ 姜楠等：《郑州市木材公司1997及2000年商代遗址发掘简报》，《郑州文物考古与研究》（一）上册，科学出版社2003年版，第564—580页。
⑦ 郑州市文物考古研究所：《郑州南关附近商代灰坑发掘简报》，《中原文物》1998年第2期。
⑧ 韩香花：《郑州商城制陶作坊的年代》，《中原文物》2009年第6期。
⑨ 河南省文物考古研究所：《郑州商城——1953—1985年考古发掘报告》（中册），文物出版社2001年版，第844—874页。

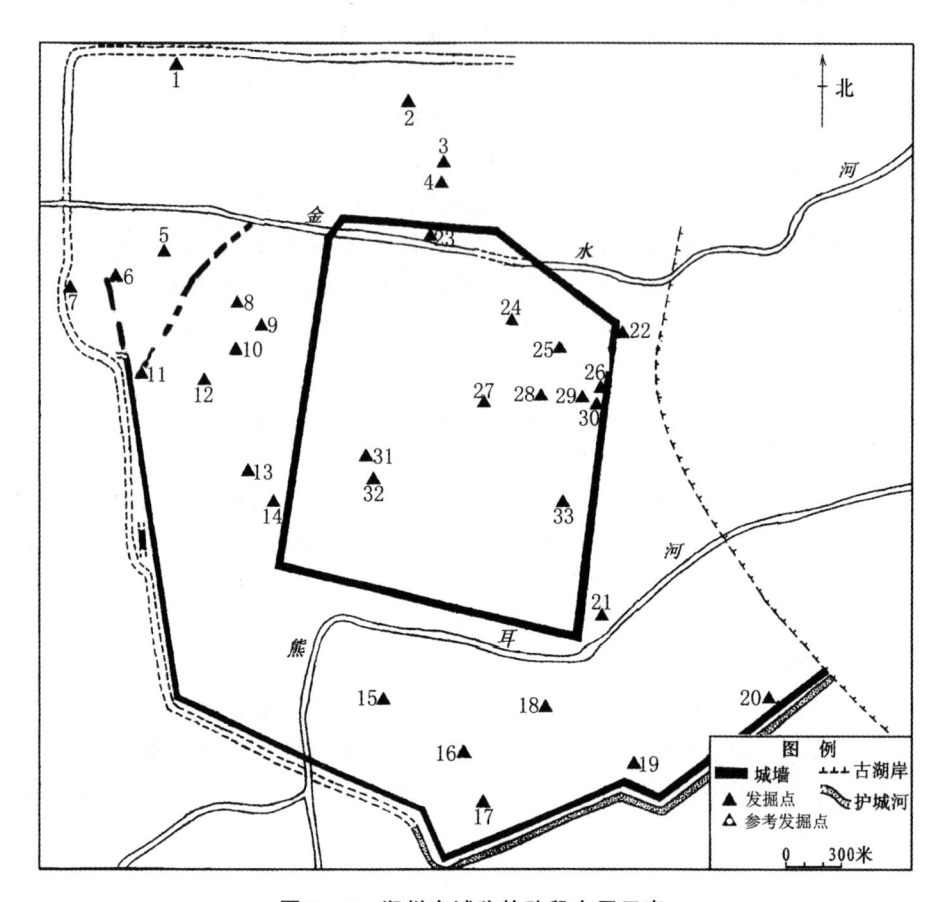

图 3-6 郑州商城稳静阶段布局示意

1. 省图书馆 2. 省保险公司 3. 新华社河南分社 4. 紫荆山铸铜作坊 5. 人民公园 6. 铭功路东（九州城） 7. 铭功路西制陶作坊和 MGM4 8. 北二七路 BQM1、BQM4 9. 张寨南街铜器窖藏 10. 黄泛区园艺场 11. 老坟岗 12. 德化街商业大楼 13. 亚细亚大楼 14. 南顺城街铜器窖藏 15. 烟厂西街 16. 南关外铸铜作坊 17. 郑州市木材公司 18. 通用机械厂 19. 二里岗省商业局仓库 C1M1 20. 杨庄铜器墓 21. 向阳回族食品厂铜器窖藏 22. 白家庄居址和 C8M2、C8M3 23. 河南省博物馆宿舍楼 24. T143M1 25. 北大街 26. CET8 27. C8M39 28. 郑州市回民中学 29. 省中医学院家属院 30. 郑州医疗器械厂 31. 郑州市中级人民法院 32. T61M1 33. 电力学校宫城东北部石砌水槽内 T39、T40 第⑥层堆积，出土陶鬲 92T40⑥：8、簋 92T40⑥：13 的特征为白家庄期①，表明此时水槽才逐渐淤平。

回中 91H29 中包含有白家庄期陶器，如陶鬲 91H29：06、爵 91H29：023②。

省中医学院家属院 H111 中包含有白家庄期陶器，如陶鬲 H111：01③。

郑州医疗机械厂发现有白家庄期文化层和陶器④。

郑州电力学校第 4 段遗存属于白家庄期⑤。

北大街宫殿宗庙建筑遗址范围内发现有白家庄期遗存⑥。

河南省博物馆在郑州商城内城北城墙南侧约 70 米处修建宿舍楼时，发现有二里岗上层陶片；东里路东端 CET8 叠压东城墙内侧的文化堆积中出土有白家庄期遗物；郑州市中级人民法院灰坑出土遗物为白家庄期，该坑为长方形竖井，东西长 1.74、南北宽 1.3、深 4.3 米，坑壁较直，南北壁均有脚窝，坑内填土为松软的深灰土，该坑可能为水井；河南新华二厂出土有白家庄期陶龟，位于郑州市中级人民法院北侧⑦。

从上述信息提供的线索来看，内城东北部（宫城范围的重心）仍然是生活遗存比较集中的区域，人类生活遗存在内城北部边缘和中南部都有不少发现。已知的内城居住遗存和墓葬加起来，仍然是可观的（图 3－6）。

三 郑州商城稳静阶段的总体布局

郑州商城在白家庄期的总体格局并没有太大的变化，但呈现出基本建

---

① 河南省文物研究所：《1992 年度郑州商城宫殿区发掘收获》，《郑州商城考古新发现与研究（1985—1992）》，中州古籍出版社 1993 年版，第 102 页。
② 河南省文物研究所：《1992 年度郑州商城宫殿区发掘收获》，《郑州商城考古新发现与研究（1985—1992）》，中州古籍出版社 1993 年版，第 114、115 页。
③ 河南省文物研究所：《1992 年度郑州商城宫殿区发掘收获》，《郑州商城考古新发现与研究（1985—1992）》，中州古籍出版社 1993 年版，第 124、125 页。
④ 河南省文物研究所：《郑州医疗机械厂考古发掘报告》，《郑州商城考古新发现与研究（1985—1992）》，中州古籍出版社 1993 年版，第 144—146、157—159 页。
⑤ 河南省文物研究所：《郑州电力学校考古发掘报告》，《郑州商城考古新发现与研究（1985—1992）》，中州古籍出版社 1993 年版，第 162—176、182 页。
⑥ 河南省文物考古研究所：《郑州商城北大街商代宫殿遗址的发掘与研究》，《文物》2002 年第 3 期。
⑦ 河南省文物研究所郑州工作站：《近年来郑州商代遗址发掘收获》，《中原文物》1984 年第 1 期。

设不太活跃的状态,未发现重新营建或改建宫殿宗庙建筑的现象。王都运行相关的城墙、手工业作坊、给排水设施等,继续沿用或任其自然。普通居住点有所减少、规模有所缩小,似乎有人口外流的迹象(图3-6)。这些现象表明郑州商城原有的日常运行系统趋于失常,处于稳静下行的态势。

在郑州商城内城和宫城的日常生活设施消极发展的同时,内城南、北两侧的铸铜作坊维持着正常的生产活动,内城内侧和外侧青铜重器埋藏坑及铜器墓的规格却大幅度上升。内城外侧的三个青铜重器埋藏坑的规格之高、规模之大,是前所未见的;内城东南部的书院街北M2、内城西侧的北二七路BQM1、BQM4和内城东北角外侧的白家庄C8M3等铜器墓的规格,明显高于此前的同类墓葬。这些与祖先崇拜相关的遗存的高度发展,表明郑州商城此时仍然具有神圣的地位,仍然受到商王的无上尊崇。

总的来看,郑州商城内依然有若干夯土建筑和铜器墓代表的族邑,外城南、北分别有铸铜作坊,外城东北部、东南部、西部、西北部都存在以铜器墓和居住点代表的若干族邑,王室仍然针对郑州商城举行隆重的最高规格礼仪活动。

第二节 小双桥商都的布局

荥阳东北部的广武山东部边缘,形成一道西北——东南向的分界线,这道线以西是山地、丘陵和高亢的平地,以东是低洼的古荥泽[①]所在地。小双桥商都[②]位于这个地形过渡地带的边缘,北枕索须河、东北临古荥泽,坐落在高亢的台地上(图3-7)。白家庄期之前,在于庄村西发现有3万

[①] a. 侯卫东:《"荥泽"的范围、形成与消失》,《历史地理》第二十六辑,上海人民出版社2012年版,第285—292页。该文考证了东汉以前荥泽的大体位置和范围,在小双桥商都遗址东北不远处。
b. 河南省文物考古研究所编著:《郑州小双桥——1990—2000年考古发掘报告》(上册),科学出版社2012年版,第26页。钻探表明小双桥商都东北多为较厚的淤泥或淤沙堆积,该书认为很可能是古荥泽的一部分。

[②] 河南省文物考古研究所编著:《郑州小双桥——1990—2000年考古发掘报告》(上、下册),科学出版社2012年版。关于小双桥商都聚落的材料绝大部分来自该书,一般不再特别注明。

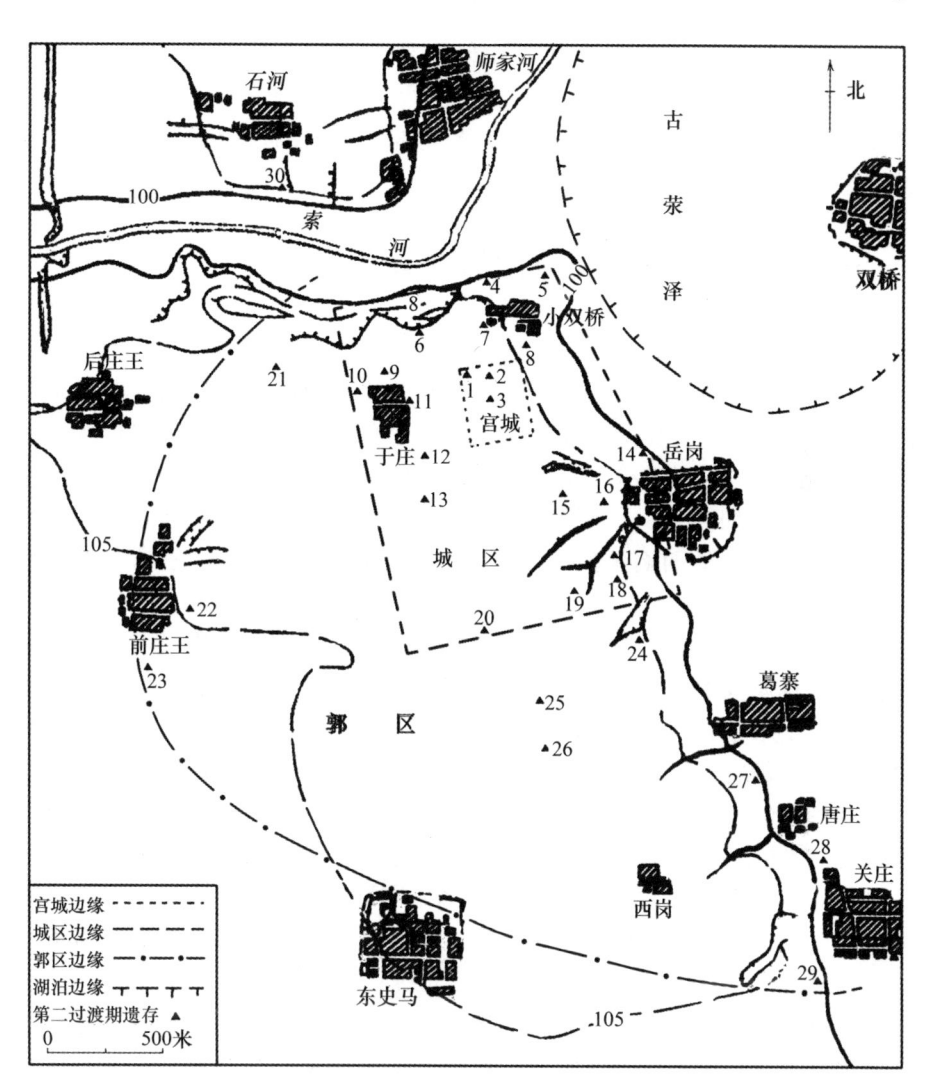

图 3-7 小双桥商都的范围和总体布局示意

采自《郑州小双桥商代都邑布局探索》图一。
1. 宫城西北部及宫殿宗庙建筑 2. 大型高台建筑("周勃墓") 3. "周勃墓"南 100 米
4. 小双桥村西偏西 5. 小双桥东北地 6. 小双桥村西 300 米 7. "周勃墓"北 200 米左右
8. "周勃墓"东北 200 米灰坑 95ZXH04 9. 于庄村北引黄灌渠南北两侧 10. 于庄村西、北
11. 于庄村东 12. "双冢"北侧 13. "双冢"南侧 14. 岳岗村北地 15. 岳岗村西、引黄灌渠东侧 16. 岳岗村西侧 17. 95ZXYH02 18. 95ZXYH01 19. 岳岗面粉厂西侧果园
20. 95ZXYH03 21. 后庄王与小双桥之间的绕城公路 22. 前庄王东 23. 前庄王南 24. 葛寨西北 25. 岳岗西南(出土铜钺地点) 26. 葛寨西 27. 唐庄西北 28. 关庄北 29. 关庄
30 石河

平方米左右的二里岗时期遗存，分布状况还很不清晰，无法进行详细讨论。在白家庄期，小双桥商都东南方向直线距离约12.5公里的郑州商城从繁荣鼎盛转变为稳静运行；与此相呼应，新王都在小双桥一带拔地而起。

一 小双桥商都的范围和总体布局

小双桥商都的重心和核心在其东北部，发现有宫城城墙、高台建筑基址和大型夯土建筑基址。仅发现宫城北墙西段和西墙北端形成的曲尺形范围，也就是仅知道宫城的西北角、其余3个角都不清楚。从相对位置、海拔高程及其地形和遗迹分布情况来看，宫城东部边缘应当在大型高台建筑基址（俗称"周勃墓"）东侧100米以内。这座高台建筑基址东西向长约50米，其西与宫城西墙延长线的垂直距离约150米。因此，这座宫城东西向的范围不超过300米。高台建筑（"周勃墓"）南侧100米、西南200米范围内，发现较多商代白家庄期高规格遗物，宫城南部边缘没有确认，其南北向的具体范围难以判断，但结合宫城北墙延长线的位置可知南北向的范围为300米左右。郑州商城内城[1]、偃师商城[2]等始建年代在小双桥商都之前的商代都邑，平面布局总体上皆为南北向长方形；年代接近或略晚于小双桥商都的洹北商城宫城为南北向长方形、外城接近方形[3]；类比可知小双桥商都的宫城可能为南北向长方形、至少南北向不会短于东西向。图3-6中小双桥村西南的虚线长方框大体是宫城的范围，面积9万平方米左右，这个宫城范围及其附近也可能存在若干宫城单元，但目前的材料无法详细讨论。

有学者提到小双桥遗址外围有环壕[4]，正式的考古报告中还没有宫城范围之外存在环壕的信息，暂不讨论。根据调查和勘探成果，宫城范围之外存在白家庄期遗存普遍比较丰富的区域。北到小双桥村北侧、东到小双

---

[1] 河南省文物考古研究所编著：《郑州商城——1953—1985年考古发掘报告》（上册），文物出版社2001年版，第179页。
[2] 中国社会科学院考古研究所编著：《偃师商城》第一卷（上册），科学出版社2013年版，第11页。
[3] 中国社会科学院考古研究所安阳工作队、中加洹河流域区域考古调查课题组：《河南安阳市洹北商城遗址2005—2007年勘察简报》，《考古》2010年第1期。
[4] 阎铁成：《重读郑州——一座由考古发现的创世王都》，科学出版社2015年版，第90、91页。

桥村东侧 100 米等高线、南到岳岗村西南、西到于庄村西侧的范围内，白家庄期遗存普遍比较丰富、能够连成一片，应当是小双桥商都占据的主体范围。小双桥商都的主体部分在图 4.6 中宫城之外的长方框内，南北长 1400 余米、东西宽 900—1100 余米，面积约 150 万平方米。小双桥商都宫城周围约 150 万平方米的区域，各类遗存分布比较丰富，功能上相当于郑州商城的内城。许宏先生把此类内城、小城称为广义的"宫城"，等于或包含宫城，相当于后世的"皇城"①。没有确认环壕或围垣之类的界隔性设施，直接称之为广义"宫城"不太合适。笔者将小双桥商都宫城周围 150 万平方米左右的范围称为"城区"，介于狭义"宫城"与都邑外围"郭区"②之间。"城区"明显比外围"郭区"遗存的分布密度大，总体布局也呈现出与郑州商城相类的内外三重结构。③

"城区"北部：小双桥村内红褐色黏土层中经常发现有白家庄期陶片，说明小双桥村内普遍分布白家庄期遗存。小双桥东北地发现有夯土，可能属于白家庄期。小双桥村北偏西发现有白家庄期文化堆积和陶片。小双桥村西约 300 米的索须河南岸旧窑厂断崖剖面上和附近地表发现有白家庄期陶片和卜骨。大型夯土高台建筑"周勃墓"北侧约 200 米范围内普遍发现比较丰富的白家庄期遗存，其东北约 200 米发掘了一座白家庄期灰坑 95ZXH04。于庄村北部、于庄村西北、于庄村北、于庄村东都普遍发现有丰富的白家庄期遗存，于庄村北商文化堆积的土质土色与小双桥村西南出土铜构件地点附近很相似。小双桥中心区Ⅷ区和Ⅸ区的大型夯土建筑是在宫城城墙外围的，应当属于"城区"中重要的建筑，与宫城的关系密切，由于进行了发掘且紧挨着宫城，下文讨论宫城的布局时也将其纳入。

"城区"中部：于庄村东南"双冢"北侧和南侧都发现有白家庄期遗存。引黄灌渠东侧到岳岗村西的断崖上发现有丰富的白家庄期堆积，将岳岗村西侧的遗存与整个"城区"连在一起。岳岗村北地发现有夯土，可能属于白家庄期。

"城区"南部：在岳岗村西南的 3 个地点清理了 3 个白家庄期灰坑 95ZXYH01、H02、H03。岳岗村西南、岳岗面粉厂西侧果园发现很多牛

---

① 许宏：《大都无城——论中国古代都城的早期形态》，《文物》2013 年第 10 期。
② 许宏：《先秦城市考古学研究》，北京燕山出版社 2000 年版，第 83 页。都邑外围"郭区"概念采自该书。
③ 侯卫东：《郑州小双桥商代都邑布局探索》，《中国国家博物馆馆刊》2016 年第 9 期。

骨，牛骨附近发现有弧刃直柄铜刀，可能与祭祀牺牲有关。

"郭区"：西北至后庄王东北、西至前庄王西南、东南至唐庄西北、北和东至100米等高线一带，围绕着一些居住点和墓葬，其中还有夯土建筑和铜器墓，应当属于外围的"郭区"。根据遗存的分布情况，小双桥商都聚落的"郭区"大体为图4-6中"城区"外围的虚线和100米等高线围成的区域，总面积达400多万平方米。如果把小双桥商都相关遗迹串联起来，总面积也可能如一些线索指向的600万平方米左右[1]。"郭区"和"城区"都是根据功能定义的概念，由于没有环壕、围垣之类的界隔性设施作为界限，笔者划出的仅是其大体范围、并非严格的界限。后庄王村东北发现有零星的白家庄期遗物，未发现相关文化堆积。小双桥和后庄王之间的郑州绕城公路考古发掘时，发现很多白家庄期灰坑和墓葬，长方形灰坑一般很深且出土大量陶器[2]。"郭区"的西北边缘应在后庄王东北一带。前庄王村南发现有夯土堆积和柱础石，其东北约300米（前庄王村东）发现有商代白家庄期灰坑，"郭区"的西南边缘应在前庄王村西南一带。岳岗村西南、葛寨村西北的岗地上发现有商文化白家庄期堆积层和灰坑，其西方的引黄灌渠西侧发现有丰富的商文化白家庄期遗存、还曾出土过铜钺[3]；其南侧300米、310国道北侧200米发现有商代白家庄期灰坑。葛寨村和唐庄村之间的地势较高处发现有商文化堆积，关庄村北也发现有商文化遗存。关庄村西南发现有白家庄期遗存，出土有青铜器[4]，属于"郭区"的东南边缘。

石河村南的索须河北岸台地上发现有不晚于东周时期的夯土城墙，夯土内包含有白家庄期陶片[5]，说明附近应当存在白家庄期居住点，由于索须河将该遗址与小双桥商都隔开，笔者将石河遗址划在了"郭区"之外，

---

[1] 张家强：《隞山、隞地与隞都》，收入《华夏都城之源》，河南人民出版社2012年版，第238—239页。

[2] 信应君、吴倩等：《郑州市西绕城公路商代及战国汉代墓葬》，《中国考古学年鉴2011》，文物出版社2012年版，第314页。

[3] 陈焕玉：《郑州市石佛乡发现商代青铜、戈、刀》，《华夏考古》1988年第1期。引《河南省文物志选稿》第八辑第178页，称为"饕餮纹铜铲"。

[4] a. 张松林：《郑州市西北郊考古调查简报》，《中原文物》1986年第4期。
   b. 国家文物局主编：《中国文物地图集·河南分册》，中国地图出版社1991年版，第2页。
   c. 郑州历史文化丛书编纂委员会：《郑州市文物志》，河南人民出版社1999年版，第75页。

[5] 郑州市文物考古研究院、北京大学考古文博学院：《河南省郑州市索、须、枯河流域考古调查报告》，《古代文明》第10辑，上海古籍出版社2016年版。

但此处极可能是一个非常重要的地点。小双桥商都"郭区"附近的白家庄期居住点，应当与小双桥商都有直接关联。

二 宫城的布局

1. 宫城及外围高规格遗迹的相对年代

宫城西北部发掘的面积较大、勘探也比较细致，虽然还没有弄清详细布局，仍然可以讨论局部的布局情况。

从陶器特征的变化方面，很难将小双桥商都内的白家庄期遗存分出明显的早、晚阶段；小双桥作为商王朝都邑的时间也比较短，很难分出宫城早、晚段的遗迹。宫城范围内遗迹之间存在很多叠压打破关系，说明从层位上是存在不少年代先后关系的。鉴于此，笔者以叠压打破的层位关系为主要依据，结合对遗迹性质和形成背景的分析，参考出土遗物的特征，将宫城范围内的遗迹分为早、晚两个阶段（分的太细比较困难）。

小双桥商都宫城城墙基槽打破了Ⅴ区④B层，④B层底部比较平坦，④B层叠压第⑤层并且还直接叠压在生土上，但④B层平整的底部未叠压其他遗迹。小双桥Ⅴ区⑤层的底部大部分都比较平整，并且和④B层底部之间比较平缓地过渡。小双桥Ⅴ区④B层、⑤层的地层堆积特征表明在宫城城墙营建之前，营造者曾经有意识地对相应地面进行了平整处理，Ⅴ区④B层和、⑤层应当是Ⅴ区大型夯土建筑基址HJ5、HJ6和宫城城墙的垫土层。因此，Ⅴ区④B层和⑤层是在短时间内形成的，其形成时间与Ⅴ区HJ5、HJ6和宫城的营建时间非常接近、甚至同步，这两层出土陶器中最晚者大致代表Ⅴ区HJ5、HJ6和宫城营建的考古学年代。战国至西汉的文化层第③层直接叠压和覆盖在白家庄期堆积之上，在Ⅴ区北部HJ5、HJ6范围内④B层绝大部分被第③层叠压，仅有局部被白家庄期最晚的堆积④A层叠压，说明Ⅴ区HJ5、HJ6和宫城营建之后地面仅形成少量的生活堆积，此后不久小双桥商都就失去了王都地位。Ⅴ区④A层叠压并打破了宫城城墙的内侧，却没有破坏宫城城墙，说明Ⅴ区④A层应当是Ⅴ区HJ5、HJ6和宫城建成之后逐渐形成的生活堆积。打破Ⅴ区HJ5、HJ6的祭祀坑或窖穴均位于其庭院内或边缘部位，并没有破坏建筑的主体，说明相关遗迹是在这两座大型宫殿宗庙建筑使用期间形成的。燎祭坑Ⅷ区H21打破了宫城西墙北端，Ⅷ区H21的方向与宫城西墙接近，该坑的绝大部分都挖在宫城西墙的基槽上，说明挖这座坑的时候知道宫城城墙的存在，应当是一种有特殊意义的主动行为。可见，在宫城城墙营建之后某个时间，在宫城城墙相关特定位置举行过一次特殊的祭祀活动（Ⅷ区H21），此时宫城城墙可能还在正常使用，但已是小双桥商都作为王都的晚段。由于Ⅴ区④A层之上没有更晚的商代文化堆积，该层包含的白家庄期陶器中最晚者可代表小双桥商都失去都邑地位的考古学年代。因此，Ⅴ区④B层至④A层经历了小双桥商都的兴盛和废弃。Ⅴ区HJ5叠压打破房基F2、F3，Ⅴ区HJ1南北两侧分别被Ⅴ区④B、⑤层和⑥层叠压打破，Ⅴ区HJ1西侧的HJ2被⑥层叠压打破，因此Ⅴ区F2、F3和HJ1、HJ2早于Ⅴ区HJ5、HJ6和宫城代表的阶段，笔者根据高规格遗迹的这种层位早晚关系，将小双桥商都分为早、晚两个相继的阶段。

按照上文的分析，Ⅴ区④B层及其叠压的地层和遗迹属于小双桥商都的早段，叠压和打破Ⅴ区④B层的地层和遗迹属于小双桥商都的晚段，据此可以大体分出Ⅴ区的早段和晚段遗迹。Ⅴ区④B层下的祭祀坑和④B层内的人骨架，可能是宫殿宗庙建筑Ⅴ区HJ5、HJ6和宫城营建之前举行奠基祭祀活动形成的遗存。

Ⅳ区⑤层分布范围比较广，其上叠压有零星夯土，夯土边缘被白家庄期最晚的堆积第④层叠压，而Ⅳ区第④层相当于Ⅴ区④A层。Ⅳ区HJ1的局部叠压在第⑥层上、主体压在第⑦层和生土之上，没有直接叠压在第⑤层上，东周时期的地层堆积全面叠压Ⅳ区HJ1。发掘者认为Ⅳ区第⑥层之下的堆积都是较短时间内形成的垫土层。Ⅳ区第⑤、⑥层分别被夯土叠压，第⑤层面比较平整，也应当是营建夯土建筑之前的垫土。Ⅳ区第④层叠压有夯土边缘、被白家庄期很多遗迹打破，该层结构缜密、质地坚硬，说明是夯土建筑使用时期形成的一层活动面。Ⅳ区第④层下的第⑤—⑨层属于夯土建筑营建之前的早段。Ⅳ区第③层下叠压的遗迹有一半打破第④层，说明有很多遗迹晚于第④层；Ⅳ区第④层下叠压的遗迹有很多打破第⑤层，这些遗迹应当是Ⅳ区HJ1使用的早段形成的。据此，笔者把Ⅳ区第④层和打破该层的遗迹作为该区的晚段遗存，包括大部分第③层下叠压的遗迹；把Ⅳ区第④层下叠压的遗迹作为该区的早段遗存，第⑤层及其叠压的遗迹大多是作为垫土或奠基遗存在短时间内形成的，Ⅳ区HJ1的最初营建年代接近第⑤层及其下相关遗迹的形成年代，把这些遗迹都归入早段。

Ⅷ区和Ⅴ区的地层堆积接近，Ⅷ区第⑥层叠压大型夯土建筑基址HJ1

以及祭祀坑H22、H23，第⑤、⑥层属于早、晚段之间的垫土层，上文把Ⅴ区④B及其下的遗迹作为早段，则Ⅷ区第⑤、⑥层及其叠压的遗迹也同属于早段。打破Ⅷ区第④、⑤层的遗迹属于晚段。Ⅷ区HJ2的开口在表土层下，报告没有介绍其打破的层位关系，根据开口层位很浅的现象，推测其年代可能偏晚。

Ⅸ区大部分白家庄期遗迹叠压在东周时期文化堆积Ⅸ区第③层下。白家庄期堆积文化第④层仅分布在Ⅸ区中部，该层叠压一部分白家庄期遗迹。Ⅸ区G7开口于第④层下，被磉墩SD2、SD4、SD6、SD8等打破，这四个磉墩大致呈南北向一排，应属于小双桥商都晚段同一座大型夯土建筑。Ⅸ区H43打破G7，磉墩SD1、SD3、SD5打破H43，这三个磉墩属于小双桥商都晚段。磉墩SD7打破Ⅸ区H57，Ⅸ区H57打破第④层，磉墩SD7属于晚段。磉墩SD1、SD3、SD5、SD7也大致呈南北向一排。上述两排南北向磉墩的东西向又大体对应，二者应当同属于小双桥商都晚段的一座大型夯土建筑，该建筑墙体和夯土基址均已被破坏殆尽，无法得知其布局情况。Ⅸ区G7打破了G6，G6被磉墩SD9打破，磉墩SD9的位置与SD1—SD8等并没有规整的排列组合关系，难以推断是否属于同一座大型夯土建筑。

小双桥商都晚段大型夯土建筑的磉墩SD7打破了Ⅸ区H57，Ⅸ区H57打破了第④层，据此把早于晚段大型夯土建筑的④层下遗迹作为早段遗存，从叠压打破关系上一些遗迹也属于早段。Ⅸ区晚段大型建筑和打破第④层的遗迹都属于晚段遗存，一些层位上较晚的遗迹也属于晚段。

2. 小双桥商都早段宫殿宗庙区的布局

上文已经指出小双桥商都早段没有发现宫城城墙，宫殿宗庙区发现Ⅳ区HJ1、Ⅴ区HJ1、HJ2、Ⅷ区HJ1等几处大型夯土建筑基址，还发现有Ⅳ区F1、Ⅴ区F3等几处小型房基。Ⅷ区HJ1在晚段宫城西墙延长线西侧，Ⅸ区G7西侧的大型建筑在晚段宫城外西北侧，这两处建筑紧邻晚段的宫城，在宫城营建之前与Ⅳ区、Ⅴ区一起构成宫殿宗庙区，宫城营建之后成为城区最接近宫城的地带。下面以小双桥商都早段大型宫殿宗庙建筑为中心，分别介绍和讨论与之相关的祭祀遗迹、水井、窖穴、给排水沟、垃圾坑等。

Ⅳ区HJ1的北边缘大体清楚，TG1的剖面和发掘区西侧断崖上都可以清晰地观察到夯基的北部边缘，据此可测量出Ⅳ区HJ1的方向为北偏西约

· 179 ·

8°。Ⅳ区 HJ1 的东、南、西三面边缘都不清楚。当地村民曾经在Ⅳ区 HJ1 发掘部分的东侧取土时发现有大量柱础石，表明该建筑向东还有一定范围。由发掘区西侧断崖上可见夯基的剖面，说明西部边缘还没有到边。根据发掘的材料，可知Ⅳ区 HJ1 东西向的已知长度 40 米以上。Ⅳ区 HJ1 南部叠压有两个殉狗奠基坑 H59、H90，Ⅳ区 HJ1 南侧的夯土被 H17 打破，表明Ⅳ区 HJ1 主体建筑南北向宽度达 11 米以上。Ⅳ区 HJ1 西南侧集中分布一些窖穴和垃圾坑，这些灰坑绝大部分与 HJ1 的使用时间同时（只有 H102 早于 HJ1）。这些集中分布的灰坑将 HJ1 的主体殿堂限定在其东侧，其北侧 HJ1 的宽度也被限定在 6 米以内，此处应当是一座主体殿堂与回廊的结合部位，而Ⅳ区 HJ1 应当是一座庭院式大型建筑的北部主体建筑。Ⅳ区 HJ1 南侧有几处层位早于 HJ1 的祭祀坑，包括 H38、H139、H140、H141、H144 等，这些祭祀坑应位于Ⅳ区 HJ1 代表的庭院式大型建筑的院内，一些祭祀活动与该座大型建筑营建之前的仪式活动可能有关联。在这些祭祀坑的周围分布着多处Ⅳ区 HJ1 使用期间的青铜冶铸遗存，包括 H124、H127、H133、H135、H143 等，这些祭祀坑也可能与青铜冶铸活动过程中的仪式有关。Ⅳ区 HJ1 使用时期其南侧的祭祀坑 H132、H136、H188 等位于青铜冶铸遗存范围内，二者应当有直接关联。值得高度重视的是Ⅳ区 HJ1 南侧的祭祀坑中所用的牺牲多为牛牲（包括整牛、牛头和牛角），牛是商周时期"太牢"之礼的首牲，表明祭祀对象有着特殊的崇高地位。

Ⅳ区 HJ1 北侧偏西处有一个水井Ⅳ区 J1，该水井外围是一个平面近长方形的夯土坑，夯土坑开口于⑤层下，其开凿和夯打时间在Ⅳ区 HJ1 营建之前。Ⅳ区 J1 的中部是真正的圆形井坑 H137，H137 开口于④层下、堆积有多层并且打破了第⑤层，H137 内填土的堆积时间是该水井的废弃时间，说明水井井坑的开凿层位与Ⅳ区 HJ1 相同，二者的使用时间是相当的。

Ⅴ区 HJ1 的方向接近正南北，Ⅴ区 HJ2、HJ3 与之东西并列，方向很可能接近。Ⅴ区 HJ1 北部偏西边缘有一条东北西南向的排水沟 G2，HJ2 北侧的灰沟 G4 也是东北西南方向，Ⅴ区 HJ1、HJ2、HJ3 上建筑的方向可能与这两条沟垂直而呈北略偏西，建筑的形制和布局因破坏严重而无法得知。Ⅴ区 HJ1 西北角被牛牲祭祀坑 H36 打破，Ⅴ区 H36 开口于⑤层下、打破⑥层，这个祭祀坑的年代应当在Ⅴ区 HJ1 使用的末期。Ⅴ区 H36 北侧约 3.5 米处有一个兽牲祭祀坑 H43，也开口于⑤层下，二者都是动物牺牲，与Ⅳ区祭祀坑用牲情况接近，而其位置处于南方Ⅳ区牛牲祭祀遗存与北方Ⅴ区人牲祭祀遗存之间，其功用与位置应当具有某种指示意义。Ⅴ区HJ1、HJ2的北侧有两条东西向的灰沟G4、G6，应当属于给排水设施。Ⅴ区HJ1、HJ2之北有较多⑤层下或个别⑥层下的灰坑，大多为窖穴或垃圾坑，使用时间多与Ⅴ区HJ1和HJ2相同。

Ⅴ区房基F3东部被F2和HJ5打破，其年代显然相当于小双桥商都的早段，根据F3的平面图可测量出其方向为北偏西约5°。Ⅴ区F3为木骨泥墙，柱洞比较清楚，南北宽3.3米，东部被破坏、东西残长3.32米，规模比较小，可能是普通居住用房。

Ⅴ区北部和中部分布较多④B层下的人牲祭祀坑，④B层内还有较多人牲，这些分布密集的人牲祭祀遗存形成于小双桥商都早、晚段之际，属于晚段大型夯土建筑基址Ⅴ区HJ5、HJ6营建之前的祭祀活动。这些密集的祭祀活动一方面暗示Ⅴ区HJ5、HJ6营建之前该区域属于人牲祭祀的区域，另一方面也表明Ⅴ区HJ5、HJ6营建之前可能采用大量的人牲祭祀活动作为奠基仪式。④B层内的人牲祭祀遗存实际上与Ⅴ区HJ5、HJ6的营建相关联，笔者将其放在小双桥商都早段，目的是为了区别Ⅴ区HJ5、HJ6营建之后④A层内的人牲祭祀遗存。

Ⅷ区HJ1受到严重破坏，揭露部分南北长约37.6米、东西宽10.8米，根据平面图可测量出其方向北偏西约10.5°。Ⅷ区HJ1开口于⑥层下，其东南部叠压一个方向一致的长方形小坑H11，H11打破第⑦层，坑内填土为深灰色褐、未发现其他遗物，发掘者判断该坑可能是Ⅷ区HJ1下的奠基坑。Ⅷ区HJ1基槽底部有多处灰烬堆积和烧土面，可能与奠基之类的仪式活动有关。第⑥层仅在发掘区中部偏南有小面积分布，并没有破坏Ⅷ区HJ1的主体建筑。

Ⅷ区HJ1以东有大面积的活动面，其东侧两个祭祀坑H22、H23，这两个坑与夯土基址层位相同、均开口于⑥层下，可能是Ⅷ区HJ1使用期间形成的祭祀遗存。Ⅷ区H22的平面走向大致与Ⅷ区HJ1平行，坑内陶片的摆放似乎有意为之，还包含有动物骨骼，发掘者将该坑称为祭器坑。Ⅷ区H23是一个灰烬坑，位于活动面上，伴出有陶片、动物骨骼、木炭屑，应与某种祭祀仪式有关。Ⅷ区HJ1东侧的祭祀坑H9开口于④层下，打破⑤层及夯土堆积，坑内为陶瓮残片和伴出的动物牺牲骨骼碎片，应当是小双桥商都早、晚段之际的祭祀遗存。可见，Ⅷ区HJ1相关的人类活动主要是

· 181 ·

在其东侧进行的，也就是朝向Ⅴ区中部，相关的祭祀活动用火者较多、用有少量动物牺牲、不见人牲。

Ⅷ区G1打破HJ1西边缘的中部，二者连接在一起。Ⅷ区G1北端西边缘被祭祀坑H3打破。Ⅷ区H3开口于④层下、打破⑤层及夯土堆积，发现1件破碎的陶鬲和伴出的牛牲骨骸。因此，这组遗迹中先营建Ⅷ区HJ1，接着开凿一个连接HJ1西边缘中部的南北向排水沟，作为其给排水设施，最后在Ⅷ区HJ1与G1连接部的一个位置进行了祭祀活动。

Ⅷ区G1南端西侧的④层下灰坑H1打破夯土，被打破的夯土的年代应当属于早段，其代表的建筑因严重破坏而无法知道布局。Ⅷ区H2是位于G1西侧、H1北偏西的祭祀坑，H2开口于④层下、打破⑤、⑥层，应当与H1打破的夯土建筑有关。

Ⅸ区H30被H24叠压，其平面呈圆形，下层填土含料礓颗粒、类似夯土，出土兽骨、蚌片和陶片等，面积与小双桥商都晚段的礠墩SD1、SD6、SD9等接近，可能是与早段大型夯土建筑相关的柱坑。Ⅸ区H64平面形状近椭圆形、面积较小，开口于④层下、被G7打破，坑内包含一具猪骨架，应当是一个与大型建筑相关的兽牲祭祀坑。Ⅸ区H54被H43叠压、礠墩SD6打破，属于早段遗存。Ⅸ区H54的平面形状近圆形，面积和晚段的礠墩SD1、SD6、SD9等接近，填土含碳粒和烧土颗粒，出土有陶片、兽骨等，可能是与大型夯土建筑基址相关的祭祀类遗存。Ⅸ区G7和G6在大型建筑外围边缘，属于给排水设施，其中G7西部边缘打破两个面积较小的椭圆形祭祀遗迹H54、H64。结合小双桥大型夯土建筑基址的方向多为北偏西的现象，G7的走向以及H54、H64的连线应当与建筑的方向有关，据此可测量出G7相关的大型夯土建筑的方向约为北偏西7°。Ⅸ区大型建筑内的H37、H55、H56等窖穴应与建筑使用期间的活动有关联。

Ⅸ区大型建筑直接相关的祭祀遗存比较少、并且没有人牲祭祀，有几个与大型建筑直接相关的窖穴，大型建筑的东侧和南侧都有灰沟，这两条灰沟与大型建筑紧密关联、应当属于给排水设施。相关的遗迹多属于日常生活类设施，其功用应当与居住和日常生活相关。

Ⅸ区的东南部有一个大型祭祀坑H63，开口于④层下，平面形状为不规则的椭圆形，坑内包含有大量人骨架、人头骨和零散人骨，伴出有丰富的陶片和兽骨，发掘者认为其可能是杀牲祭祀的埋葬坑。从层位上看，Ⅸ区H63与Ⅴ区北部和中部④B层下的人牲祭祀坑大体相当，都属于小双桥商都早段遗存中的偏晚者。Ⅸ区 H63 规模较大且使用人牲很多，表明小双桥商都人牲祭祀活动的规格已经达到一定高度。Ⅸ区 H63 处于Ⅸ区大型建筑、Ⅷ区 HJ1 和Ⅴ区人牲祭祀遗存之间，规格如此之高，应当有着特别的功用。

Ⅸ区西南部有一条西北东南向的灰沟 G3，附近有多处窖穴和垃圾坑，还有一个规模较小的祭祀坑 H40。Ⅸ区 H40 的平面呈规整的圆形，包含有兽骨、两件陶鬲和一些陶片，应当属于兽牲和祭器坑。

小双桥商都早段宫殿宗庙区已经形成了功能有别的分布格局（图 3 – 8；彩图二）。大型宫殿宗庙建筑的取向大多为北偏西 8—10°，建筑的走向和地势的走向一致。建筑的形制和布局应当与其前的郑州商城、偃师商城以及其后的洹北商城相类，大多为四合院式夯土木柱建筑。因发现的建筑基址均破坏严重，无法复原一处完整的四合院式建筑。Ⅴ区 HJ1、HJ2 和Ⅸ区 G7 西侧的大型建筑应当是宫室类建筑，二者直接相关的祭祀遗存都很少，都有相关的生活设施如排水沟和窖穴等。Ⅷ区 HJ1 直接相关的祭祀类遗存较多，以燎烧类较常见，多用动物牺牲和陶器作祭器、不见人牲，应当是和礼仪活动相关的高规格建筑。Ⅴ区中部有较多的窖穴和垃圾坑，应当是其周围宫殿宗庙相关的人类活动形成的。Ⅴ区北部④B 层下分布众多小型人牲祭祀坑，暗示小双桥商都早段偏晚开始形成规模化的人牲祭祀活动，这些人牲祭祀坑与其西北方向的大型人牲祭祀坑Ⅸ区 H63 之间没有阻隔，应当有直接关联。Ⅴ区北部和中部④B 层中发现 12 处人骨架遗存，应当与小双桥商都早、晚段之际营建宫城城墙和Ⅴ区大型宫殿宗庙建筑 HJ5、HJ6 之前的礼仪活动有关。Ⅳ区 HJ1 相关的遗迹呈现复杂多样的景观，在其主体建筑西侧集中分布有窖穴、垃圾坑等日常生活设施；其南侧集中分布较多牛牲祭祀遗存，青铜冶铸类遗存和窖穴、垃圾坑等交错分布；其北侧偏西处有一口规模较大的水井。综上，Ⅳ区 HJ1 及相关遗迹应当与青铜器冶铸和管理系统有关。[①]

3. 小双桥商都晚段宫城的布局

小双桥商都晚段宫殿宗庙区的布局发生了较大的变化，在Ⅴ区北部和Ⅷ区东北部发现了具有界隔性功能的夯土墙基，发掘者称之为宫城墙基。夯土墙基槽的西北拐角接近直角，北墙西段宽约 2.6 米、残长约 53 米，

---

① 侯卫东：《郑州小双桥商代都邑布局探索》，《中国国家博物馆馆刊》2016 年第 9 期。

图 3-8 小双桥商都早段宫殿宗庙区布局示意

采自《郑州小双桥商代都邑布局探索》图二。

西墙北段仅残长约12.5米,东墙和南墙已经破坏殆尽。根据宫城北墙和西墙的走向,可测量出宫城的方向为北偏西约7.5°。宫城西墙向南的延长线是整条西墙所在的位置,Ⅳ区和Ⅴ区内的遗迹都在这条延长线以东、也就是宫城之内,Ⅷ区中南部的大型夯土建筑和灰沟等遗迹都在这条延长线以西、也就是宫城西侧,看来这条延长线直至Ⅳ区西南侧都应当是西墙延伸的位置、西墙的长度应不短于150米。

高台建筑"周勃墓"西侧60米左右出土2件铜建筑构件(同一地点还有1件下落不明),附近发现有东北——西南走向的壕沟(T1内),壕沟北侧发现有夯土建筑基址以及柱础石、特磬、石祖等高规格遗存。Ⅴ区东南部壕沟90ZXⅤG1东北方向延伸的位置与青铜建筑饰件和T1内壕沟相互对应,能连接起一条长达50米的壕沟。这条壕沟向西、向东都还延伸,其西向延长线与宫城西墙、北墙(应该还有东墙)把其Ⅴ区的重要遗迹界隔起来。位于铜建筑构件和相关夯土代表的宫殿宗庙建筑之东60米左右的大型高台建筑("周勃墓"),规模宏大并且有燎烧类祭祀迹象,应当在宫城东墙之内。根据相对位置和相关数据,可以测算出宫城东西向跨度在200米以上、300米以内。

大型夯土建筑基址Ⅴ区HJ5位于宫城北部边缘偏西,宫城北墙残存的东端南侧紧挨着就是Ⅴ区HJ5。该建筑的中东部被破坏掉了,从残存的西部夯土基址和柱础来看,Ⅴ区HJ5是一座中间有庭院的四合院式建筑。Ⅴ区HJ5的方向为北偏西约8°,北部主体建筑的北边缘与南部廊庑的南边缘之间的跨度约为22.4米,东西向残存跨度约11.2米。Ⅴ区HJ5的西墙南端向外凸出约1.4米,这段凸出的夯土墙与Ⅴ区HJ6现存的北边缘东端相连接。Ⅴ区HJ6残存的是西部,夯土基址的南北跨度约30米、东西跨度残长约21.8米,夯土基址的东部有规律地排列着很多柱础,这些柱础排列成"L"形的建筑、可以分为大小不同的5间房子,这座建筑的方向为北偏西约6.5°。发掘者认为Ⅴ区HJ6的建筑属于一组建筑的西厢房,或许称西配殿更合适。由于Ⅴ区HJ6、HJ5一前一后被连接在一起,HJ6北部边缘向东的延长线与HJ5南部廊庑的南边缘之间的距离不足1米,则HJ5南部廊庑东侧应当连接一个东西向的主体建筑,而这个主体建筑之南是庭院。因此,Ⅴ区HJ5和HJ6代表的应当是一座有前后二进院落的大型宫殿宗庙建筑。Ⅴ区HJ6西北部集中分布的人牲祭祀遗存都打破了夯土基址,但没有破坏建筑本身。Ⅴ区HJ6西南部部夯土基址被大型灰沟G13打破并相连接，说明二者直接相关。G13 呈半个"回"字形，沟较宽，不像一般的给排水设施，沟内还发现有人骨架，可能是具有某种礼仪功能的设施。Ⅴ区 HJ5 庭院内、HJ6 东侧（庭院内）、HJ6 西南部都有不少窖穴和垃圾坑等生活类遗存，说明这座二进四合院式大型宫殿宗庙建筑以日常活动为主，祭祀活动在外围举行。铜建筑构件以及附近的夯土代表的宫殿宗庙建筑，北距Ⅴ区 HJ6 东侧的庭院和相关建筑还不到 20 米，二者或许有关联①。

宫城西北角Ⅷ区 H17、H18、H24 等人牲祭祀遗存均打破有夯土，这些遗迹南侧和东侧有一大片空地，应当如同发掘者推断的那样，这片空地原本存在相关的夯土建筑（宫城西北部宫殿宗庙建筑）。

宫城北墙南侧、宫城西北部宫殿宗庙建筑东侧、Ⅴ区 HJ5 和 HJ6 西侧所围成的区域内，集中分布较多的人牲祭祀遗迹，说明宫城内大规模人牲祭祀活动主要在这些宫殿宗庙建筑之外的公共露天空间举行的。

Ⅴ区南部早段就已经存在的夯土基址 HJ1 的西北部被集中分布的几个灰坑打破，并没有破坏建筑的主体；HJ2 北部被几个灰坑和一条东北西南向的灰沟 G3 打破，从 HJ2 和 HJ3 作为同一座建筑的夯土基址来看，建筑主体本身也没有受到破坏；更重要的是，打破这两处夯土基址的遗迹呈东北西南向分布，似乎是沿着建筑的边缘打破夯土基址的，一方面说明建筑主体没有被破坏，另一方面进一步印证建筑的方向是北略偏西。Ⅴ区 HJ1 东侧还发现两个灶坑，可能是与建筑有关的炊烧设施。

Ⅴ区 HJ1、HJ3 和 G13 之间有 G3、G4、G5、G7 四条东西向灰沟，这几条沟所在的区域集中分布较多窖穴和垃圾坑等日常生活设施，这些灰沟大多与给排水有关，G3 也可能与祭祀活动相关联。Ⅴ区 HJ1、HJ3 南侧除了一条长灰沟之外，有一大片空白地带，与之相关的人类活动应当主要在建筑之北。

小双桥商都早段已经使用的夯土建筑Ⅳ区 HJ1 被第④层叠压的仅是边缘部分，大部分被第③层叠压，说明第④层并没有破坏Ⅳ区 HJ1 的主体建筑，Ⅳ区 HJ1 的主体建筑在小双桥商都晚段仍然在使用。Ⅳ区 HJ1 的西北边缘部分被 G2 打破，Ⅳ区 G2 开口于③层下、打破④、⑤层，也就是说Ⅳ区 G2 在小双桥商都晚段才开凿、当时Ⅳ区 HJ1 已经使用一段时间。从Ⅳ

---

① 侯卫东：《郑州小双桥商代都邑布局探索》，《中国国家博物馆馆刊》2016 年第 9 期。

区 G2 的剖面来看，贴近 HJ1 的南沟壁坡度较缓、另一侧北沟壁的坡度则较陡，既方便给排水、又减少水渗进建筑内。从Ⅳ区 G2 的位置来看，打破的主要是 HJ1 西北部的廊庑部分，可能在建设给排水设施的时候对这部分廊庑也进行了相应的改造。

有几个祭祀坑与Ⅳ区 HJ1 有直接关系，包括Ⅳ区 H1、H4、H5、H32 等，面积都比较小。Ⅳ区 HJ1 东南部的 H5、H32 均打破第④层，坑内都有 1 只牛角。Ⅳ区 HJ1 西北部的 H1 打破了 HJ1，出土有海贝、碎骨、蚌片等；H4 在西部边缘部位、G2 的南侧，打破关系不清楚，出土有骨器、蚌骨、石器等。这些祭祀坑可能与Ⅳ区 HJ1 在小双桥商都晚段的改建和使用有关。

Ⅳ区 HJ1 东部南侧、东侧和东南侧发现有 31 处青铜冶铸遗迹。Ⅳ区 HJ1 南侧广泛分布有祭祀遗迹，发现有 17 处祭祀坑，面积大小不一，主要包含牛头、牛角、牛骨等牛牲祭品。Ⅳ区 HJ1 南侧还发现有 7 处窖穴和垃圾坑。总的来看，Ⅳ区 HJ1 南侧的青铜冶铸遗存和祭祀遗存都比小双桥商都早段增多，规模有明显的扩大趋势，青铜冶铸遗存有东移的趋势，祭祀遗迹分布范围扩大、面积也有扩大的趋势。

Ⅳ区 HJ1 南侧发现有灰沟 G4、G5、G10 等，位于祭祀坑和青铜冶铸遗存附近，可能是青铜冶铸生产活动的给排水设施。

Ⅳ区 HJ1 北侧隔着 G2 的房基 F1 仅发现有一排东西向的 4 个柱础，根据走向可测出 F1 原来的方向约 4°。Ⅳ区 F1 开口在③层下、并且房子的活动面和墙基槽都已被破坏掉，说明 F1 的建筑层位较浅，属于小双桥商都晚段。Ⅳ区 F1 的一排东西向 4 个柱础中东端的一个接近 G2 北侧边缘，F1 主体建筑应当在这排柱础的北侧，这排柱础南侧发现的一些活动面迹象应当是人类在房基外活动形成的。Ⅳ区 F1 四个柱础连接的东西向长度约 5.2 米，其北侧 3 米左右是 G8，G8 在 F1 北侧的一段基本与 F1 柱础的东西向连线平行，将 F1 南北向的宽度限定在 3 米左右。Ⅳ区 F1 西侧、G2 和 G8 之间小范围内，发现有集中分布几个面积较大的窖穴，还发现一处面积较大的祭祀坑 H111；H111 内包含有陶片、石块、木炭块，并没有发现Ⅳ区 HJ1 南侧祭祀坑中常见的牛牲祭品；该区域生活设施分布集中，应当属于日常生活区。

村民在"周勃墓"西侧、引黄灌渠以南取土时，在红褐色或灰褐色粘土层中挖出 10 多块石头，发掘者判断为大型夯土建筑的柱础石；该地点往南几百米范围内，取土和平整土地时发现许多陶片、长方形穿孔石器、烧土颗粒；"周勃墓"以南发现有铜刀、石质礼器和其他遗物。可见，Ⅳ区东侧和南侧广泛存在高规格遗存，宫城南北向的跨度在 300 米以上。

宫城西侧和西北侧的Ⅷ区、Ⅸ区都存在大型夯土建筑，说明宫城城墙外围还存在不少宫殿宗庙建筑，属于"城区"最重要的内围区域，这里一并讨论。

Ⅷ区 HJ1 西边缘北段被窖穴 H8、H10 和灰沟 G4 打破，东边缘南段被灰坑 H4、H6、H7 和祭祀坑 H5 打破，这些遗迹都没有破坏建筑的主体部分；东西向的窄灰沟 G8 打破 HJ1 的南部，其功用难以判断，可能也没有破坏建筑本身。也就是说，Ⅷ区 HJ1 有可能在晚段继续沿用，重新开凿了给排水设施 G4，G8 的出现似乎与建筑的改建有关。

Ⅷ区 HJ1 的西南方向营建了一座东北西南向的夯土建筑基址 HJ2，方向北偏西约 10°，东边缘比较清晰，北边缘受到破坏、但可知大体位置，南边缘和西边缘皆因未清理而不知，东西向残长 21.8 米、南北向残宽 4.9 米。Ⅷ区 HJ1 与 HJ2 的布局关系似乎是一组四合院式建筑的东庑和南庑，晚段可能对建筑格局进行了新的规划。

小双桥商都晚段Ⅸ区的礤墩 SD1、SD2、SD3、SD4、SD5、SD6、SD7、SD8 代表的大型夯土建筑的方向为北略偏东，周围几条沟围成空间的方向也是北略偏东，这种取向与小双桥商都宫城和城区内大部分建筑的取向是不同的。Ⅸ区中部有一个面积较大的祭祀坑 H23，出土有人骨架、卜骨和陶器，其东侧的小型祭祀坑 H26 包含有兽骨和两个牛角。Ⅸ区的灰沟排列规整，窖穴和垃圾坑等日常生活遗存较多，应当是重要的居住区。建筑基址的主体部分被 H42、H43 等灰坑大面积打破，应当在小双桥商都末期废弃[1]。

根据小双桥商都聚落中心区的分区情况和重要遗迹的相对位置[2]，目前揭露的遗迹大致可以分为五个宫城单元（图 3-9；彩图三），实际上可能有更多宫城单元。

---

[1] 侯卫东：《郑州小双桥商代都邑布局探索》，《中国国家博物馆馆刊》2016 年第 9 期。
[2] 河南省文物考古研究所编著：《郑州小双桥——1990—2000 年考古发掘报告》（上册），科学出版社 2012 年版。第 33、50、51、58—60 页。根据 33 页图 4.1 四、50 页图 4.1 九、58 页和 59 页之间的插图 4.2 三、图 4.2 四，以及 51 页所述总坐标基点与"周勃墓"和分区之间的相对位置，绘制出该图。

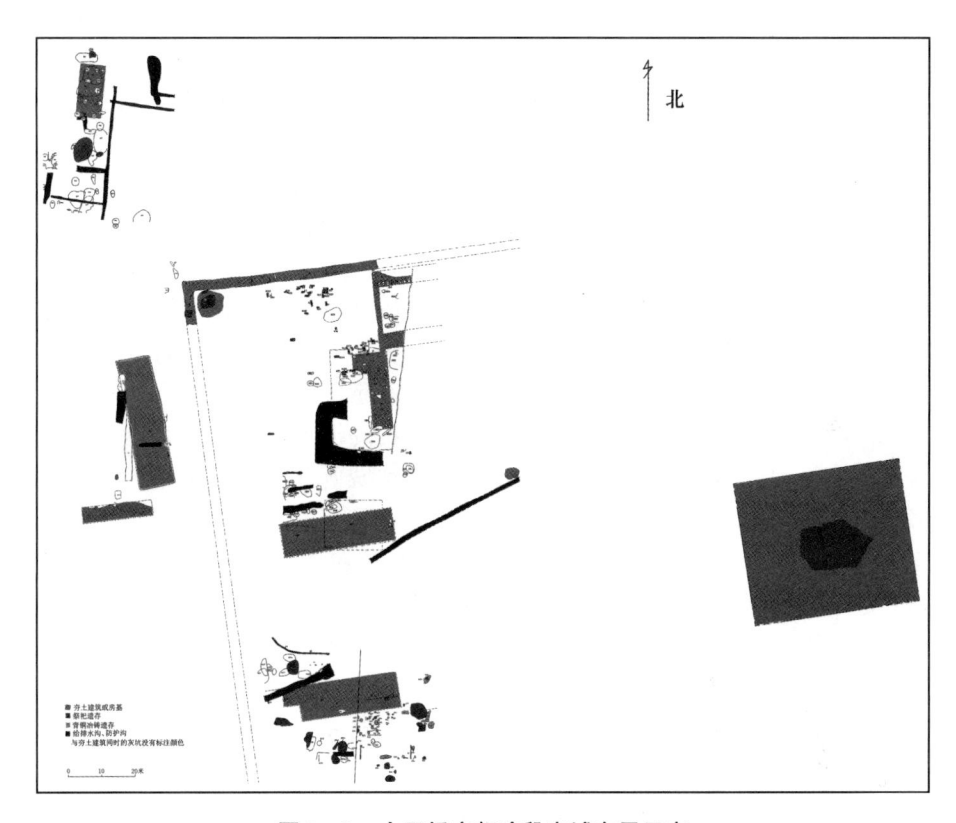

图 3-9　小双桥商都晚段宫城布局示意

采自《郑州小双桥商代都邑布局探索》图三。

三　小双桥商都的总体布局

小双桥商都布局紧密结合地理环境，北临索须河、东北濒临古荥泽，所处的台地呈西北东南走向，大型宫殿宗庙建筑大多和地形的走向一致。小双桥商都以宫城为中心，其布局分层次向外展开，或许与郑州商城和偃师商城一样，具有三重结构布局。发掘报告提供的文化面貌和测年信息表明小双桥作为都邑的时间不会超过50年，根据层位和叠压打破关系，小双桥商都大体可以分为早、晚两个阶段。小双桥商都早段在核心区营建了几座大型宫殿宗庙建筑，但没有营建宫城城墙；Ⅴ区南部营建了宫殿建筑，中部有较多窖穴和排水沟等日常生活设施；Ⅴ区北部和中部有较多人牲祭祀坑，V区西北侧的IX区东南部有一座大型人牲祭祀坑，这个人牲祭祀遗存比较集中的区域，应当是小双桥商都最高规格的祭祀场所；IV区大型夯土建筑及其相关的水井、窖穴、祭祀坑和青铜冶铸遗存等，应当属于一个青铜冶铸工业的生产和管理系统，祭祀坑中的牺牲多为牛牲及牛头、牛角等，显然与V区北部一带的人牲祭祀遗存的性质是不同的；VIII区的大型夯土建筑可能与礼仪活动有关；IX区的建筑和给排水设施、窖穴等表明这里是日常生活区。小双桥商都晚段营建了宫城城墙，宫城北部的V区重新营建了大型宫殿宗庙建筑，人牲祭祀活动更加频繁，宫城北部的宫殿宗庙建筑、人牲祭祀遗存和给排水设施形成规整的布局；宫城中部IV区的青铜冶铸工业继续发展；宫城东部营建了高大巍峨的大型高台建筑，高台上举行过燎烧类祭祀活动；宫城南部的边缘和布局还不清楚；宫城西侧VIII区内大型建筑和给排水设施继续增建和使用；宫城西北侧IX区的建筑和给排水设施更加完善和规整。总之，小双桥商都在较短的时间内，形成了布局严整、功能区划明确的一代王都，但基本上是在定格之后不久便突然废弃，甚至看不到被当时人类活动破坏的迹象。

小双桥商都宫城范围内有不同的功能区划，主要分为宫殿建筑区、宗庙祭祀区、高台祭坛区和铸铜作坊区。宫城的范围不大，相当于商王直接管辖的"邑"，不同的功能区可能有不同的王室成员负责管理，但似乎并不存在若干族邑。在宫城范围之外"城区"的多处地点发现有夯土建筑基址或青铜器，也分布有不少墓葬，应当存在若干生死一体的"族邑"。小双桥商都外围"郭区"存在多处青铜器出土地点，也发现有夯土建筑基址和多处居住点，应当存在若干"族邑"。小双桥商都以王室的"大邑"宫城为核心，从内到外存在若干围绕宫城的族邑，形成具有三重结构布局的"大邑商"。

第三节　郑州商城和小双桥商都的关系

作为距离非常近、使用年代有一定重合、相继作为商王朝王都的两座都邑，郑州商城和小双桥商都的关系是学界关注的焦点问题。有学者认为小双桥商都与郑州商城之间是兴替关系，白家庄期政治中心转移到小双桥，是商王仲丁所迁的"隞都"①。也有学者认为小双桥商都是隶属于郑州商城的王室祭祀场所②。小双桥商都的总体布局与此前的郑州商城类似，具有商代王都的基本特征和主要内涵。以郑州商城和小双桥商都布局的研究为基础，结合文化传统和内涵，下文对二者的关系作进一步的讨论。

李维明先生对小双桥商都出土的陶器进行了文化因素分析，分为商文化因素、近似二里头文化因素（二里头传统）和近似岳石文化因素（岳石文化传统）等三群，商文化因素又分为先商文化因素（下七垣文化传统）、二里岗上层文化因素（典型二里岗文化传统）、白家庄期文化因素和近似殷墟文化因素③。李宏飞和王宁先生对小双桥商都的二里岗文化（商文化）传统和岳石文化（夷文化）传统进行了深入研究，提出不少岳石文化传统的陶器是小双桥本地生产的④。小双桥商都的近似殷墟文化因素表明其晚段与殷墟早期文化之间关系密切，白家庄期文化风格是该时期的典型特征。下七垣文化传统、二里头文化传统、岳石文化传统等典型二里岗文化的主要来源，在典型二里岗期一直都保留一定的流风余韵，岳石文化传统的一些典型特征出现在小双桥商都则似乎涉及到文化、人群和社会的再次重组。

小双桥商都与郑州商城的地理环境类似，二者都濒临古湖泊和河流、都处于丘陵向平地过渡的边缘，说明小双桥商都对地理环境的选择标准与郑州商城类似、二者有着相同的"风水"（地理环境）观念。小双桥商都宫殿宗庙建筑和宫城城墙的夯筑技术和布局方式与郑州商城相类，显然小双桥商都的营造继承了郑州商城的技术传统。小双桥商都宫殿宗庙建筑和宫城的主要取向为北偏西、一改郑州商城北偏东为主的取向，一方面与地形的走向一致，另一方面也面向郑州商城，应当反映了小双桥商都的营建既结合了地形又朝向先王都邑的思想。小双桥商都营建了大型高台建筑，这是对此前同类建筑的大幅度发展，或者是开创了一种大型高台祭坛类建筑形式。小双桥商都的祭祀活动更加集中、祭祀类别的区划更加鲜明，人

---

① a. 陈旭:《郑州小双桥商代遗址即隞都说》,《中原文物》1997年第2期。
  b. 韩香花:《小双桥与郑州商城遗址白家庄期商文化的比较》,《中国历史文物》2012年第2期。
  c. 袁广阔:《关于郑州小双桥遗址的几个问题》,《考古》2014年第11期。
② 杨育彬:《再论郑州商城的年代、性质及有关问题》,《华夏考古》2004年第3期。
③ 李维明:《小双桥商文化遗存分析》,《殷都学刊》1998年第2期。
④ 李宏飞、王宁:《小双桥遗址的商与夷》,中国社会科学出版社2019年版。

牲祭祀、牛牲祭祀和高台祭坛分别在不同的区域集中分布。比起郑州商城，小双桥商都的人牲祭祀活动更加普遍、牛牲祭祀的规模更大、高台祭坛更加巍峨壮观。小双桥商都青铜冶铸遗存位于宫城内，有大型夯土建筑作为管理和生产场所，伴随有大规模的牛牲祭祀；郑州商城的青铜冶铸遗存都在内城之外，附近未发现大型夯土建筑，祭祀遗存的规模也比较小，可见小双桥商都更加重视青铜冶铸工业。

小双桥商都已经成为都邑的白家庄期，郑州商城总体上稳静下行的同时，却埋葬了郑州地区迄今所知同时期规格最高的墓葬，说明仍是高级贵族的终极归宿之地；形成了同时期规模最大、规格最高的青铜器埋藏坑，应当是小双桥商都的商王在祖先都邑举行的祭祀活动[1]。郑杰祥在《夏史初探》中提到甲骨卜辞中用大牢饻祭于隞（囂）地，实际上是迁到安阳殷地的商王到隞地祭祀祖先的都邑[2]，这恰好与迁到小双桥的商王到郑州商城祭祀祖先的都邑相类，进一步从接近历史事件的文字材料上印证小双桥商都与郑州商城的关系。

郑州商城的稳静下行和小双桥商都的兴起从时间上来看是呼应的，二者一静一兴，但并不是简单的兴替关系。王都转移到郑州商城附近的小双桥商都之后，郑州商城的青铜冶铸工业延续了一段时间；商王为代表的高级贵族仍然把郑州商城作为神圣的祖先都邑，对先王故都进行过多次高规格的祭祀，还有高级贵族埋葬在内城周围。典型二里岗期晚段郑州商城发展到鼎盛局面，白家庄期郑州商城不再积极发展，而是任由自行发展的态势，人口和资源向小双桥商都转移，形成新的中心都邑，应当就是所谓"迁都"活动在考古学上的反映。小双桥商都选择了类似郑州商城的地理环境，采用了郑州商城的三重布局结构和建筑技术，祭祀活动更加频繁、规模更加宏大，小双桥商都的王室还使用大型青铜重器到故都郑州商城举行祭祀活动。郑州商城在小双桥商都成为都邑之后，作为祖先故都仍然受到尊崇，但存在人口和资源的大规模外流，郑州商城的各类政治、生活和生产设施趋于稳静下行。郑州商城基本上是突然失去王都地位的，小双桥商都作为王都也基本上是突然兴起和突然废弃的，但二者作为王都的形成和衰落都经历了一个过程。

---

[1] 袁广阔：《关于郑州小双桥遗址的几个问题》，《考古》2014年第11期。
[2] 郑杰祥：《夏史初探》，中州古籍出版社1988年版，第294页。

第四章　郑州商城王畿区域的聚落与社会

学界以往重点关注郑州商城本身的研究，很少将这座都城放在其王畿区域内进行系统考察，缺乏从区域聚落考古的层面研究郑州商城的形成过程、城市化进程和失去都城地位的过程。张松林先生介绍了双洎河上游和索河流域一部分夏商时期聚落的概况，但没有进一步的讨论①。宋爱平先生分析了郑州商城王畿区域夏商时期的聚落形态，认为二里岗时期比二里头时期遗址的数量明显增多、面积显著增大、大中型遗址的数量大大增加，人们更多地向大中型聚落聚集，形成了郑州商城代表的较为成熟的国家社会，聚落形态发展最为完备②。宋爱平先生的认识大体反映了郑州商城王畿区域聚落的发展演变趋势，把聚落集聚的原因与国家和社会的发展相联系，也值得重视。郑州商城王畿区域西部和南部确认的夏商时期聚落和青铜器出土地点较多，发现有荥阳大师姑③、新郑望京楼④等重要城邑，近年还在郑州商城王畿区域开展了区域考古调查工作⑤，区域聚落考古材料明显增加，为进一步讨论郑州商城代表的商王朝的形成过程和社会结构等问题提供了必要基础。

---

① 张松林：《郑州市聚落考古的实践与思考》，《中国聚落考古的理论与实践》（第一辑），科学出版社 2010 年版，第 199—247 页。
② 宋爱平：《郑州地区史前至商周时期聚落形态分析》，《东方考古》8 集，科学出版社 2011 年版，第 156—194 页。
③ 郑州市文物考古研究所编著：《郑州大师姑（2002—2003）》，科学出版社 2004 年版。
④ 郑州市文物考古研究院编著：《新郑望京楼：2010—2012 年田野考古发掘报告》，科学出版社 2016 年版。
⑤ a. 张松林：《郑州市聚落考古的实践与思考》，《中国聚落考古的理论与实践》（第一辑），科学出版社 2010 年版，第 199—247 页。
　b. 郑州市文物考古研究院、北京大学考古文博学院：《河南省郑州市索、须、枯河流域考古调查报告》，《古代文明》第 10 卷，上海古籍出版社 2016 年版。

上文深入探讨了郑州商城王畿区域考古学文化传统，郑州商城的形成过程与城市化进程，以及郑州商城和小双桥商都的关系，为从区域聚落考古的视角讨论郑州商城王畿区域聚落变迁和社会重组奠定了基础。因此，本书按郑州商城肇建之前（二里头文化三期前后）、肇始阶段（二里头文化与二里岗文化过渡期）、定局和鼎盛阶段（典型二里岗期）、稳静阶段（白家庄期）等前后相继的四个大阶段，讨论郑州商城王畿区域聚落的变迁，进而探讨王畿区域聚落与都邑之间的关系、社会重新组织和发展的过程等问题。

本书统计的各阶段聚落的信息以发表的相关考古报告为准，主要包括郑州商城、小双桥、大师姑、望京楼、洛达庙等遗址的发掘报告，《河南省郑州市索、须、枯河流域考古调查报告》《郑州市西北郊考古调查简报》[①]及《郑州市聚落考古的实践与思考》、《郑州市文物地图集》[②]提供的资料。

第一节 郑州商城肇建之前王畿区域的社会背景

郑州商城肇建之前最近的阶段，本书宏观上将其整合为二里头文化三期，该阶段是郑州商城形成的社会背景。由于考古工作开展的多寡不同和发表资料的详略各异等原因，本书对郑州商城肇建之前王畿区域聚落形态、规模、分布和数量等信息的归纳总结显然与实际情况有偏差，在尽可能地整合可知材料的情况下，努力接近当时的真相。

一 郑州商城肇建之前王畿区域聚落概况

根据已知的考古资料，可知郑州商城肇建之前王畿区域聚落的不少于108处（图4-1；彩图四；表4-1），下文对一些重要聚落进行案例分析。

---

① 张松林：《郑州市西北郊考古调查简报》，《中原文物》1986年第4期。
② 郑州市文物局编：《郑州市文物地图集》（上、下册），西安地图出版社2016年版。

第四章 郑州商城王畿区域的聚落与社会

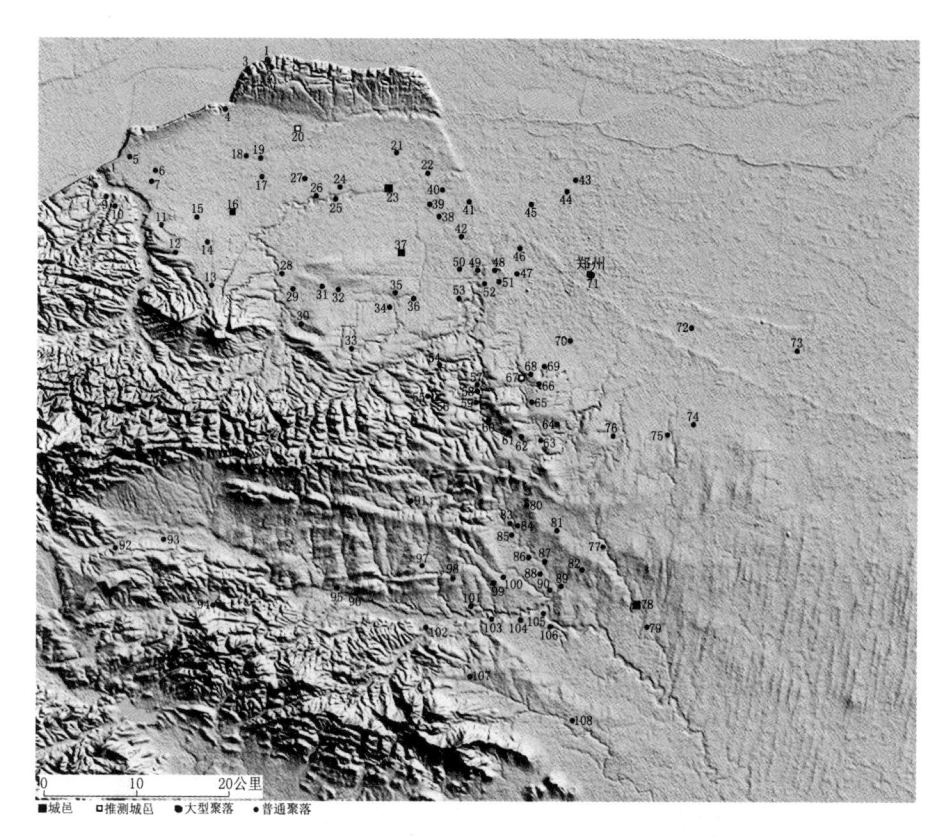

图4－1 郑州商城王畿区域二里头文化三期聚落分布示意

1. 诏下峪 2. 薛家嘴 3. 大骨头峪 4. 池沟寨 5. 薛村 6. 前白杨 7. 五里堡 8. 虎牢关南 9. 杨树坡 10. 凤凰寨 11. 石嘴 12. 何寨西南 13. 凤凰台 14. 寨沟 15. 上街 16. 西史村 17. 后圈子 18. 西司马 19. 竖河 20. 唐垌 21. 冯庄 22. 岔河 23. 大师姑 24. 袁垌 25. 娘娘寨 26. 孙寨 27. 丁楼 28. 阎河 29. 老官嘴 30. 聂楼 31. 碾徐 32. 槐西 33. 楼李 34. 圈李 35. 白寨 36. 小孟西北 37. 东赵 38. 祥营 39. 堂李 40. 前庄王 41. 关庄 42. 瓦屋李 43. 大河村 44. 黑庄 45. 王寨北 46. 董寨 47. 旮旯王 48. 宋庄南 49. 常庄 50. 马良寨 51. 洛达庙 52. 杏树湾南 53. 王垌 54. 水磨 55. 梨园河 56. 胡河西北 57. 东寨 58. 盐店庄 59. 下李河东南 60. 牛王庙嘴 61. 石匠庄 62. 黄沟 63. 于寨 64. 古城 65. 红花寺 66. 石旦沟 67. 芦河 68. 范家嘴 69. 马沟 70. 佛岗 71. 黄委会青年公寓 72. 西营岗 73. 国庄 74. 大湖 75. 安庄 76. 三里岗 77. 王垌 78. 望京楼 79. 高千庄 80. 耿庄 81. 五虎庙 82. 水泉 83. 岗沟 84. 曲梁 85. 下牛 86. 柿园 87. 杨庄 88. 全庄 89. 古城寨 90. 程庄 91. 二郎庙 92. 月台 93. 牛店北 94. 菜园沟 95. 黄寨 96. 苏寨 97. 西沟 98. 云岩宫 99. 朱家沟 100. 李家岗 101. 新砦 102. 刘湾 103. 徐家寨 104. 马鞍垌 105. 北李庄 106. 人和寨 107. 煤土沟 108. 前河刘

表4-1　　郑州商城王畿区域二里头文化三期聚落登记表

序号	聚落名称	位置	形态	面积（平方米）	资料出处
1	诏下峪	荥阳高村乡刘沟村北2000米	不详	不详，较小	《郑州市文物地图集》下册第310页
2	薛家嘴	荥阳高村乡刘沟村北900米	不详	不详，较小	《郑州市文物地图集》下册第310页
3	大骨头峪	荥阳高村乡官峪村大骨头峪	不详	不详，较小	《荥阳文物志》第45页
4	池沟寨	荥阳市高村乡马沟村北池沟寨上	不详	≤7万	《荥阳文物志》第39、40页。遗址位于四周环沟的台地上
5	薛村	荥阳市王村镇薛村北约1000米	不详	不详，较小	《河南荥阳市薛村遗址2005年度发掘简报》（《华夏考古》2007年第3期）第3—11、21、82页，彩版一、二
6	前白杨	荥阳市王村镇前白杨村北	不详	不详，较小	《郑州市文物地图集》下册第279页
7	五里堡	荥阳市王村镇五里堡村北	不详	不详，较小	《荥阳文物志》第55页
8	虎牢关南	荥阳市汜水镇虎牢关南	不详	不详，较小	郑州市文物考古研究院资料，核对过陶片
9	杨树坡	荥阳市汜水镇周沟村杨树坡	不详	不详，较小	《郑州市文物地图集》下册第285页
10	凤凰寨	荥阳市汜水镇老君堂村东岭	不详	不详，较小	《荥阳文物志》第35、36页
11	石嘴	上街区峡窝镇石嘴村北部	不详	不详，较小	《郑州市文物地图集》上册第304页。核对过陶片
12	何寨西南	上街区峡窝镇何寨村西南部	不详	不详，较小	《郑州市文物地图集》上册第289页

续表

序号	聚落名称	位置	形态	面积（平方米）	资料出处
13	凤凰台	荥阳城关乡凤凰台村南	不详	不详	《郑州市聚落考古的实践与思考》第228页。《荥阳文物志》第40页
14	寨沟	上街区峡窝镇寨沟村东北部	不详	不详，较小	《郑州市文物地图集》上册第321页。核对过陶片
15	上街	上街区二十里铺村西约300米	不详	约4万	《郑州上街商代遗址发掘报告》（《考古》1960年第6期）。《中国文物地图集·河南分册》第1页
16	西史村	荥阳市城关乡西史村西南	城邑	9万	详见文中介绍
17	后圈子	荥阳高村乡后圈子	不详	不详，较小	郑州市文物考古研究院资料
18	西司马	荥阳市城关乡西司马村北	不详	不详	《荥阳文物志》第37页
19	竖河	荥阳市高村乡竖河村南枯河北岸	不详	不详，较小	《河南荥阳竖河遗址发掘报告》（《考古学集刊》10，地质出版社1996年版）第1、22—34页
20	唐垌	荥阳市广武镇唐垌村西南	环壕？	≤16万	《河南省郑州市索、须、枯河流域考古调查报告》
21	冯庄	荥阳市广武镇冯庄村北	不详	不详，较小	《郑州市文物地图集》下册第270页
22	岔河	惠济区古荥镇岔河村东北台地上	不详	≥3万	详见文中介绍
23	大师姑	荥阳市广武镇大师姑村西南	夯土城垣、环壕	51万	详见文中介绍
24	袁垌	荥阳市广武镇后袁垌村东、前王村西	不详	约6万	《河南省郑州市索、须、枯河流域考古调查报告》

续表

序号	聚落名称	位置	形态	面积（平方米）	资料出处
25	娘娘寨	荥阳市豫龙镇寨杨村西北	不详	不详	《荥阳娘娘寨遗址二里头文化遗存发掘简报》（《中原文物》2014年第1期）
26	孙寨	荥阳市广武镇孙寨村西南索河北岸	不详	≤5万	《荥阳文物志》第44页。《河南省郑州市索、须、枯河流域考古调查报告》
27	丁楼	荥阳广武镇丁楼村西南	不详	不详，较小	《河南省郑州市索、须、枯河流域考古调查报告》
28	阎河	荥阳乔楼镇阎河村及村西、村北的索河东岸台地	不详	约6万	《河南荥阳县阎河遗址的调查与试掘》（《中原文物》1992年第1期）第77—84页
29	老官嘴	荥阳市乔楼镇老官嘴	不详	不详，较小	郑州市文物考古研究院资料
30	聂楼	荥阳市乔楼镇聂楼	不详	不详，较小	郑州市文物考古研究院资料
31	碾徐	荥阳市豫龙镇碾徐村	不详	不详，较小	郑州市文物考古研究院资料
32	槐西	荥阳市豫龙镇槐西村	不详	不详，较小	《郑州市文物地图集》下册第260页。核对过陶片
33	楼李	荥阳市贾峪镇楼李村	不详	不详，较小	《郑州市文物地图集》下册第303页
34	圈李	中原区须水镇圈李村东	不详	不详，较小	《郑州市文物地图集》上册第72页
35	白寨	中原区须水镇白寨村南	不详	约10万	《郑州市聚落考古的实践与思考》第228页。《河南省郑州市索、须、枯河流域考古调查报告》

第四章 郑州商城王畿区域的聚落与社会

续表

序号	聚落名称	位置	形态	面积（平方米）	资料出处
36	小孟西北	中原区须水镇小孟村西北	不详	不详	《郑州市聚落考古的实践与思考》第228页
37	东赵	中原区沟赵乡东赵村南、檀山东北麓	夯土城垣、壕沟	≤10万	《河南省郑州市索、须、枯河流域考古调查报告》
38	祥营	中原区沟赵乡祥营村东	不详	不详，较小	《郑州市西北郊考古调查简报》第4、6页
39	堂李	中原区沟赵乡堂李村南	不详	≥10万	《郑州市西北郊考古调查简报》第4—6页
40	前庄王	中原区沟赵乡前庄王村西南	不详	约6万	《郑州市聚落考古的实践与思考》第228页
41	关庄	中原区石佛镇关庄村西南岗地上	不详	≤8万	《郑州市西北郊考古调查简报》第4—6页。《郑州市文物志》第75页
42	瓦屋李	中原区石佛镇瓦屋李村西南	不详	≤12万	《中国文物地图集·河南分册》第3页
43	大河村	金水区柳林镇大河村西南土岗上	不详	不详	《郑州大河村》第539—552页
44	黑庄	金水区柳林镇黑庄村北150米	不详	不详，较小	《郑州市文物地图集》上册第183页
45	王寨北	惠济区长兴路王寨村北350米	不详	不详，较小	《郑州市文物地图集》上册第243页
46	董寨	中原区董寨村北部	不详	不详，较小	《郑州商城》第7、39页。《郑州洛达庙遗址发掘报告》（《华夏考古》1989年第4期）第75、77页
47	旮旯王	中原区旮旯王村北	不详	约2万	《郑州旮旯王村遗址发掘报告》（《考古学报》1958年第3期）第41—44、62页，图版五、六

续表

序号	聚落名称	位置	形态	面积（平方米）	资料出处
48	宋庄南	中原区须水镇宋庄村南约500米	不详	不详，较小	郑州市文物考古研究院资料
49	常庄	中原区须水镇常庄村东北	不详	不详，较小	《河南省郑州市索、须、枯河流域考古调查报告》
50	马良寨	中原区须水镇马良寨村北	不详	不详，较小	河南省文物考古研究院发掘资料，核对过陶片
51	洛达庙	中原区洛达庙村东北的丘陵上	不详	≥3万	《郑州洛达庙遗址发掘报告》（《华夏考古》1989年第4期）第48—77页。发现有水井，出土有卜骨
52	杏树湾南	中原区杏树湾村南	不详	不详，较小	郑州市文物考古研究院资料，核对过陶片
53	王垌	中原区须水镇王垌村	不详	不详，较小	《郑州市文物地图集》上册第66页。核对过陶片
54	水磨	二七区马寨镇水磨村东	不详	不详，较小	《郑州市文物地图集》上册第118页。核对过陶片
55	梨园河	二七区侯寨乡梨园河村西南500米	不详	≤8万	《二七区文物志》第69、70页，有陶片照片，核对过陶片
56	胡河西北	二七区侯寨乡胡河村西北600米	不详	不详，较小	《郑州市文物地图集》上册第129页
57	东寨	二七区侯寨乡东寨村东300米	不详	≤10万	《二七区文物志》第93页
58	盐店庄	二七区侯寨乡盐店庄村东500米	三面环河、沟	约15万	《二七区文物志》第94页
59	下李河东南	二七区侯寨乡下李河村东南500米	不详	≤18万	《二七区文物志》第94、95页

续表

序号	聚落名称	位置	形态	面积（平方米）	资料出处
60	牛王庙嘴	二七区侯寨乡上李河村牛王庙嘴西北	不详	不详，较小	郑州市文物考古研究院资料
61	石匠庄	二七区侯寨乡石匠庄村东北500米	四周环沟	约4万	《二七区文物志》第95、96页
62	黄沟	二七区侯寨乡黄沟村西北1500米	不详	0.6万	《二七区文物志》第95页
63	于寨	新郑龙湖镇于寨村东北约500米	不详	不详，较小	《新郑市文物志》第47页
64	古城	新郑龙湖镇古城村北300米	不详	不详，较小	《新郑市文物志》第43页
65	红花寺	二七区侯寨乡红花寺村南100米	不详	约4万	《二七区文物志》第93、94页，核对过陶片
66	石旦沟	二七区侯寨乡石旦沟	不详	不详，较小	《郑州市文物地图集》上册第133页。核对过陶片
67	芦村河	二七区侯寨乡芦村河村、金水河西岸	环壕？	≤50万	详见文中介绍
68	范家嘴	二七区侯寨乡范家嘴村北部	不详	≤10万	《二七区文物志》第93页
69	马沟	二七区侯寨乡马沟村东100米	不详	约9万	《二七区文物志》第94页
70	佛岗	二七区佛岗村北	不详	约15万	《二七区文物志》第96、97页。发表有陶器、石器照片
71	黄委会青年公寓	郑州商城宫殿宗庙区一带	不详	约60万	详见第三章介绍
72	西营岗	圃田乡西营岗村西约800米	不详	不详	《管城回族区文物志》第74页，核对过陶片

续表

序号	聚落名称	位置	形态	面积（平方米）	资料出处
73	国庄	中牟九龙镇国庄村	不详	较小	《郑州市文物地图集》下册第363页
74	大湖	管城区南曹乡大湖村东150米	不详	不详，较小	《管城回族区文物志》第74、75页，核对过陶片
75	安庄	管城区南曹乡安庄	不详	不详，较小	郑州市文物考古研究院资料，核对过陶片
76	三里岗	新郑龙湖镇三里岗村东北200米	不详	2万	《新郑市文物志》第49、50页
77	王垌	新郑新村镇王垌村北部	不详	不详，较小	《新郑市文物志》第43页
78	望京楼	新郑新村镇望京楼水库东侧	城垣、城壕	约40万	《新郑望京楼：2010—2012年田野考古发掘报告》等，出土有青铜器，详见文内介绍
79	高千庄	新郑新村镇高千庄村西	不详	不详，较小	《新郑市文物志》第48页
80	耿庄	新密市曲梁乡耿庄村	不详	约8.6万	《郑州市聚落考古的实践与思考》第221页
81	五虎庙	新密市曲梁乡五虎庙村北、东	不详	约7.5万	《郑州市聚落考古的实践与思考》第221页
82	水泉	新郑新村镇水泉村北100米	不详	不详，较小	《新郑市文物志》第48页
83	岗沟	新密市曲梁乡河西马村东南	不详	约1万	《郑州市聚落考古的实践与思考》第221页
84	曲梁	新密市曲梁乡曲梁村北	不详	约8.5万	《河南新密曲梁遗址1988年春发掘报告》（《考古学报》2003年第1期）第45—88页

第四章　郑州商城王畿区域的聚落与社会

续表

序号	聚落名称	位置	形态	面积（平方米）	资料出处
85	下牛	新密市曲梁乡下牛村北	不详	25万？	《郑州市聚落考古的实践与思考》第221页
86	柿园	新密市曲梁乡柿园村	不详	约3万	《郑州市聚落考古的实践与思考》第221页
87	杨庄	新密市曲梁乡杨庄村西北	不详	约2.2万	《郑州市聚落考古的实践与思考》第221页
88	全庄	新密市曲梁乡全庄村	不详	约2万	《郑州市聚落考古的实践与思考》第221页
89	古城寨	新密市	不详	不详	《河南省新密市古城寨龙山文化城址发掘简报》（《华夏考古》2002年第2期，第53—56、81页）
90	程庄	新密市曲梁乡大樊庄村西南	不详	约7万	《郑州市聚落考古的实践与思考》第221页
91	二郎庙	新密市岳村乡赵寨村	不详	约7万	《郑州市聚落考古的实践与思考》第221页
92	月台	新密市牛店镇月台村东	不详	约6万	《郑州市聚落考古的实践与思考》第221页
93	牛店北	新密市牛店镇北	不详	约3万	《郑州市聚落考古的实践与思考》第221页
94	菜园沟	新密市城关镇菜园沟村	不详	约1.5万	《郑州市聚落考古的实践与思考》第221页
95	黄寨	新密市来集乡黄寨村	不详	约1万	《郑州市聚落考古的实践与思考》第221页
96	苏寨	新密市来集乡苏寨村	不详	约5万	《郑州市聚落考古的实践与思考》第221页
97	西沟	新密市大隗镇西沟村东	不详	约2万	《郑州市聚落考古的实践与思考》第221页

续表

序号	聚落名称	位置	形态	面积（平方米）	资料出处
98	云岩宫	新密市刘寨镇黄帝宫内	不详	约1万	《郑州市聚落考古的实践与思考》第221页
99	朱家沟	新密市刘寨镇朱家沟村西南	不详	约6.6万	《郑州市聚落考古的实践与思考》第221页
100	李家岗	新密市曲梁乡李家岗村北	不详	约0.5万	《郑州市聚落考古的实践与思考》第221页
101	新砦	新密市刘寨镇新砦村西	?	?	《郑州市聚落考古的实践与思考》第221页。查阅发表材料
102	刘湾	新密市大隗镇刘湾村西北	不详	约1万	《郑州市聚落考古的实践与思考》第221页
103	徐家寨	新密市大隗镇徐家寨	不详	约5万	《郑州市聚落考古的实践与思考》第221页
104	马鞍垌	新郑市辛店镇马鞍垌北	不详	约5万	《郑州市聚落考古的实践与思考》第221页
105	北李庄	新郑辛店镇北李庄村东	不详	约1万	《郑州市聚落考古的实践与思考》第221页
106	人和寨	新郑辛店镇人和寨村西部	不详	不详	《郑州市聚落考古的实践与思考》第221页。《新郑市文物志》第47页
107	煤土沟	新密市刘寨镇煤土沟村北	不详	约2万	《郑州市聚落考古的实践与思考》第221页
108	前河刘	新郑观音寺镇牛庄村	不详	不详，较小	《郑州市文物地图集》上册129页

1. 黄委会青年公寓一带的居住集聚地

郑州商城内城东北部黄委会青年公寓一带的居住集聚地达60万平方米以上（详见第二章），无法确证周围是否存在界隔性设施，居住点如此大规模地集聚，无疑存在重要聚落，其作为郑州商城选址营造的聚落基础尤其值得重视。

2. 大师姑城邑

大师姑遗址位于荥阳市广武镇大师姑村和杨寨村，发现有二里头文化三期夯土城垣和城壕围成的城邑，平面呈不规则横长方形，面积约51万平方米，索河今河道从城址的西部自南向北穿城而过[①]（图4-2）。

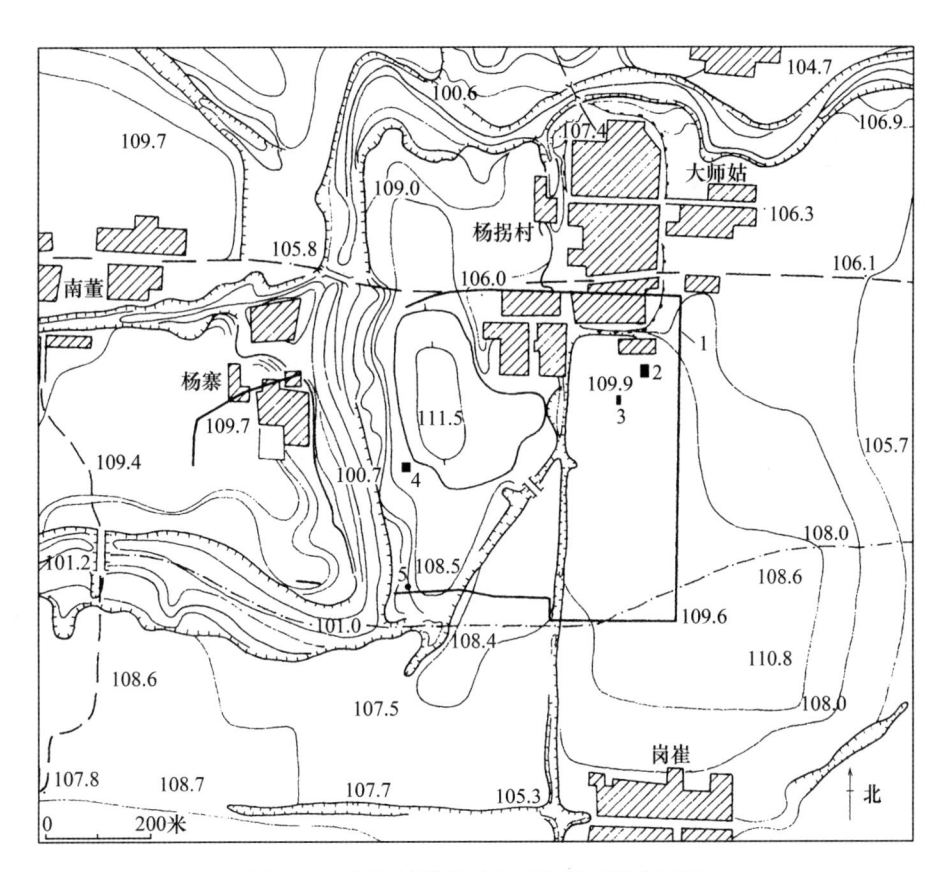

图4-2 大师姑城邑地理环境及平面布局图

改自《郑州大师姑（2002—2003）》图二。
1. 城壕和城墙 2. F1及T1内灰坑 3. T6内灰坑 4. T5内灰坑、灰沟 5. 埋葬坑H2

---

① 郑州市文物考古研究所编著：《郑州大师姑》，科学出版社2004年版。

大师姑城邑西城墙外有较深的河相堆积，西城墙西侧很可能就是索河故道。今索河东岸的城内有一处台地高出西岸城内将近2米，说明今河道也是依地势形成的。索河今河道之东，城邑的形状相对规整；索河今河道之西，城邑的形状相对不太规整，说明今河道的位置在大师姑城邑使用的某个时期具有区隔的作用。索河改道之所以从这里经过，很可能因为这里呈线性低洼，曾经是沟渠之类设施的故道。

从大师姑城垣、城壕的平面布局和周围地势的关系来看，其总体布局是主观追求方正与客观适应环境相结合的结果。东城壕为一条直线，北城壕和南城壕最初也都是与东城壕垂直的直线，北城墙西段以及西城墙北段应是根据地势而曲折建筑的，南城墙西段顺着较高的地势曲折建筑，从而将一座原本追求方正的城邑建筑为局部不规则的形状，可见大师姑城邑的设计应是以东部为起点的。由大师姑报告提供的调查信息来看，城壕应当是闭合的，而城墙仅发现了西部几段，东部城壕规则的地方并没有发现城墙、但发现有夯土块，说明东城墙后来被破坏掉了。大师姑城邑外围设施的建筑应当是先挖城壕，东城壕和北城壕东段、南城壕东段显然都是最初按照规矩方正的规划进行挖掘的，后来应当根据地势曲折地收缩。从同时期城邑、早于大师姑的城邑和晚于大师姑的城邑来看，城墙始建的时候都是闭合的，大师姑也不应该例外。大师姑东城墙、北城墙东段和南城墙东段没有被发现，一方面很可能与过渡期晚段重新开挖城壕、破坏了城墙有关；另一方面白家庄期东城壕之外600米范围内分布有丰富的遗存，说明东部城墙和城壕逐渐失去界限的功能，很可能东部的城墙在典型二里岗期晚段或白家庄期已经被毁坏殆尽。

大师姑城邑内东北部的探方T1内发现有相当于二里头文化三期的房基F1，发现有柱础和人工处理的硬面，已知南北向长度10米、东西向长度约8.85米，这个单体建筑原来的规模显然更大，该房基被很多二里头文化三期和过渡期灰坑打破，可见这一带是居住和生活区。F1西南60米左右的T6内也发现很多灰坑，大师姑城邑的东北部是居住和生活区是可以确定的，但作为城邑的中心居住区即宫殿宗庙建筑的位置还不清楚。索河东岸、城邑北部是城内一处最高的台地，根据夏商时期宫殿宗庙建筑选址的一般规律，以城内高地为主，这里很可能是大师姑城邑的宫殿宗庙区。南城墙中部偏西内侧T3内的椭圆形坑H2内埋葬一位仰身屈肢的壮年男性，四肢具有缺失，很可能为非正常死亡；年代为二里头文化二、三期之际，与城邑的始建年代接近，或许与城邑最初的营建有关。

3. 望京楼城邑

望京楼遗址位于新郑市新村镇杜庄、孟家沟一带的黄水河东岸，发现有二里头时期城邑，城墙受到二里岗时期重新营建城邑时的破坏，城垣位于二里岗时期城垣外侧、城垣外侧有城壕。根据发表的材料提供的信息，城邑的平面近方形，方向约北偏东15°，可以估算出城邑的面积约40万平方米①（图4-3）。发掘者指出城墙夯土内和护城河底部出土陶片的时代为二里头二期，城址内保存有大量二里头二、三期遗存，说明望京楼城邑的始建年代不早于二里头二期，很可能是二里头二期晚段或二、三期之际，与大师姑城邑的始建年代接近。城内发现有房基和窖穴等遗迹，城址外围水系界隔的范围168万平方米左右，也分布有丰富的二里头二、三期遗存，由于没有发表详细的资料而无法了解具体情况。发掘者认为外围可能存在大约同时期的外城和外壕，因没有足够的证据而存疑。望京楼东南100多米处曾经出土多件铜器和玉器②，位置在南城墙西段的外侧，有些玉器与二里头都邑的同类器风格相近，可能属于二里头文化三期、也可能属于过渡期，可以作为高规格器物的参考。

4. 西史村遗址

西史村遗址位于荥阳市城关乡西史村西南，北部被村庄占压一小部分，遗址面积9万多平方米，二里头文化三期聚落的面积在这个范围之内，至少过渡期已经存在界隔性设施③（图4-4），二里头文化三期很可能也已经存在界隔性设施。

5. 东赵城邑

东赵遗址位于郑州商城之西约14公里、中原区沟赵乡东赵村南的檀山东北麓，二里头文化时期城邑（中城）方向为北偏东10°，整体呈梯形（南

---

① 郑州市文物考古研究院编著：《新郑望京楼：2010—2012年田野考古发掘报告》，科学出版社2016年版。
② 新郑县文化馆：《河南新郑县望京楼出土的铜器和玉器》，《考古》1981年第6期，图版四。
③ a. 郑州市博物馆：《河南荥阳西史村遗址试掘简报》，《文物资料丛刊》（5），文物出版社1981年版，第94—96页。
  b. 郑州市文物考古研究院、北京大学考古文博学院：《河南省郑州市索、须、枯河流域考古调查报告》，《古代文明》第10卷，上海古籍出版社2016年版。

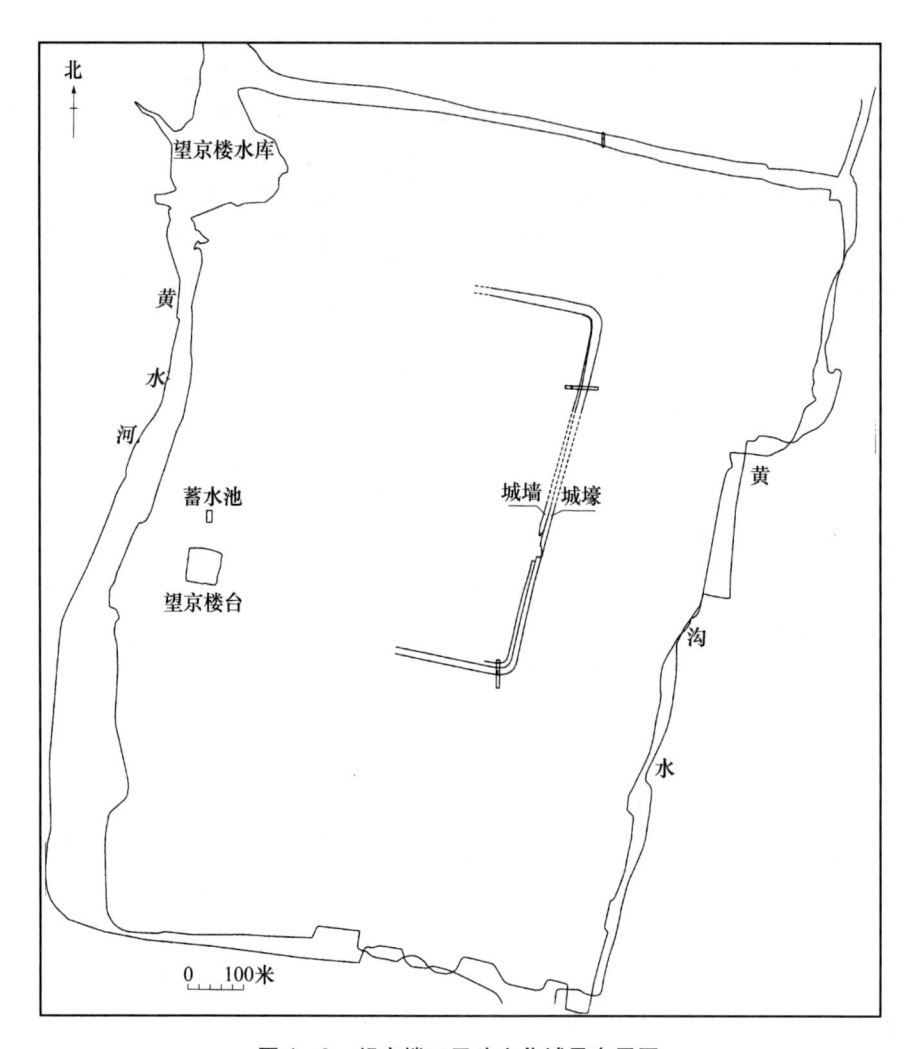

图 4-3　望京楼二里头文化城邑布局图

采自《新郑望京楼》图四二。

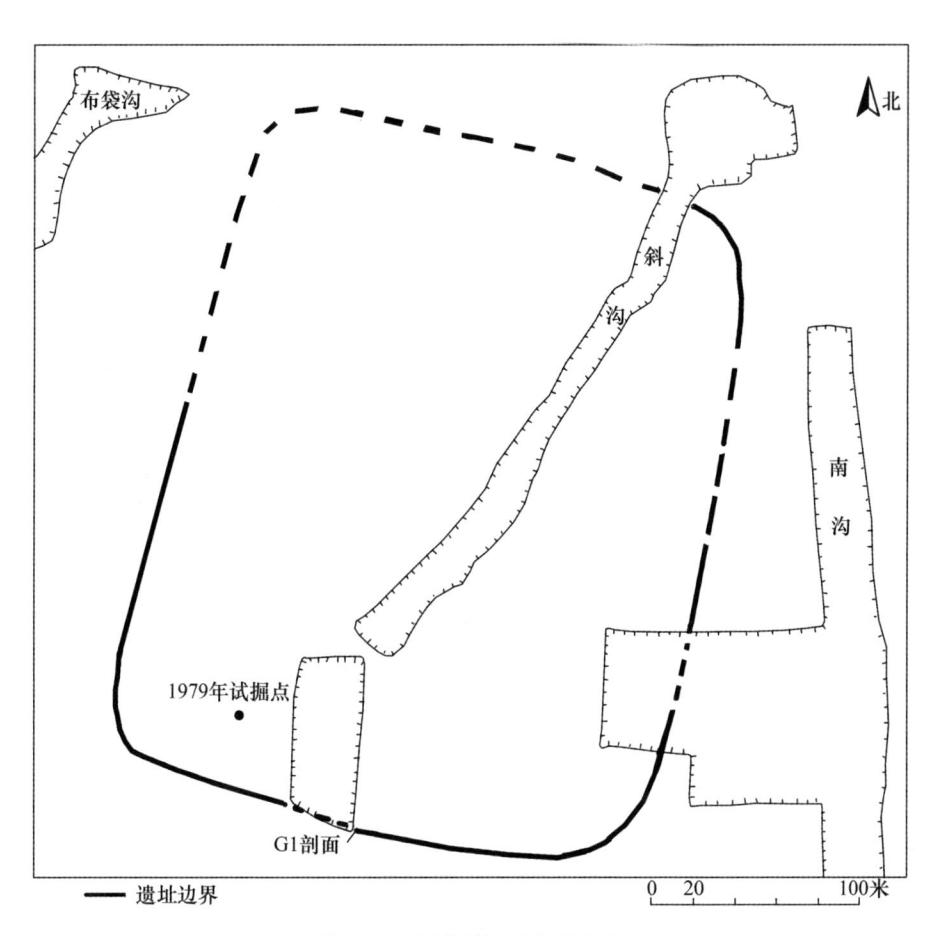

第四章 郑州商城王畿区域的聚落与社会

图 4-4 西史村遗址布局示意

采自《河南省郑州市索、须、枯河流域考古调查报告》图六。

北向不规则长方形），南城墙东西长 256 米，北城墙长 150 米，南北长 350 米，面积 7.2 万平方米。中城始建于二里头二期，兴盛于二里头二期晚三期早，二里头四期发生重大变化。中城南墙基槽内发现一孩童骨骸，似与祭祀活动相关，这类城墙内奠基现象在同时期其他遗址中未见[①]（图 4-5）。

---

① a. 郑州市文物考古研究院、北京大学考古文博学院：《河南省郑州市索、须、枯河流域考古调查报告》，《古代文明》第 10 卷，上海古籍出版社 2016 年版。
b. 顾万发、雷兴山、张家强：《夏商周考古的又一重大收获》，《中国文物报》2015 年 2 月 27 日。
c. 张家强、郝红星：《沧海遗珠——郑州东赵城发现记》，《大众考古》2015 年第 8 期。

· 209 ·

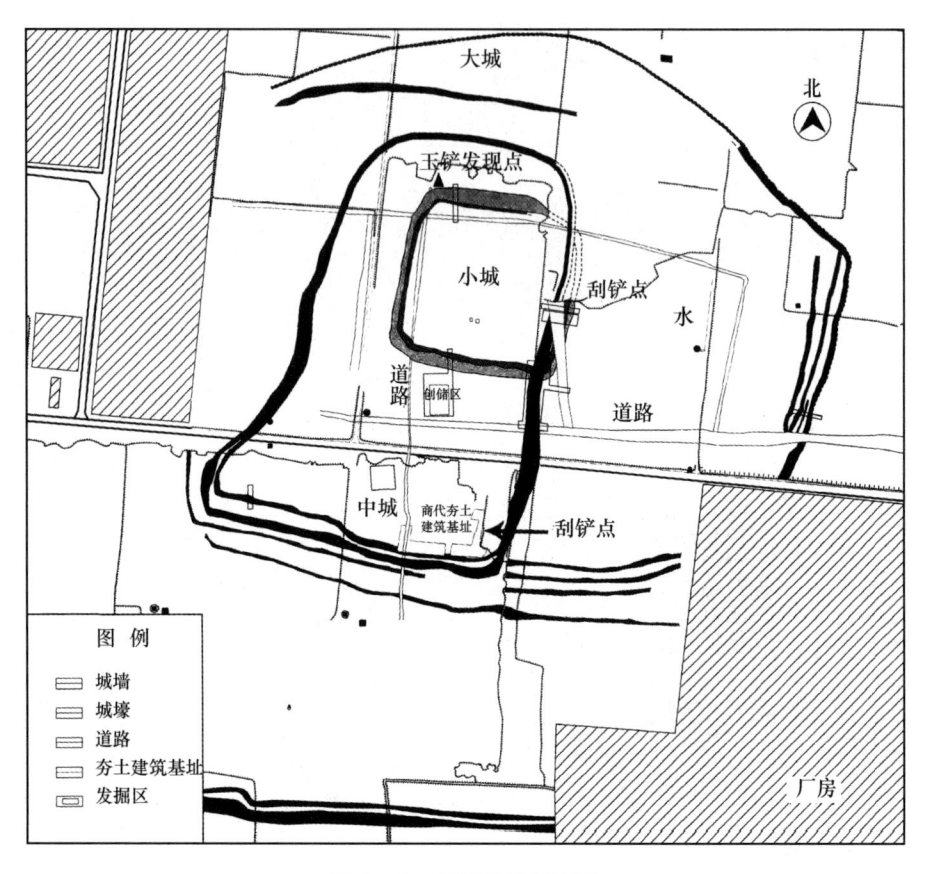

图4-5 东赵遗址平面图

采自《沧海遗珠——郑州东赵城发现记》。

6. 唐垌遗址

唐垌遗址位于荥阳市广武镇唐垌村西南的广武山南麓，横贯遗址的南沟南北两侧断崖上都有丰富的二里头时期遗存，二里岗时期聚落可能存在环壕（图4-6），二里头文化三期的聚落形态和范围不详，但不会大于16万平方米[①]。

[①] a. 郑州市文物考古研究院、北京大学考古文博学院：《河南省郑州市索、须、枯河流域考古调查报告》，《古代文明》第10卷，上海古籍出版社2016年版。
b. 荥阳文物志编纂委员会编著：《荥阳文物志》，中州古籍出版社2011年版，第44、45页。

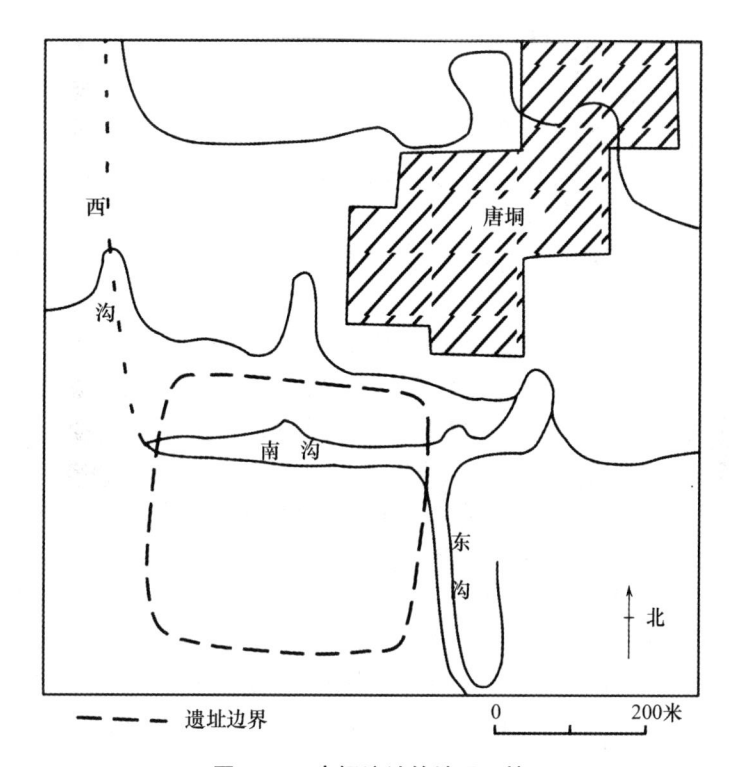

图 4-6 唐垌遗址的地理环境

采自《河南省郑州市索、须、枯河流域考古调查报告》图九。

7. 芦村河遗址

芦村河遗址位于二七区侯寨乡芦村河村周围，东、南临金水河，西北临金水河的支流，西南为梅山余脉，发现有二里头时期环壕的线索[①]。调查和勘探提供的信息表明该遗址的规模较大，结合遗址的地形地貌来考察，二里头文化三期聚落的面积不会超过50万平方米。

8. 岔河遗址

岔河遗址位于惠济区古荥镇岔河村东北的台地上，南临索须河，北、

---

① a. 河南郑州市普查办：《河南郑州芦村河遗址》，国家文物局主编：《2008年第三次全国文物普查重要新发现》，科学出版社2009年版。
   b. 政协二七区委员会：《二七区文物志》，河南人民出版社2010年版，第91—93页。
   c. 郑州市文物考古研究院、北京大学考古文博学院：《河南省郑州市索、须、枯河流域考古调查报告》，《古代文明》第10卷，上海古籍出版社2016年版。

东两面被索须河支流环绕①。岔河遗址三面临河，聚落外围存在界隔性设施的可能性很大，但目前还没有发现。岔河遗址南北向的长度被河流限定在300米左右，面积不会超过10万平方米；1986年基于对剖面的观察认为遗址面积约3万平方米，应当是聚落的最小面积。

二 郑州商城王畿区域形成的社会背景

从郑州商城王畿区域二里头文化三期聚落的分布情况来看（图4-1），在郑州商城肇建之前就已经密集地分布着各类聚落，聚落的地理特征主要是河岸台地、山前坡地和山间谷地等，呈现出临河选址、择高而居的理念。很多聚落的面积比较小，范围不清楚，只能将其作为一个聚落点来统计。从面积比较清楚的一些小聚落来看，基层聚落面积大部分在5万平方米以下，小于或略大于5万平方米的聚落都应当是基层聚落。基层聚落的外围是否存在围垣、环壕之类的界隔性设施，目前还没有发现，应当以不存在界隔性设施为主，也不排除个别基层聚落存在界隔性设施的可能。

在广大基层聚落之间，分布着多处40万平方米以上的大型聚落如大师姑、望京楼等，这些大型聚落代表了几处层级相同的局域性中心聚落，还没有足够的证据可以看出是否有一个聚落是整个区域的中心。大师姑、望京楼等城邑始建于二里头二期偏晚或二里头二、三期之际，可能是对二里头夏都已经形成多宫格"里坊式"布局并成为广域中心性都邑②的响应。在大型聚落和基层聚落之间，还存在面积10万平方米左右的中型聚落，如东赵、西史村、唐垌等，这些聚落也大多存在界隔性设施，它们的层级可能介于大型聚落和基层聚落之间。

黄委会青年公寓一带（郑州商城宫殿宗庙区）二里头文化三期居住集聚地的面积达60万平方米以上，值得特别关注的是其作为郑州商城选址营造的直接基础。黄委会青年公寓一带二里头文化三期居住集聚地面积之大、遗存之丰富，在郑州商城王畿区域内是非常突出的，二里头文化三期是否存在围垣或环壕之类的界隔性设施，目前还没有线索。该遗址地处古圃田泽西岸，其西南方有从山地丘陵地带流来的河川，其地势相对于西南

---

① a. 郑州市文物工作队：《郑州岔河商代遗址调查简报》，《考古》1988年第5期。
b. 北京大学考古系：《郑州市岔河遗址1988年试掘简报》，《考古》2005年第6期。
② 许宏、刘莉：《关于二里头遗址的省思》，《文物》2008年第1期。

第四章 郑州商城王畿区域的聚落与社会

方的丘陵地带较低、相对于东北方的湖泊和平原地带则较高,是当时居住和生活的理想之地。黄委会青年公寓附近也有不少二里头文化三期聚落,大多因城市占压而不明,发表的一些材料中透露有相关信息,其西方和北方分别 10 公里左右的贾鲁河岸边分布的聚落较多。基于黄委会青年公寓一带是此后郑州商城的重心所在,本书把其作为讨论区域聚落关系的基点。

黄委会青年公寓西偏北约 23 公里是大师姑城邑,大师姑城邑依索河而建、面积约 51 万平方米,以大师姑城邑为中心的周围区域密集地分布着二里头文化三期聚落,很多基层聚落在大师姑城邑周围与之直接发生联系。大师姑城邑南略偏东约 7 公里是东赵城邑,东赵城邑在黄委会青年公寓之西约 20 公里,其面积 7 万多平方米,属于中型聚落。大师姑城邑西北约 11.5 公里是唐垌遗址,唐垌遗址位于黄委会青年公寓西北约 34.5 公里,其面积在 10 万平方米以上,可能存在环壕之类的界隔性设施。大师姑城邑西略偏南约 17 公里是西史村遗址,西史村遗址位于黄委会青年公寓之西约 39 公里,核心区域面积约 9 万平方米,可能存在城垣或环壕之类的界隔性设施。东赵、唐垌、西史村等聚落的规模大于基层聚落,可能都有界隔性设施,应当属于大师姑城邑等大型聚落之下的一个聚落层级,从地理方位上看,这几处聚落都应当与大师姑城邑发生直接联系。

黄委会青年公寓南方约 35 公里是望京楼城邑,望京楼城邑临黄水河而建、面积约 40 万平方米,城南外侧出土的玉器有些可能属于二里头文化三期,望京楼城邑外围及其所处的黄水河流域也存在不少同时期的聚落[①]。望京楼城邑西方距离较近的双洎河上游发现有密集的二里头文化三期聚落,新砦期(新砦二期或曰二里头文化初始期)的大型城邑聚落新砦城邑此时的聚落形态和规模不明,无法判断新砦此时是不是双洎河上游的中心聚落。双洎河上游的聚落与望京楼城邑之间的交通比较便利,望京楼城邑也可能是其中心聚落。

黄委会青年公寓西南约 13 公里是芦村河遗址,可能存在环壕之类的界隔性设施。遗址的面积较大,结合河流位置和地貌特征来看,应当不会大于 50 万平方米。芦村河遗址周围的丘陵地带发现有较密集的二里头文化三期聚落,该遗址应当是这些聚落的局域中心。

---

① 仅根据掌握的资料标注了个别聚落的位置,因未掌握相关资料而不清楚其他聚落的分布情况。

· 213 ·

综上，郑州商城王畿区域存在多个二里头文化三期的局域性中心聚落，黄委会青年公寓的区位和环境均处于优势，对区域范围内的沟通和资源整合应当具有重要作用，但没有形成明显的区域性中心聚落。40万平方米以上的大型聚落和10万平方米左右的中型聚落，比较流行城垣或环壕之类的界隔性设施；5万平方米左右的基层聚落还未发现界隔性设施。聚落的密集程度和多个局域中心的存在，表明该区域在郑州商城形成之前就相当繁荣、但没有整合成一个共同的区域中心。

一个聚落属于区域中的哪个层级，它和第一层级聚落的关系是最主要的依据，直接和第一层级聚落发生关系的聚落都属于第二层级，通过第二层级聚落间接和第一层级聚落发生关系的聚落都属于第三层级，依次类推。聚落的分级依据一方面是其规模的大小，聚落形态也是一个重要因素。本书以聚落的规模大小为基本依据，结合聚落形态的差异以及聚落之间的关系，将郑州商城王畿区域聚落分为三个层级，一般聚落面积大的层级较高、有城垣或环壕之类界隔性设施的聚落层级较高、与第一层级聚落直接联系的聚落层级较高。可以把黄委会青年公寓遗址、大师姑城邑、望京楼城邑、芦村河遗址等40万平方米以上的大型局域中心聚落作为第一层级，第一层级聚落大多有界隔性设施。东赵、唐垌、西史村、堂李等10万平方米左右的中型聚落属于第二层级，第一层级聚落周围的基层聚落也应当属于第二层级，第二层级中的中型聚落（10万平方米左右或更大）也流行界隔性设施。与东赵、唐垌、西史村等第二层级中的中型聚落发生直接联系的基层聚落属于第三层级，第三层级聚落尚未发现界隔性设施。因此，从局域中心聚落到基层聚落之间可分为三个层级或两个层级，并非是严格的三个层级或单一的两个层级，区域聚落的层级呈现三级与二级并行的格局。

郑州商城王畿区域在二里头文化三期的聚落层级和分布态势，表明在这个3000平方公里左右（含山地）的范围内没有形成唯一的顶层社会组织，存在多个并行发展的局域中心社会组织，局域中心社会组织主要通过次级社会组织来管理其控制的基层社会单元（基层聚落）、也直接管理一些距离很近的基层社会单元。

从更大的范围和更高的层次来看，主导中原腹地的广域性都邑二里头夏都处于洛阳盆地的东部，与郑州以东、以南的广阔平原地带之间隔着嵩山山脉，但通过荥阳西部的虎牢关可以便捷地沟通，郑州商城王畿区域在二里头文化三期应当是二里头夏都控制和联系广域范围的重要基地、也应当是拱卫二里头夏都的东方门户。在二里头夏都人口集聚和资源整合的过程中，在二里头夏都主导的王权国家向外辐射的过程中，郑州商城王畿区域从地理位置上是一个必经之地[①]。因此，郑州商城王畿区域在二里头文化三期形成多个局域中心社会组织和密集的聚落分布网，不仅与自然资源丰富、地理环境优越有关，还与作为二里头夏都的东方门户以及控制广域范围的重要基地有密切关系。可见，此后该区域成为广域性都邑郑州商城的所在地，有着深厚的历史文化背景和坚实的聚落社会基础。

第二节　郑州商城肇始阶段王畿区域的社会重组

二里头文化与二里岗文化过渡期是郑州商城的肇始阶段，包括洛达庙晚期（二里头文化四期）、南关外期和二里岗下层一期等年代有重合的几类遗存。二里头文化传统在日常陶器和高规格铜器、玉器中仍然都是主要的，二里岗文化传统尚未形成典型风格，该阶段的考古遗存很难识别、该阶段的聚落也就很难认定。依据可信度，笔者把指认的该阶段聚落分为三类，一是发表的材料可以识别为二里头文化四期或二里岗下层一期的聚落，二是笔者核对的陶器标本为二里头文化四期或二里岗下层一期的聚落，三是发表的材料或文物考古机构登记的材料中同时包含二里头文化和二里岗文化遗存的聚落（明确说明为二里岗上层的除外）。因此，笔者指认的二里头文化与二里岗文化过渡期聚落的数量明显会少于实际数量，但也能曲折地反映该阶段的聚落分布情况。

一　郑州商城肇始阶段王畿区域聚落概况

根据已知的考古资料，可知郑州商城王畿区域二里头文化与二里岗文化过渡期聚落不少于59处（图4-7；彩图五；表4-2），下文对几处代

---

① 侯卫东：《论二里头文化四期中原腹地的社会变迁》，《中原文物》2023年第3期。

表性聚落进行讨论。

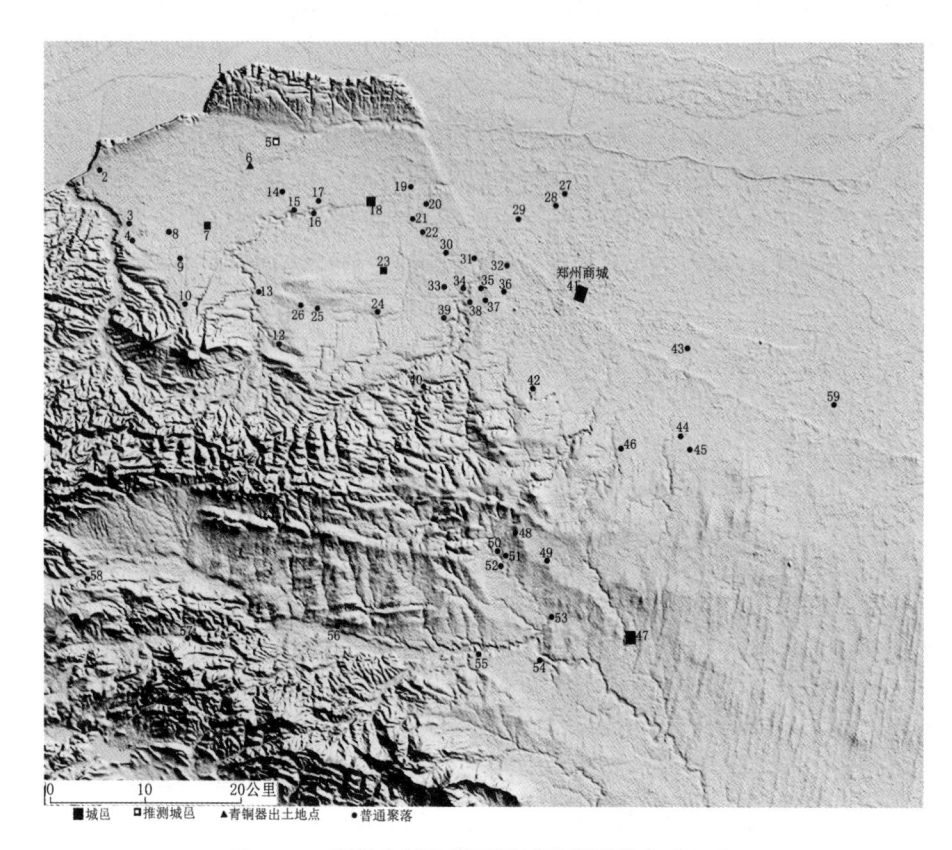

图4-7 郑州商城王畿区域过渡期聚落分布示意

1. 大骨头峪　2. 薛村　3. 东滹沱　4. 石嘴　5. 唐垌　6. 高村寺　7. 西史村　8. 上街
9. 寨沟　10. 凤凰台　11. 吴家闸　12. 聂楼　13. 阎河　14. 丁楼　15. 孙寨　16. 娘娘寨
17. 袁垌　18. 大师姑　19. 岔河　20. 前庄王　21. 堂李　22. 祥营　23. 东赵　24. 白寨
25. 槐西　26. 碾徐　27. 大河村　28. 黑庄　29. 王寨北　30. 瓦屋李　31. 陈庄　32. 董寨
33. 马良寨　34. 常庄　35. 宋庄南　36. 旮旯王　37. 洛达庙　38. 杏树湾南　39. 王垌
40. 水磨　41. 郑州商城　42. 马沟　43. 西营岗　44. 张化楼　45. 大湖　46. 郑老庄　47. 望京楼　48. 耿庄　49. 五虎庙　50. 岗沟　51. 曲梁　52. 下牛　53. 古城寨　54. 人和寨
55. 徐家寨　56. 苏沟　57. 菜园沟　58. 月台　59. 大庄东北

表4-2　郑州商城王畿区域二里头文化与二里岗文化过渡期聚落登记表

序号	聚落名称	位置	形态	面积（平方米）	资料出处
1	大骨头峪	荥阳高村乡官峪村大骨头峪	不详	不详，较小	《荥阳文物志》第45页
2	薛村	荥阳市王村镇薛村北约1000米	不详	不详，较小	《河南荥阳市薛村遗址2005年度发掘简报》（《华夏考古》2007年第3期）第3—11、21、82页，彩版一、二
3	东漴沱	上街区峡窝镇东漴沱村北部	不详	不详，较小	《郑州市文物地图集》上册第279—280页。核对过陶片
4	石嘴	上街区峡窝镇石嘴村北部	不详	不详，较小	《郑州市文物地图集》上册第304页。核对过陶片
5	唐垌	荥阳市广武镇唐垌村西南	环壕？	≤16万	详见文中介绍
6	高村寺	荥阳高村乡高村寺村南枯河北岸	不详	约5万	《荥阳县高村寺商代遗址调查简报》（《华夏考古》1991年第3期）。采集有铜斝
7	西史村	荥阳市城关乡西史村西南	环壕？	约9万	详见文中介绍
8	上街	上街区二十里铺村西约300米	不详	不详，较小	《郑州上街商代遗址发掘报告》（《考古》1960年第6期）
9	寨沟	上街区峡窝镇寨沟村东北部	不详	不详，较小	郑州市文物考古研究院资料，核对过陶片
10	凤凰台	荥阳城关乡凤凰台村南	不详	不详，较小	《荥阳文物志》第40页
11	吴家闸	荥阳市高山镇吴家闸西	不详	不详，较小	郑州市文物考古研究院资料，核对过陶片
12	聂楼	荥阳市乔楼镇聂楼	不详	不详，较小	郑州市文物考古研究院资料

续表

序号	聚落名称	位置	形态	面积（平方米）	资料出处
13	阎河	荥阳乔楼镇阎河村及村西、村北的索河东岸台地	不详	约6万	《河南荥阳县阎河遗址的调查与试掘》（《中原文物》1992年第1期）第77—84页
14	丁楼	荥阳市广武镇丁楼村西南	不详	不详，较小	《河南省郑州市索、须、枯河流域考古调查报告》
15	孙寨	荥阳市广武镇孙寨村西南索河北岸	不详	≤5万	《荥阳文物志》第44页。《河南省郑州市索、须、枯河流域考古调查报告》
16	娘娘寨	荥阳市豫龙镇寨杨村西北	不详	不详，较小	《荥阳文物志》第60、62页，核对过陶片
17	袁垌	荥阳市广武镇后袁垌村东、前王村西	不详	约6万	《河南省郑州市索、须、枯河流域考古调查报告》
18	大师姑	荥阳市广武镇大师姑村西南	城垣？环壕	≥30万	详见文中介绍
19	岔河	惠济区古荥镇岔河村东北台地上	不详	≥3万	详见文中介绍
20	前庄王	中原区沟赵乡前庄王村西南	不详	不详，较小	郑州市文物考古研究院资料
21	堂李	中原区沟赵乡堂李村南	不详	≥10万	《郑州市西北郊考古调查简报》第4—6页
22	祥营	中原区沟赵乡祥营村东	不详	不详，较小	《郑州市西北郊考古调查简报》第4、6页
23	东赵	中原区沟赵乡东赵村南、檀山东北麓	夯土城垣、壕沟	≤10万	《河南省郑州市索、须、枯河流域考古调查报告》
24	白寨	中原区须水镇白寨村南	不详	不详，较小	《河南省郑州市索、须、枯河流域考古调查报告》
25	槐西	荥阳市豫龙镇槐西村	不详	不详，较小	郑州市文物考古研究院资料，核对过陶片

续表

序号	聚落名称	位置	形态	面积（平方米）	资料出处
26	碾徐	荥阳市豫龙镇碾徐村	不详	不详，较小	郑州市文物考古研究院资料
27	大河村	金水区柳林镇大河村西南土岗上	不详	不详	《郑州大河村》第539—552页
28	黑庄	金水区柳林镇黑庄村北150米	不详	不详，较小	《郑州市文物地图集》上册第183页
29	王寨北	惠济区长兴路王寨村北	不详	不详，较小	《中国考古学年鉴2011》第315页。银江实业商务楼出土有陶鬲
30	瓦屋李	中原区石佛镇瓦屋李村西南	不详	≤12万	《中国文物地图集·河南分册》第3页
31	陈庄	中原区石佛镇陈庄村东南部	不详	≤10万	《郑州市陈庄遗址发掘简报》（《中原文物》1986年第2期）第27—40页
32	董寨	中原区董寨村北部	不详	不详，较小	《郑州商城》第7、39页。《郑州洛达庙遗址发掘报告》（《华夏考古》1989年第4期）第75、77页
33	马良寨	中原区须水镇马良寨村北	不详	不详，较小	河南省文物考古研究院资料，核对过陶片
34	常庄	中原区须水镇常庄村东北	不详	不详，较小	《河南省郑州市索、须、枯河流域考古调查报告》
35	宋庄南	须水镇宋庄村南约500米	不详	不详，较小	《郑州市文物地图集》上册第66页
36	旮旯王	中原区旮旯王村北	不详	约2万	《郑州旮旯王村遗址发掘报告》（《考古学报》1958年第3期）第41—44、62页、图版五、六

续表

序号	聚落名称	位置	形态	面积（平方米）	资料出处
37	洛达庙	中原区洛达庙村东北的丘陵上	不详	≥3万	《郑州洛达庙遗址发掘报告》（《华夏考古》1989年第4期）第48—77页。发现有祭祀坑、水井，出土有玉器、卜骨
38	杏树湾南	中原区杏树湾村南	不详	不详，较小	郑州市文物考古研究院资料，核对过陶片
39	王垌	中原区须水镇王垌村	不详	不详，较小	郑州市文物考古研究院资料，核对过陶片
40	水磨	二七区马寨镇水磨村东	不详	不详，较小	郑州市文物考古研究院资料，核对过陶片
41	郑州商城	郑州商城内城	夯土城垣	约300万	详见第二章介绍
42	马沟	二七区侯寨乡马沟村东部	不详	不详，较小	郑州市文物考古研究院资料
43	西营岗	圃田乡西营岗村西约800米	不详	不详	《管城回族区文物志》第74页，核对过陶片
44	张化楼	管城区南曹乡张化楼村西南500米	不详	不详，较小	《管城回族区文物志》第78页，核对过陶片
45	大湖	管城区南曹乡大湖村东150米	不详	不详，较小	《管城回族区文物志》第74、75页，核对过陶片
46	郑老庄	新郑龙湖镇郑老庄	不详	不详，较小	郑州市文物考古研究院资料，核对过陶片
47	望京楼	新郑新村镇望京楼水库东侧	城垣、城壕	约40万	《新郑望京楼：2010—2012年田野考古发掘报告》，出土有青铜器，详见文内介绍
48	耿庄	新密市曲梁乡耿庄村	不详	约8.6万	《郑州市聚落考古的实践与思考》第221页

续表

序号	聚落名称	位置	形态	面积（平方米）	资料出处
49	五虎庙	新密市曲梁乡五虎庙村北、东	不详	约7.5万	《郑州市聚落考古的实践与思考》第221页
50	岗沟	新密市曲梁乡河西马村东南	不详	约1万	《郑州市聚落考古的实践与思考》第221页
51	曲梁	新密市曲梁乡曲梁村北	不详	约8.5万	《郑州市聚落考古的实践与思考》第221页。查资料
52	下牛	新密市曲梁乡下牛村北	不详	25万？	《郑州市聚落考古的实践与思考》第221页
53	古城寨	新密市	不详	不详	《河南省新密市古城寨龙山文化城址发掘简报》（《华夏考古》2002年第2期。第53—56、81页。）
54	人和寨	新郑辛店镇人和寨村西部	不详	不详，较小	《新郑市文物志》第47页
55	徐家寨	新密市大隗镇徐家寨	不详	约5万	《郑州市聚落考古的实践与思考》第221页
56	苏寨	新密市来集乡苏寨村	不详	约5万	《郑州市聚落考古的实践与思考》第221页
57	菜园沟	新密市城关镇菜园沟村	不详	约1.5万	《郑州市聚落考古的实践与思考》第221页
58	月台	新密市牛店镇月台村东	不详	约6万	《郑州市聚落考古的实践与思考》第221页
59	大庄东北	中牟县郑庵镇大庄村东北	不详	不详，较小	郑州市文物考古研究院资料，核对过陶片

1. 郑州商城

郑州商城的肇建是二里头文化与二里岗文化过渡期最大的变化，形成郑州商城大城（内城）代表的大型都邑，王畿区域开始出现超大型聚落（详见第二章）。

2. 望京楼城邑

望京楼城邑在二里头文化三期就已经使用，此后进行过重新修筑、外围也形成了闭合的外壕（图4—8）。望京楼城邑重新修筑的时间可能为二里头文化与二里岗文化过渡期晚段，也可能为典型二里岗期之初，目前还不太容易确定。无论望京楼城邑重新修筑的年代具体为何时，都与郑州商城的营建活动合拍，应当是对郑州商城肇建的一种响应。望京楼出土的铜爵和有些玉器属于过渡期，说明此时有高规格器物，侧面证明其作为高规格聚落存在。

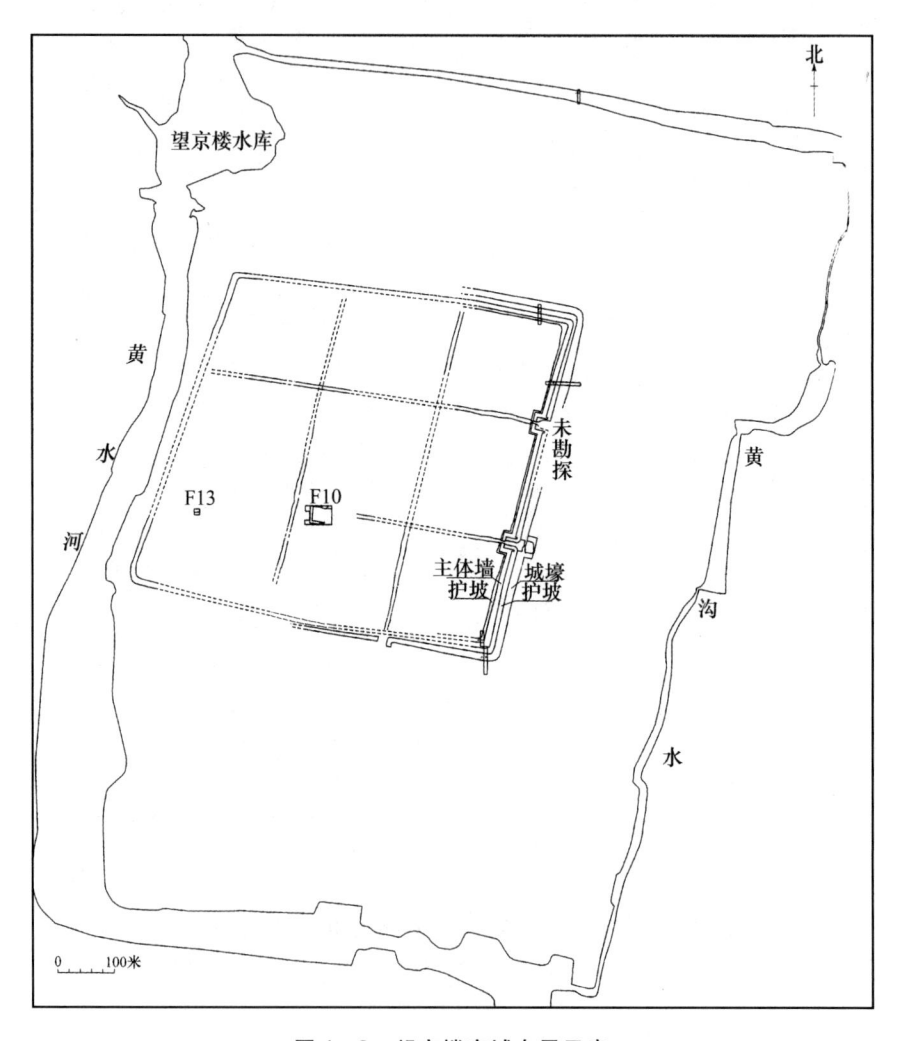

图 4-8　望京楼商城布局示意

采自《新郑望京楼》图三五五。

3. 大师姑城邑

大师姑城邑在二里头文化三期已经使用，其城壕在二里头文化与二里岗文化过渡期晚段或典型二里岗期早段重新进行了挖掘，可能进行了疏浚和改造。中原腹心地区夏商时期的城邑具有追求方正的传统，一座城邑局部不规则只是特例；此时可能以规矩方正为原则，结合地势，对大师姑城邑进行整改，聚落的规模略微变小了，现今穿城而过的南北向索河河道的位置有可能是新开凿的壕沟，将城邑的东部主体部分围成一个闭合的环壕聚落（图4-9）；城墙没有重新修筑的迹象，似乎任由维持现状，外围主

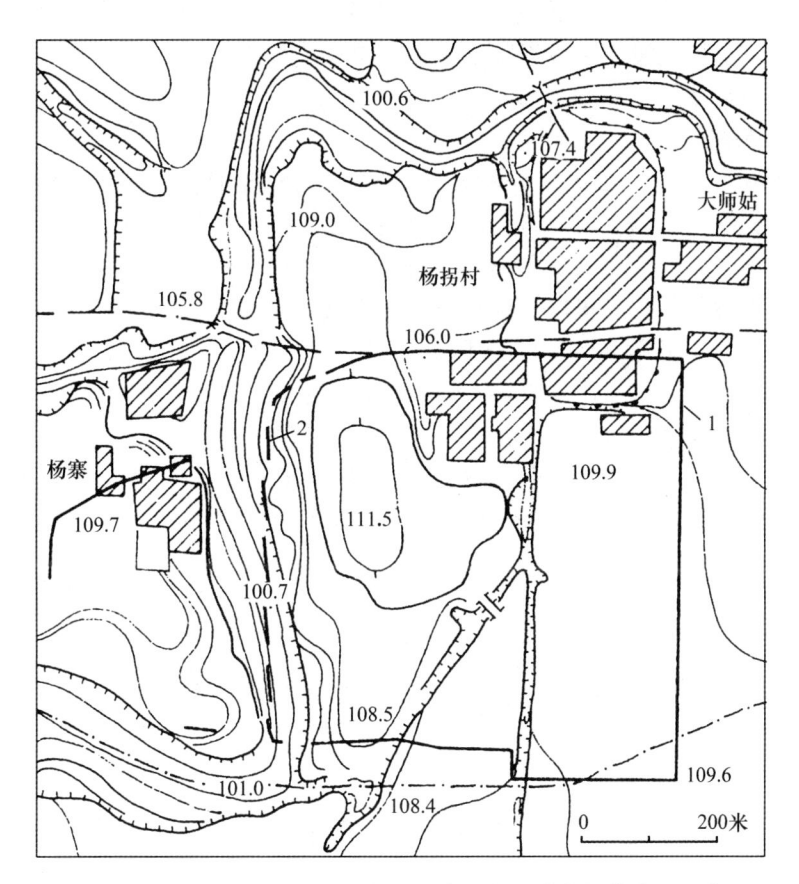

图4-9 大师姑二里头文化与二里岗文化过渡期聚落布局示意

改自《郑州大师姑2002—2003》图二。

要以环壕为界隔性设施。此时大师姑城邑主要是环壕聚落，存在部分城垣，其面积为 30 多万平方米。大师姑城邑改造的时间与郑州商城的营建活动有某种呼应，应当是对这座超大区域中心聚落和广域都邑的一种响应。

4. 西史村城邑

西史村遗址近年的考古调查和勘探表明存在界隔性设施，平面近长方形、方向为北偏东，南北长约 330、东西长约 280 米、面积 9 万多平方米（图 4-4）；"壕沟"剖面采集有二里头晚期陶片，过渡期应当已经使用[1]。该遗址采集的一件铜斝的风格接近二里头晚期[2]，表明当时为规格较高的聚落，也支持过渡期存在界隔性设施。聚落内过渡期遗存比较丰富，具体布局还不清楚。

5. 东赵城邑

东赵二里头文化城邑（中城）东南角发现一座商代早期大型回廊式建筑基址，建筑方向为北偏东 10°，中间为庭院、北部为主殿、门道在南，东西长 75 米、南北长约 40 米、围成面积 3000 平方米（图 4-5）；建筑基址包含物时代为二里岗下层早段，其下叠压二里头晚期文化层，该建筑年代上限为二里岗下层早段，下限为二里岗下层晚段[3]。东赵城邑应当存在城垣之类的防御设施，具体布局目前尚不清楚。

6. 唐垌遗址

唐垌遗址过渡期聚落的东西向长度约 400 米、南北向长度不短于 400 米，其面积为 16 万平方米左右，发现有可能为环壕聚落的线索（图 4-6）。

7. 洛达庙遗址

洛达庙遗址发现有半地穴式房基、窖穴、水井、墓葬和兽坑（祭祀坑），出土有陶器、石器、玉器、骨器和卜骨等，面积在 3 万平方米以上[4]，聚落形态不详。

---

[1] 郑州市文物考古研究院、北京大学考古文博学院：《河南省郑州市索、须、枯河流域考古调查报告》，待发表。

[2] 郑州市博物馆：《河南荥阳西史村遗址试掘简报》，《文物资料丛刊》（5），文物出版社 1981 年版，第 94、95 页。

[3] 顾万发、雷兴山、张家强：《夏商周考古的又一重大收获》，《中国文物报》2015 年 2 月 27 日第 5 版。

[4] 河南省文物研究所：《郑州洛达庙遗址发掘报告》，《华夏考古》1989 年第 4 期。

二　郑州商城肇始阶段王畿区域的社会重组

二里头文化与二里岗文化过渡期最大的变化是郑州商城宫城和大城（内城）逐渐营建起来，形成唯一的超大型区域中心，在文化交流和社会影响所及的广域范围内也是规模最大、规格最高的都邑。郑州商城的营造以人类活动频繁、环境优越的黄委会青年公寓一带为基础，既集聚、整合了广域的人群和资源，又选择了具有深厚人文背景和优越自然环境的地带。

从本书统计和标注的同时期聚落的数量来看（图4-7），二里头文化与二里岗文化过渡期比二里头文化三期明显减少，一方面考古工作的局限造成统计数据偏小，一些二里头文化三期聚落即使客观上延续到了过渡期，因没有掌握直接证据而无法认定；另一方面郑州商城的营建集聚了周边区域和广域范围内的人群和资源，也可能导致聚落的数量有所减少。此外，郑州商城兴起与二里头夏都衰落之间的更大范围的区域中心的转移及其带来的社会变迁，也可能是造成这一时期有的聚落消失和聚落总体数量减少的原因。

望京楼、大师姑等二里头文化三期就已经使用的城邑，也是曾经并存的局域中心聚落，都对郑州商城的肇建有明显的响应。望京楼城邑重新营建城垣、开凿城壕（图4-8），大师姑城邑的城壕也进行了疏浚改造（图4-9），这些重大活动发生在二里头文化与二里岗文化过渡期晚段或典型二里岗期早段。无论如何，望京楼城邑和大师姑城邑对郑州商城肇建活动的重大响应是存在的，目前无法更精确地认定具体的时间，但无疑是发生在郑州商城早期阶段的某个时间节点上。两个之前的局域中心聚落几乎同时响应郑州商城的肇建活动，这种现象和事件本身更重要，表明郑州商城的肇建对王畿区域产生了直接而深刻的影响。望京楼城邑和大师姑城邑是郑州商城周边区域的大型聚落，具有界隔性设施，规模明显大于其他普通聚落，如果把郑州商城作为区域范围内的第一层级聚落，则望京楼城邑和大师姑城邑就相当于第二层级聚落。二里头文化三期的大型聚落芦村河遗址的情况不太清楚。

西史村城邑面积9万多平方米，整个遗址的面积应当更大，发现有青铜器，外围存在界隔性设施（图4-4），规格明显高于基层聚落。西史村遗址东北方向约 7.5 公里、枯河北岸的高村寺遗址也发现有二里头文化与二里岗文化过渡期青铜器，高村寺遗址东北约 3.5 公里的唐垌遗址是面积在 10 万平方米以上且可能存在环壕的聚落（图 4-6），这三处聚落的规格接近、距离也很近。东赵遗址发现有二里岗下层时期 3000 平方米左右的大型四合院式夯土建筑基址，还发现过典型二里岗期的青铜器，说明其高于基层聚落的规格一直延续到典型二里岗期（图 4-5）。如此，在郑州商城之西的索、须、枯河流域，除了明显作为第二层级聚落的大师姑城邑之外，还存在多处规格高于基层聚落的中型聚落；这些中型聚落是与大师姑城邑发生直接联系的第三层级聚落、还是与郑州商城发生直接联系的第二层级聚落，是值得思考的。大师姑城邑在响应郑州商城的肇建而进行改造之后，聚落的规模缩小到 30 多万平方米，此后的典型二里岗期和白家庄期，大师姑的城垣、城壕等界隔性设施逐渐失去，聚落也整体上东移，似乎反映大师姑城邑从二里头文化与二里岗文化过渡期就可能已经不是索、须、枯河流域所有中型聚落的上级聚落，西史村、高村寺、唐垌、东赵等高于基层聚落的中型聚落则可能直接与郑州商城发生联系。西史村等几处中型聚落从区域聚落关系上看也属于第二层级聚落，聚落层级的划分显然不应简单地依据聚落形态和规模，也应当考虑地理位置和区域关系等因素。

郑州商城外围 10 公里左右的范围内也存在不少基层聚落，有些直接为其提供人力和资源服务，直接与郑州商城发生联系，也相当于郑州商城的二级聚落；有些归属于附近的二级聚落而成为三级聚落。望京楼、大师姑等城邑附近的基层聚落，在整个区域中属于第三层级聚落。与西史村等规格略高的中型聚落发生直接联系的基层聚落，也属于第三层级聚落。

综上，郑州商城王畿区域二里头文化与二里岗文化过渡期的聚落在区域范围内呈现广泛的整合与重组，此前的局域中心聚落黄委会青年公寓发展成了唯一的区域中心聚落郑州商城，区域中心聚落的规模明显大于此前的几个局域中心聚落，聚落形态出现了郑州商城代表的两重城垣结构。此前的局域中心聚落望京楼城邑和大师姑城邑则响应郑州商城的肇建而进行了新的工事，略高于基层聚落的中型聚落有增多的趋势，青铜器出土地点比此前明显增多。城垣或环壕是高规格聚落中比较流行的聚落形态，基层聚落中存在界隔性设施的案例仍未发现。从区域中心聚落到基层聚落主要存在三个层级，只有在郑州商城周围附近才存在二级聚落结构；与二里头文化三期相比，三级聚落结构更加普遍。

郑州商城王畿区域在二里头文化与二里岗文化过渡期的聚落层级和分布态势，表明在这个3000平方公里左右（含山地）的范围内形成了唯一的顶层社会组织郑州商城，上文已经指出郑州商城本身由王室为中心的若干族邑组成。郑州商城王畿区域存在若干次级社会组织，已知有望京楼、大师姑、西史村、唐垌、东赵等次级城邑，这些次级社会组织的社会基础也是血缘家族和地缘政治相结合的族邑，大者可能包含以贵族族邑为中心的若干族邑，小者可能是单个贵族族邑。郑州商城王畿区域基层社会单元（基层聚落）主要通过次级城邑来管理，这些基层社会单元（基层聚落）一般是以单个基层族邑为基础的。

从更大范围和更高层次来看，郑州商城取代洛阳盆地东部二里头夏都的地位，成为广域范围内的中心性都邑，开启了郑州商城及其王畿区域发展的新时代。

第三节 郑州商城王畿区域典型二里岗期的社会结构

典型二里岗期（二里岗下层二期和二里岗上层一期）是郑州商城的定局和鼎盛阶段，外围营建了面积达10平方公里以上的外城和城壕，宫殿宗庙建筑不断地重修、改建，出现大型祭祀活动，随葬青铜器的高规格墓葬也逐渐增多，手工业作坊的规模不断扩大，逐渐形成了相对稳定的格局，呈现出明确的三重结构布局模式。上文讨论郑州商城的规划布局时将典型二里岗期分为早、晚两个阶段，是为了更详细地观察郑州商城的城市化进程。受材料的局限，郑州商城王畿区域的聚落能区别出典型二里岗期早段或晚段遗存的比较少，只能从宏观上来考察典型二里岗期聚落。对典型二里岗期聚落的认定，力求依据可靠；一些资料仅注明遗址的年代为"商"，又无法核对陶片标本者，都姑且排除在外了，实际上数十处这样的遗址中很多都可能存在典型二里岗期遗存。

一 郑州商城王畿区域典型二里岗期聚落概况

根据已知的考古资料，可知郑州商城王畿区域典型二里岗期聚落不少于116处（图4-10；彩图六；表4-3），下面对几处代表性聚落进行分析。

表4-3　　郑州商城王畿区域典型二里岗期聚落登记表

序号	聚落名称	位置	形态	面积（平方米）	资料出处、备注
1	大骨头峪	荥阳高村乡官峪村大骨头峪	不详	不详，较小	《荥阳文物志》第45页
2	薛村	荥阳市王村镇薛村北约1000米	不详	不详，较小	《河南荥阳市薛村遗址2005年度发掘简报》（《华夏考古》2007年第3期）第3—11、21、82页，彩版一、二
3	方沟	荥阳汜水镇周沟村方沟	不详	不详，较小	郑州市文物考古研究院资料，核对过陶片
4	翠屏山	荥阳汜水镇周沟村东南台地	不详	不详，较小	《荥阳文物志》第46页，核对过陶片
5	白水峪	荥阳市高山镇白水峪村	不详	不详，较小	郑州市文物考古研究院资料，核对过陶片
6	㴲沱	荥阳汜水镇㴲沱村南	不详	不详，较小	《荥阳文物志》第46页
7	东㴲沱	上街区峡窝镇东㴲沱村北部	不详	不详，较小	《郑州市文物地图集》上册第279—280页。核对过陶片
8	石嘴	上街区峡窝镇石嘴村北部	不详	不详，较小	郑州市文物考古研究院资料，核对过陶片
9	凤凰台	荥阳城关乡凤凰台村南	不详	不详，较小	《荥阳文物志》第40页
10	许庄	荥阳市王村镇许庄村	不详	不详，较小	《郑州市文物地图集》上册第280页。核对过陶片

续表

序号	聚落名称	位置	形态	面积（平方米）	资料出处、备注
11	西史村	荥阳市城关乡西史村西南	环壕？	约9万	详见文中介绍
12	西张村	荥阳市高村乡西张村东北	不详	≤10万	《河南省郑州市索、须、枯河流域考古调查报告》
13	倪店	荥阳市广武镇倪店村西北、枯河南岸台地上	不详	约4万	《荥阳文物志》第45页。《河南省郑州市索、须、枯河流域考古调查报告》。采集有卜骨
14	高村寺	荥阳高村乡高村寺村南枯河北岸	不详	约5万	《荥阳县高村寺商代遗址调查简报》（《华夏考古》1991年第3期）
15	唐垌	荥阳市广武镇唐垌村西南	环壕？	≤16万	详见文中介绍
16	广武北	荥阳市广武镇北枯河南岸	不详	不详	《河南省郑州市索、须、枯河流域考古调查报告》
17	张河	荥阳市广武镇张河村南、枯河南岸	不详	不详，较小	郑州市文物考古研究院资料，核对过陶片
18	樊河北	荥阳市广武镇樊河村北	不详	不详，较小	郑州市文物考古研究院资料，核对过陶片
19	石河	惠济区石河村南	不详	不详	《中国文物地图集·河南分册》第1页。《河南省郑州市索、须、枯河流域考古调查报告》
20	于庄西	郑州市沟赵乡于庄村西	不详	约3万	《郑州小双桥》第22、23、29页
21	关庄	石佛镇关庄村西南	不详	≤8万	《中国文物地图集》第2页
22	岔河	惠济区古荥镇岔河村东北台地上	不详	≥3万	详见文中介绍

续表

序号	聚落名称	位置	形态	面积（平方米）	资料出处、备注
23	前庄王	中原区沟赵乡前庄王村西南	不详	约6万	《郑州市聚落考古的实践与思考》第229页
24	堂李	中原区沟赵乡堂李村南	不详	≥10万	《郑州市西北郊考古调查简报》第4—6页。出土有铜器
25	祥营	中原区沟赵乡祥营村东	不详	不详，较小	《郑州市西北郊考古调查简报》第4、6页
26	瓦屋李	中原区石佛镇瓦屋李村西南	不详	≤12万	《中国文物地图集·河南分册》第3页。《郑州市西北郊考古调查简报》第4页。出过铜斝、爵
27	小湾北	荥阳市广武镇小湾村北	不详	约10万	《中国文物地图集·河南分册》第8页
28	大师姑	荥阳市广武镇大师姑村西南	城垣？环壕	≥30万	详见文中介绍
29	袁垌	荥阳市广武镇后袁垌村东、前王村西	夯土城垣？	≤10万	《河南省郑州市索、须、枯河流域考古调查报告》
30	娘娘寨	荥阳市豫龙镇寨杨村西北	不详	不详，较小	郑州市文物考古研究院资料，核对过陶片
31	丁楼	荥阳广武镇丁楼村西南	不详	≥6万	《河南省郑州市索、须、枯河流域考古调查报告》
32	孙寨	荥阳市广武镇孙寨村西南索河北岸	不详	≤5万	《荥阳文物志》第44页。《河南省郑州市索、须、枯河流域考古调查报告》
33	方靳寨	荥阳城关乡方靳寨村东北河王水库东	不详	不详，较小	
34	阎河	荥阳乔楼镇阎河村及村西、村北的索河东岸台地	不详	约6万	《河南荥阳县阎河遗址的调查与试掘》（《中原文物》1992年第1期）第77—84页

续表

序号	聚落名称	位置	形态	面积（平方米）	资料出处、备注
35	聂楼	荥阳市乔楼镇聂楼	不详	不详，较小	《郑州市文物地图集》下册第256页
36	西张寨	荥阳市豫龙镇西张寨村北	不详	约2万	《中国文物地图集·河南分册》第8页。出土有铜爵
37	碾徐	荥阳市豫龙镇碾徐村	不详	不详，较小	《郑州市文物地图集》下册第262页
38	槐西	荥阳市豫龙镇槐西村	不详	不详，较小	《郑州市文物地图集》下册第260页。核对过陶片
39	城角	荥阳市豫龙镇城角村	不详	不详，较小	《河南省郑州市索、须、枯河流域考古调查报告》
40	瓦屋孙西南	荥阳市豫龙镇瓦屋孙村西南	不详	不详，较小	《河南省郑州市索、须、枯河流域考古调查报告》
41	白寨南	中原区须水镇白寨村南	不详	不详，较小	《河南省郑州市索、须、枯河流域考古调查报告》
42	白寨	中原区须水镇白寨村东	不详	约8万	《中国文物地图集·河南分册》第3页。出土过铜爵
43	三十里铺	中原区须水镇三十里铺	不详	不详，较小	郑州市文物考古研究院资料，核对过陶
44	东赵	中原区沟赵乡东赵村南、檀山东北麓	夯土城垣、壕沟	≤10万	《河南省郑州市索、须、枯河流域考古调查报告》。出土铜器
45	汪庄北	中原区须水镇汪庄村北	不详	不详，较小	郑州市文物考古研究院资料，核对过陶
46	李庄	金水区祭城路李庄村南约300米	不详	不详，较小	郑州市文物考古研究院资料，核对过陶片
47	大河村	金水区柳林镇大河村西南土岗上	不详	不详	《郑州大河村》第553—573页

续表

序号	聚落名称	位置	形态	面积（平方米）	资料出处、备注
48	黑庄	金水区柳林镇黑庄村北150米	不详	不详，较小	《郑州市文物地图集》上册第183页
49	王寨北	惠济区长兴路王寨村北	不详	不详，较小	《中国考古学年鉴2011》第315页。银江实业商务楼工地发现有玉器
50	陈庄	中原区石佛镇陈庄村东南部	不详	≤10万	《郑州市陈庄遗址发掘简报》（《中原文物》1986年第2期）第27—40页
51	新庄	中原区石佛镇新庄	不详	不详，较小	《郑州市文物地图集》上册79页。核对过陶片
52	董寨	中原区董寨村北部	不详	不详，较小	《郑州商城》第7、39页。《郑州洛达庙遗址发掘报告》（《华夏考古》1989年第4期）第75、77页
53	牛砦	郑州市牛砦村西南	不详	不详，较小	《郑州牛砦龙山文化遗址发掘报告》（《考古学报》1958年第4期）第19页
54	宋庄	中原区须水镇宋庄西北、贾鲁河东岸	不详	不详，较小	《中国文物地图集·河南分册》第1页
55	马良寨	中原区须水镇马良寨村北	不详	不详，较小	河南省文物考古研究院资料，核对过陶片，待发表
56	常庄	中原区须水镇常庄村东北	不详	不详，较小	《河南省郑州市索、须、枯河流域考古调查报告》
57	宋庄南	须水镇宋庄村南约500米	不详	不详，较小	《郑州市文物地图集》上册第66页
58	旮旯王	中原区旮旯王村北	不详	约2万	《郑州旮旯王村遗址发掘报告》（《考古学报》1958年第3期）第41—44、62页、图版五、六

续表

序号	聚落名称	位置	形态	面积（平方米）	资料出处、备注
59	杏树湾南	中原区杏树湾村南	不详	不详，较小	《郑州市文物地图集》上册59—60页。核对过陶片
60	张新庄	二七区马寨镇张新庄东100米	不详	不详	《二七区文物志》第118页
61	王垌	中原区须水镇王垌村	不详	不详，较小	《郑州市文物地图集》上册66页。核对过陶片
62	尖岗西南	二七区侯寨乡尖岗村西南	不详	不详，较小	《郑州市文物地图集》上册第130页。核对过陶片
63	水磨	二七区马寨镇水磨村东	不详	约3万	《二七区文物志》第121页，核对过陶片
64	全垌	二七区侯寨乡全垌村西南800米	不详	约6万	《二七区文物志》第117页。郑州文物考古研究院资料，核对过陶片
65	梨园河	二七区侯寨乡梨园河村西南500米	不详	≤8万	郑州市文物考古研究院资料，核对过陶片
66	过垌王	二七区侯寨乡过垌王	不详	不详，较小	郑州市文物考古研究院资料，核对过陶片
67	石匠庄西北	二七区侯寨乡石匠庄西北800米	不详	≤10万	《二七区文物志》第118页
68	陈顶	二七区侯寨乡陈顶村周围	不详	≥10万	《二七区文物志》第116、117页
69	红花寺	二七区侯寨乡红花寺村南100米	不详	不详，较小	郑州市文物考古研究院资料，核对过陶片
70	苏家南	二七区马寨镇苏家村南	不详	不详，较小	郑州市文物考古研究院资料，核对过陶片

续表

序号	聚落名称	位置	形态	面积（平方米）	资料出处、备注
71	马沟	二七区侯寨乡马沟村东部	不详	不详，较小	《郑州市文物地图集》上册第131页
72	张仙	二七区侯寨乡张仙村东约400米	不详	≤10万	《二七区文物志》第118页
73	黄岗寺新村	二七区黄岗寺村东约350米	不详	约6万	《二七区文物志》第121—123页。发表有陶器照片
74	郑州商城	郑州市区内	城垣、城壕	约1300万	详见第二章介绍
75	凤凰台	金水区凤凰台	不详	不详	《中国考古学年鉴2009》第269、270页。核对过陶片
76	站马屯东北	管城区十八里河镇站马屯村东北部	不详	不详，较小	《管城回族区文物志》第79页，核对过陶片
77	白马寺	管城区十八里河镇刘东村东、南	不详	不详	《管城回族区文物志》第79页，核对过陶片。与河西袁南属于同一聚落
78	陵岗	新郑市郭店镇陵岗村	不详	不详	《河南省新郑县新发现的商代铜器和玉器》，《中原文物》1992年第1期
79	郑堡	新郑龙湖镇郑堡村	不详	不详，较小	郑州市文物考古研究院资料，核对过陶片
80	小姚庄	管城区南曹乡小姚庄村西100米	不详	不详	《管城回族区文物志》第80、81、113页。出土有青铜器
81	梁湖	管城区梁湖村东北	环壕	约2万	《中国考古学年鉴2011》第308—311页
82	西营岗	圃田乡西营岗村西约800米	不详	不详	《管城回族区文物志》第74页，核对过陶片

续表

序号	聚落名称	位置	形态	面积（平方米）	资料出处、备注
83	大燕庄南	管城区南曹乡大燕庄村南800米	不详	不详，较小	《管城回族区文物志》第81页
84	司赵	管城区南曹乡司赵村南150米	不详	不详，较小	《管城回族区文物志》第81页，核对过陶片
85	张化楼	管城区南曹乡张化楼村西南500米	不详	不详，较小	《管城回族区文物志》第78页，核对过陶片
86	大湖	管城区南曹乡大湖村东150米	不详	不详，较小	《管城回族区文物志》第74、75页，核对过陶片
87	安庄	管城区南曹乡安庄	不详	不详，较小	郑州市文物考古研究院资料，核对过陶片
88	郭庄	新郑郭店镇郭庄西北	不详	不详，较小	郑州市文物考古研究院资料，核对过陶片
89	台前	中牟八岗乡台前村西南	不详	不详，较小	郑州市文物考古研究院资料，核对过陶片
90	蒋冲南	中牟县蒋冲村南	不详	不详，较小	郑州市文物考古研究院资料，核对过陶片
91	芦医庙	中牟卢医庙	不详	不详，较小	郑州市文物考古研究院资料，核对过陶片
92	太平庄	中牟九龙镇太平庄东北	不详	不详，较小	《郑州市文物地图集》下册365页。核对过陶片
93	大庄	中牟郑庵镇大庄西南	不详	不详	《中牟县黄店、大庄发现商代铜器》（《文物》1980年第12期第89页），出土过青铜器。核对过陶片
94	罗宋	中牟姚家乡东罗宋	不详	不详，较小	《郑州市文物地图集》下册第376页。核对过陶片

续表

序号	聚落名称	位置	形态	面积（平方米）	资料出处、备注
95	梁家南	中牟姚家乡梁家村南	不详	不详，较小	《郑州市文物地图集》下册第375页。核对过陶片
96	黄店	中牟县黄店镇	不详	不详	《中牟县黄店、大庄发现商代铜器》（《文物》1980年第12期第89页），出土过青铜器
97	晶店	中牟三官庙乡晶店村西北	不详	不详，较小	《郑州市文物地图集》下册第387页。核对过陶片
98	柿园吴	新郑市柿园吴村	不详	不详，较小	《河南省新郑县新发现的商代铜器和玉器》，《中原文物》1992年第1期
99	人和寨	新郑辛店镇人和寨村西部	不详	不详，较小	《新郑市文物志》第47页
100	二郎店	新郑八千乡二郎店村东300米	不详	不详，较小	《新郑市文物志》第51页
101	周庄	新郑和庄镇周庄西北	不详	不详，较小	郑州市文物考古研究院资料，核对过陶片
102	望京楼	新郑市新村镇望京楼水库东侧	内城、外环壕	内城：37 外环壕：168	《新郑望京楼：2010—2012年田野考古发掘报告》，出土有青铜器，详见文内介绍
103	陆庄	新郑市（旧）东站陆庄	不详	不详，较小	《河南省新郑县新发现的商代铜器和玉器》，《中原文物》1992年第1期
104	五虎庙	新密市曲梁乡五虎庙村北、东	不详	约7.5万	《郑州市聚落考古的实践与思考》第223页
105	耿庄	新密市曲梁乡耿庄村	不详	约8.6万	《郑州市聚落考古的实践与思考》第223页

续表

序号	聚落名称	位置	形态	面积（平方米）	资料出处、备注
106	岗沟	新密市曲梁乡河西马村东南	不详	约1万	《郑州市聚落考古的实践与思考》第223页
107	下牛	新密市曲梁乡下牛村北	不详	25万？	《郑州市聚落考古的实践与思考》第223页
108	二郎庙	新密市岳村乡赵寨村	不详	约7万	《郑州市聚落考古的实践与思考》第223页
109	月台	新密市牛店镇月台村东	不详	约6万	《郑州市聚落考古的实践与思考》第222页
110	裴洼	新密市裴洼村	不详	约1.3万	《郑州市聚落考古的实践与思考》第222页
111	罗湾	新密市大隗镇罗湾西南	不详	约1万	《郑州市聚落考古的实践与思考》第222页
112	云岩宫	新密市刘寨镇黄帝宫内	不详	约1万	《郑州市聚落考古的实践与思考》第222页
113	煤土沟	新密市刘寨镇煤土沟村北	不详	约2万	《郑州市聚落考古的实践与思考》第222页
114	徐家寨	新密市大隗镇徐家寨	不详	约5万	《郑州市聚落考古的实践与思考》第221页
115	马鞍垌	新郑市辛店镇马鞍垌北	不详	约5万	《郑州市聚落考古的实践与思考》第222页
116	古城寨	新密市	不详	不详	《河南省新密市古城寨龙山文化城址发掘简报》（《华夏考古》2002年第2期。第53—56、81页）

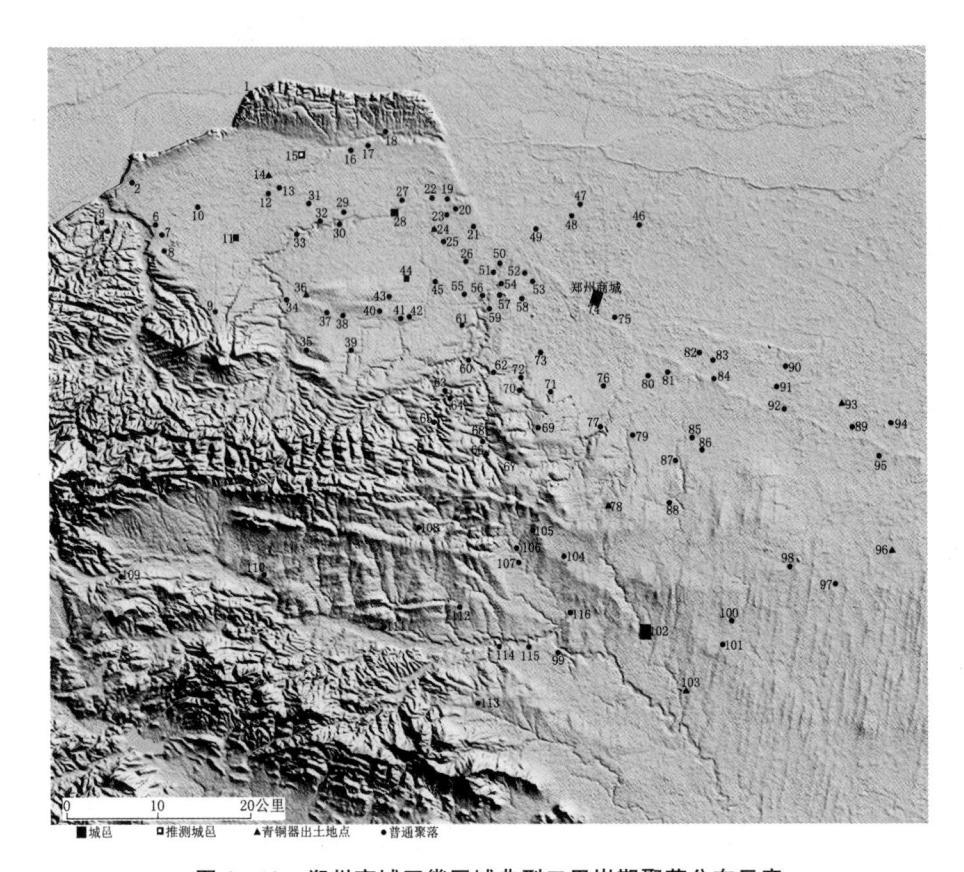

图 4-10 郑州商城王畿区域典型二里岗期聚落分布示意

1. 大骨头峪 2. 薛村 3. 方沟 4. 翠屏山 5. 白水峪 6. 潭沱 7. 东潭沱 8. 石嘴 9. 凤凰台 10. 许庄 11. 西史村 12. 西张村 13. 倪店 14. 高村寺 15. 唐垌 16. 广武北 17. 张河 18. 樊河北 19. 石河 20. 于庄西 21. 关庄 22. 岔河 23. 前庄王 24. 堂李 25. 祥营 26. 瓦屋李 27. 小湾北 28. 大师姑 29. 袁垌 30. 娘娘寨 31. 丁楼 32. 孙寨 33. 方靳寨 34. 阎河 35. 聂楼 36. 西张寨 37. 碾徐 38. 槐西 39. 城角 40. 瓦屋孙西南 41. 白寨南 42. 白寨 43. 三十里铺 44. 东赵 45. 汪庄北 46. 李庄 47. 大河村 48. 黑庄 49. 王寨北 50. 陈庄 51. 新庄 52. 董寨 53. 牛寨 54. 宋庄 55. 马良寨 56. 常庄 57. 宋庄南 58. 旮旯王 59. 杏树湾南 60. 张新庄 61. 王垌 62. 尖岗西南 63. 水磨 64. 全垌 65. 梨园河 66. 过垌王 67. 石匠庄西北 68. 陈顶 69. 红花寺 70. 苏家南 71. 马沟 72. 张仙 73. 黄岗寺新村 74. 郑州商城 75. 凤凰台 76. 站马屯东北 77. 白马寺 78. 陵岗 79. 郑堡 80. 小姚庄 81. 梁湖 82. 西营岗 83. 大燕庄南 84. 司赵 85. 张化楼 86. 大湖 87. 安庄 88. 郭庄 89. 台前 90. 蒋冲南 91. 芦医庙 92. 太平庄 93. 大庄 94. 罗宋 95. 梁家南 96. 黄店 97. 晶店 98. 柿园吴 99. 人和寨 100. 二郎店 101. 周庄 102. 望京楼 103. 陆庄 104. 五虎庙 105. 耿庄 106. 岗沟 107. 下牛 108. 二郎庙 109. 月台 110. 裴洼 111. 罗湾 112. 云岩宫 113. 煤土沟 114. 徐家寨 115. 马鞍垌 116. 古城寨

第四章 郑州商城王畿区域的聚落与社会

1. 郑州商城

郑州商城在典型二里岗期形成了完备的都邑设施，规模更加宏大（详见第二章）。

2. 望京楼商城

望京楼城邑外围是黄水河、黄沟水和一条东西向人工壕沟（北城壕）围成的面积达168万平方米的外环壕；内城位于黄水河东侧、外环壕中部偏西，平面近方形，方向为北偏东约15°，面积约37万平方米①。内城北、东、南三面城墙外侧都有城壕，与黄水河形成闭合的内环壕。内城勘探出四条道路，其延长线呈"井"字形，从勘探的信息来看，南北向道路至少有一条（L3）贯通内城、并连接南城门，东西向两条道路都分别连接对应的东城门、但却没有向西贯通内城的线索，两座东城门基本将东城墙三等分。在内城中部偏南、东一城门对应的道路L1的西向延长线上，发现一座大型夯土建筑，建筑的东部受到破坏，残存的部分夯土基址属于四合院式建筑的北、西、南三面，中部为庭院，该建筑东西向残长32.5米、南北向长29米。望京楼东南100多米处出土有多件铜器和玉器②，位置在内城南城墙西段南侧、相当于外环壕围成的"郭区"的西南部，说明附近存在高规格墓葬。马垌村西约100米出土有铜爵、斝和陶鬲、盆，位置在内城东北角北侧附近、相当于"郭区"的东北，说明附近存在高规格墓葬③（图4-8）。望京楼城邑出土的铜器除个别具有二里头文化与二里岗文化过渡期特征外，大多具有白家庄期特征，属于典型二里岗期晚段的比较少。望京楼商城内城位于二里头时期城墙内侧，表明在过渡期晚段或典型二里岗期早段响应郑州商城的肇建活动，进行了重新修筑。

3. 大师姑城邑

上文提到大师姑城邑在二里头文化与二里岗文化过渡期晚段可能响应郑州商城的肇建活动而进行了改造，至少在典型二里岗期早段已经完成了改造，以疏浚和改造城壕为主，形成以环壕为主的聚落，略呈不规则方形，面积为30多万平方米（图4-9）。在使用和发展的过程中，城垣的夯

---

① 郑州市文物考古研究院编著：《新郑望京楼：2010—2012年田野考古发掘报告》，科学出版社2016年版。
② 新郑县文化馆：《河南新郑望京楼出土的铜器和玉器》，《考古》1981年第6期，图版四。
③ a. 新郑市文物管理局编：《新郑市文物志》，中国文史出版社2005年版，第51页。
 b. 国家文物局主编：《中国文物地图集·河南分册》，中国地图出版社1991年版，第16页。

土墙有逐渐废置的迹象，东城壕也有逐渐填平的趋势，至少白家庄期东城壕已经被填平、聚落向东发展至岗崔东北，典型二里岗期晚段之末东壕沟是否填平则难以认定。

4. 东赵城邑

东赵城邑典型二里岗期应当存在界隔性设施，具体情况不详（图4-5）。

5. 西史村城邑

西史村遗址西南部的墓葬出土过典型二里岗期早段的铜爵[1]，典型二里岗期遗存也比较丰富，表明其持续发展繁荣，典型二里岗期应当存在界隔性设施（图4-4）。

6. 梁湖遗址

梁湖遗址位于管城区梁湖村东北。G5为典型二里岗期环壕聚落的壕沟，各类遗迹主要分布其内。G5位于遗址西南部，平面近圆形，南、北边各长140米，东、西边各长120米，周长500米，面积近2万平方米。沟宽2—7米、深1.5—2.2米，西部、北部较宽、较深，东边南北向较窄，东南部最窄、可能是出入口。壕沟外部北、东、南三面均有商代遗存分布[2]。环壕聚落的形成时间至少为典型二里岗期晚段，没有进一步的年代信息。

二 郑州商城王畿区域聚落的社会结构

郑州商城逐渐定局并走向鼎盛的典型二里岗期，王畿区域内的聚落数量不仅增加，出土青铜器、玉器之类高规格器物的地点也明显增多（图4-10），第二层级的聚落形态在发生着深刻变化。郑州商城之南约35公里的望京楼商城已经形成面积达168万平方米的外环壕，城邑的总体布局为内外两重结构，内城的布局也呈现出严整有序的态势。通过重修、新建等活动，望京楼城邑比二里头文化三期时已经有了突飞猛进的发展，说明望京楼商城的发展与郑州商城的发展节奏存在很大程度的同步性。二里头文化三期的另一座重要城邑大师姑位于郑州商城西北约23公里，已经改

---

[1] 郑州市博物馆：《河南荥阳西史村遗址试掘简报》，《文物资料丛刊》（5），文物出版社1981年版，第94、96页。

[2] 信应君：《郑州市梁湖龙山文化与商代遗址》，《中国考古学年鉴2011》，文物出版社2012年版，第308—311页。

第四章 郑州商城王畿区域的聚落与社会

造成以环壕为主的聚落，面积缩小到30多万平方米；此后至白家庄期，城垣和城壕逐渐失去界隔作用。虽然二者在聚落的发展上都对郑州商城的肇建活动有重大响应，但大师姑城邑并不像望京楼商城那样与郑州商城的发展几乎同步，而是在典型二里岗期逐渐衰落。与此同时，郑州商城王畿区域西部西史村、东赵和须水白寨遗址存在城邑、唐垌遗址可能存在城邑，出土青铜器的地点逐渐增多，这些地点主要有西史村、西张寨、堂李等，其中有些铜器的风格属于白家庄期，这些出土青铜器的地点代表的聚落至少在典型二里岗期晚段就已经高于基层聚落。上述现象似乎反映了不同的统治模式，望京楼商城通过重新组织进一步强化为王畿南部的局域中心；大师姑城邑通过改组和收缩逐渐弱化为普通聚落，其所在的王畿西部与郑州商城直接发生联系的高规格聚落却在增多，这些高规格聚落的规模都不太大、散布在王畿西部。

郑州商城外城周围10公里之内有很多聚落，紧邻外城的聚落都在现在的郑州市区内，因城市占压等原因缺乏资料，本书对外城外围的很多聚落都没有标注，但实际上是存在的。郑州商城外围附近的空间内确认的聚落点非常多，其中位于外城东南约9.5公里的梁湖遗址存在面积约2万平方米的环壕，是在王畿地区发现的带界隔性设施的基层聚落。

望京楼商城与基层聚落之间是否还有一个聚落层级，由于不能简单地以聚落的面积来划分层级，目前还难以判断，本书从宏观上将望京楼商城周围的聚落都作为与其直接联系的第三层级，应不会有太多不合实际的地方。郑州商城王畿区域西部出土青铜器的几处聚落的面积都不太大，规格应当仅高于基层聚落，这里的基层聚落应当都属于第三层级。郑州商城王畿区域东部也有多处青铜器出土地点，如大庄、黄店等，这里也是一个值得重视的地方。

综上，从区域聚落的层级方面来看，郑州商城全面发展和高度繁荣的典型二里岗期，王畿区域的聚落主要分为三个层级。郑州商城作为超大型都邑是唯一的区域中心，是最高层级的王都，其对王畿内次级城邑和基层聚落的强有力控制是问题的核心，至于采用几个层级的管理模式只是运行机制问题。都邑的三重结构布局、宏大规模和对王畿内其他聚落的强有力控制，是郑州商城能够代表一个成熟的早期国家的根本原因，三级为主的聚落层级模式体现了这座都邑的强大控制力。复杂社会、早期国家、广域王权国家之类的重要命题，不是将聚落层级分的越多社会就越复杂、国家就越成熟，而是要看中心都邑的聚落形态是否复杂、内涵是否复杂、控制力是否强大和区域社会是否发展到一定高度。郑州商城的三重聚落结构体现了聚落形态的空前复杂，不小于 10 平方公里的规模体现了都邑规模的空前宏大，由内到外不同种类、不同规格的各类遗存体现了内涵的高度复杂，王畿区域内青铜器和陶器风格的高度一致体现了控制力的强大，青铜冶铸工业、制陶工业和制骨工业的高度专门化体现了区域社会经济的空前发展。郑州商城及王畿区域的种种现象，表明其代表了一个成熟的早期王权国家。

郑州商城王畿区域在典型二里岗期的聚落形态、层级和分布态势，表明郑州商城作为王畿区域内唯一的顶层社会组织集聚了大量人力和物力资源，都邑和王畿区域聚落空前发展。郑州商城与王畿区域次级城邑和基层聚落之间的关系，同安阳商王朝后期王都与王畿地区其他聚落的关系类似。唐际根、荆志淳等先生将安阳商王朝晚期王畿地区的聚落关系总结为"商邑"与"大邑商"的关系[1]，郑州商城应当是更早的"大邑商"，郑州商城王畿区域的次级城邑和基层聚落就是围绕郑州商城（都邑）的众多"商邑"。商王朝早期王畿和晚期王畿区域聚落分布方式的类似现象，有力地说明了商王朝历史文化传统的宏观传承关系。

第四节　郑州商城王畿区域白家庄期的聚落与社会

郑州商城在白家庄期处于稳静运行的态势，但依然继续举行大型祭祀活动、埋葬高级贵族。与此同时，郑州商城其西北方向外围直线距离约 12.5 公里的小双桥商都勃然兴起，王都的人群、聚落和社会重新组织，郑州商城王畿区域的人群、聚落和社会也随之重新组织。小双桥商都的文化传统有少量来自远方的迹象，表明白家庄期的重新组织不仅是王畿区域人群和资源的整合，也包括广域范围内人群和资源的骤然集聚。在王都代表的国家和社会进行重新组织的白家庄期，郑州商城王畿区域聚落有何响应

---

[1] 唐际根、荆志淳：《安阳的"商邑"与"大邑商"》，《考古》2009 年第 9 期。

是非常值得关注的问题。

一 郑州商城王畿区域白家庄期聚落概况

发表的考古资料明确指出属于白家庄期遗存者甚少，大多笼统地将相关遗存表述为"二里岗上层"或"二里岗期"。本书对白家庄期聚落的认定，以核对过陶片或发表有典型材料为主要依据，一些仅记录为"二里岗上层"的聚落也归入白家庄期，其余没有充分证据者皆不录。因此，本书指出郑州商城王畿区域白家庄期聚落不少于81处（图4-11；彩图七；表4-4），仅大体反映概况，会遗漏掉一部分白家庄期聚落。

表4-4　　　　郑州商城王畿区域白家庄期聚落登记表

序号	聚落名称	位置	形态	面积（平方米）	资料出处、备注
1	小东庄	荥阳广武镇寨子峪村小东庄	不详	不详	《荥阳文物志》第46页
2	薛村	荥阳市王村镇薛村北约1000米	不详	不详，较小	《河南荥阳市薛村遗址2005年度发掘简报》（《华夏考古》2007年第3期）第3—11、21、82页，彩版一、二
3	凤凰寨	荥阳市汜水镇老君堂村东岭	不详	不详，较小	《荥阳文物志》第35、36页，核对过陶片
4	樊河北	荥阳市广武镇樊河村北	不详	不详，较小	郑州市文物考古研究院资料，核对过陶片
5	唐垌	荥阳市广武镇唐垌村西南	环壕？	≤16万	详见文中介绍
6	高村寺	荥阳高村乡高村寺村南枯河北岸	不详	约5万	《荥阳县高村寺商代遗址调查简报》（《华夏考古》1991年第3期）
7	东柏朵	荥阳市王村镇东柏朵村东北的岗地上	不详	约10万	《荥阳文物志》第47页

续表

序号	聚落名称	位置	形态	面积（平方米）	资料出处、备注
8	西张村	荥阳市高村乡西张村东北	不详	≤10万	《河南省郑州市索、须、枯河流域考古调查报告》
9	倪店	荥阳市广武镇倪店村西北、枯河南岸台地上	不详	约4万	《荥阳文物志》第45页。《河南省郑州市索、须、枯河流域考古调查报告》。采集有卜骨
10	西史村	荥阳市城关乡西史村西南	环壕?	约9万	《河南荥阳西史村遗址试掘简报》（《文物资料丛刊》5，文物出版社1981年版）第88、92、93页
11	阎河	荥阳乔楼镇阎河村及村西、村北的索河东岸台地	不详	约6万	《河南荥阳县阎河遗址的调查与试掘》（《中原文物》1992年第1期）第77—84页
12	西张寨	荥阳市豫龙镇西张寨村北	不详	约2万	《中国文物地图集·河南分册》第8页。出有铜爵
13	丁楼	荥阳广武镇丁楼村西南	不详	≥6万	《中国考古学年鉴2008》第280、281页。《河南省郑州市索、须、枯河流域考古调查报告》
14	孙寨	荥阳市广武镇孙寨村西南索河北岸	不详	≤5万	《荥阳文物志》第44页。《河南省郑州市索、须、枯河流域考古调查报告》。出土兽面纹陶簋
15	袁垌	荥阳市广武镇后袁垌村东、前王村西	夯土城垣?	≤10万	《河南省郑州市索、须、枯河流域考古调查报告》
16	南城	荥阳市广武镇南城村东南	不详	约10万	详见文中介绍。出土有铜器
17	小湾北	荥阳市广武镇小湾村北	不详	约10万	《中国文物地图集·河南分册》第8页

续表

序号	聚落名称	位置	形态	面积（平方米）	资料出处、备注
18	大师姑	荥阳市广武镇大师姑村西南	不详	≤20万	详见文中介绍
19	岔河	惠济区古荥镇岔河村东北台地上	不详	≥3万	详见文中介绍。出土有铜器
20	石河	惠济区石河村南	不详	不详	《中国文物地图集·河南分册》第1页。《河南省郑州市索、须、枯河流域考古调查报告》
21	小双桥	中原区石佛镇小双桥	宫城；三重结构	≥400万	《郑州小双桥》发掘报告等
22	关庄北	石佛镇关庄村北部	不详	不详	郑州市文物考古研究院资料
23	关庄	石佛镇关庄村西南	不详	≤8万	《中国文物地图集》第2页。《郑州市西北郊考古调查简报》第4—6页。出土过铜爵。
24	西连河	中原区沟赵乡西连河村北	不详	约6万	《郑州市西北郊考古调查简报》第4、6页。《中国文物地图集·河南分册》第3页
25	朱寨	郑州沟赵乡朱寨村东约500米	不详	不详	《郑州朱寨遗址考古发掘与收获》（《中国文物报》2012年7月13日）
26	堂李	中原区沟赵乡堂李村南	不详	≥10万	《郑州市西北郊考古调查简报》第4—6页。出土有铜器
27	祥营	中原区沟赵乡祥营村东	不详	不详，较小	《郑州市西北郊考古调查简报》第4、6页

续表

序号	聚落名称	位置	形态	面积（平方米）	资料出处、备注
28	瓦屋李	中原区石佛镇瓦屋李村西南	不详	≤12万	《中国文物地图集·河南分册》第3页。《郑州市西北郊考古调查简报》第4页。出过铜斝、爵
29	兰寨	中原区石佛镇兰寨村东侧	不详	不详	《郑州市西北郊考古调查简报》第4、6页
30	东赵	中原区沟赵乡东赵村南、檀山东北麓	城垣？	≤10万	《河南省郑州市索、须、枯河流域考古调查报告》
31	白寨	须水白寨村东	不详	8	《中国文物地图集·河南分册》第3页。出土过铜爵
32	城角	荥阳豫龙镇城角村	不详	不详，较小	《河南省郑州市索、须、枯河流域考古调查报告》
33	双楼郭	荥阳市贾峪镇双楼郭	不详	不详，较小	郑州市文物考古研究院资料，核对过陶片
34	大河村	金水区柳林镇大河村西南土岗上	不详	不详	《郑州大河村》第553—573页。
35	石佛东北	中原区石佛村东北600米	不详	不详	《郑州市石佛乡发现商代青铜、戈、刀》（《华夏考古》1988年第1期）第27页。出土有铜器
36	陈庄	中原区石佛镇陈庄村东南部	不详	≤10万	《郑州市陈庄遗址发掘简报》（《中原文物》1986年第2期）第27—40页
37	新庄	中原区石佛镇新庄	不详	不详，较小	郑州市文物考古研究院资料，核对过陶片
38	马良寨	中原区须水镇马良寨村北	不详	不详，较小	河南省文物考古研究院资料，核对过陶片

续表

序号	聚落名称	位置	形态	面积（平方米）	资料出处、备注
39	王垌	中原区须水镇王垌村	不详	不详，较小	郑州市文物考古研究院资料，核对过陶片
40	尖岗西北	二七区侯寨乡尖岗村西北约1000米	不详	≥10万	《二七区文物志》第116页。发表有陶器照片。核对过陶片
41	尖岗西南	二七区侯寨乡尖岗村西南	不详	不详，较小	郑州市文物考古研究院资料，核对过陶片
42	水磨	二七区马寨镇水磨村东	不详	约3万	《二七区文物志》第121页。核对过陶片
43	全垌	二七区侯寨乡全垌村西南800米	不详	不详，较小	郑州市文物考古研究院资料，核对过陶片
44	梨园河	二七区侯寨乡梨园河村西南500米	不详	≤8万	郑州市文物考古研究院资料，核对过陶片
45	郑州商城	郑州市区	城垣	约1300万	《郑州商城》发掘报告等
46	凤凰台	金水区凤凰台	不详	不详	《中国考古学年鉴2009》第269、270页。核对过陶片
47	黄岗寺新村	二七区黄岗寺村东约350米	不详	约6万	《二七区文物志》第121—123页。发表有陶器照片
48	芦村河	二七区侯寨乡芦村河村、金水河西岸	不详	不详	郑州市文物考古研究院资料，核对过陶片
49	红花寺	二七区侯寨乡红花寺村南100米	不详	不详，较小	郑州市文物考古研究院资料，核对过陶片
50	河西袁南	管城区十八里河镇河西袁村南100米	不详	不详，较小	郑州市文物考古研究院资料，核对过陶片。与白马寺为一处聚落

续表

序号	聚落名称	位置	形态	面积（平方米）	资料出处、备注
51	东徐东南	新郑龙湖镇东徐村东南	不详	不详，较小	郑州市文物考古研究院资料，核对过陶片
52	梁湖	管城区梁湖村东北	环壕？	约2万	《中国考古学年鉴2011》第308—311页。发现大型祭祀遗存
53	小姚庄	管城区南曹乡小姚庄村西100米	不详	不详	《管城回族区文物志》第80、81、113页。出土有青铜器
54	小侯庄	管城区南曹乡小侯庄	不详	不详，较小	郑州市文物考古研究院资料，核对过陶片
55	郑堡	新郑龙湖镇郑堡	不详	不详，较小	郑州市文物考古研究院资料，核对过陶片
56	陵岗	新郑市郭店镇陵岗村	不详	不详	《河南省新郑县新发现的商代铜器和玉器》，《中原文物》1992年第1期。出土铜器
57	西营岗	圃田乡西营岗村西约800米	不详	不详	《管城回族区文物志》第74页。核对过陶片
58	司赵	管城区南曹乡司赵村南150米	不详	不详，较小	《管城回族区文物志》第81页。核对过陶片
59	张化楼	管城区南曹乡张化楼村西南500米	不详	不详，较小	《管城回族区文物志》第78页。核对过陶片
60	西洪府	新郑孟庄镇西洪府西南1.5公里	不详	不详，较小	郑州市文物考古研究院资料，核对过陶片
61	城南沟	新郑市华阳故城城南沟	不详	不详	《河南新郑华阳城遗址的调查简报》（《中原文物2013年第3期》第11—16页）

续表

序号	聚落名称	位置	形态	面积（平方米）	资料出处、备注
62	芦医庙	中牟卢医庙	不详	不详，较小	郑州市文物考古研究院资料，核对过陶片
63	大庄	中牟郑庵镇大庄西南	不详	不详	《中牟县黄店、大庄发现商代铜器》（《文物》1980年第12期第89页），出土过青铜器。核对过陶片
64	坡刘新村东南	中牟郑庵镇坡刘新村东南	不详	不详，较小	郑州市文物考古研究院资料，核对过陶片
65	黑牛张西南	中牟郑庵镇黑牛张村西南	不详	不详，较小	郑州市文物考古研究院资料，核对过陶片
66	西谢	中牟黄店镇西谢村北	不详	不详，较小	郑州市文物考古研究院资料，核对过陶片
67	黄店	中牟县黄店镇	不详	不详	《中牟县黄店、大庄发现商代铜器》（《文物》1980年第12期第89页），出土过青铜器
68	柿园吴	新郑市柿园吴村	不详	不详，较小	《河南省新郑县新发现的商代铜器和玉器》，《中原文物》1992年第1期。出土有铜器
69	晶店	中牟三官庙乡晶店村西北	不详	不详，较小	《郑州市文物地图集》下册第387页。核对过陶片
70	望京楼	新郑新村镇望京楼水库东侧	内城、外环壕	内城：37外环壕：168	《新郑望京楼：2010—2012年田野考古发掘报告》，出土有青铜器，详见文内介绍
71	陆庄	新郑市（旧）东站陆庄	不详	不详，较小	《河南省新郑县新发现的商代铜器和玉器》，《中原文物》1992年第1期

续表

序号	聚落名称	位置	形态	面积（平方米）	资料出处、备注
72	二郎庙	新密市岳村乡赵寨村	不详	约7万	《郑州市聚落考古的实践与思考》第223页
73	薛坡	新密市岳村乡薛坡村南	不详	约0.6万	《郑州市聚落考古的实践与思考》第223页
74	曲梁	新密市曲梁乡曲梁村北	不详	约8.5万 24万？	《河南新密曲梁遗址1988年春发掘报告》（《考古学报》2003年第1期）第45—88页。出土有铜器
75	黄龙庙沟	新密市曲梁乡黄龙庙沟北	不详	约1.5万	《郑州市聚落考古的实践与思考》第223页
76	前士郭	新密市前士郭村	不详	约12？万	《郑州市聚落考古的实践与思考》第222页
77	云岩宫	新密市刘寨镇黄帝宫内	不详	约1万	《郑州市聚落考古的实践与思考》第222页
78	叶茂沟	新密市大隗镇叶茂沟	不详	约5万	《郑州市聚落考古的实践与思考》第222页
79	马鞍垌	新郑市辛店镇马鞍垌北	不详	约5万	《郑州市聚落考古的实践与思考》第222页
80	煤土沟	新密市刘寨镇煤土沟村北	不详	约2万	《郑州市聚落考古的实践与思考》第222页
81	古城寨	新密市	不详	不详	《河南省新密市古城寨龙山文化城址发掘简报》（《华夏考古》2002年第2期。第53—56、81页）

第四章 郑州商城王畿区域的聚落与社会

图 4-11 郑州商城王畿区域白家庄期聚落分布示意

1. 小东庄 2. 薛村 3. 凤凰寨 4. 樊河北 5. 唐垌 6. 高村寺 7. 东柏朵 8. 西张村 9. 倪店 10. 西史村 11. 阎河 12. 西张寨 13. 丁楼 14. 孙寨 15. 袁垌 16. 南城 17. 小湾北 18. 大师姑 19. 岔河 20. 石河 21. 小双桥 22. 关庄北 23. 关庄 24. 西连河 25. 朱寨 26. 堂李 27. 祥营 28. 瓦屋 29. 李兰寨 30. 东赵 31. 白寨 32. 城角 33. 双楼郭 34. 大河村 35. 石佛东北 36. 陈庄 37. 新庄 38. 马良寨 39. 王垌 40. 尖岗西北 41. 尖岗西南 42. 水磨 43. 全垌 44. 梨园河 45. 郑州商城 46. 凤凰台 47. 黄岗寺新村 48. 芦村河 49. 红花寺 50. 河西袁南 51. 东徐东南 52. 梁湖 53. 小姚庄 54. 小侯庄 55. 郑堡 56. 陵岗 57. 西营岗 58. 司赵 59. 张化楼 60. 西洪府 61. 城南沟 62. 芦医庙 63. 大庄 64. 坡刘新村东南 65. 黑牛张西南 66. 西谢 67. 黄店 68. 柿园吴 69. 皛店 70. 望京楼 71. 陆庄 72. 二郎庙 73. 薛坡 74. 曲梁 75. 黄龙庙沟 76. 前士郭 77. 云岩宫 78. 叶茂沟 79. 马鞍垌 80. 煤土沟 81. 古城寨

1. 郑州商城

郑州商城在白家庄期有稳静运行的迹象，但仍然有很多高规格遗存（详见第二章）。

2. 小双桥商都

小双桥商都在白家庄期经历了兴起和废弃的过程，其内涵和布局详见第三章。

3. 望京楼商城

望京楼商城在典型二里岗期进行了重组，聚落布局形成内外两重结构，规模也达到168万平方米（图4-8）。望京楼商城的聚落形态和规模一直延续到白家庄期之末，出土的多件青铜器的风格属于该阶段[①]，说明白家庄期仍然是望京楼商城持续保持高规格聚落的阶段。望京楼商城多件白家庄期铜器的出土提供了一个重要信息，王都从郑州商城到小双桥的近距离迁移没有削弱望京楼商城的地位，反倒因为王都向王畿西部迁移而加强了望京楼商城在王畿南部的地位，新的王都通过增加望京楼商城的威望来强化对王畿南部的控制。

4. 西史村城邑

西史村城邑该阶段应当继续存在（图4-4）。

5. 东赵城邑

东赵城邑该阶段应当继续存在（图4-5）。

6. 唐垌遗址

唐垌遗址该阶段可能存在城邑（图4-6）。

7. 南城遗址

南城遗址位于荥阳市广武镇南城村南、东周平陶城的东南部，白家庄期聚落的面积不小于10万平方米（图4-12），地表散见白家庄期陶片，剖面上可见丰富的白家庄期堆积[②]。该遗址出土过商代青铜鼎、鬲、爵等[③]，铜鬲的特征属于白家庄期，正好与白家庄期遗存较丰富相对应，存在较高规格的聚落。

[①] 新郑县文化馆：《河南新郑县望京楼出土的铜器和玉器》，《考古》1981年第6期。图版四。
[②] 郑州市文物考古研究院、北京大学考古文博学院：《河南省郑州市索、须、枯河流域考古调查报告》，《古代文明》第10卷，上海古籍出版社2016年版。
[③] 荥阳文物志编纂委员会：《荥阳文物志》，中州古籍出版社2011年版，第63、64、225页。

第四章　郑州商城王畿区域的聚落与社会

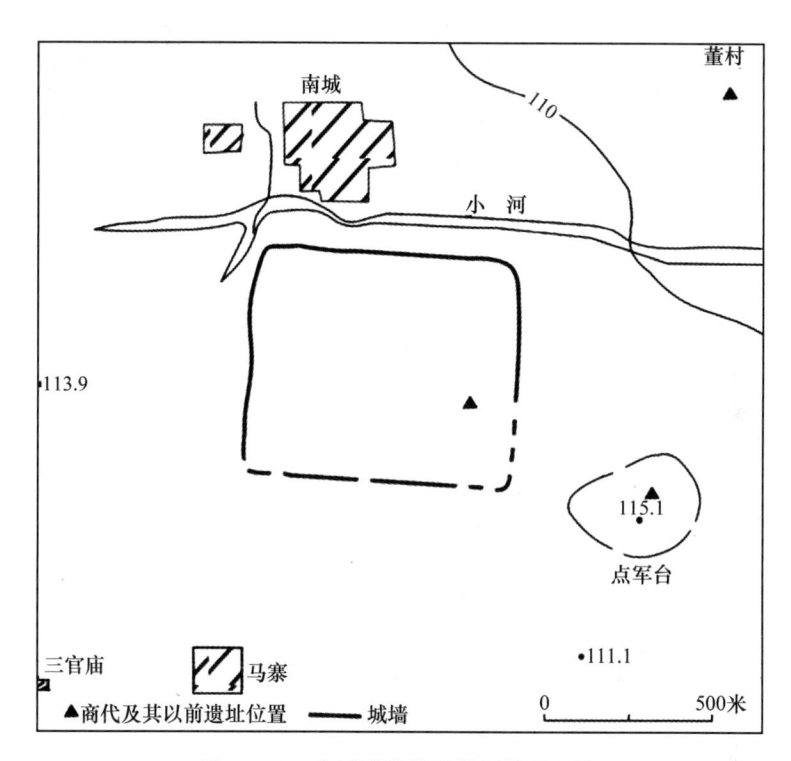

图 4－12　南城遗址的位置与地理环境
采自《河南省郑州市索、须、枯河流域考古调查报告》图十三。

8. 岔河遗址

岔河遗址出土过多件白家庄期青铜器①，发现过丰富的夏商时期遗存，该遗址应当具有一定规格，此时可能存在环壕之类的界隔性设施，面积为数万平方米（图4－13）。岔河遗址位于小双桥商都西偏北仅4公里左右，二者应当直接发生关系。

9. 大师姑——岗崔遗址

大师姑城邑的东城墙、东城壕在白家庄期已经完全失去界隔性功能，东城壕被填平、聚落东移，大师姑发掘报告指出白家庄期遗存分布到东城壕之东400米左右的范围内。大师姑城邑之东、郑州市沟赵乡岗崔村东北

---

① 郑州市文物工作队：《郑州岔河商代遗址调查简报》，《考古》1988年第5期。

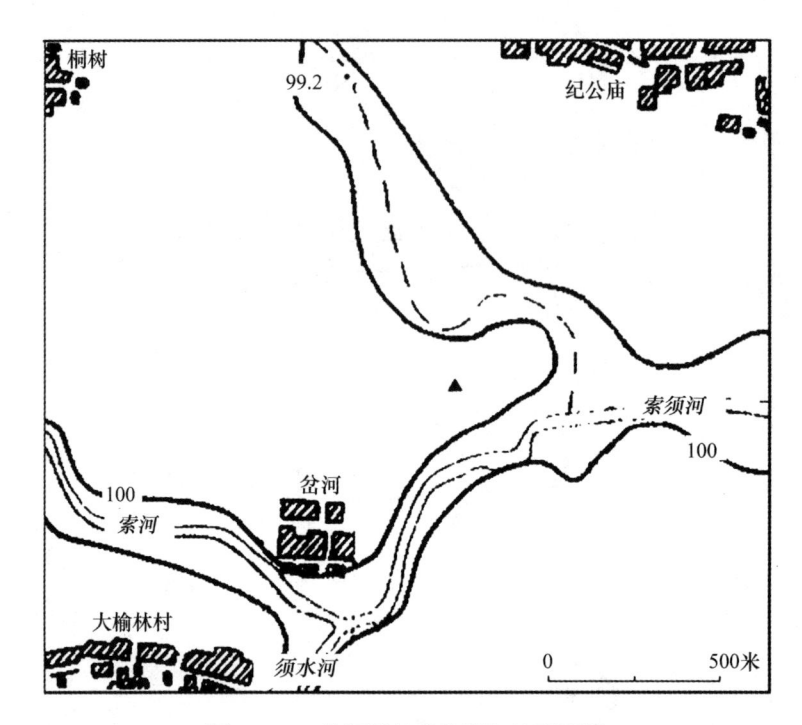

图 4-13　岔河遗址的位置与地理环境
改自《河南省郑州市索、须、枯河流域考古调查报告》图二十九。

台地上也发现有白家庄期遗存，遗址大部分被砖厂取土破坏，有残存的遗迹可知遗址东西长约180、南北宽约140米、面积约2.5万平方米①。岗崔村东北的白家庄期遗存与大师姑东城壕东侧的同时期遗存可以连在一起，应当属于同一处聚落（图4-9）。此时大师姑城邑的聚落形态和功能应当发生了很大变化，界隔性设施不再具有界隔功能，聚落向东转移到大师姑与岗崔之间的台地上，面积在20万平方米以内。

10. 梁湖遗址

梁湖遗址白家庄期遗存主要是围绕大型水塘H292的祭祀场所，发现有牛头坑、马坑、人祭坑，这种水祭特征在郑州凤凰台遗址中也有发现。作为郑州商城东南方向约9.5公里的基层聚落，梁湖遗址规模较小但有环

---

① 郑州市文物考古研究院、北京大学考古文博学院：《河南省郑州市索、须、枯河流域考古调查报告》，《古代文明》第10卷，上海古籍出版社2016年版。

壕；白家庄期祭祀遗存的丰富程度表明，稍远的小双桥商都兴起之后梁湖似乎有进一步的发展，而没有随之衰落。

二 郑州商城王畿区域聚落对王都重新组织的响应

郑州商城王畿区域在白家庄期最重大的变化是小双桥商都的勃然兴起，王都从郑州商城迁移到小双桥一带，是王都在王畿区域范围内的近距离迁移。新王都与旧王都的距离很近、地理环境类似，说明王都重新选址和重新组织的过程中尽力地保持与故都的关联，王都地位的转移有很多历史文化传统的因素。小双桥商都的地势比郑州商城更高，可能反映了既靠近水源、又要避开水患的选址理念。

郑州商城王畿区域白家庄期一个显著的特点是青铜冶铸工业空前繁荣，青铜器的规格提高，青铜器出土地点增多。郑州商城的铸铜作坊持续生产，小双桥商都的青铜冶铸作坊维持着规模较大的生产。在郑州商城内城外侧的窖藏坑中出土有数量多、规格高的青铜礼器，一些墓葬中出土铜器的规格也超过了此前的典型二里岗期。小双桥商都（包括岳岗）不仅出土有青铜礼器，还出土多件建筑构件。新王都和旧王都内青铜工业的繁荣，以及出土铜器数量多、规格高的现象，表明青铜礼器在王都和国家重新组织过程中的地位和作用明显上升。不仅如此，郑州商城王畿区域内出土青铜器的地点明显增多，如关庄、岔河、堂李、石佛东北、瓦屋李、南城、白寨东、望京楼、柿园吴、曲梁等地点出土的青铜器，在典型二里岗期聚落登记表内已经标注"出土有青铜器"来作为聚落规格的重要参考，实际上这些地点出土的青铜器以白家庄期风格为主。王都之外出土青铜器的风格与王都内保持高度一致，很可能是在王都的作坊中生产之后按照某种原则分配（赏赐）给王畿内的次级社会组织。白家庄期青铜器地位的提高和使用者的增多，表明商王朝在重新组织的过程中，可能进一步加强了王都和王畿区域内聚落之间的联系、增强了王都对王畿的控制力。通过对青铜礼器功能的强化来提高权威，应当是商王朝在白家庄期重新组织过程中的一个重要策略。

祭祀活动的规模扩大、规格提高是白家庄期的另一个重要特征。新王都小双桥商都陆续举行了规模宏大的牛牲和人牲祭祀，故都郑州商城内城外侧使用青铜重器举行了多次祭祀活动，这些活动的规模和规格都超越了此前的同类活动。就连规模2万平方米左右的基层聚落梁湖，也举行了规模较大的祭祀活动，超过了此前同类聚落的祭祀规模。通过对祭祀活动的强化来提高权威，应当是商王朝在白家庄期重新组织过程中的另一个重要策略。

郑州商城王畿区域白家庄期聚落主要为三个层级。小双桥商都和故都郑州商城都属于第一层级，二者共同代表了王畿区域的顶层社会组织。第二层级聚落的数量明显增多、并在王畿内呈散布态势，主要包括城邑和青铜器出土地点代表的高规格族邑。小双桥商都周围聚落分布比较密集，出土青铜器的第二层级聚落较多，基层聚落直接与新王都发生联系者较少，主要是通过第二层级聚落来控制基层聚落。本书统计的基层聚落的数量少于典型二里岗期（图4-11），原因一方面是典型二里岗期的时间跨度是二里岗下层二期和二里岗上层一期两个考古学编年期别，时间长于白家庄期；另一方面是小双桥商都的营造和更多高规格族邑的形成，导致王畿区域人群和资源向新王都和高规格族邑集聚，一些基层聚落代表的社会基本单元（族邑）在这个重新组织的过程中并入上级社会组织，从而使基层聚落的数量有所减少。

总之，商王朝在白家庄期重新组织的过程中采取了一系列重大策略，力图提高权威、加强控制。王都内的各项礼仪性活动推向空前的高度，王畿区域内的管理和控制网络更加强大，王畿区域内的文化面貌也呈现出普遍同一化的现象，这一切似乎是商王朝强大而繁荣的政治文化景观。然而就在不久的白家庄期之末，小双桥商都及王畿区域所构建的新"大邑商"遽然废弃，新的统治策略和统治方式并没有维持多长时间。

结　　语

　　在考古学界对郑州商城及相关遗址长期田野考古和研究工作的基础上，以郑州商城所在地夏商时期考古学编年为标尺，本书将郑州商城及其王畿区域形成与发展过程相关的考古学文化分为四个阶段，即二里头文化三期、二里头文化与二里岗文化过渡期（二里头四期/南关外期/二里岗下层一期）、典型二里岗期（二里岗下层二期、二里岗上层一期）及白家庄期（二里岗上层二期/小双桥期）。按照考古学编年的先后顺序，分别对郑州商城王畿区域的考古学文化传统、郑州商城的形成过程和城市化进程、郑州商城与小双桥商都的关系、郑州商城王畿区域的聚落与社会等问题，进行了历时性讨论，形成一些基本认识，择其要者列举如下：

　　1. 郑州商城王畿区域考古学文化传统的时间和空间整合

　　郑州商城肇建之前其王畿区域流行本地二里头文化，二里头文化三期的文化面貌相对稳定，但出现了一些新的趋势。陶器的文化面貌以本地二里头文化因素为主体，外来的东下冯文化因素、辉卫文化因素、岳石文化因素等都有不同程度的介入。外来文化因素的分布比较分散，尚未形成多元文化传统共存的格局，青铜器、玉器尚未发现确切的案例。辉卫文化因素的比例总体上很小、分布却很普遍，岳石文化因素一般在大师姑、望京楼等重要城邑有零星发现。

　　二里头文化与二里岗文化过渡期时下七垣文化和岳石文化传统直接涌入，形成多元文化传统共存的局面，文化传统特别多元、新的文化风格尚未定型。二里头文化、下七垣文化、辉卫文化、岳石文化等文化传统常常在同一个遗迹内共存，融合风格的器物比较常见，但仍然以本地二里头文化传统为主体。发现有二里头文化传统的铜器和玉器，也有铜器融入了下七垣文化传统。王畿区域的文化面貌和文化传统的构成总体上与郑州商城一致，各类文化传统的分布态势严重失衡，下七垣文化传统（以漳河型文化为主体）的出现打破了此前的文化格局和稳定态势，主导了郑州商城所在地的文化向典型二里岗文化发展。下七垣文化、辉卫文化和岳石文化等外来文化传统在郑州商城范围内与本地二里头文化传统交错分布，在望京楼等城邑中有少量发现，在基层聚落中罕见。

典型二里岗期形成了富有时代特征的文化面貌，王畿区域的文化面貌总体上与郑州商城保持一致，比较稳定的典型二里岗文化逐渐成为新的主体文化，二里头文化、下七垣文化、辉卫文化、岳石文化等文化传统的遗风犹存。典型二里岗期逐渐形成了基本陶器组合与稳定文化风格，铜礼器也逐渐形成了二里岗风格，陶器上也常见兽面纹、但总体比例极小，铜器上开始流行兽面纹，印纹硬陶和原始瓷也比较常见、但总体极少，陶龟开始流行，这些高规格器物主要集中在郑州商城。郑州商城王畿区域的文化传统有趋于一致的倾向，基层聚落的发展节拍略慢于郑州商城。

白家庄期也形成了特征鲜明的时代风格，器物有规范化和标准化的倾向，器物的体量有明显增大的趋势，仍然有少量各种文化传统的遗风、但痕迹已经不太明显，仍有个别岳石文化传统的案例。王畿区域的文化面貌与郑州商城和小双桥商都保持高度一致。铜器流行装饰兽面纹，形成了白家庄风格的铜器，陶器上的兽面纹比较常见、总体比例极小，印纹硬陶、原始瓷等偶有发现，陶龟在小双桥商都比较流行，朱书陶缸、刻文陶豆也比较常见，这些高规格器物主要集中在郑州商城和小双桥商都；青铜器和兽面纹陶器在都邑之外的出土地点较多，呈散布态势。郑州商城王畿区域文化面貌的一致性较高，基层聚落的发展节拍与都邑保持了高度一致。

本书将郑州商城王畿区域考古学文化历时性变化与都邑形成及发展过程整合在一起，关注不同考古学文化传统的空间分布状况，重视考古学文化的历时性变化与重大事件的关联，避开考古学文化在微观尺度上丈量时间的短板，宏观处理考古学年代标尺与重大事件的拟合。这种研究视角和方法对研究基础较好的二里头夏都、郑州商城、偃师商城、小双桥商都、洹北商城、安阳殷都等，都具有重要参考价值。

2. 郑州商城的形成过程与城市化进程

二里头文化三期是郑州商城肇建之前的历史背景和聚落基础，郑州商城所在地已经存在面积60万平方米以上的大型居住集聚地。

二里头文化与二里岗文化过渡期是郑州商城的肇始阶段，过渡期早段营造了最早的一批宫殿宗庙建筑和宫城，存在东、西两个区域，过渡期晚

结　语

段营建了面积约 3 平方公里的大城（内城）。大城（内城）主要是大型夯土建筑基址代表的宫殿宗庙建筑和相关设施，主要是最高统治集团和相关机构活动和生活的场所。大城（内城）北半部是宫殿宗庙建筑集中分布的区域，是郑州商城最核心的区域。宫城应存在不同的功能区划，宫殿区的西北部开挖了引水设施，高规格墓葬常常在宫殿宗庙建筑附近。大城（内城）外围营建了不少重要手工业作坊，散布着很多居住点。从宫城、大城（内城）到大城（内城）外侧形成了三重结构，分布着若干与商王及王室关系远近不同的族邑，形成以商王及王室为核心的向心式布局，相当于甲骨文和早期文献中的"大邑商"。安阳商代晚期殷都以若干族邑为基本单元组成"大邑商"，这种布局模式有着深厚的历史文化渊源，至少可以追溯到郑州商城。

典型二里岗期是郑州商城逐渐繁荣的阶段，典型二里岗期早段营建了面积不小于 10 平方公里的外城及城河，形成了宫城、内城、外城内外三重结构的布局，各类设施的布局已经逐渐形成若干专门区域。二里头文化与二里岗文化过渡期肇建的宫殿宗庙建筑继续使用或加以修缮、重修、改建、扩建后再使用，继续营造新的宫殿宗庙建筑，给排水设施更加完善。内城存在多个"宫城单元"，有着不同的功能区划，内城中南部也有很多夯土建筑，宫城内存在若干王室成员生死相依的族邑作为基本单元。外城与内城东侧的古湖泊形成一个闭合的外围界隔性设施，将很多居民点围在内城和外城之间，外城设置有多处手工业作坊，铸铜作坊生产规模扩大、专业化程度更高。墓地主要在外城西部和南部、铜器墓和陶器墓都有，确认的铜器墓以外城西部居多，表明贵族死后大多葬在外城的墓地；外城的祭祀遗存多在东南部和西北部的高亢之地。

无论是有意规划还是因地制宜，无论是国家行为还是自发组织，从二里头文化与二里岗文化过渡期到典型二里岗期，郑州商城从围护宫殿宗庙建筑的小城逐渐发展为三重结构的超大型都邑，考古学文化的主体面貌经历了从一元化到多元化、再走向一元化的过程。郑州商城的城市化进程中都邑的规模越来越大，结构越来越复杂，而文化面貌却从简单到复杂、再到简单。广域范围内人群和资源的集聚、政治和文化的整合，形成多元文化格局并营造了规模宏大、结构复杂的都邑，郑州商城形成之后的发展过程中逐渐走向一体化、规范化和制度化。典型二里岗期晚段，郑州商城达到了鼎盛的局面，形成了很多专门的区域和相对稳定的文化传统，形成了

· 259 ·

规模化的生产和制度化的礼仪，全面完成了城市化进程。

3. 郑州商城与小双桥商都的关系

白家庄期是郑州商城稳静运行和小双桥都邑兴起并废弃的阶段，郑州商城的总体格局没有大的变化。郑州商城的稳静运行和小双桥商都的勃然兴起从时间上来看是呼应的，二者一静一动，但并不是简单的兴替关系。王都的中心转移到郑州商城附近的小双桥商都之后，郑州商城的青铜冶铸工业持续运行；商王为代表的高级贵族仍然把郑州商城作为神圣的祖先之都，对先王故都进行过多次高规格的祭祀，还有高级贵族埋葬在内城南部及内城周围。典型二里岗期晚段郑州商城发展到鼎盛局面，白家庄期郑州商城不再积极发展、而是呈现稳静运行的态势，人口和资源向小双桥商都转移，形成新的中心都邑，应当就是所谓"迁都"活动在考古学上的反映。小双桥商都选择了类似郑州商城的地理环境，采用了郑州商城的三重布局结构和建筑技术，祭祀活动更加频繁、规模更加宏大，小双桥商都的王室还使用大型青铜重器到故都郑州商城举行祭祀活动。郑州商城在小双桥商都成为王都之后，作为祖先故都仍然受到无上尊崇，但存在人口和资源的大规模外流，郑州商城的各类政治、生活和生产设施趋于稳静下行。郑州商城基本上是突然失去王都地位的，小双桥商都作为王都也基本上是突然兴起并突然废弃的，但二者作为都邑的形成和衰落都经历了一个过程。

4. 郑州商城王畿区域的聚落与社会

郑州商城肇建之前的二里头文化三期至郑州商城稳静运行的白家庄期，郑州商城王畿区域聚落及其反映的社会结构对都邑的发展演变有明显的响应。

在二里头文化三期，郑州商城王畿区域作为二里头都邑的东方门户地带，形成了大师姑、望京楼等拱卫二里头夏都的城邑，此时该区域存在多个并行的局域中心聚落，反映了二里头夏都的多个二级社会组织在该区域共存的政治格局。郑州商城王畿区域几个二里头夏都的二级社会组织平行发展，都是该区域并存的顶层社会组织，该区域尚未形成唯一的顶层社会组织。该区域还存在很多小型城邑和中型聚落代表的第二层级社会组织，在区域内呈散布态势。基层聚落代表的基层社会单元分布的也比较密集。从顶层社会组织到基层社会单元，该区域至少有108处聚落点，实际数量会更多，这些不同层级、不同形态的聚落沿着河流两岸台地和山谷地带交

结　语

错分布，反映了二里头夏都代表的国家采用分区管理、分层组织的方式加强对这处东方门户和战略要地的控制。在二里头文化三期加强控制该区域的原因主要有两个方面，一是拱卫西方的二里头夏都，二是防御东方的敌对势力。

　　二里头文化与二里岗文化过渡期早段在此前的一处局域中心聚落黄委会青年公寓一带营造了郑州商城宫城，此后郑州商城王畿区域聚落发生了翻天覆地的变化，呈现广泛的整合与重组。最重要的是过渡期晚段郑州商城内城的营建，使郑州商城成为唯一的区域中心聚落和顶层社会组织，望京楼城邑、大师姑城邑等此前的局域中心聚落响应郑州商城的营建而重新修建或改造，反映了郑州商城代表的国家控制了此前二里头文化系统的若干重要城邑，形成了对王畿区域的牢固控制。在过渡期晚段郑州商城取代洛阳盆地东部的二里头夏都地位，成为广域范围内的都邑和顶层社会组织。与此同时，郑州商城王畿区域内基层聚落明显减少，反映了人群和资源向高层级聚落的集聚。郑州商城王畿区域形成以王室为中心的三个层级的族邑，形成了最初的"大邑商"雏形。郑州商城在建城初期发展速度最快，相当于二里岗C1H9阶段的遗存在内城和外城广泛分布，周围形成核心聚落群王畿区域，人口压力未发挥明显作用。可见，郑州商城的形成体现了这样的认识："一个地区内某个聚落规模的不断发展壮大是同其他聚落规模的逐渐缩小和数量的减少密切相关的；特定区域内聚落形态的变化趋势总是通过聚落的起伏消长来体现。"[①]

　　在典型二里岗期，郑州商城王畿区域的聚落主要分为三个层级。郑州商城作为王畿区域内唯一的中心和顶层社会组织，也是广域范围内最高层级的聚落和顶层社会组织，通过三级为主的聚落层级有力地控制王畿内次级城邑和基层聚落。《乌鲁克的乡村》认为城市化兴起是由于乡村人口迅速进入城市中心所致，并非城市自身人口增长的结果[②]。次级城邑和基层聚落代表的族邑数量大大增加，似乎不是简单的自然增长，而是和郑州商城代表的国家对广域范围内人群和资源的集聚密切相关。郑州商城与王畿区域次级城邑和基层聚落代表的三个层级的族邑，形成最早的"大邑商"，

[①] [美]加里·费曼著：《聚落与景观考古学》，方辉、惠夕平译，《东方考古》第2集，科学出版社2005年版。

[②] [美]阿尔伯特·安默曼著：《考古调查与考古研究》，陈洪波译，方辉主编：《聚落与环境考古学理论与实践》，山东大学出版社2007年版。

成为此后安阳商王朝后期"大邑商"模式的历史渊源。

　　白家庄期郑州商城王畿区域最大的变化是形成了新的小双桥商都、郑州商城成为故都，二者共同代表了王畿区域的顶层社会组织。小双桥商都的勃然兴起，引起了王都的人群、聚落和社会重新组织，郑州商城王畿区域的人群、聚落和社会也随之重新组织。小双桥商都的文化传统有少量来自远方的迹象，表明白家庄期的重新组织不仅是王畿区域人群和资源的整合，也包括广域范围内人群和资源的集聚。王畿区域内的聚落主要为三个层级，第二层级聚落的数量明显增多，同时第三层级的基层聚落的数量却明显减少，可能与人群和资源向新王都和高规格族邑集聚有关。商王朝在白家庄期重新组织并采取了一系列策略来提高权威、加强控制，然而小双桥商都及王畿区域所构建的新"大邑商"在白家庄期之末却突然停滞了。

　　从宏观上看，郑州商城肇建之前的二里头文化三期至郑州商城稳静运行的白家庄期，郑州王畿区域聚落及其反映的社会结构对都邑的发展演变有明显响应。郑州商城的肇建不仅导致大师姑、望京楼、东赵等重要城邑重新修建或改造，还引起了很多基层聚落的消失。与郑州商城的发展繁荣相一致，王畿区域聚落的数量明显增加。王都从郑州商城转移到小双桥的过程中，一方面第二层级聚落明显增加，另一方面基层聚落明显减少。从微观上看，王畿区域聚落与都邑的发展演变也并非是完全同步。从王畿区域聚落的角度来考察其历时性变化，可以更加全面深入地了解郑州商城的形成与发展过程。

　　尽管本书对郑州商城及王畿区域的形成与发展过程有很多新认识，但限于考古材料和认识水平，很多问题都还是初步探讨，还有很多问题需要深入研究，其中最迫切、最需要率先解决的问题主要有以下几个方面：

1. 郑州商城王畿区域考古学文化传统的深层次研究及广域文化互动

　　尽管本书对郑州商城王畿区域考古学文化传统进行了详细讨论，仍有很多深层次问题需要进一步研究。对郑州商城王畿区域连续包含二里头文化三期至白家庄期遗存的若干不同层级、不同位置的聚落进行系列样本测年，一是比较确切地多方互证二里头文化与二里岗文化过渡期各类遗存的相对年代和绝对年代，二是观察不同层级聚落之间相同的文化面貌是否有时间差。采用切片观察的方法讨论辉卫文化、下七垣文化（漳河型文化为主体）、岳石文化等外来文化传统的典型陶器是本地生产还是外地带来，抑或产地存在历时性变化。对郑州商城王畿区域出土青铜器的铸造工艺、合金配方、形制特征、艺术风格等进行深入细致地比较研究，观察王都和周围区域出土的青铜器是否有细微差异、周围区域不同地点出土的青铜器是否有细微差异，该问题牵涉到王都是否在王畿区域内统一生产和分配高规格礼器，对认识王都与王畿区域内第二层级聚落的关系具有重要意义。兽面纹陶器的纹样和制作技术等在王畿区域内不同聚落之间是否有明显差异，也对认识规范化和制度化具有参考价值。广域范围内典型二里岗文化传统陶器的出土单位也可以系列样本测年的方法求证其绝对年代，对陶器本身采用切片观察的方法讨论其为本地生产还是来自王畿区域；广域范围内不同地域的作坊生产的青铜器之间有何异同，零星出土的青铜器是否产自王都，这些对认识商王朝早期在广域范围的控制力具有重要价值。上述提到的研究工作涉及到对遗迹遗物本身的深度处理，需要在大范围对各种考古资源逐步进行整合。

2. 郑州商城和小双桥商都本身还需要进一步深入研究

郑州商城迄今尚未揭露一处可以完整复原的单体宫殿或宗庙建筑，二里头夏都、偃师商城、洹北商城、安阳殷都等相关都邑的宫殿或宗庙建筑以四合院式庭院建筑为主流，虽然可以据此很有有信心地推断郑州商城的宫殿或宗庙建筑也是以四合院式庭院建筑为主流，但考古实证的方法完整复原单体宫殿或宗庙的形制和布局仍是必不可少的关键环节。在考古发掘和研究中，注意通过对建筑内相关遗迹遗物的观察和分析，区分出宫殿与宗庙。宫城的区划似乎并不简单，郑州商城内城的总体布局是否类似于二里头夏都、偃师商城的多宫格"里坊式"布局，内城南部广泛分布的夯土建筑是否代表若干拱卫王室的族邑，都还需要通过进一步的田野考古和研究工作来厘清。郑州商城外城有着不同的的功能区划，既分布有各类大型手工业作坊、高规格墓葬和祭祀遗存，也分布有很多族邑，不同的功能区划与族群的关系可以通过对器物风格、葬制葬俗、人骨体质特征的综合研究来寻求突破，对人骨进行锶同位素分析来讨论其是否本地人。小双桥商都也需要做上述类似的田野考古和研究工作，值得强调的是宫城东边缘和南边缘还需要进一步的考古工作来证实，城区是否存在界隔性设施及其可信度较高的边缘还需要求证，郭区的范围还需要进一步的田野工作。上述问题对研究郑州商城和小双桥商都本身的内涵和布局具有重要意义，对认识商王朝都邑的形成机制和人群构成更具有突破性意义，但需要大量的田野考古工作或对遗迹遗物的深度处理。

3. 郑州商城王畿区域聚落考古的田野工作和研究还需要大力推进

从区域聚落考古的层面来讲，目前仅对郑州商城王畿区域西部的平原和丘陵地带进行了全面调查和重点调查，王畿大部分区域尚未针对夏商时期聚落考古研究开展全面调查和重点调查，分布有城邑的重点区域也尚未开展拉网式系统调查，区域聚落考古工作仍然任重而道远。需要弄清若干不同方位、不同规格的聚落形态和布局，基层聚落的形态和布局也是田野考古工作中需要注意的重要问题，勘探和解剖若干城邑和基层聚落仍是当务之急。在上述田野考古工作的基础上，深入研究聚落形态和分布状况反映的社会结构和组织方式。此外，还需要加强与二里头夏都所在的洛阳盆地的区域聚落考古比较研究。

4. 郑州商城王畿区域的环境复原研究需要加强

郑州商城王畿区域地理环境、特别是水系的复原研究，对认识都邑选址和王畿区域的人地关系具有重要意义。需要结合考古学、地理学材料和历史文献，甚至还需要针对性地开展相关田野工作，采用历史地理的研究方法，对郑州商城王畿区域地理环境进行复原研究。

5. 郑州商城代表的商王朝的形成与发展过程研究需要引向深入

郑州商城代表的商王朝的形成与发展过程涉及到广域范围内的大量考古材料，需要对相关考古材料进行深度处理和研究，也需要进一步的田野考古工作和资料积累。早期国家问题的研究还需要社会学理论、人类学理论乃至政治学理论的支撑，吸收相关理论成果并与考古学案例研究进行整合，也是一个比较迫切的重要工作。

参考文献

著作

安徽大学、安徽省文物考古研究所编著：《皖南商周青铜器》，文物出版社2006年版。

安徽省博物馆编：《安徽省博物馆藏青铜器》，上海人民美术出版社1985年版。

北京大学考古系商周组：《河南淇县宋窑遗址发掘报告》，《考古学集刊》第10集，地质出版社1996年版。

北京大学考古系商周组、陕西省考古研究所：《陕西耀县北村遗址1984年发掘报告》，《考古学研究》（二），北京大学出版社1994年版。

北京大学考古系商周组等：《山东菏泽安邱堌堆遗址1984年发掘报告》，《考古学研究（八）》，科学出版社2011年版。

常怀颖：《郑州商城铸铜遗址研究三题》，《三代考古》（五），科学出版社2013年版。

陈淳：《文明与早期国家探源——中外理论、方法与研究之比较》，上海世纪出版集团2007年版。

陈嘉祥：《郑州商城外发现商代夯土墙》，《中国考古学年鉴1987》，文物出版社1988年版。

陈梦家：《殷墟卜辞综述》，中华书局1988年版。

杜金鹏：《偃师商城年代与分期研究》，《夏商周考古学研究》，科学出版社2007年版。

段勇：《商周青铜器幻想动物纹研究》，上海古籍出版社2012年版。

恩格斯著、张仲实译：《家庭、私有制和国家的起源》，人民出版社1954年版。

郜向平：《商系墓葬研究》，科学出版社 2011 年版。

管城回族区文物局编：《管城回族区文物志》，中州古籍出版社 2012 年版。

郭勇：《山西长子县北郊发现商代铜器》，《文物资料丛刊》3，文物出版社 1980 年版。

国家文物局主编：《中国文物地图集·河南分册》，中国地图出版社 1991 年版。

邯郸市文物研究所编：《邯郸市文物精华》，文物出版社 2005 年版。

河北省文物研究所：《藁城台西商代遗址》，文物出版社 1985 年版。

《河南出土商周青铜器》编写组编：《河南出土商周青铜器》（一），文物出版社 1981 年版。

河南省博物馆、郑州市博物馆：《郑州商代城遗址发掘报告》，《文物资料丛刊》（1），文物出版社 1977 年版。

河南省文化局文物工作队：《郑州二里冈》，科学出版社 1959 年版。

河南省文物局编著：《鹤壁刘庄——下七垣文化墓地发掘报告》，科学出版社 2012 年版。

河南省文物考古研究所、郑州市文物考古研究所：《郑州商代铜器窖藏》，科学出版社 1999 年版。

河南省文物考古研究所编：《辉县孟庄》，中州古籍出版社 2003 年版。

河南省文物考古研究所编著：《郑州商城：1953—1985 年考古发掘报告》，文物出版社 2001 年版。

河南省文物考古研究所编著：《郑州小双桥——1990—2000 年考古发掘报告》，科学出版社 2012 年版。

河南省文物研究所：《郑州商城遗址》，《中国考古学年鉴 1984》，文物出版社 1984 年版。

河南省文物研究所、中国历史博物馆考古部：《登封王城岗与阳城》，文物出版社 1992 年版。

河南省文物研究所编：《郑州商城考古新发现与研究（1985—1992）》，中州古籍出版社 1993 年版。

河南郑州市普查办：《河南郑州芦村河遗址》，国家文物局主编：《2008 年第三次全国文物普查重要新发现》，科学出版社 2009 年版。

侯卫东：《"荥泽"的范围、形成与消失》，《历史地理》第二十六辑，上海人民出版社 2012 年版。

侯卫东：《试论洹北商城的布局、年代和性质》，《文物研究》第17辑，科学出版社2010年版。

侯卫东：《试论漳洹流域下七垣文化的年代和性质》，《早期夏文化与先商文化研究论文集》，科学出版社2012年版。

胡保华、王立新：《试论下七垣文化的类型与分期》，《早期夏文化与先商文化研究论文集》，科学出版社2012年版。

湖北省文物局：《汉丹集萃——南水北调工程湖北库区出土文物图集》，文物出版社2009年版。

湖北省文物考古研究所：《盘龙城：1963年—1994年考古发掘报告》，文物出版社2001年版。

贾连敏、曾晓敏、韩朝会：《郑州市商代遗址及唐宋铸钟遗迹》，《中国考古学年鉴2004》，文物出版社2005年版。

江西省文物考古研究所：《吴城——1973—2002年考古发掘报告》，科学出版社2005年版。

姜楠等：《郑州市木材公司1997及2000年商代遗址发掘简报》，《郑州文物考古与研究》（一）上册，科学出版社2003年版。

荆州博物馆编著：《荆州荆南寺》，文物出版社2009年版。

科林·伦福儒、保罗·巴恩主编，陈胜前译：《考古学：关键概念》，中国人民大学出版社2012年版。

蓝田县文化馆、陕西省考古研究所：《陕西蓝田县出土商代青铜器》，《文物资料丛刊》3，文物出版社1980年版。

李伯谦：《对郑州商城的再认识》，《文明探源与三代考古论集》，文物出版社2011年版。

李伯谦：《先商文化探索》，《庆祝苏秉琦考古五十五年论文集》，文物出版社1989年版。

李峰著、徐峰译：《西周的灭亡——中国早期国家的地理和政治危机》，上海古籍出版社2007年版。

李宏飞：《二里冈文化形成之际郑州商城诸遗存分析》，《考古学集刊》第20集，社会科学文献出版社2017年版。

李宏飞、王宁：《小双桥遗址的商与夷》，中国社会科学出版社2019年版。

李维明：《豫南及邻境地区青铜文化》，线装书局2009年版。

刘莉、陈星灿：《中国早期国家的形成——从二里头和二里岗时期的中心

和边缘之间的关系谈起》,《古代文明》(第 1 卷),文物出版社 2002
年版。

刘士莪编著:《老牛坡》,陕西人民出版社 2002 年版。

刘绪:《论卫怀地区的夏商文化》,《纪念北京大学考古专业三十周年论文
集》,文物出版社 1990 年版。

摩尔根:《古代社会》,商务印书馆 1977 年版。

平势隆郎:《从城市国家到中华:殷周春秋战国》,广西师范大学出版社
2013 年版。

秦小丽:《二里头文化时期中原东部地区的地域间动态关系——以陶器资
料分析为中心》,《考古一生——安志敏先生纪念文集》,文物出版社
2011 年版。

秦小丽:《中国初期王朝国家形成过程中的地域关系——二里头·二里岗
时代陶器动态研究》,《古代文明》第 1 卷,文物出版社 2003 年版。

山东大学:《大辛庄遗址 1984 年秋试掘报告》,《东方考古》第 4 集,科学
出版社 2008 年版。

山东大学历史系考古教研室:《泗水尹家城》,文物出版社 1990 年版。

石磊、王会民、梁亮:《河北磁县南城遗址浅析》,《早期夏文化与先商文
化研究论文集》,科学出版社 2012 年版。

宋爱平:《郑州地区史前至商周时期聚落形态分析》,《东方考古》第 8 集,
科学出版社 2011 年版。

宋国定、曾晓敏:《郑州商代遗址》,《中国考古学年鉴 1991》,文物出版
社 1992 年版。

孙亚冰、林欢:《商代地理与方国》,中国社会科学出版社 2010 年版。

谭其骧选释《汉书地理志》,侯仁之主编:《中国古代地理名著选读》,学
苑出版社 2005 年版。

佟伟华:《垣曲商城兴衰始末》,《考古学研究(十)》,科学出版社 2012
年版。

王立新:《从早商城址看商王朝早期的都与直辖邑》,《新果集—庆祝林沄
先生七十华诞论文集》,科学出版社 2009 年版。

王立新:《早商文化研究》,高等教育出版社 1998 年版。

王立新、胡保华:《试论下七垣文化的南下》,《考古学研究》(八),科学
出版社 2011 年版。

王宇信、徐义华：《商代国家与社会》，中国社会科学出版社2011年版。
韦心滢：《殷代商王国政治地理结构研究》，上海古籍出版社2013年版。
闻人军译注：《〈考工记〉译注》，上海古籍出版社2008年版。
谢维扬：《中国早期国家》，浙江人民出版社1995年版。
新郑市文物管理局编：《新郑市文物志》，中国文史出版社2005年版。
信应君：《郑州市梁湖龙山文化与商代遗址》。《中国考古学年鉴2011》，文物出版社2012年版。
信应君、刘青彬：《郑州市华润印象城仰韶文化及商代遗址》，《中国考古学年鉴2011》，文物出版社2012年版。
信应君、吴倩等：《郑州市西绕城公路商代及战国汉代墓葬》，《中国考古学年鉴2011》，文物出版社2012年版。
邢台东先贤考古队：《邢台东先贤商代遗址发掘报告》，《古代文明》第1卷，文物出版社2003年版。
徐天进：《试论关中地区的商文化》，《纪念北京大学考古专业三十周年论文集》，文物出版社1990年版。
燕生东、王琦：《泗水流域的商代——史学与考古学的多重建构》，《东方考古》第4集，科学出版社2008年版。
杨育彬、孙广清：《郑州商城的考古学研究》，《河南考古探索》，中州古籍出版社2002年版。
荥阳文物志编纂委员会编著：《荥阳文物志》，中州古籍出版社2011年版。
袁广阔：《关于郑州商城夯土基址的年代问题》，《中原文物考古研究》，大象出版社2003年版。
岳洪彬：《二里头文化第四期及相关遗存再认识》，《21世纪中国考古学与世界考古学》，中国社会科学出版社2002年版。
曾晓敏、宋国定：《郑州商城宫城墙和城市供水设施》，《中国考古学年鉴1996》，文物出版社1998年版。
张国硕：《论夏商时代的主辅都制》，《考古学研究》（五），科学出版社2003年版。
张国硕：《夏商时代都城制度研究》，河南人民出版社2001年版。
张立东：《论夏商文化的年代分界》，《三代考古》（七），科学出版社2017年版。
张良仁：《论二里头文化分期与性质》，《考古学集刊》第14集，文物出版社 2004 年版。
张松林:《郑州市聚落考古的实践与思考》,《中国聚落考古的理论与实践》(第一辑),科学出版社 2010 年版。
张学海:《章丘县城子崖古城址》,《中国考古学年鉴 1991》,文物出版社 1992 年版。
赵海涛、侯卫东、常怀颖:《美美与共 百舸争流——"夏商都邑考古暨纪年偃师商城发现 30 周年国际学术研讨会"综述》,中国社会科学出版社 2014 年版。
赵海涛、侯卫东、常怀颖:《美美与共 百舸争流——"夏商都邑考古暨纪念偃师商城发现 30 周年国际学术研讨会"综述》。《夏商都邑与文化(一)——夏商都邑考古暨纪念偃师商城发现 30 周年国际学术研讨会论文集》,中国社会科学出版社 2014 年版。
赵汀阳:《天下体系:世界制度哲学导论》,中国人民大学出版社 2011 年版。
郑光:《二里头遗址与夏文化》,《华夏文明》第一集,北京大学出版社 1987 年版。
郑杰祥:《夏史初探》,中州古籍出版社 1988 年版。
郑州大学历史学院考古系、韩国河、赵海洲编著:《新乡李大召:仰韶文化至汉代遗址发掘报告》,科学出版社 2006 年版。
郑州大学文博学院、开封市文物工作队编著:《豫东杞县发掘报告》,科学出版社 2000 年版。
郑州历史文化丛书编纂委员会:《郑州市文物志》,河南人民出版社 1999 年版。
郑州市博物馆:《河南荥阳西史村遗址试掘简报》,《文物资料丛刊》5,文物出版社 1981 年版。
郑州市文物考古研究所:《郑州大河村》,科学出版社 2001 年版。
郑州市文物考古研究所编著:《郑州大师姑 (2002—2003)》,科学出版社 2004 年版。
郑州市文物考古研究院、北京大学考古文博学院:《河南省郑州市索、须、枯河流域考古调查报告》,《古代文明》第 10 卷,上海古籍出版社 2016 年版。
郑州市文物考古研究院编著:《新郑望京楼:2010—2012 年田野考古发掘

报告》，科学出版社 2016 年版。

政协二七区委员会：《二七区文物志》，河南人民出版社 2010 年版。

中国国家博物馆考古部编著：《垣曲盆地聚落考古研究》，科学出版社 2007 年版。

中国国家博物馆田野考古研究中心：《运城盆地东部聚落考古调查与研究》，文物出版社 2011 年版。

中国科学院考古研究所编著：《辉县发掘报告》，科学出版社 1956 年版。

中国历史博物馆考古部等：《垣曲商城》，科学出版社 1996 年版。

中国美术全集编辑委员会：《中国美术全集·工艺美术编 4·青铜器》（上），文物出版社 1985 年版。

中国社会科学院考古研究所安阳工作队：《1998—1999 年安阳洹北商城花园庄东地发掘报告》，《考古学集刊》第 15 集，文物出版社 2005 年版。

中国社会科学院考古研究所编著：《二里头陶器集粹》，中国社会科学出版社 1995 年版。

中国社会科学院考古研究所编著：《偃师二里头：1959 年—1978 年考古发掘报告》，中国大百科全书出版社 1999 年版。

中国社会科学院考古研究所编著：《殷墟的发现与研究》，科学出版社 2001 年版。

中国社会科学院考古研究所编著：《殷墟妇好墓》，文物出版社 1980 年版。

中国社会科学院考古研究所编著：《中国考古学·夏商卷》，中国社会科学出版社 2003 年版。

中国社会科学院考古研究所等：《夏县东下冯》，文物出版社 1988 年版。

周振甫译注：《诗经译注》（修订本），中华书局 2010 年版。

朱凤瀚：《中国青铜器综论》（中），上海古籍出版社 2009 年版。

邹衡：《夏商周考古学论文集》，文物出版社 1980 年版。

[美] 张光直：《考古学专题六讲》，（台北）稻乡出版社 1988 年版。

[美] 张光直：《中国青铜时代》，（台湾）联经出版事业公司 1983 年版。

[美] 张光直著：《美术、神话与祭祀》，郭净译，生活·读书·新知三联书店 2013 年版。

[日] 林巳奈夫著：《神与兽的纹样学——中国古代诸神》，常耀华等译，生活·读书·新知三联书店 2009 年版。

期刊

安金槐:《对于郑州商代南关外期遗存的再认识》,《华夏考古》1989 年第 1 期。

安金槐:《关于郑州商代二里岗期陶器分期问题的再探讨》,《华夏考古》1988 年第 4 期。

安金槐:《试论郑州商代城址——隞都》,《文物》1961 年第 4、5 期合刊。

安金槐:《再论郑州商代城址——隞都》,《中原文物》1993 年第 3 期。

安金槐:《再论郑州商代青铜器窖藏坑的性质与年代》,《华夏考古》1997 年第 1 期。

安志敏:《一九五二年秋季郑州二里岗发掘记》,《考古学报》第八册,1954 年。

北京大学、河北省文化局邯郸考古发掘队:《1957 年邯郸发掘简报》,《考古》1959 年第 10 期。

北京大学考古文博学院:《河南新密曲梁遗址 1988 年春发掘报告》,《考古学报》2003 年第 1 期。

北京大学考古系:《郑州市岔河遗址 1988 年试掘简报》,《考古》2005 年第 6 期。

长治市博物馆、王进先:《山西长治市拣选、征集的商代青铜器》,《文物》1982 年第 9 期。

常璐:《商代"圣都"考略》,《社科纵横》2012 年总第 27 卷第 4 期。

陈焕玉:《郑州市石佛乡发现商代青铜、戈、刀》,《华夏考古》1988 年第 1 期。

陈立信、马德峰:《荥阳县高村寺商代遗址调查简报》,《华夏考古》1991 年第 3 期。

陈星灿等:《中国文明腹地的社会复杂化进程——伊洛河地区的聚落形态研究》,《考古学报》2003 年第 2 期。

陈旭:《郑州杜岭和回民食品厂出土青铜器的分析》,《中原文物》1986 年第 4 期。

陈旭:《郑州商城宫殿基址的年代及其相关问题》,《中原文物》1985 年第 2 期。

陈旭：《郑州商文化的发现和研究》，《中原文物》1983年第3期。

陈旭：《郑州商文化渊源试析》，《中州学刊》1990年第1期。

陈旭：《郑州小双桥商代遗址即隞都说》，《中原文物》1997年第2期。

豆海锋：《长江中游商时期考古学文化演进及与中原地区的联系》，《考古》2014年第2期。

豆海锋：《试论安徽沿江平原商代遗存及与周边地区的文化联系》，《江汉考古》2012年第3期。

杜金鹏：《郑州南关外下层文化渊源及其相关问题》，《考古》1990年第2期。

杜金鹏：《郑州南关外中层文化遗存再认识》，《考古》2001年第6期。

杜金鹏、王学荣：《偃师商城近年考古工作要览——纪念偃师商城发现20周年》，《考古》2004年第12期。

方辉：《墓葬所见岳石文化与下七垣文化关系举例》，《中国历史文物》2010年第4期。

方酉生：《试论郑州二里岗期商文化的渊源——兼论郑州商城与偃师商城的关系》，《华夏考古》1988年第4期。

扶风县文化馆：《陕西岐山县发现商代铜器》，《文物》1977年第12期。

高炜、杨锡璋、王巍、杜金鹏：《偃师商城与夏商文化分界》，《考古》1998年第10期。

高煦：《略论二里岗期商文化的分期和商城年代——兼论其与二里头文化的关系》，《中原文物》1985年第2期。

葛介屏：《安徽阜南发现殷商时代的青铜器》，《文物》1959年第1期。

葛治功：《安徽嘉山县泊岗引河出土的四件商代铜器》，《文物》1965年第7期。

郭玮：《新郑望京楼城址与郑父之丘》，《中原文物》2012年第2期。

韩明祥：《山东长清、桓台发现商代青铜器》，《文物》1982年第1期。

韩香花：《小双桥与郑州商城遗址白家庄期商文化的比较》，《中国历史文物》2012年第2期。

韩香花：《郑州商城制陶作坊的年代》，《中原文物》2009年第6期。

河北省文物管理处：《磁县下七垣遗址发掘报告》，《考古学报》1979年第2期。

河北省文物管理委员会：《邢台曹演庄遗址发掘报告》，《考古学报》1958

年第 4 期。

河南省博物馆:《郑州南关外商代遗址的发掘》,《考古学报》1973 年第 1 期。

河南省博物馆、灵宝县文化馆:《河南灵宝出土一批商代青铜器》,《考古》1979 年第 1 期。

河南省博物馆、郑州市博物馆:《郑州商代城址试掘简报》,《文物》1977 年第 1 期。

河南省文化局文物工作队:《河南新乡潞王坟商代遗址发掘报告》,《考古学报》1960 年第 1 期。

河南省文化局文物工作队:《河南郑州上街商代遗址发掘报告》,《考古》1966 年第 1 期。

河南省文化局文物工作队第一队:《郑州白家庄遗址发掘简报》,《文物参考资料》1956 年第 4 期。

河南省文化局文物工作队第一队:《郑州第 5 文物区第 1 小区发掘简报》,《文物参考资料》1956 年第 5 期。

河南省文化局文物工作队第一队:《郑州旮旯王村遗址发掘报告》,《考古学报》1958 年第 3 期。

河南省文化局文物工作队第一队:《郑州洛达庙商代遗址试掘简报》,《文物参考资料》1957 年第 10 期。

河南省文化局文物工作队第一队:《郑州商代遗址的发掘》,《考古学报》1957 年第 1 期。

河南省文化局文物工作队刘胡兰小队:《郑州上街商代遗址的发掘》,《考古》1960 年第 6 期。

河南省文物考古研究所:《河南郑州商城宫殿区夯土墙 1998 年的发掘》,《考古》2000 年第 2 期。

河南省文物考古研究所:《郑州商城北大街商代宫殿遗址的发掘与研究》,《文物》2002 年第 3 期。

河南省文物考古研究所:《郑州商城外郭城的调查与试掘》,《考古》2004 年第 3 期。

河南省文物考古研究所:《郑州商城新发现的几座商墓》,《文物》2003 年第 4 期。

河南省文物考古研究所、平顶山市文物局:《河南平顶山蒲城店遗址发掘简报》,《文物》2008年第5期。

河南省文物考古研究所郑州工作站:《郑州化工三厂考古发掘简报》,《中原文物》1994年第2期。

河南省文物考古研究院:《郑州商城遗址内城西南角商代灰坑发掘简报》,《华夏考古》2022年第5期。

河南省文物研究:《河南巩县稍柴遗址发掘报告》,《华夏考古》1993年第2期。

河南省文物研究所:《河南鹿邑栾台遗址发掘简报》,《华夏考古》1989年第1期。

河南省文物研究所:《许昌县大路陈村发现商代墓》,《华夏考古》1988年第1期。

河南省文物研究所:《郑州北二七路新发现三座商墓》,《文物》1983年第3期。

河南省文物研究所:《郑州洛达庙遗址发掘报告》,《华夏考古》1989年第4期。

河南省文物研究所:《郑州商城外夯土墙基的调查与试掘》,《中原文物》1991年第1期。

河南省文物研究所:《郑州商代城内宫殿遗址区第一次发掘报告》,《文物》1983年第4期。

河南省文物研究所郑州工作站:《近年来郑州商代遗址发掘收获》,《中原文物》1984年第1期。

河南文物工作队第一队:《郑州市白家庄商代墓葬发掘简报》,《文物参考资料》1955年第10期。

侯马市博物馆:《山西省侯马市上北平望遗址调查简报》,《华夏考古》1991年第3期。

侯卫东:《江淮西部商时期考古学文化研究》,《东南文化》2012年第6期。

侯卫东:《试论二里岗文化构成的演变》,《江汉考古》2016年第4期。

侯卫东:《试析洹北商城的形成背景》,《华夏考古》2019年第4期。

侯卫东:《郑州商城肇始阶段王畿区域聚落变迁与社会重组》,《江汉考古》2018年第2期。

侯卫东、张玲:《论辉县孟庄商城的年代》,《江汉考古》2020年第1期。

湖南省文物考古研究所、岳阳市文物工作队：《岳阳市郊铜鼓山商代遗址与东周墓葬发掘报告》，《湖南考古辑刊》1989 年第 5 辑。

黄冈地区博物馆、黄州市博物馆：《湖北黄州市下窑嘴商墓发掘简报》，《文物》1993 年第 1 期。

黄河水库考古工作队河南分队：《河南陕县七里铺商代遗址的发掘》，《考古学报》1960 年第 1 期。

蒋刚：《盘龙城遗址群出土商代遗存的几个问题》，《考古与文物》2008 年第 1 期。

金岳：《河南新郑望京楼铜器断代》，《考古》1983 年第 5 期。

黎泽高、赵平：《枝城市博物馆藏青铜器》，《考古》1989 年第 9 期。

李伯谦：《再谈郑州商城的始建年代——赵海涛、侯卫东、袁广阔论文读后》，《华夏文明》2017 年第 12 期。

李德方、吴倩：《夏末商汤居亳与韦地同域说——议新郑望京楼二里头文化城址性质》，《中国国家博物馆馆刊》2011 年第 10 期。

李锋：《略论商汤灭夏前所居之亳》，《郑州大学学报》2005 年第 6 期。

李锋：《郑州大师姑城址商汤灭夏前所居亳说新论——读李伯谦先生〈对郑州商城的再认识〉》，《华夏考古》2006 年第 2 期。

李锋：《郑州大师姑城址商汤韦亳之我见》，《考古与文物》2007 年第 1 期。

李宏飞：《试论商式连裆鬲》，《文物》2018 年第 1 期。

李维明：《小双桥商文化遗存分析》，《殷都学刊》1998 年第 2 期。

临汝县文化馆：《河南临汝县李楼出土商代青铜器》，《考古》1983 年第 9 期。

刘莉、陈星灿：《城：夏商时期对自然资源的控制问题》，《东南文化》2000 年第 3 期。

刘绪：《从陶器分析二里头文化的性质及其与二里岗期商文化的关系》，《文物》1986 年第 6 期。

刘彦锋、吴倩、薛冰：《郑州商城布局及外廓城走向新探》，《郑州大学学报》（哲学社会科学版）2010 年第 5 期。

刘亦方、杨树刚、宋国定：《郑州古代城市考古的回顾和思考》，《华夏考古》2021 年第 2 期。

刘亦方、张东：《关于郑州商城内城布局的反思》，《中原文物》2021 年第

1 期。

栾丰实：《试论岳石文化与郑州地区早期商文化的关系——兼论商族起源问题》，《华夏考古》1994 年第 4 期。

马金：《焦作南朱村发现商代墓》，《华夏考古》1988 年第 1 期。

孟宪珉、赵力华：《全国拣选文物展览巡礼》，《文物》1985 年第 1 期。

孟新安：《郾城县出土一批商代铜器》，《考古》1987 年第 8 期。

宁景通：《河南伊川县发现商墓》，《文物》1993 年第 6 期。

潘明娟：《从郑州商城和偃师商城的关系看早商的主都和陪都》，《考古》2008 年第 2 期。

乔伊斯·马库斯著、陈淳译：《社会进化的考古学证据》，《南方文物》2009 年第 2 期。

秦文生：《新郑望京楼城址性质初探》，《华夏考古》2012 年第 4 期。

山东大学历史文化学院考古系等：《济南大辛庄遗址 139 号商代墓葬》，《考古》2010 年第 10 期。

山东大学历史系考古专业：《山东邹平丁公遗址第二、三次发掘简报》，《考古》1992 年第 6 期。

山东大学历史系考古专业、邹平县文化局：《山东邹平丁公遗址试掘简报》，《考古》1989 年第 5 期。

山西省考古研究所、国家博物馆考古部、运城市文物局：《山西绛县柳庄夏商遗址发掘报告》，《华夏考古》2010 年第 2 期。

陕西省考古研究所等：《陕西眉县杨家村西周铜器窖藏》，《考古与文物》2003 年第 3 期。

朔知：《中国的区域系统调查方法辨析》，《中原文物》2010 年第 4 期。

宋豫秦：《夷夏商三种考古学文化交汇地域浅谈》，《中原文物》1992 年第 1 期。

随州市博物馆：《湖北随县发现商代青铜器》，《文物》1981 年第 8 期。

孙华：《关于二里头文化》，《考古》1980 年第 6 期。

孙卓：《郑州商城与偃师商城城市发展进程的比较》，《考古》2018 年第 6 期。

汤威、张巍：《郑州商城"人兽母题"陶片图案复原及相关问题探讨》，《中国历史文物》2008 年第 1 期。

唐际根、荆志淳：《安阳的"商邑"与"大邑商"》，《考古》2009 年第

9 期。

滕州市博物馆：《山东滕州市发现商代青铜器》，《文物》1993 年第 6 期。

滕州市博物馆：《山东滕州市薛河下游出土的商代青铜器》，《考古》1996 年第 5 期。

铜川市文化馆：《陕西铜川发现商周青铜器》，《考古》1982 年第 1 期。

王光永：《陕西省岐山县发现商代铜器》，《文物》1977 年第 12 期。

王立新：《也谈文化形成的滞后性——以早商文化和二里头文化的形成为例》，《考古》2009 年第 12 期。

王寿芝：《陕西城固出土的商代青铜器》，《文博》1988 年第 6 期。

王炜：《〈郑州商城〉铜器墓研究》，《中国国家博物馆馆刊》2013 年第 9 期。

王文华等：《河南荥阳大师姑夏代城址的发掘与研究》，《文物》2004 年第 11 期。

王彦民、赵清：《郑州二里岗发掘一座商代墓》，《中原文物》1982 年第 4 期。

王玉哲：《殷商疆域史中的一个重要问题——点和面的概念》，《郑州大学学报》1982 年第 2 期。

卫斯：《平陆前庄商代遗址出土文物》，《文物季刊》1992 年第 1 期。

武汉大学历史学院考古系、安徽省文物考古研究所：《安徽阜南县台家寺遗址发掘简报》，《考古》2018 年第 6 期。

武陟县文化馆：《武陟县早商墓葬清理简报》，《河南文博通讯》1980 年第 3 期。

谢肃：《商文化手工业作坊内的祭祀（或巫术）遗存》，《江汉考古》2010 年第 1 期。

谢肃、张翔宇：《试论南关外型商文化的年代分组》，《中原文物》2003 年第 2 期。

新郑县文化馆：《河南新郑县望京楼出土的铜器和玉器》，《考古》1981 年第 6 期。

许宏：《大都无城——论中国古代都城的早期形态》，《文物》2013 年第 10 期。

许宏、陈国梁、赵海涛：《二里头遗址聚落形态的初步考察》，《考古》2004 年第 11 期。

许宏、刘莉：《关于二里头遗址的省思》，《文物》2008年第1期。

许宏、赵海涛：《二里头遗址文化分期再检讨——以出土铜、玉礼器的墓葬为中心》，《南方文物》2010年第3期。

杨德标：《安徽省含山县出土的商周青铜器》，《文物》1992年第5期。

杨育彬：《再论郑州商城的年代、性质及有关问题》，《华夏考古》2004年第3期。

殷玮璋：《二里头文化探讨》，《考古》1978年第1期。

殷玮璋：《二里头文化再探讨》，《考古》1984年第4期。

袁广阔：《关于郑州小双桥遗址的几个问题》，《考古》2014年第11期。

袁广阔：《略论郑州商城外郭城的走向与年代》，《中原文物》2018年第3期。

袁广阔、秦小丽：《河南焦作府城遗址发掘报告》，《考古学报》2000年第4期。

袁广阔、曾晓敏：《论郑州商城内城和外郭城的关系》，《考古》2004年第3期。

张东：《编年与阐释——二里头文化年代学研究的时间观》，《文物》2013年第6期。

张光明、夏林峰：《山东桓台史家遗址发掘收获相关问题的探讨》，《管子学刊》1999年第4期。

张国硕：《望京楼夏代城址与昆吾之居》，《郑州大学学报》2012年第1期。

张家强、郝红星：《沧海遗珠——郑州东赵城发现记》，《大众考古》2015年第8期。

张松林：《郑州市西北郊区考古调查简报》，《中原文物》1986年第4期。

张雪莲、仇士华、蔡莲珍：《郑州商城和偃师商城的碳十四年代分析》，《中原文物》2005年第1期。

张增午：《河南林县拣选到三件青铜器》，《文物》1986年第3期。

张忠培：《地层学与类型学的若干问题》《文物》1983年第5期。

赵炳焕、白秉乾：《河南省新郑县新发现的商代铜器和玉器》，《中原文物》1992年第1期。

赵辉：《遗址中的"地面"及其清理》，《文物季刊》1998年第3期。

赵世超：《西周为早期国家说》，《陕西师大学报》1992年第4期。

赵文玺：《介绍一件商代青铜钺》，《中原文物》1988年第4期。

赵霞光：《郑州南关外商代遗址发掘简报》，《考古通讯》1958年第2期。

赵新来：《中牟县黄店、大庄发现商代铜器》，《文物》1980年第12期。

柘城县文化馆：《柘城心闷寺遗址发现商代铜器》，《考古》1983年第6期。

郑州大学历史学院考古系、郑州市文物考古研究院：《登封南洼2004—2006年二里头文化聚落发掘简报》，《中原文物》2011年第6期。

郑州市博物馆：《郑州商代遗址发掘简报》，《考古》1986年第4期。

郑州市博物馆：《郑州市铭功路西侧的两座商代墓》，《考古》1965年第10期。

郑州市文物工作队：《河南荥阳县阎河遗址的调查与试掘》，《中原文物》1992年第1期。

郑州市文物工作队：《河医二附院等处商代遗址发掘简报》，《中原文物》1986年第4期。

郑州市文物工作队：《郑州岔河商代遗址调查简报》，《考古》1988年第5期。

郑州市文物工作组：《郑州市人民公园第二十五号商代墓葬清理简报》，《文物参考资料》1954年第12期。

郑州市文物工作组：《郑州市殷商遗址地层关系介绍》，《文物参考资料》1954年第12期。

郑州市文物考古研究所：《郑州南关附近商代灰坑发掘简报》，《中原文物》1998年第2期。

郑州市文物考古研究所：《郑州市铭功路东商代遗址》，《考古》2002年第9期。

郑州市文物考古研究所：《郑州市银基商贸城商代外夯土墙基发掘简报》，《华夏考古》2000年第4期。

郑州市文物考古研究院：《河南省体育场商代祭祀遗址发掘简报》，《中原文物》2020年第2期。

郑州市文物考古研究院：《河南新郑望京楼二里岗文化城址东一城门发掘简报》，《文物》2012年第9期。

郑州市文物考古研究院：《望京楼二里岗文化城址初步勘探和发掘简报》，《中国国家博物馆馆刊》2011年第10期。

郑州市文物考古研究院：《郑州市老坟岗商代遗址发掘简报》，《中原文物》2009 年第 4 期。

郑州市文物考古研究院、新郑市旅游文物局：《河南新郑市华阳城遗址的调查简报》，《中原文物》2013 年第 3 期。

中国社会科学院考古研究所：《1991 年以来中国文明起源研究述评》，《考古》1998 年第 6 期。

中国社会科学院考古研究所安阳队：《安阳大寒村南岗遗址》，《考古学报》1990 年第 1 期。

中国社会科学院考古研究所安阳工作队：《河南安阳市洹北商城的勘察与试掘》，《考古》2003 年第 5 期。

中国社会科学院考古研究所安阳工作队、中加洹河流域区域考古调查课题组：《河南安阳市洹北商城遗址 2005—2007 年勘察简报》，《考古》2010 年第 1 期。

中国社会科学院考古研究所二里头工作队：《河南洛阳盆地 2001—2003 年考古调查简报》，《考古》2005 年第 5 期。

中国社会科学院考古研究所河南第二工作队：《河南偃师商城宫城池苑遗址》，《考古》2006 年第 6 期。

中国社会科学院考古研究所河南第二工作队：《河南偃师尸乡沟商城第五号宫殿基址发掘简报》，《考古》1988 年第 2 期。

中国社会科学院考古研究所河南一队、商丘地区文物管理委员会：《河南柘城孟庄商代遗址》，《考古学报》1982 年第 1 期。

中国社会科学院考古研究所洛阳汉魏故城工作队：《偃师商城的初步勘探和发掘》，《考古》1984 年第 6 期。

周口地区文化局等：《河南项城出土商代前期青铜器和刻文陶拍》，《文物》1982 年第 9 期。

朱帜：《北舞渡商代铜鬲》，《考古》1983 年第 9 期。

邹衡：《试论郑州新发现的殷商文化遗址》，《考古学报》1956 年第 3 期。

邹衡：《再论"郑亳说"——兼答石加先生》，《考古》1981 年第 3 期。

邹衡：《郑州商城即汤都亳说（摘要）》，《文物》1978 年第 2 期。

邹衡：《综述夏商四都之年代和性质》，《殷都学刊》1988 年第 1 期。

报刊、论文

顾万发、雷兴山、张家强:《夏商周考古的又一重大收获》,《中国文物报》2015年2月27日。

侯卫东:《二里头都邑与中国古代的"神圣空间"》,《河南日报》2021年2月6日理论版。

李伯谦:《论文化因素分析方法》,《中国文物报》1988年11月4日。

李伯谦:《探源尧舜禹　断代夏商周——李伯谦先生访谈》,中国考古网2014年4月18日。

李政:《郑州东赵遗址发现新砦期、二里头期、东周时期三座城址》,《中国文物报》2014年12月19日。

袁广阔:《郑州大师姑二里头城址发现的意义》,《中国文物报》2005年3月25日。

张松林、吴倩:《新郑望京楼发现二里头文化和二里岗文化城址》,《中国文物报》2011年1月28日。

崔镐玹:《郑州商代前期铜器研究》,博士学位论文,北京大学,2013年。

李锋:《郑州大师姑城址研究》,博士学位论文,郑州大学,2010年。

英文

Bruce G. Trigger, "Shang Political Organization: A Comparative Approach", *Journal of East Asian Archaeology*, Vol. 1, No. 1−4, 1999.

Charles Stanish and Abigail Levine, "War and Early State Formation in the Northern Titicaca Basin, Peru", *PNAS*, Vol. 108, No. 34.

Kent V. Flannery, "The Ground Plans of Archaic States," in Gary M. Feinman and Joyce Marcus eds., *Archaic States*, Santa Fe: School of American Research Press, 1998.

Panpan Chen et al., *The Impact of Ancient Landscape Changes on the City Arrangement of the Early Shang Dynasty Capital Zhengzhou, Central China, Frontiers in Earth Science*, 2021(9).

Robert W. Bagley, *P'an-lung-ch'eng: A Shang City in Hupei, Artibus Asiae,*

Vol. 39, No. 3, 1977.

Wang Haicheng, *China's First Empire? —Interpreting the Material Record of the Erligang Eepansion*, Art and Archaeology of the Erligang Civilization Edited by Kyle Steik, Princeton University Press, 2014.

Zhang Changping, *Erligang: A Perspective from Panlongcheng*, Art and Archaeology of the Erligang Civilization, Edited by Kyle Steik, Princeton University Press, 2014.

索 引

B

白家庄期　1,19,22,23,25,26,39—44,46—50,55,61—63,134,137,146,152,156—158,161,162,165,167—169,171,172,174—179,190—192,194,206,226,239—243,251—258,260,262

C

岔河遗址　211,212,253
城市化进程　12,13,64,65,80,95,109,112,135,143,145,152,155,193,194,227,257—260

D

大师姑城邑　205—207,213,214,223—226,239,241,253,254,261
大邑商　89,95,190,242,256,259,261,262
典型二里岗期　21—23,25,33—35,37—40,43—47,49,50,52—54,59—61,65,72,76,78,85,86,91,92,94,97,98,100,106,107,109—112,115—117,119,120,122,124—137,140—142,144—146,150,152—157,168,191,192,194,206,222,223,225—228,238—242,252,255—261
东赵城邑　207,213,224,240,252

E

二里岗文化　1,11,18,20—23,25—27,29,30,35—38,40,43,50—52,54,60,62,153,191,215,258,263
二里头文化与二里岗文化过渡期　20—24,26—31,33,34,42,50—52,56—58,64,65,67,69,70,72—78,80,82—84,86—88,90—92,94,95,97,99,103—105,109,111,128,153,154,194,215,217,221—227,239,257—259,261,262

H

黄委会夯土墙　27,76,80,130

J

聚落考古　1,10,12,13,56,193,194,

197—199，202—204，220，221，230，236，237，250，264

K

考古学文化传统　19，20，22，25，65，194，257，258，262
考古学文化构成　12，13，26，42，50，51

L

梁湖遗址　240，241，254
洛达庙遗址　15—17，69，199，200，219，220，224，232

M

铭功路西制陶作坊　47，111—115，119，122，124，144，145，170

N

南城遗址　252，253
南关外铸铜作坊　99，111，115，117—119，123，124，140—142，151，152，154，170

S

兽面纹　25，26，35，39，42—47，61—63，148，158，244，258，263

T

唐垌遗址　210，211，213，224，226，241，252
陶龟　43，44，47—49，61—63，157，158，171，258
铜器埋藏坑　42，157，162，165—167，192

W

望京楼夏商城邑　13，50

X

西史村遗址　2，58，207，209，213，224，226，240，244
小双桥商都　1，7，10，12，13，26，44，48，61—63，156，158，162，168，172—179，181—183，186—192，194，242，252，253，255—258，260，262，263

Y

偃师商城　7，18，19，33，49，64，80，94，134—136，148，152，153，158，168，174，183，189，258，263
原始瓷　20，25，35，39，40，43，44，49，50，52—54，59，61，62，122，123，146，147，163，166，258

Z

郑州商城　1，2，4，6，7，10—17，19，

21—23,25—27,30,33,35,38,39,41,42,44—50,54—62,64—82,84,86—100,106,108—114,116,118,120—122,124—129,131,133—137,139—147,151—160,162,165,168,169,171,172,174,175,183,189—194,199,201,205,207,212—216,219—222,224—227,232,234,238—242,247,251,252,254—264

郑州商城鼎盛阶段　127,134,135,137,140,150,151

郑州商城定局阶段　97,99,107,109,110,120,125

郑州商城宫城　66,72,134—137,150,224,261

郑州商城考古学编年　14,22

郑州商城内城　1,33,42,47,56,67,69—71,74,75,86,90,95,97,99,104,122—124,137,151—153,157,159,162,165,168,171,172,174,204,220,255,261,263

郑州商城外城　2,12,69,94,96—98,122,126,144,156,241,263

郑州商城王畿区域　1,5—7,10—14,20,50,56—58,61,63,65,193—196,212,214—217,226—228,238,240—243,251,255—258,260—262,264

郑州商城稳静阶段　156,157,170,171

郑州商城肇始阶段　5,6,11,23,24,64,65,68,69,72,75,86,87,89,93—95,109,153,215,224

中原腹地　7,13,65,214,215

紫荆山北制骨作坊　99,111,119,124,151

族邑　89,90,92,94,95,110,126,127,152,154,172,190,227,256,259,261—263

后 记

本书为"国家社会科学基金项目"（15CKG009）资助成果。

2004年以来，自觉选择或被动接受，我的学习和研究一直没有偏离郑州商城这个主题。风华正茂的青年时代，倾注十九年最宝贵的光阴研习夏商考古，能够看得见、摸得着、最重要的东西，似乎是《郑州商城与王畿区域聚落考古研究》这本以博士学位论文为基础的专著。然而，更多看不见、摸不着的东西，那些刻骨铭心的经历、感人至深的故事、受益终生的教诲，时常此起彼伏地涌上心头。

选定郑州商城及王畿区域的形成与发展作为博士论文的主题，是一个偶然的重要机遇。依然记得2011年7月5日中午12点半左右的一个电话，我的博士生指导老师孙华教授询问我论文选题意见。孙老师告知我北京大学将与郑州市文物考古研究院、加州大学洛杉矶分校合作，研究"中原腹心地区早期文明形成与发展"这一重大课题，以郑州商城为中心的商王朝早期王畿区域将作为案例研究，计划开展区域考古调查工作，希望我围绕这一课题选择研究方向。我在中国社会科学院研究生院考古系攻读硕士学位时，主要研习安阳洹北商城形成之前本地文化传统的发展演变，重点涉及下七垣文化和二里岗文化，与郑州商城王畿区域文化传统密切相关，我也一直对郑州商城相关的学术问题很感兴趣，就果断地与老师商定了博士学位论文的主题。其实，我一直高度关注郑州商城及其代表的二里岗时期，在2009年12月份提交博士研究生报考材料时，关于博士学位论文拟研究的课题，我提出了两个选项来征求我的硕士生指导老师唐际根教授的意见，其中第一个就是二里岗时期国家的性质与统治模式。唐老师认为讨论二里岗时期的国家是一个很好的题目，但需要很高的考古学和人类学理论素养。如果再向前追溯，我2005年在河南大学写的本科毕业论文的题目是《郑州商城亳都说新考》，当时年少无知，并没有写出什么新意来。

长期的学术训练中，多次与郑州商城及其代表的商王朝早期文明发生重要关联。以"郑州商城及王畿区域的形成与发展"作为博士学位论文主题，将孙老师提供的机会与我长期以来的兴趣拟合在一起，是一种美好而幸福的选择。

2011年9月初，孙老师指导我全面收集郑州商城及周围区域夏商时期的田野考古资料，在分析相关资料的基础上，我选择了郑州商城之西的荥阳范围内开展区域考古调查工作。此后田野调查和资料整理过程中，感到困惑的时候，就打电话向孙老师请教，老师常常解惑答疑、指点迷津。一年田野工作之后，2012年9月开始进入博士学位论文写作阶段，陆续经过了选题报告、预答辩、匿名评阅等环节，题目确定为《郑州商代都邑地位的形成与发展》，每一步都倾注了老师很多心血。孙老师耗费大量时间阅读和修改我的论文，从宏观架构到细节问题，涉及面之广在我的想象之外。每当回想起郑州的田野工作对我的历练，常常深怀感恩之心，庆幸自己有机会在郑州商城王畿区域进行田野考古训练，感谢老师将我的田野考古经历从安阳扩展至郑州。在北京大学攻读博士学位的四年，我因多次担任学术秘书，有较多的机会深入体会老师的深厚学养和人格魅力，这些成为我受用不尽的财富。我修了孙老师开设的"中国青铜器"和"城市考古"两门课程，既训练了治学方法，又开阔了视野。师母在我学习的过程中，也给了很多关心和帮助。

北京大学诸位师长之中，李伯谦先生是我认识最早的一位，2003年夏季在巩义博物馆实习时幸遇先生。此后每年都有机缘见到先生，我自是景仰先生的学问人品，先生却像慈祥的前辈关心后辈一样，给我鼓励和帮助，指引我成长的道路。承先生厚爱，推荐我的博士学位论文列入北京大学震旦古代文明研究中心丛书，可惜后来工作中的种种因素，并没有及时交出书稿，以致延宕至今，才在郭鹏先生的大力支持下于中国社会科学出版社出版。

读硕士的时候，我多次旁听刘绪教授讲授的夏商周考古课。报考博士研究生时，刘老师帮我写了推荐信。入学之后，系统地听了刘老师的夏商周考古课程（上、下），受益匪浅。孙老师请刘老师指导我的田野工作和博士学位论文，刘老师认真细致地指导我进行田野调查、资料整理、报告撰写等工作，我在北大走的关键几步，都有刘老师的关心和帮助。行为世范、言为士则，刘老师之谓也。

后 记

北京大学考古文博学院很多师长在我学习和论文写作期间给予了帮助。徐天进老师是我的硕士论文评阅人，2008年夏季就给了我关于下七垣文化的有益指导；在北大读书期间，徐老师开阔的视野、睿智的话语，给我很多启迪。雷兴山老师多年来一直热情鼓励我，从田野工作到论文选题，再到写作过程中的得失，雷老师一直用他富于激情的讲解给我指点迷津。孙庆伟老师给了我很多启发，论文写作的每个环节，常常因孙老师犀利的点评而茅塞顿开。张弛老师参加了我的开题报告，提出了很多指导意见。施文博、王书林、冯亚文等老师在日常学习和研究的过程中，提供了诸多帮助。

2011年10月至2012年8月，在时任郑州市文物考古研究院院长顾万发先生的支持和指导下，我在郑州西郊至荥阳开展了全面调查和重点勘探工作，该院同仁提供了各方面的帮助。汪松枝先生协调野外调查的各项事宜，核对和识别夏商时期考古标本也多承汪先生的帮助。几位技师和司机陪我一起栉风沐雨、冒寒浴暑，成为一段难忘的记忆。张松林、信应君、姜楠、张家强等先生给予很多关心，资料室张文霞主任为整理工作和观察标本提供帮助，吴倩女士为详细观察望京楼遗址出土陶器标本提供诸多方便。

同门刘亦方女士参加了2012年春季郑州调查资料的整理工作，调查报告中准确、美观的器物图底稿均出自她手，亦方也帮助翻译了部分英文提要。中国科学院大学博士生邱振威参加了采集土样并负责浮选和研究，其植物考古研究报告颇有收获。首都师范大学尤悦博士帮助鉴定了采集的动物遗存，并认真地将这些零星材料写成动物考古研究报告。同学张东先生在观察郑州市文物考古研究院标本期间，干了不少体力活；安徽工作和北大学习的日子，我们经常一起探讨学问。加州大学洛杉矶分校博士生李修平先生和我一起观察望京楼、大师姑、二里头、偃师商城等重要遗址的陶器标本，在酷暑之中，平添了几分趣味；论文的英文提要主要出自修平先生之手。河南省文物考古研究院樊温泉先生请技师帮助清绘郑州调查报告的器物图，令我铭感于心。

加拿大不列颠哥伦比亚大学荆志淳教授应唐际根老师之邀，指导我的硕士论文。两位老师涅沙成泥，从不因事废人、亦不因人废事，一直训练我、鼓励我、帮助我，我常常感念于心。两位老师应孙华老师之邀，担任了我的博士生指导小组成员。两位老师经常询问我的学业，关注我的每一步，我感觉到近二十年一直在他们身边学习。

中国社会科学院考古研究所很多老师对论文的写作有直接帮助。陈星灿老师在我大学时代就给过鼓励，在考古所读书期间给了我很多关心，郑州考古调查的具体方法也给了指导意见。观察二里头和偃师商城出土陶器标本时，许宏、赵海涛、曹慧奇等老师给予无私的帮助。

观察郑州商城内城出土陶器标本时，河南省文物考古研究院曾晓敏先生两次接待我，给我提供方便；杨树刚先生提供了很多帮助，2014年以来我参与的郑州商城考古发掘和资料整理工作，多承树刚兄盛意厚爱，是我深入认识郑州商城的铺路人。

加州大学洛杉矶分校罗泰教授一直关注我的论文写作，2012年夏季专程来郑州慰问我的田野工作，给我很多鼓励。博士学位论文成稿后，罗老师用英文写了很长的评语。

上面提到的人和事儿大多对我的博士论文有直接贡献，还有很多师长和同学在我读大学以来的二十二年内，对我的学术训练和成长有重要帮助。河南大学的涂白奎、袁俊杰、张礼刚、曹建敦、徐玲、郑慧生等老师，对我的学术启蒙和基础训练，让我受益终生。中国社会科学院考古研究所的殷玮璋、王世民、杜金鹏、王巍、牛世山、徐良高、许宏、岳洪彬、何毓灵、岳占伟、赵春青等老师，对提升我的研究能力、开拓我的学术视野，都提供了不同程度的帮助；安阳队给了我太多的机会，老师们一直把我当作队里的人，这里是我的精神家园。在安徽省文物考古研究所工作的两年内，宫希成、王峰、李德文、吴卫红、柯彩珍等师长对我职业生涯之初的成长影响至深，两位同年陈超、秦让平和我一起度过了很多难忘的岁月。经常聆听北京大学考古文博学院诸位老师的讲课或谈话，拓宽了我的知识构成，他们的人格魅力也深深地感染了我，就不一一列举。北京大学城市与环境学院的邓辉老师，给了我历史地理学的训练，并且一直关注我的成长。北京大学历史学系朱凤瀚老师的课程，培养了我对西周金文和历史的兴趣。中国科学院自然科学史研究所苏荣誉研究员在青铜器研究方面给我很多启发。博士班同学徐华烽、陈筱、路国权、罗汝鹏、刘净贤、庄惠芷、王子奇、张寅、陈晶鑫等，一起学习、共同成长，许多美好的记忆定格在燕园。师姐范子岚担任我的答辩秘书、师妹卢一担任我的中期考试秘书，她们的辛劳省却了我许多时间。还记得崔镐玹师姐博士论文攻关时的情景，还记得王炜师兄一起畅谈的往事，更记得和很多师兄、师

后　记

姐、师弟、师妹一起走过的每个脚印。

2015年获批的国家社科基金青年项目"郑州商城与王畿区域聚落考古研究"，主要以博士学位论文为基础，为进一步深入研究提供了契机。2015—2019年在中国社会科学院考古研究所做博士后研究期间，做的课题是"中原地区商代早期中小型城邑研究"，其中积累的资料和新认识也都融入了本书中。多年来也有新的考古材料和新思考，在博士论文的基础上进行了优化调整。本书有幸列入"第十一批中国社会科学博士后文库"，十分感谢中国社会科学出版社郭鹏老师的鼓励。

一方面很多时间虚度在各种公事、家事、私事里，另一方面自己的学识和认知有限，虽然经过了长达九年的沉淀和磨砺，并没有显著提升，仍有很多遗憾留待来日。

侯卫东

2014年6月5日博士论文后记写于北京大学

2023年5月20日重定后记于河南大学

附件 2：

第十一批《中国社会科学博士后文库》专家推荐表 1

《中国社会科学博士后文库》由中国社会科学院与全国博士后管理委员会共同设立，旨在集中推出选题立意高、成果质量高、真正反映当前我国哲学社会科学领域博士后研究最高学术水准的创新成果，充分发挥哲学社会科学优秀博士后科研成果和优秀博士后人才的引领示范作用，让《文库》著作真正成为时代的符号、学术的示范。

推荐专家姓名	孙华	电话	13911113091
专业技术职务	教授	研究专长	夏商周考古
工作单位	北京大学考古文博学院	行政职务	
推荐成果名称	郑州商城与王畿区域聚落考古研究		
成果作者姓名	侯卫东		

（对书稿的学术创新、理论价值、现实意义、政治理论倾向及是否具有出版价值等方面做出全面评价，并指出其不足之处）

该书是对郑州商城及其王畿区域聚落考古资料一次全面系统地梳理和深入研究，构建了详尽的区域聚落空间分布框架，探讨了郑州商城代表的二里岗文化的形成机制及文化构成因素的历时性变化，从区域聚落考古的角度研究郑州商城的形成背景、城市化进程、组织方式及社会结构，这些都体现了本书的学术创新。

该书具有突出的学术价值：第一，从区域聚落考古角度探索郑州商城的形成背景与发展过程，提出了研究郑州商城的新范式。第二，讨论郑州商城王畿区域的社会结构和组织方式，将考古学研究推进到社会和国家运行机制的层面。第三，将郑州商城王畿区域考古学文化历时性变化与都邑及王畿地区邑聚的空间变化整合到一起，对研究夏商时期都邑具有重要参考价值。

该书为还郑州地区夏商遗址群的文化遗产保护和利用提供重要学术基础，进而引起文物部门和社会各界在文化遗产保护中更加关注区域聚落群，具有重要现实意义。

该书政治理论倾向与党和国家保持高度一致，具有很高的出版价值。

该书对郑州商城王畿区域考古学文化传统的深层次研究及广域文化互动的讨论还需要加强。

签字：

2022 年 3 月 24 日

说明：该推荐表须由具有正高级专业技术职务的同行专家填写，并由推荐人亲自签字，一旦推荐，须承担个人信誉责任。如推荐书稿入选《文库》，推荐专家姓名及推荐意见将印入著作。

第十一批《中国社会科学博士后文库》专家推荐表 2

《中国社会科学博士后文库》由中国社会科学院与全国博士后管理委员会共同设立，旨在集中推出选题立意高、成果质量高、真正反映当前我国哲学社会科学领域博士后研究最高学术水准的创新成果，充分发挥哲学社会科学优秀博士后科研成果和优秀博士后人才的引领示范作用，让《文库》著作真正成为时代的符号、学术的示范。

推荐专家姓名	唐际根	电 话	13701036748
专业技术职务	教授	研究专长	夏商周考古
工作单位	南方科技大学社会科学高等研究院	行政职务	
推荐成果名称	郑州商城与王畿区域聚落考古研究		
成果作者姓名	侯卫东		

（对书稿的学术创新、理论价值、现实意义、政治理论倾向及是否具有出版价值等方面做出全面评价，并指出其不足之处）

该书是学术界首部系统研究商代早期王畿地区聚落形态的著作。全书搜罗了迄今发表的郑州商城及相关聚落的全部考古资料，将经过分期的夏商遗址悉数标注于地形图，为考察商代早期郑州商城及所在王畿区域的聚落关系提供了坚实基础。该书科学动态描述了郑州商城与周边聚落的功能关系，探索了郑州商城形成与发展的历史过程。全书具有显著的创新性。

该书的研究方法科学实用：首先构建郑州地区夏商时期考古学文化构成的历时性演变过程，将郑州商城的研究引向深入，随后讨论郑州商城王畿区域的社会结构和组织方式，将考古学研究推进到社会和国家运行机制的层面，宏观处理考古学年代标尺与重大事件的拟合。这种从材料出发，但导向理论层面的研究方法也具有创新性。

该书清晰梳理郑州商城与中小型聚落之间的时空关系和功能关系，能为科学规划、合理利用以郑州商城为中心的郑州地区夏商时期遗址群提供坚实学术支撑，让郑州地区的地下文化遗产资源真正"活"起来。因而其出版具有强烈的现实意义。

该书的出版符合习近平总书记多次强调的要研究好、保护好、利用好古代文化遗产资源的思想精神，具有很高的出版价值。

签字：

2022 年 3 月 25 日

说明：该推荐表须由具有正高级专业技术职务的同行专家填写，并由推荐人亲自签字，一旦推荐，须承担个人信誉责任。如推荐书稿入选《文库》，推荐专家姓名及推荐意见将印入著作。